光明社科文库

课程思政建设路径
与典型教学实施范例

李云梅◎主编

光明日报出版社

图书在版编目（CIP）数据

课程思政建设路径与典型教学实施范例 / 李云梅主编 . -- 北京：光明日报出版社，2022.9
ISBN 978 - 7 - 5194 - 6818 - 7

Ⅰ.①课… Ⅱ.①李… Ⅲ.①思想政治教育—教学研究—高等职业教育 Ⅳ.①G711

中国版本图书馆 CIP 数据核字（2022）第 178952 号

课程思政建设路径与典型教学实施范例

KECHENG SIZHENG JIANSHE LUJING YU DIANXING JIAOXUE SHISHI FANLI

主　　编：李云梅

责任编辑：石建峰　　　　　　　　责任校对：李佳莹
封面设计：中联华文　　　　　　　　责任印制：曹　净

出版发行：光明日报出版社

地　　址：北京市西城区永安路 106 号，100050

电　　话：010-63169890（咨询），010-63131930（邮购）

传　　真：010-63131930

网　　址：http：// book. gmw. cn

E - mail：gmrbcbs@ gmw. cn

法律顾问：北京市兰台律师事务所龚柳方律师

印　　刷：三河市华东印刷有限公司

装　　订：三河市华东印刷有限公司

本书如有破损、缺页、装订错误，请与本社联系调换，电话：010-63131930

开　　本：170mm×240mm

字　　数：509 千字　　　　　　　　印　　张：26.75

版　　次：2023 年 5 月第 1 版　　　　印　　次：2023 年 5 月第 1 次印刷

书　　号：ISBN 978 - 7 - 5194 - 6818 - 7

定　　价：99.00 元

本书编纂委员会

主　编：李云梅

副主编：李　悦　王宝龙　张如意

编　委（以姓氏笔画为序）：

于　玲	王　妍	王春媚	王培磊
白　洁	冯　宁	皮琳琳	朱　鹏
李　伟	李华君	肖　方	张法祯
张冠男	张婷婷	武彩清	范平平
周树银	孟帙颖	赵元元	赵彦玮
姚　嵩	高　莹	郭喜梅	靳　禹
翟永君			

前 言

为贯彻落实习近平总书记在全国高校思想政治工作会议发表的重要讲话和全国职业教育大会精神，学院坚持立德树人根本任务，积极构建"思政课程+课程思政"大格局，制订专项工作方案，全面推进"课程思政"建设，使各类课程与思政课同向同行，形成协同效应。

在学院党委领导下，2019年学院成立了课程思政教学研究组，2020年更名为课程思政教学研究示范中心，2021年获批天津市课程思政教学研究示范中心培育项目。中心先后发布了《天津轻工职业技术学院课程思政教学研究示范中心建设方案》《关于在课堂教学中开展"课程思政"创新实践的实施方案》《"课程思政"示范课建设实施方案》等相关文件，为全面推进课程思政建设提供了保障。

从2019年开始，学院利用三年时间开展100门"课程思政"示范课建设工作，通过申报、资源建设、课堂实施、评价和验收等环节，力争做到各专业核心课程、基础课程全覆盖。第一批建设的机械类、新能源类、自动类、信息类、经管类、艺术类等10余个专业20门课程已初见成效，课程注重德技并修、育训结合，有机融入劳动教育、工匠精神、职业道德、职业精神和职业规范等内容，并在网络学习平台建立开放课程，便于全院师生通过线上浏览学习。2021年，《新能源发电技术与利用》等4门课程获批天津市高校课程思政示范课程，《机械产品设计综合实训》等2门课程获批全国轻工行指委课程思政示范课程。

学院开展思政素养提升工程，通过"走出去、请进来"灵活开展专题教育、实践活动、协同教研、网络积分等培训，提升教师思想政治素质和课程思政育人能力。教师们边教改边研究，先后主持课程思政类教改、调研课题近20项，发表论文20余篇。中心先后指导佛山南海区盐步职业技术学校、保定电力职业技术学院、运城幼儿师范高等专科学校等20余所中高职院校课程思政建设，并和院校教师点对点进行交流指导，受到多方好评。结合建设和指导经验，中心编写了《课程思政建设路径与典型教学实施范例》案例集，在全院范围内及外埠 10 余个院校推广应用，受益教师多达 1000 余人。

本书是在校本案例的基础上，通过归纳、提升、应用、推广和改进，将国家和天津市课程思政政策背景及文件、轻工学院落实课程思政实施方案和举措、学院 20 门课程思政设计与实施案例及轻工学院课程思政教学研究成果汇聚成册，力争做到有理论依据，有文件咨询，也有实施路径和方法，更有典型课程的具体做法、成效等。本书针对重点、难点部分还配有多个课程资源的二维码，可直接扫码学习，方便易学，理实浑然一体、书网融通，有助于推动三教改革。本书既是职业院校课程思政建设管理者的一本指导书，也是教师课程思政改革实施的一本参考书，具有示范引领和应用推广的重大作用。

在学院课程思政整体实施过程中，山西华兴科软有限公司作为学院校企合作董事会成员、天津市课程思政教学研究示范中心参与单位，也深度参与了教师的教育教学研讨、课程的数字化教学资源开发、典型案例的提升等相关工作，并为学院网络德育空间的拓展和运营提供了技术支持。

由于时间仓促，编写团队成员的学识、经验和水平有限，对课程思政的研究与实践都是基于学院的现状，难免有疏漏与不足，书中不当之处在所难免，恳请读者批评指正，并不吝赐教。

李云梅

2021 年 12 月

目　录
CONTENTS

第一篇　课程思政教学设计与实施案例 ······················ 1

高等数学课程思政设计与实施

　　——天津市高职院校课程思政示范课程 ················ 3

体育课程思政设计与实施

　　——天津市高职院校课程思政示范课程 ················ 16

英语课程思政设计与实施 ····································· 29

就业与创业教育课程思政设计与实施 ····················· 54

大学生心理健康教育课程思政设计与实施 ················· 75

单片机控制技术课程思政设计与实施

　　——天津市高校新时代"课程思政"改革精品课 ········· 86

PLC 应用技术课程思政设计与实施

　　——天津市高职院校课程思政示范课程 ················ 105

新能源发电技术与利用课程思政设计与实施

　　——天津市高职院校课程思政示范课程 ················ 118

应用光伏技术课程思政设计与实施 ························· 130

路由器/交换机技术课程思政设计与实施 ··················· 141

数据库原理与应用课程思政设计与实施 ··················· 154

软件开发方法与 UML 建模课程思政设计与实施 ··········· 167

数据库基础课程思政设计与实施 ·························· 178

工业机器人工作站系统集成课程思政设计与实施 ·········· 193

冲压模具设计及主要零部件加工课程思政设计与实施 ······· 202

机械制图及计算机绘图课程思政设计与实施 ················· 212

电力安全生产及防护课程思政设计与实施 ················· 223

数控车综合实训课程思政设计与实施 ····················· 233

商务数据分析与应用课程思政设计与实施 ················· 242

家居用品设计与制作课程思政设计与实施 ················· 254

第二篇　轻工学院课程思政教学研究论文成果 ················· **267**

高职院校课程思政建设创新路径的探索与实践 ············· 269

课程思政融入高职工科专业课程的实现路径探析

　　——以《单片机控制技术》课程为例 ················· 275

高职专业课程融入思政元素的实践途径探究 ··············· 279

以人为本指导下专业课程的思政教学改革

　　——以高职"应用光伏技术"课程为例 ············· 287

《冲压模具设计及主要零部件加工》课程思政设计与实施 ··· 292

"一核心双主线四维度"课程思政模式构建

　　——以"新能源发电技术与利用"课程思政改革为例 ··· 299

标志设计课程思政改革的教学实施与研究 ················· 305

新时代思政课程与课程思政耦合育人研究 ················· 310

新时代下高等职业院校课程思政建设的路径探究 ··········· 316

基于电子商务专业建设的课程思政研究 ··················· 320

机械制图及计算机绘图"课程思政"教学模式探索与实践 ··· 325

高职艺术类专业"同频共振"课程思政理念及模式的构建与探索

　　——以天津轻工职业技术学院为例 ················· 332

基于 OBE 理念的高等数学课程思政实施成效分析 ··········· 338

"四个自信"视域下高职公共英语"课程思政"建设探究 ··· 345

基于"四点融合"模型的高职院校课程思政实践研究

　　——以《就业与创业教育》为例 ················· 352

第三篇　轻工学院课程思政教学研究 ····················· **363**

教师主持教科研课题成果 ································· 365

构建课程思政评价体系成果 ······························· 372

第四篇 轻工学院落实课程思政实施方案和举措 ·············· **379**

关于在课堂教学中开展"课程思政"创新实践的实施方案 ··············· 381

"思政十条"的九项举措 ······························· 385

课程思政研究与实践中心建设方案 ······················· 390

"课程思政"示范课建设实施方案 ························· 393

天津市市级课程思政培育项目

——课程思政教学研究示范中心 ···················· 396

第一篇 **01**

｜课程思政教学设计与实施案例｜

高等数学课程思政设计与实施

——天津市高职院校课程思政示范课程

负 责 人：张冠男

团队成员：张恩路、李萍、王柔建（思政课教师）、秦琳、杨彤彤（辅导员）、王玉山、王崇清、李荔

一、课程定位

（一）课程名称

高等数学

（二）适用专业

学院 22 个专业开设高等数学课程，其中模具设计与制造专业群的 21 级学生共计 551 人，15 个平行班。

（三）课程性质

高等数学课程是高职院校理工科各专业的一门限定选修公共基础课程。遵循"以应用为目的，以必需、够用为度"的原则，注重理论联系实际，强调对学生基本运算能力、分析问题和解决问题能力的培养，为今后学习专业基础课以及相关的专业课程提供必需的数学概念、理论、方法、运算技能和分析问题、解决问题的能力素质。

（四）课时：80 学时

二、教学目标

依据人才培养方案和课程标准，以强化概念、注重应用、培养能力、提高素质为重点，使学生理解微积分的思想方法，掌握函数的极限、导数与微分、不定积分与定积分等内容。

（一）素质目标

数学来源于实践又服务于实践，培养学生良好的学习习惯、数学素养、优良的道德品质、坚强的意志品格，形成严谨的思维和求实的作风，以及勇于探索、敢于创新的思想意识和良好的团结合作精神；从学生的终身发展角度来看，高等数学不只是学生学习专业课程的工具，更是培育学生科学素养和综合素质的重要载体，培养学生用数学思维分析解决问题的能力、逻辑推理能力、抽象思维能力；通过介绍我国数学家的事迹，培养学生的民族自豪感。

（二）知识目标

理解函数、极限和连续的概念，掌握极限的运算法则和方法，熟练计算函数的极限；理解函数的导数、微分的概念，掌握导数、微分的运算法则和方法，能够熟练计算一般函数的导数和微分，会判定函数的单调性与极值、凹凸性与拐点，绘制函数图像；掌握不定积分的概念，理解定积分的概念；掌握积分的运算法则和三种计算方法，会计算函数的不定积分和定积分，会利用元素法求面积、体积、弧长及物体做功等问题。

（三）能力目标

通过对本课程的学习，学生可以掌握必要的基础知识，同时具有一定的数学建模思想，并将其贯穿于教学过程中，使其具有一定的自学能力和将数学思想扩展到其他领域的能力；学生能够建立实际问题的模型，例如理解最值方面的问题，并能分析、推证、解释与最值有关的一些现实现象；学生能够利用"微元法"的思想方法，解决一些如面积、体积、弧长、做功及液体压力等问题。

三、教学方法及手段

（一）教学方法

针对不同的教学内容，采用多维教学方法协同组织课堂教学，纳入多种信息化手段，采用软件实验、科普纵览、第二课堂等多种形式，满足不同梯度的学生需求，培养学生应用数学意识、创新精神，引导学生掌握联想、归纳、总结等思想方法，培养学生主动探索的学习精神。概念引入采用案例教学法，将课程内容与北斗卫星、中国天眼等实例有机结合；新知探索采用实验探究法，通过数学程序操作，让学生直观理解抽象概念，自主学习；建模计算采用讲练结合法，利用数学思想，运用信息化手段分析建立模型，利用数学软件工具进行计算；小组合作法，互帮互助，激发头脑风暴，体现学生学习的合作性与开放性。

（二）教学手段

采用数学软件、平台资源、智慧教室等教学环境支撑线上线下课堂有效开展，同时引入 GeoGebra、Calculator、Mathematics 等数学软件，帮助学生直观理解，弱化计算技巧难度。将传统的课堂讲授改成实验推导、小组汇报、创意出题、小组互评、思政测验等形式，将课堂主动权交给学生。

四、教学设计

以基本概念为基础，以实际应用为目的，以必需、够用为原则，灵活运用启发式、讨论式、研究式等教学方法，设计"案例导入—小组探究—建模计算—实验操作"教学思路。

通过教学实践，创立"一主体（学生）双引擎（思政引领、专业结合）四驱动（案例导入、实验探究、讲练结合、小组合作）"的教学模式。将北斗卫星导航系统、"中国天眼"等实例与教学内容有机结合，既增强了学生数学实际应用能力，也加强了工匠精神的思政教育。对接制造业，增加模具、行业规范、物理应用等专业内容，普及微元思想，创设实际应用的教学情景，服务专业。通过"四驱动"的能动作用，引导学生掌握推理、归纳、总结等思想方法，培养学生应用数学能力、创新意识和主动探索学习精神。

图 1 "一主体双引擎四驱动"教学模式

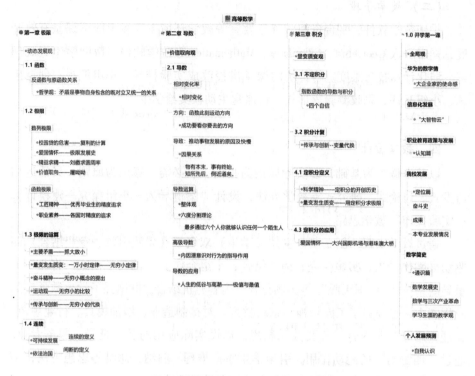

图 2　高等数学课程思政思维导图

表 1　课程教学内容体系

模块一：函数与极限		
项目1： 函数及其性质	内容	理解函数概念，了解函数基本特性；掌握基本初等函数的定义、图像及性质；理解复合函数的概念，会复合函数的复合过程
	思政元素	导学：对国家的职业教育、学院发展、数学简史及数学与三次产业革命有一个全局认识，并简单规划个体未来发展
	呈现方式	通过问卷调查，掌握学生的基本情况；串讲数学与现代科技，引导学生对数学有积极认识

项目2：极限的概念	内容	理解函数极限的定义，能在学习过程中逐步加深对极限思想的理解
	思政元素	刘徽与祖冲之求解圆周率：坚持和弘扬爱岗敬业的工匠精神、锲而不舍的钻研精神，传承科学家的高尚人格，培养学生树立积极向上的人生观
	呈现方式	视频展示刘徽与祖冲之成就
项目3：极限的运算	内容	掌握极限四则运算法则；掌握两个重要极限，会用两个重要极限；了解无穷大量与无穷小量的概念，掌握无穷小的比较
	思政元素	抓大放小：理解主要矛盾与次要矛盾的辩证关系；深刻把握新时代社会主要矛盾变化。引导学生养成良好的工作学习习惯，理清重难点，梳理个人发展的重点 复利计算：提高学生的网络安全意识，远离校园贷，养成理性消费习惯。培养学生自我约束意识、合理的理财能力，增强风险抵御能力
	呈现方式	极限的计算方法与哲理相统一；计算操作展示；数理概念与哲理的统一阐述
项目4：函数的连续性	内容	理解函数在一点连续的概念，会判别间断点的类型，了解初等函数连续性，知道闭区间上连续函数性质
	思政元素	连续解词：告诫学生做事不要"两天打鱼，三天晒网"，否则事件进展就会间断，前功尽弃。引导学生保持学习的连贯性，注重学习和工作持久性
	呈现方式	引申连续的概念，阐述连续的必要性

续表

模块二：导数与微分		
项目1： 导数的概念	内容	理解导数、微分的概念，了解导数几何意义以及它与连续的关系
	思政元素	"导"字的解析：导航、导致。由路程、速度关系分析内因与外因的关系
	呈现方式	重点概念的分解。通过繁体字的结构和组词，引导学生思考导数的含义
项目2： 导数的计算	内容	掌握导数的基本公式和求导法；熟练掌握复合函数求导法；熟练掌握隐函数求导法；熟练掌握幂指函数以及参数方程的求导法；会求函数的高阶导数
	思政元素	逐层剖析内因：从外向内推理思维；通过指导学生绘制鱼骨图，引导他们建立正确的恋爱观，并掌握扶贫工作的重难点
	呈现方式	换元思想的类比；实例引入；通过绘制鱼骨图了解逐层剖析
项目3： 函数的微分	内容	会求函数的微分
	思政元素	牛顿和莱布尼茨的巨人之争：牛顿从物理学出发研究微积分，其应用上更多地结合了运动学；莱布尼茨则从几何问题出发引进微积分概念，得出运算法则
	呈现方式	学生讲解相关数学史，教师指导，让学生了解微积分的发展史
模块三：导数的应用		
项目1： 微分中值定理	内容	了解罗尔中值定理、拉格朗日中值定理
	思政元素	整体与局部的关系：引申出整体与部分的哲理关系。指导学生要有大局观、全局观
	呈现方式	应用罗尔中值定理和拉格朗日中值定理可以相互推导的关系，引申阐述得出一般与个别的关系
项目2： 洛必达法则	内容	会用洛必达法则求极限
	思政元素	化归思想：将复杂化成简单，抽象化成直观，以运动变化发展，以及事物之间相互联系、相互制约的观点看待问题
	呈现方式	综合应用极限的计算方法，类比整体思想，思考了解化归思想

续表

项目3： 函数的特性 与作图	内容	会判别函数的单调性；理解函数极值的概念，会求函数的极值与最值；会判别函数的凹凸性与拐点，会作图
	思政元素	家国情怀：关心国家，服务国家
	呈现方式	实际应用单调性、凹凸性、拐点等性质，研究数据图像

模块四：不定积分		
项目1： 不定积分的 概念	内容	掌握原函数、不定积分的概念，牢记不定积分的性质与公式
	思政元素	逆向思维：概念引入。训练学生的反向思考，培养学生逆向思维的思考能力
	呈现方式	应用题目，练习逆向思维
项目2： 换元积分法	内容	掌握不定积分的两类换元积分法
	思政元素	变量代换：传承与创新时要注意取其精华，去其糟粕
	呈现方式	通过逐层深入的换元练习，让学生自主出题，教师指导讲解，培养学生创新意识
项目3： 分部积分法	内容	掌握不定积分的分部积分法
	思政元素	规矩意识：培养学生不以规矩，不能成方圆的规矩意识，在任何时期，我们都要遵守国家规定，服从组织安排
	呈现方式	应用定理，练习题目，讲解定理规则的必要性

模块五：定积分及其应用		
项目1： 定积分的概念 与性质	内容	理解定积分的概念、几何意义和基本性质
	思政元素	量变发生质变：让学生领会滴水穿石的奋斗精神和驰而不息的拼搏精神，克服学习和工作中的畏难心理
	呈现方式	通过曲边梯形不规则图形面积的计算，让学生理解整体与局部的关系，进而量变发生质变，推导出定积分的定义
项目2： 微积分基本 定理	内容	掌握微积分基本公式
	思政元素	职业规范：职业行为规范是个人所从事职业内的行业道德，养成严谨的学习工作品质
	呈现方式	应用微积分基本公式，练习题目，指导学生计算，学习工作都要恪守规范

续表

项目3： 定积分的计算	内容	掌握定积分的换元积分法与分部积分法
	思政元素	整体代换思想：在智能制造时代，创新意味着打破常规，但是创新也必须有原则
	呈现方式	通过定积分换元法，指导学生灵活应用换元思想，既勇于创新，又恪守原则
项目4： 定积分的几何应用	内容	掌握定积分的元素法，会求平面图形的面积、旋转体体积及曲线弧长
	思政元素	"微元法"思想：通过"以常代变""以直代曲"的思想，进行"赵州桥""中国天眼""北京故宫"案例求解，培养实事求是和精益求精的精神
	呈现方式	通过"以常代变""以直代曲"的思想，进行"赵州桥""中国天眼""北京故宫"案例求解，培养学生应用数学的能力
项目5： 定积分的物理应用	内容	会用定积分求物体的做功、侧压力和引力
	思政元素	定积分在生产生活中的广泛应用：要求学生在智能制造背景下，增强数据处理、人工智能等前沿科技的学习能力，为实现中华民族伟大复兴的中国梦而奋斗
	呈现方式	通过液压机做功、宇宙速度计算等，让学生熟悉数学建模；通过课前预习作业，让学生了解微积分与现代科技的助推作用

五、实施成效

（一）教学资源

天津市高职院校课程思政示范课程，继续完善高等数学课程教学资源，以PPT、视频、动画、数学软件等多媒体形式丰富课程资源。职教云课堂共建647个课程资源，访问量达80561人次，涵盖了课上所需的课程资料，增加了课程思政的视频和讨论题，哲理、数学家事迹以及经典实验，共计43个大类，形成了《思政案例集》。

（二）具体实施情况

通过"一主体双引擎四驱动"的教学模式，极大地提升了学生的课堂参与度，学生学习成效显著。课件学习、课堂活动及作业完成率高，腾讯课堂及线下课堂的互动效果良好，学生对教师授课评价好评率达99%。学生在素质、知识、能力三维目标达成的同时，其建模应用能力、逻辑推理能力、学习主动性和团队合作能力等方面都得到了显著提高。

六、教学特色创新

（一）创设教学模式

通过教学实践，创立"一主体（学生）双引擎（思政引领、专业结合）四驱动（案例导入、实验探究、讲练结合、小组合作）"的教学模式。通过"四驱动"的能动作用，引导学生掌握推理、归纳、总结等思想方法，培养学生应用数学能力、创新意识和主动探索学习的精神。

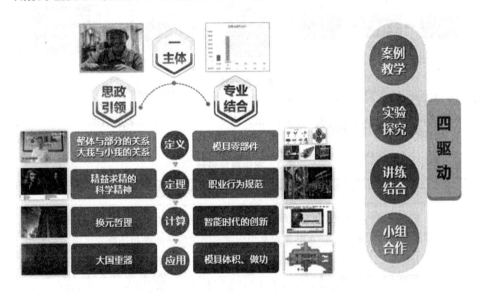

图3 "一主体双引擎四驱动"教学模式

（二）创意云端课堂

采用腾讯课堂与智慧教室相结合的线上线下混合式教学，利用云课堂和腾讯课堂进行师生、生生交流互动，保障线上线下学生的全员覆盖。搭建丰富的云课堂教学资源，通过云课堂发布课前、课中和课后任务，构建全链条知识结构，为学生提供完善的线上教学场景和教学资源；采用腾讯课堂直播讲解，运用举手连麦、投票、讨论区回答等多种线上互动形式，将学生的每一项参与活动量化打分，融入职教云评价体系，提高学生的参与度和积极性。

（三）创优课程思政

以"帮助树立正确的世界观、人生观、价值观，培育工匠精神和职业道德"

为思政教育主线，以"价值引领、隐形施教"为教育理念，结合工科专业特性，从德育和职业素养两方面，梳理出思政元素，采取多种形式，优化课程思政建设。

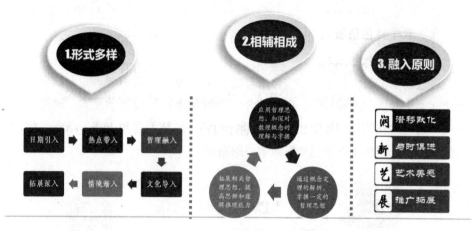

图 4　课程思政设计思路

七、典型案例教学设计

表 2　案例教学设计

项目名称		定积分的物理应用（变力做功）
教学分析	教学内容	本节课程教学选自第五章"定积分及其应用"的第五小节物理应用。本节课程是学生学习完定积分概念和计算方法后的学习内容，应用元素法求解变力做功，推导某些物理量的积分表达式
	学情分析	前面章节已经掌握了定积分概念、计算、几何应用等知识，会求解基本的图形面积，具备了一定的理论计算基础，但综合应用能力还不强。对图像的理解力较强，但是物理概念不熟练，尤其建模能力不强，学习主动性不高，对综合题目存在畏难心理
	思政元素	定积分在产业革命中对科技的助推作用；医药、护理、工业工程、商业管理、精算、计算机、统计、社会学、物理学、经济学的广泛应用
教学目标	素质目标	了解定积分对现代科技的助推作用；通过数学实验操作，培养主动探索、归纳精神
	知识目标	掌握应用元素法求做功问题
	能力目标	能应用微元思想四步法分析相关概念；能建立模型解决实际问题

续表

项目名称	定积分的物理应用（变力做功）			
教学重点	求解做功的实际问题			
教学难点	定积分物理意义			
教学方法	案例导入			
教学手段	直观展示，通过 GeoGebra 数学实验动态演示；小组探究，让学生以小组的形式演算、推理、归纳			

<table>
<tr><td colspan="5" align="center">教学实施过程</td></tr>
<tr><td colspan="5" align="center">课前</td></tr>
<tr><td>教学环节</td><td>教学内容</td><td>教师活动</td><td>学生活动</td><td>思政元素</td></tr>
<tr><td>课前预习</td><td>了解定积分的应用</td><td>【发布作业】阐述定积分的物理应用，及对现代科技的助推作用</td><td>【完成预习】查阅资料，讨论总结</td><td>宏观认识</td></tr>
<tr><td colspan="5" align="center">课中</td></tr>
<tr><td>教学环节</td><td>教学内容</td><td>教师活动</td><td>学生活动</td><td>思政元素</td></tr>
<tr><td>课中
案例引入</td><td>案例导入</td><td>【案例导入】液压机工作原理引出做功问题</td><td>【观看视频】</td><td>专业结合</td></tr>
<tr><td>课中
数学建模</td><td>变力做功</td><td>【例题讲解】倒推物理关系，元素法分析步骤，指导学生
【教师点评】本题是抽象题目，注意符号书写，积分上下限</td><td>【回忆公式】回忆高中所需物理公式，理清思路
【回答问题】做功，公式为 $W=$ 力 $F×$ 位移 X，X 已知，力 F 未知
【回答问题】本题是气体运动，可以用波义耳-马略特定律
【互评互判】以小组为单位，完成题目练习</td><td>逆向思维：学生小组完成，小组间互评互判，调动学生积极性</td></tr>
<tr><td>课中
软件操作</td><td>物理意义</td><td>【任务单1】发放矩形变换任务，填写表单
【任务单2】推导其他物理量表达式</td><td>【软件操作】通过软件，变动滑动条，分析规律
【总结规律】由倒推关系，填写任务单2，上传职教云</td><td>自主探索、归纳规律</td></tr>
</table>

续表

教学环节	教学内容	教师活动	学生活动	思政元素
课中物理意义	课中回顾预习作业；物理应用意义	【总结应用】讲解定积分的应用领域 【课程思政】第四次工业革命中，号召学生做好，例如，数据处理能力、智能优化算法等前沿技术，为实现中国梦而奋斗	【预习作业】 【展示课前作业的词条】	了解定积分对现代科技的作用，提升学生学习意识
课中总结	总结	【总结微元】元素法解决实际问题步骤	【记录笔记】	归纳总结
课后				
教学环节	教学内容	教师活动	学生活动	思政元素
课后	作业	布置课后作业，强化练习	完成作业	严谨科学
教学效果	1. 由液压机等实例引出物理概念，生动形象，与学生专业相结合，极大调动学生积极性 2. 应用倒推思想和软件演示，以及综合元素法的物理量的积分表达式，正向反向理解微元思想 3. 课前布置作业，阐述定积分对现代科技的助推作用，学生完成积极性高，回答全面，理解深刻			
反思改进	1. 本节计算量较大，综合性强，需要积分概念、计算能力有较好基础，但是个别学生底子薄弱，课堂表现不活跃，课堂要多关注这类学生，并提前将所学的知识结构图进行再次复习 2. 问题导向和小组讨论的方法形成以学生为活动中心的课堂，这实现了对本次课内容教学的设计与创新，学生在学习过程中表现积极，能主动参与讨论			

八、典型数字化资源展示

水墨黄山行
——梯度及其应用

定积分的物理意义

第一换元法——定积分
的计算

定积分的定义

换元法

体育课程思政设计与实施
——天津市高职院校课程思政示范课程

负 责 人：张法祯

团队成员：孙坚、黄伟、杨同帅、郑文柱、刘畅、王建（思政课教师）、林乐权

一、课程定位

（一）课程名称

体育

（二）适用专业

全院所有专业

（三）课程性质

公共体育课程作为学院"课程思政"建设的重要一环，对于贯彻落实课程思政、实践三全育人具有不可忽视的作用。体育课程坚持把立德树人作为中心环节，把思想政治工作贯穿教育教学全过程，以"健康第一"为指导思想，以增进大学生身心健康为主要目的。本课程是学校课程体系的重要组成部分，是实施素质教育和培养德智体美劳全面发展人才不可缺少的重要途径。通过体育课对学生进行爱国主义教育，培养学生爱国主义情怀、家国情怀，通过体育课程设计加强团结、集体、凝聚、核心意识。它是对原有的体育课程进行深化改革，突出以体育人、完善人格的一门课程。

（四）课时：108 学时

二、教学目标

（一）素质目标

善于在运动中发现美，懂得正确地欣赏他人、理解他人。课堂教学中让学

生懂得在规则允许的情况下体面地输赢,同时能够尊重对手。在教学过程中使学生能够充分发挥自身潜能,积极帮助他人,发扬团结协作精神。完善人格,做一名拥有"野蛮体魄与文明精神"并充满正能量的当代大学生。

以三全育人,树立正确的世界观、人生观、价值观,培养学生家国情怀。通过思政元素与知识点充分融合,传承我国人民艰苦奋斗、自强不息的拼搏精神,发扬中华民族传统美德。不忘初心、牢记使命,树立高尚的道德情操与崇高的共产主义理想,做一名合格的共产主义接班人。

(二)知识目标

增强学生体能,全面提升身体素质;熟练掌握基本运动常识与运动损伤的预防急救方法,能够良好地运用各项目基本技术与技能;能够根据自身情况合理开出相应运动处方,选择适合自身的运动爱好,养成坚持锻炼的良好习惯,培养终身锻炼的运动意识,为培养合格的德智体美劳全面发展的建设型人才打下坚实的革命基础。

(三)能力目标

通过体育锻炼,掌握基本运动技能,培养良好的心理品质,提高人际交往能力,增强社会适应性;在实践中发现问题、解决问题,懂得脚踏实地、艰苦奋斗的重要性,在实践中成长,为实现中华民族伟大复兴的中国梦做出积极贡献。

三、教学方法及手段

(一)教学方法

(1)讲解法:用简练易懂的语言讲解教学训练的目的、任务、技术动作、训练要求等。

(2)示范法:教师以身体动作为范例,使学生能够直观地认识和学习技术动作要领。

(3)分解法和完整法:对某一难度系数较大的技术动作,进行分解学习和训练,掌握后再进行完整动作练习,让学生充分掌握技术本领。

(4)游戏法和比赛法:为了提高学生学习和训练的积极性,采用游戏法提高学生兴趣,运用比赛法激发学生学习动机,增加趣味性。

(5)预防法和纠错法:针对教学训练中产生的错误,采用有效的预防措施和纠正错误动作的方法。

(6)案例教学法:了解体育名人、奥运/残奥冠军等先进事迹,通过新媒体教具、视频影像资料播放等教学手段，引起学生思想上的共鸣，激发学生学习的动机及求知欲望。

（二）教学手段

（1）周期性单一练习手段，运动训练学常用的一种训练手段，是指周期性重复进行单一结构动作的身体练习。

（2）混合性多元练习手段，运动训练学常用的一种训练手段，是指将几种单一结构的动作混合进行的身体练习。

（3）固定组合练习手段，将多种练习手段依固定形式组合的身体练习，较易学习、掌握、巩固，应用成套的固定组合的练习动作，使练习动作娴熟化。

（4）变异组合练习手段，在多元动作结构下，将多种练习手段依变异形式组合进行身体练习。

四、教学设计

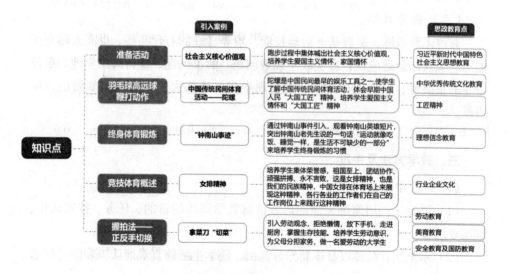

图 1　课程教学知识点思维导图

表1 课程教学内容体系

模块一：理论		
项目1：体育与健康	内容	体育健康基础知识
	思政元素	青年强则国家强、理想信念、责任担当
	呈现方式	通过观看钟南山视频，学做终身运动者，观看长征、女排等视频，体会顽强拼搏精神，凸显爱国主义的重要性，懂得有国才有家，"国家兴旺，匹夫有责"
项目2：大学生体质测试标准	内容	大学生体质测试
	思政元素	终身锻炼习惯、努力拼搏、遵守规则
	呈现方式	通过多媒体教具、微视频制作，培养学生树立远大的人生目标和坚持不懈、团结协作的精神，让其懂得健康的身体才是人生最为宝贵的财富
模块二：素质		
项目1：身体功能训练	内容	速度、力量、耐力、柔韧、灵敏等
	思政元素	持之以恒、拼搏精神、热爱生命
	呈现方式	通过课上身体素质锻炼，培养坚定意志品质，在身体极限状态下，只有坚持不懈才能完成既定任务
模块三：技能		
项目1：羽毛球运动	内容	羽毛球运动
	思政元素	磨刀不误砍柴工、坚持态度、尊重对手、尊重规则
	呈现方式	通过课上羽毛球基本技术的讲解与学生分组练习，让学生懂得人生目标要高远、精准、到位、找准方向。永不言败，为梦想而奋斗，成功是汗水换来的，而不是不劳而获的
项目2：足球运动	内容	足球运动
	思政元素	付出才能有收获、熟能生巧、团队精神、尊重对手、尊重规则
	呈现方式	通过课上足球基本技术的讲解与学生分组练习，使学生体会到团队意识，不断重复与坚持，才会获得成功的体验

五、实施成效

（一）实施班级具体情况

本课程是全院各二级学院的公共必修课程，一年级和二年级第一个学期，共计 36 学时。从自动化学院抽取 2020 级和 2019 级学生进行访谈，大部分学生对体育课程思政的改革满意度高。

（二）教学资源

采用职教云、超星、天津轻工职业技术学院微官网等教学平台支撑线上线下课堂的有效开展，并制作学生喜欢的各项目微课，针对部分章节采取线上云课堂课前任务预习、教学视频回放和单独辅导的形式，同时引入 GIF 动图等技术展现手段，帮助学生直观理解技术动作，激发学习兴趣，弱化学习难度。

线上平台：智慧职教云课堂+微官网+超星，多平台有效互补，实现全方位交流互动。

线下教学：师生处于同一空间面对面交流助力线上线下混合式学习。

数字化资源：职教云平台+轻工运动处方、视频+动图直播回放资源。

将传统的灌输型教学改成分组自学、创意答题、团队比拼、思政测验等新形式，以学生为主体，启发式教学，让学生成为课堂真正的主人。

本课程在思政实施过程中，不断完善体育课程教学资源，以 PPT、视频、动画动图等多媒体形式丰富课程资源。修订了课程标准，完善了教案及授课PPT，共制作微课 22 个、课堂实录 5 个、动画 1 个、动图若干，共计 101 个课程资源、访问量 281272 人次、访问时长 28410198 分钟，既涵盖了课上所必需的课程资料，增加了课程思政的视频及相关动画，又对学生锻炼实行了监督，使学生养成终身锻炼的良好习惯。

（三）具体实施情况

（1）体育教研室的老师们参与到网课建设当中，推出"轻工运动处方"一系列网络课程，共建网络课程方案。老中青教师团队全员出动，年轻老师负责出镜录制课程，中年教师负责资料整理收集、捋思路、出点子，老教师负责课程审核、出思路、提供建议。在整个团队的努力下，推出一系列形式多样、内容丰富的网络精品课程，并同时在学院微官网进行发布，以此号召全院师生共同加入居家锻炼行列。

（2）课中实施阶段，团队每名成员积极使用职教云、超星等平台，掌握使用职教云平台上课的方法。课前布置任务、课中答疑、课后作业批改，全部利用 QQ 群及职教云平台进行操作，并做好每天课程反馈表、上课情况截屏等相关工作。

（3）体育课程的教学目标：培养良好的心理品质，提高人际交往的能力与团结合作精神，提高社会适应性。完善人格，发扬体育精神，形成积极进取、乐观开朗的生活态度。

六、教学特色创新

（一）以学生为主体，构建三育并举思政教学新模式

体育"课程思政"侧重在体育教学中融入体育各专项课程知识、体育人物、体育历史事件等内容。传统体育教学的"准备部分—基本部分—结束部分"配合着"讲解示范—学生练习—教师巡回辅导总结讲评"的教学模式来完成体育教学任务，改变教学过程中过分强调教师主体论的执行模式，构建以学生为主体，以体育人、以体育智、以体育心的思政教学新模式，将思想政治教育要素充分融入体育课的教学组织和方法中，反映在教师的教授方式和学生的学习活动方式中，充分调动学生的学习主动性和积极性，用多样化的教学手段提高体育教学的应用性、趣味性和有效性，对学生起到教育、陶冶、感染和影响作用。

图 2 羽毛球课堂播放"2012 年伦敦奥运会夺金时刻"

（二）立足学生素质教育，将思想政治教育融入课程标准

在体育课程标准中把思想政治教育融入培养目标、课程设计、教学环节中，并提出明确要求。在课程的教学计划中，合理设置体育教学内容，科学设置体育理论课所占比例，在日常教学中适时渗透体育精神与体育文化，增设一些和人文知识有关的理论课程。

在课程的教学设计中，体育教师在教授每一个运动项目时，将与之相关的体育理念、体育历史、体育文化作为授课内容，巧妙地融入教学中，丰富教学

内容，增强课程吸引力。

图 3　正手握拍法中引入"握手礼仪"

（三）立足一校一品理念，宣扬民族传统体育文化

课堂是体育教学的主阵地，立足一校一品理念，将民族传统体育文化融入课堂，从不同专业的学生求知需求出发，遵循学生成长规律，注重"术道结合"，深度拓展体育教学内容。在课程设计中运用丰富的教学形式，在体育教学中引入情景模拟、角色体验、团队竞争等新式教学方法，提升课堂话语和知识传播的有效性，使大学生在体育活动中体会和学习、参与和思考，实现认知、情感、理性和行为认同，以"课程思政"的教育方式，在潜移默化中实现"德"的提升。

图 4　教师示范武术礼仪

（四）立足课外活动，延伸思政课堂教学效果

体育课程实践形式居多，不能仅局限于课堂教学，还能让学生在业余时间广泛参与、自觉参与、乐于参与。学院利用体育课程这一特色，依托社团，开展多种课外形式的体育活动，有效提升了思想政治教育的覆盖面。积极开

展以大学生"走下网络、走出宿舍、走向操场"为主题的阳光晨跑活动，使青年学生在强健体魄的同时，更加坚定理想信念，这种健康生活方式将会使学生受益终身。

图 5　阳光晨跑活动

七、典型案例教学设计

表 2　案例教学设计

项目名称		羽毛球运动
教学分析	教学内容	1. 介绍基本手法和基本步法 2. 正手发高远球和击高远球
	学情分析	高职院校大一新生，基础知识储备不足，自主学习能力不强，但动手能力强，对待新生事物好奇心强，有较强的求知欲望；在遇到挫折和困难时，心理素质较好，但缺乏吃苦耐劳的精神；身体素质较本科院校学生稍好；职业素养意识不强，进取精神较差。根据高职院校学生这一学情特点，在课程思政元素方面，重点加强爱国主义情怀教育、家国情怀教育，培养学生吃苦耐劳、持之以恒、坚持不懈的精神
	思政元素	社会主义核心价值观、"握手"礼仪、人生目标设定

续表

项目名称		羽毛球运动			
教学目标	素质目标	培养良好的心理品质，提高人际交往的能力与团结合作精神，提高社会适应性。完善人格，发扬体育精神，形成积极进取、乐观开朗的生活态度			
	知识目标	1. 初步了解基本步伐 2. 让学生学习接、发高远球技术			
	能力目标	新学期增强学生的身体素质，使其具备强健的体魄，掌握羽毛球运动课程所涉及的力量、速度、耐力、柔韧、灵敏等身体素质训练的概念、原则及方法			
教学重点		1. 初步掌握正手发高远球技术动作要领 2. 初步掌握正手击高远球技术动作要领			
教学难点		1. 前臂的内旋发力 2. "鞭打"动作的体会			
教学方法		1. 完整—分解—完整法 2. 重复练习法 3. 新媒体教具法			
教学手段		1. 周期性单一练习手段 2. 混合性多元练习手段			

教学实施过程

课前

教学环节	教学内容	教师活动	学生活动	思政元素
课前准备	了解中国羽毛球队	播放 2012 年伦敦奥运会中国羽毛球队获得"五金"的历史时刻	观看影片，引起思想上的共鸣	爱国主义情怀、家国情怀的培养
准备活动：跑步	社会主义核心价值观	组织调动队形，带领学生喊口号	跑步，喊出"社会主义核心价值观"基本内容	习近平新时代中国特色社会主义思想
基本部分：握拍法	"握手"礼仪	教师边讲解边示范正手握拍法	学习正手握拍法，引入握手礼仪，提高学生礼仪意识，见面如何握手表示尊重。同时告知学生尊重对手	培养学生正确认识比赛，比赛结束要握手，懂得尊重对手、尊重比赛，树立正确的竞争意识

课中				
教学环节	教学内容	教师活动	学生活动	思政元素
基本部分	发高远球	正手发球（均以右手握拍为例） 站在靠近中线一侧，离前发球线约1米的位置。身体左肩侧对球网，左脚在前，脚尖向网，右脚在后，脚尖稍向右侧，两脚距离与肩同宽，身体重心放在右脚上。准备发球时，右手握拍向右后侧举起，肘部微屈，左手拇指、食指和中指夹住球，举在腹部右前方，然后放开球，挥拍击球。击球时，身体重心由右脚移至左脚上。思政元素引入人生目标的设立：人生目标设立就像发高远球一样，要高，要远，要直	学生分成两组轮流进行练习 要求：①认真听讲，观摩 ②下课后认真查看《高职体育与健康》六章第六节，用心领会 学生练习步骤： 教师讲解示范→学生模仿练习→教师检查→学生再模仿练习→教师提出松紧度并注意调整→学生再按教师要求练习 易犯错误：①虎口未对拍柄窄面内侧；②拇指掌面过于紧贴在拍柄内侧宽面上 纠正办法：反复强调，采用集体或个别纠正办法 学生练习步骤：发球——徒手挥拍→正手向上颠球练习→一发一击→对墙发球练习→正手两人对发 要求：高、远、准 易犯错误：蹬转不协调，挥拍未展臂 纠正办法：注意鞭打动作，加强手臂力量练习	培养学生树立正确的人生目标，要有高度，目标设定要有远度（长远），要沿着正确的方向走，就像发球一样发出漂亮的弧度

续表

课中				
教学环节	教学内容	教师活动	学生活动	思政元素
基本部分	击高远球	**击高远球** 高球是自后场打到对方后场端线经过高空飞行的球 **正手高球**：首先要判断来球的方向和落点，侧身后退，使球处在自己的右肩稍前上方的位置。左肩对网，左脚在前，右脚在后，重心在右脚上。左臂屈肘，左手自然高举，右手持拍，手臂自然弯曲，将球拍举在右肩上方，两眼注视来球。击球时，右上臂后引，随之肘关节上提明显高于肩部，将球拍后引至头部，自然伸腕（拳心朝上）。然后后脚蹬地，转体收腹协调用力，以肩为轴，上臂带动前臂快速向前上方甩腕，在手臂伸直的最高点击球。击球后，持拍手臂顺惯性往前左下方挥动并收拍至体前，与此同时，左脚后撤，右脚向前迈出，身体重心由后脚移到前脚上。正手高球也可起跳击球，按上述要求做好准备动作，然后右脚起跳，随即在空中转体，并完成引拍击球动作。击球动作是在球将从空中最高点落下的瞬间完成（见下图）	组织教学 （一）学生练习步骤 击高球：徒手挥拍→挥拍击固定高球→一发一击→两人对击高球 （二）后场上手击球练习方法与要求 1. 按照技术动作要领，持拍做好准备、引拍、挥拍、击球、还原的基本功架练习。练习过程中注意握拍要正确、合理，左右手、前后脚及转体收腹等动作协调，在最高点击球 2. 原地进行"起跳转体90°着地后即返回原地，再反复起跳并完成上手挥臂动作"的练习 （三）易犯错误：引拍未到位，挥拍肩关节太紧张 （四）纠正办法：注意鞭打动作，加强手臂力量练习	

课中				
教学环节	教学内容	教师活动	学生活动	思政元素

课后				
教学环节	教学内容	教师活动	学生活动	思政元素
结束部分	磨刀不误砍柴工	讲解本节课学习重点，发高远球及打高远球挥拍，要求学生每天练习500次挥拍	按课堂要求站好队，听取课后总结	培养学生"坚持"的品格
教学效果	学生初步掌握正手发高远球及击打高远球技术动作要领，身体素质得到锻炼，提高人际交往的能力与团结合作精神，提高社会适应性 完善人格，发扬体育精神，形成积极进取、乐观开朗的生活态度			
反思改进	体育课作为一门在高职院校各个年级、各个专业都必须开设的公共课程，不仅涉及的范围广，更重要的是体育课本身蕴含着大量德育资源和思想政治元素 例如通过各类竞赛中为国争光的爱国主义精神，吃苦耐劳精神，拼搏奋斗、永不言弃的体育精神，公平公正意识，责任担当意识，团队协作意识，体育赛事中礼仪及对他人尊重意识，不仅利于培养学生良好习惯、集体主义精神，从而树立正确的世界观、人生观、价值观，而且根据体育课的实践性特点，在体育课活动中学生更能做到"知行合一"			

八、典型数字化资源展示

大学生体质测试　　　　正手击高远球技术　　　　羽毛球专项体能训练

中华民族传统体育—跳绳　　中华民族传统体育—武术　　中华民族传统体育—风筝

英语课程思政设计与实施

负责人：李　伟

团队成员：杜文彬、宫宇航、任秀丽、田聪智（思政课教师）、林兆娟、李超、薛小红、田皓、高冲（辅导员）

一、课程定位

高等职业教育专科英语课程全面贯彻党的教育方针，落实立德树人根本任务，以中等职业学校和普通高中的英语课程为基础，与本科教育阶段的英语课程相衔接，旨在培养学生学习英语和应用英语的能力，为学生未来继续学习和终身发展奠定良好的英语基础。高等职业教育专科英语课程是高等职业教育专科课程体系的有机组成部分，是各专业学生必修或限定选修的公共基础课程，兼具工具性与人文性及国际性。英语课程思政教学实施对立德树人尤其是增强文化自信具有重要意义，其覆盖面广、学时长，学科特点传授多涉及德育方面内容，课程标准对应各专业（群）人才培养目标，对接课程培养的能力点，并成为思政教育的主战场。

（一）课程名称

英语

（二）适用专业

开设课程的所有专业

（三）课程性质

各专业学生必修或限定选修的公共基础课程

（四）课时

学院 4 个二级学院均开设本课程，其中电子信息与自动化学院（总课时 156—180，9.5—11 学分）、经济管理学院（总课时 156—164，9.5—13 学分）、机械工程学院（总课时 160，10 学分）这 3 个二级学院分别开设本课程 3 个学期；艺术学院开设2个学期（总课时128，8学分）。

二、教学目标

（一）素质目标

学生通过本课程学习与实践，逐步形成正确的价值观、必备品格和关键能力。

（1）坚定拥护中国共产党的领导和我国社会主义制度，在习近平新时代中国特色社会主义思想指引下，践行社会主义核心价值观，具有深厚的爱国情感和民族自豪感；

（2）崇尚宪法、遵守法律、严守纪律、崇德向善、诚实守信、尊重生命、热爱劳动，履行道德准则和行为规范，具有社会责任感和社会参与意识；

（3）爱岗敬业，具有良好的职业道德，在工作中追求卓越的创新精神、精益求精的工匠精神；

（4）具有团队精神、合作意识和良好的社会沟通能力，成为有理想、有道德、有文化、有纪律的"四有"人才。

（二）知识目标

培养学生的英语综合应用能力，特别是听说能力，使他们在今后的学习、工作和社会交往中能用英语有效地进行交际，同时增强学生自主学习能力，提高学生综合文化素养，以适应我国社会经济发展和国际交流的需要，成为既会做事又会做人的有用之才。具体来说，为了保证学生毕业后能够胜任有关对英语需求的工作岗位，依据各专业人才培养方案对岗位能力的要求，基于工作任务，选择典型项目作为教学内容，以保证学生英语听说能力的培养；努力构建课程思政的育人大格局，明确立德树人的根本方向，课堂教学融入思政元素的过程中一定要与思政课程同向同行，形成协同效应；在课程开发过程中，积极与行业企业及学生所学专业所在的二级学院共同合作，开发满足本行业企业岗位（群）需求的英语教学内容或相关资源。

（三）能力目标

突出英语"高等职业教育"特色，在教学过程中将"跨文化交际""语言应用技能"和"职业综合能力"有机地统一和融合，使高职英语的教学质量与时俱进，更加符合职业教育规律，适应我国和世界高等职业教育发展的新形势，提高学生服务国家、服务人民的社会责任感，使我们所培养的学生适应本地区和我国经济发展以及国际交流的需要，帮助学生能够识别、理解、尊重世界多元文化，拓宽国际视野，增强国家认同，坚定文化自信，树立中华民族共同体意识和人类命运共同体意识，成为社会的有用之才。

三、教学方法及手段

（一）教学方法

教师在教学中，依托职场情境及单元主题任务，从教材中选择适用于这些情境的语言活动进行教学，通过不同主题的情境教学，使学生全面学习并掌握与主题和情境相关的语言文化知识，提高语言沟通能力。在课程设计和实际教学中，明确职业与个人、职业与社会及职业与环境这三大主题类别的意义并设为教学的中心任务，把课程思政的理念贯穿于教学中，引领学生职场涉外沟通、多元文化交流、语言思维提升和自主学习完善四项学科核心素养的融合发展。

（二）教学手段

英语教学在长期的发展过程中积累了丰富多样的教学方法，在融入思政元素这个问题上，应该注意增加学生的课堂参与度。语言的学习想要取得积极的效果，需要综合运用听、说、读、写等多种手段。首先，教师的课堂内容不应该拘泥于教材，应该通过多种形式自主设计思政元素的融入。课前为学生提供课上要用到的资源（网站、时事新闻等），学生在课前的自主阅读中就培养了信息收集、文本分析、综合运用英语语言的能力。此处注意教学任务的安排要接近学生可以达到的程度。其次，针对不同专业的学生，设计不同的课堂任务目标，增强学生运用英语进行简单专业知识交流和未来从事其专业工作的能力，不断提升学生的学科素养和职业素养。最后，借助微课堂让学生"脑洞大开"。安排融入思政元素的单元知识点，学生以小组形式完成任务。学生领取任务可以从时政热点展开研讨，任务的完成过程中不仅增强了他们的历史责任感和社会责任心，更提高了他们的自主学习能力，激发了他们对英语的学习兴趣。

E时代第一册英语内容

Unit 1 A Brand New Day

1. Lead-in: Watch a video about four college students' reasons why they chose their college

中国不同省份的英译,注意一些省份的英译比较特殊,比如陕西Shaanxi,西藏Tibet,内蒙古Inner Mongolia。

让学生了解自己的学校各方面的成绩和发展,引导学生热爱母校,感恩祖国,珍惜自己的大学生活

培养大学生对党和国家的强烈情感和对母校的真挚情感,树立正确的世界观、人生观、价值观

2. Listening and Speaking:

introduce oneself

观看视频了解四位学生选择自己大学的原因并和同伴讨论自己为什么选择轻工。(可额外播放学院宣传片或鲁班工坊中英文宣传片)

结合学生来自不同省份的特点,引导学生热爱家乡,热爱祖国的大好河山

培养学生热爱家乡、心系祖国的爱国情怀

majors and future jobs

对话涉及两位入学新生的未来理想职业和规划

引导学生在进入大学之后结合所学专业,规划自己未来职业

鼓励学生尽早进行职业规划,确立清晰的职业目标,培养正确择业观

3. Intensive Reading Text A: Big Lessons I Learnt in My First Year

精读课文:课文介绍了作者为大一新生提供的三条建议;即规划自己的学习,创建学习区域,获取其他帮助。

引导学生明白大学生活丰富多彩,但是不能因此忽略学习,要明白学习强国的道理。

培养学生树立自主学习观念,提高认识,加强思想道德修养。

4. Extensive Reading Text B: What We Wish

课文:父母对新生的一些期望,其中最后一段提到希望大学成为其人生中最快乐的日子。

引导学生关注心理健康,提供给学生寻求心理帮助的途径,在学校进行心理咨询的方法。

提高学生心理健康意识,树立正确的世界观、人生观和价值观,使学生在学习、生活和交往中能以积极的心态、平和的心理处理问题。

5. Grammar: Noun and Pronoun

可数名词复数的变化规则。

马克思主义的矛盾论指出,矛盾具有特殊性,需要我们具体问题具体分析。

培养学生做事认真严谨,具体问题具体分析,积极进取的做事态度。

6. Writing: Personal Information Form

学习填写英文个人信息表。

注意保护个人隐私和个人信息,尤其是在网络环境下,严防电信诈骗。

增加学生个人信息保护意识和防范意识,避免网络诈骗。

Unit 2 Valuable Friendship

1. Lead-in

列举中外伟大友谊的例子,如马克思与恩格斯,俞伯牙与钟子期,管仲与鲍叔牙。

通过介绍马克思与恩格斯的伟大友谊,让学生了解马克思主义形成之初的艰辛。

培养学生树立马克思主义的崇高理想信念。

2. Listening and Speaking

dialogue1两位同学讨论是喜欢与自己性格相似的朋友还是性格不同的人做朋友

引导学生理解和而不同,习近平总书记以"和"文化的"和合"价值观,倡导和平发展、和谐相处、合作共赢的国际观。

培养学生的民族自豪感和爱国主义精神,了解和支持我国的外交政策。

3. Intensive Reading Text A: Meeting Great Friends in College

精读课文:作者如何在大学时与朋友交往。思考大学同学之间是合作关系还是竞争关系。

引导学生正确认识合作与竞争,既要保持敢为人先,不甘落后的进取精神,又要树立协作,团结的合作观念。

教育学生要在道德和法律允许的范围内合理竞争,按照平等、公平、诚信的原则竞争。

4. Extensive Reading Text B: An Open Letter to My Childhood Best Friend

泛读课文:对童年挚友表达感激之情。

引导学生学会正确表达自己的情感。尤其是对亲人、对朋友、对老师、对学校、对祖国的感激之情。

培养学生的感恩意识,培养和践行社会主义核心价值观。

5. Grammar Adjective and Adverb

形容词和副词最高级的使用一般限定在一定范围内。

引导学生正确认识自己的长处和短处,不骄不躁。

培养学生踏实严谨的作风,不轻狂不浮躁,树立正确的人生观、价值观。

6. Writing: Notice and Announcement

第一个例文是关于会议室使用要求的通知,要注意要保持会议室卫生,要在离开会议室前关闭灯和电脑。

引导学生养成良好的生活习惯,离开房间注意"三关一洁",尤其注意用电用水安全。

要求学生严于律己,增强安全意识。

Unit 3 Amazing Travel

1. Lead-in: Watch a video about travel ...

引导学生养成良好的旅游习惯,增强环保意识和文明意识。

培养学生增强自身素质,做新时代文明中国人,构建文化强国。

2. Listening and Speaking:

shopping during a trip

旅游相关对话中礼貌用语的学习
"Would you show me···"vs "show me···""Could you give me···" vs "Give me···"要多 "May 1 ···" "Would you please···"

引导学生学会基本的交际礼仪,学会礼貌用语,对自己的言行一定要有所敬畏,不能疏心所欲。

培养学生的文明习惯,提高道德修养,向世界展现中华民族礼仪之邦的优秀传统美德。

check in at a hotel

学习对话中服务员为客人登记入住时,要有遇到问题积极解决的态度和能力。

引导学生遇到问题,要有勇于担当的精神和认真负责的工作态度。

培养学生的担当精神,职业素养。

3. Intensive Reading Text A: How Travel Transformed Me

精读课文:讲述了外国人单家去西藏旅游的故事。欣赏纪录片《畅游新西藏·守护第三极》片断2分钟,领略美丽新西藏,结合课文故事用英文讨论。

引导学生要以全面的眼光看问题,西藏地区在改革开放四十多年发展变化巨大,离不开几代领导人和人民的共同努力。

培养学生的爱国情怀,增强民族自豪感。

4. Extensive Reading Text B: Backpacking around the World

课文:《背包旅行全世界》第六段讲作者出游到一个危险的地带,可能会遭遇到恐惧者。

引导学生反观我们的祖国如今和平安宁,不是从天而降,而是先烈用生命换来的,要珍惜来之不易的幸福生活,居安思危,学习强国。

培养学生"于安思危,于治忧乱"的使命担当精神,认识到自己是祖国未来的希望,青年强则国强。

5. Grammar: Verb and Article
6. Writing: Notes Workbook-Part I-V

动词的分类引发的思考:实义动词、系动词、情态动词和助动词各有特点,各负其责。

在其位、谋其政。一行一行、爱一行。正确认识自我,不好高骛远。

培养学生实事的职业态度,正确认识自身长处,为祖国发展尽一己之力。

图 1 英语课程思维导图(1)

E时代第一册英语内容

Unit 4 Yummy Foods

1. Lead-in: Watch a video about the origins of two foods

A documentary clip: I Love My Own Country Changes in Eating Throughout 70 years
《[我爱我的祖国]吃变70年》纪录片片段2分钟

引导学生通过饮食的变迁，了解新中国成立70多年来人民生活水平的巨大变化

培养学生的爱国情怀和民族自豪感

2. Listening and Speaking

dialogue1
对话中饭店食物进了一只小虫，顾客投诉

引导学生做事要谨小慎微。否则一个小小疏忽，可能满盘皆输，谨记千里之堤溃于蚁穴的教训

主席讲"治大国如烹小鲜"，培养学生认真严谨的做人做事态度

3.Intensive Reading Text A: Panic at the Dinner

精读课文：作者如何在纽约选择饮食招待一位外地的朋友
人同此心，心同此理，小到个人交往，大到国家交往，爱人者人恒爱之

引导学生认识中国特色外交：坚持和平发展道路，推动构建人类命运共同体

培养学生爱国情怀，使学生对中国特色大国外交加深认识

4.Extensive Reading Text B: Foods

泛读课文：食物
头脑风暴：分小组讨论，生活中见到的不文明或不健康饮食习惯
如：浪费食物；打饭不排队；贪吃美食吃环境；爱吃垃圾食品；不礼让长辈

引导学生认识到不文明害人，不健康害己，这些不良饮食习惯，要努力改正。学习至人"不威过"，学习革命先烈艰苦朴素勤俭节约的美德，记住"一念收敛，则万善皆可"，"一念放恣，则百邪群聚"

培养学生养成律己的好习惯，莫放纵欲望，莫过分贪求美食，拒绝低级趣味，培养科学高尚的人生追求

5.Grammar: Five Basic Sentence Structure

五种基本句型，每个句型中的各个成分都重要，各司其职，缺少谁句子都不完整。
正如社会是一个整体，职业不分高低贵贱，各行各业不可缺少，都同等重要

引导学生树立职业平等的观念，不要心高气傲，任何职业都是光荣的

培养学生树立正确的择业观，平等看待各行业，关键要将自己的择业目标与祖国发展紧密结合

6.Writing: Memo

Do you know what Memorandum of Understanding for"One Belt One Road"
你知道"一带一路"谅解备忘录是什么吗

引导学生认识习主席"一带一路"提议

培养学生的爱国情怀和平发展思想。习主席教导"国虽大，好战必亡"，我们要实现和平发展的强国梦

Unit 5 Cultural Diversity

1.Lead-in：Watch a video about cultural diversity

Watch the video and share your opinions about the reasons why Fei doesn't want to go to a party with her partners (观看视频并讨论为什么Fei不愿意和朋友们参加派对）

引导学生培养跨文化交际的能力，理解其他文化，同时又要有高度的文化自信，"文化是一个国家、一个民族的灵魂"（习近平2016）

培养跨文化交际能力，保持对自身文化理想、文化价值的高度自信

2.Listening & Speaking

(1) body language

语言点学习1：
Pick up
Body language
Stop doing & to do

对于不同国家肢体语言的介绍与讲解，引导学生掌握不同国家的肢体语言含义，尊重他国文化的同时，更要重视自身文化

培养学生的跨文化交际意识，提高对文化的重视，树立文化自信的大国形象

(2)an invitation to dinner

语言点学习2：
中秋节
邀请客人以及表示感谢的方式
主人客人之间的交流方式

中国传统文化与习俗的学习与弘扬，使文化自信成为基础、广泛、深厚的自信

培养学生对中国传统文化与习俗的重视，学会用外语弘扬中国文化

3.Intensive Reading Text A：Drowned in the cultural gap

精读课文：不同文化背景下的饮食与用餐习惯。结合语言点，理解课文及其含义

引导学生无论何时何地都要重视自身习俗，在融入外部群体的同时，也不能淡忘自身的文化与修养，做到文化层面的以我为主，兼收并蓄

培养学生的家国情怀，"保持对自身文化生命力、创造力的高度信心"（习近平2016）

4.Extensive Reading Text B：I love you = wo ai ni？

泛读课文：不同国家对于"爱"的理解与表达

引导学生有"大爱"精神，加深对于"爱"的理解与表达，尊老爱幼

培养学生树立正确的人生观

5.Writing:广告

广告的写法与例文

注重广告的写法及其中所涉及的知识产权内容，重视并保护知识产权，做到知识与学术上的诚信

培养学生对于知识产权的法律意识，重视广告中所涉及的舆论，尤其对于公益广告而言，"要坚持正确政治方向。坚持以人民为中心的工作导向"（习近平2016）

Unit 6 Social networks

1. Lead-in: watch a video about social networks

关于对社交软件使用情况的采访

网络及社交媒体、软件的正确使用，会对国家、对社会、对工作、对人生的看法产生重要影响

引导学生对网络及社交媒体、软件的正确合理地使用

2.Listening and Speaking

关于twitter和facebook的使用情况的对话

"网络空间是亿万民众共同的精神家园，网络空间天朗气清、生态良好，符合人民的利益"（习近平2016）

引导学生形成积极健康、向善的网络文化

3.Intensive Reading Text A: How real are facebook friendships?

精读课文：网络和社交媒体的友谊的真实性与可靠性

网络中充满各种各样的信息，网络文化应用网络社会主义核心价值观和人类优秀文明成果凝聚人心、滋养社会，做到正能量充沛、主旋律高昂

培养学生营造风清气正的网络空间，并注重网络安全

4.Extensive Reading Text B: Let's stop pretending instagram is real

泛读课文：网络空间中的真实与虚假，表面与内涵往往不是相互对应

引导学生认识网络中存在不真实的信息，警惕网络欺骗，进一步引申出"校园贷"、"套路贷"的危害

培养学生辨别真假信息的能力，不信不转虚假宣传

图 1　英语课程思维导图（2）

表1 英语课程思政教学设计

<table>
<tr><td colspan="5">高职英语课程思政设计</td></tr>
<tr><td colspan="2">E时代第二册英语内容</td><td>典型案例</td><td>思想道德元素</td><td>综合素养目标</td></tr>
<tr>
<td rowspan="2">Unit 1
True
Love</td>
<td>1. Lead-in：
Watch a video about love</td>
<td>Watch the video about love then discuss about the improper public behavior between couples and lovers
观看视频然后和同伴讨论夫妻和情侣公众场合不应有的行为表现。"凡人之所以为人者，礼义也""礼，人之干也""不知礼，无以立也"一个人有礼，才和动物有区别，因此礼对我们一生和做人是多么的重要</td>
<td>引导学生要举止文明、讲究礼仪。文明的恋爱往往是双方既相互爱慕、亲近，又举止得体、相互尊重。恋人在公共场所出入，要遵守社会公德</td>
<td>提高学生道德修养，严守社会公德。我国是礼仪之邦，大学生要讲文明、懂礼貌、守礼仪，向世界展现中华民族的优秀传统美德</td>
</tr>
<tr>
<td>2. Listening and Speaking</td>
<td>（1）a candlelight dinner for celebrating the wedding anniversary
引导学生思索：对话中爱人幸福地享受着烛光晚宴，可是当疫情遇到爱情，很多恋人选择了为了更多人的幸福牺牲小我，乃至于"我将无我"</td>
<td>爱是一种成全，大爱当前，那些为了大爱舍弃小爱的人，才真正成就人生更高层次的价值。不能错置爱情的地位，一些年轻人奉行爱情至上主义，沉湎于其中，这样的恋爱观，很容易误导人生目标，对需要将主要精力用于学习上的大学生来说危害尤大</td>
<td>培养学生树立正确的人生观、恋爱观。爱的情感丰富博大，不仅有恋人之爱，还有父母之爱、兄弟姐妹之爱、社会和国家之爱。只专注于对恋人的爱而忽视对他人和社会的爱，这样的爱情自私庸俗；相反，对他人和社会具有爱心则会使爱情变得高尚和稳固</td>
</tr>
</table>

续表

E 时代第二册英语内容		典型案例	思想道德元素	综合素养目标
2. Listening and Speaking	（2）online love	很多网恋往往是人们脱离现实的假想，要懂得透过现象看本质，理智面对，正确认识爱情和私欲的区别，避免受到伤害	进行健康的网络交往。不要轻易相信网友，避免受骗上当，避免给自己的人身和财产安全带来危害。"身体发肤，受之父母，不敢毁伤，孝之始也。"一个人德行的缺失和对身体的伤害都是对父母极大的伤害	培养大学生的网络安全意识，通过网络开展健康有益的人际交往，树立自我保护意识
Unit 1 True Love	3. Intensive Reading Text A：Met the Love of My Life in Grade 10	精读课文：讲述了作者在 10 年级遇到真爱，以及相识、相知、相惜、相爱的过程，结婚至今 50 余载	引导学生透过表象看实质，不要片面或功利化地对待恋爱。无论是外在形象、经济条件，还是仅仅把恋爱看成摆脱孤独寂寞的方式，都得不到真正的爱情。以道义为基石，负责任且有担当的爱情才可长久	正确的恋爱观与婚姻观对社会稳定和谐至关重要。没有国哪有家，而国家又是由无数个小家组成的。家庭和睦，人人讲礼义、守德行、有担当，国家自然也兴旺
	4. Extensive Reading Text B：A Letter to My Love， My Friend，My Wife	课文：《致吾爱、吾友、吾妻》是作者在情人节前夕写给妻子的信，感谢妻子十年来与其同甘共苦。"贫贱之交不可忘，糟糠之妻不下堂。"爱情要经得起时间、挫折、欲望的考验	责任是爱情得以长久的重要保障，是坚贞爱情的试金石。自愿担当的责任，丰富了爱情的内涵，提升了爱情的境界	树立正确的恋爱观和婚姻观，婚姻生活中要有责任和担当，包容和忍让，爱情的本质是无私奉献，绝非自私地索取

续表

	E 时代第二册英语内容		典型案例	思想道德元素	综合素养目标
Unit 1 True Love	5. Grammar：Modal Verbs		情态动词不能单独作谓语引发的思考：人的价值不可能独立于社会而存在，每个人成功的背后都有无数人的努力配合	社会是个大家庭，每个成员都很重要，岗位不分高低贵贱。疫情当前，医生、警察、环卫工人、党员干部、协警、社区工作者乃至很多平时人们眼里不起眼的工作者，共同构成了此次疫情的主力军	培养学生树立正确的职业理想，要将职业理想与祖国需要紧密结合，任何一名劳动者，无论从事的劳动技术含量如何，只要兢兢业业、精益求精，就一定能够在平凡的岗位成就非凡的事业
	6. Writing：E-mail		电子邮件遭遇黑客攻击的事件时有发生。不要轻易打开陌生邮件	网络安全非小事，要注重网络安全，提高防护意识	提高网络安全意识，大学生要时刻以捍卫国家信息安全为己任
Unit 2 New lifestyles	1. Lead-in：Watch a video about Internet and Wi-Fi		Watch the video and choose one thing from the items that you can't live without and explain（观看视频并选择你的生活不能缺少哪项物品并解释原因）	引导学生正确使用网络，合理利用网络资源，防止网络诈骗，意识到"校园贷""套路贷"的危害	引导学生正确合理地使用网络，并注重网络安全
	2. Listening and Speaking	（1）online shopping	语言点学习①：Try to do pay for more and more	树立合理的消费观，避免过度及非理性消费，正确使用网络消费渠道，同时注意网络中的消费安全，利用其便捷，但同时也应意识到潜在的危害	培养学生的正确消费观念，养成节约节俭的好习惯，合理地通过网络消费渠道进行购物，避免浪费
		（2）transpor-tation	语言点学习②：Public transportation more than N-doing	绿色出行，保护环境，注意节能减排，尽可能多地乘坐公共交通工具，进一步引出"绿水青山就是金山银山"，推进绿色发展	提高同学们的环境保护意识，建设物质文明的同时也应注重生态文明建设，坚持人与自然和谐共生

续表

E 时代第二册英语内容	典型案例	思想道德元素	综合素养目标
Unit 2 New lifestyles 3. Intensive Reading Text A: Minimalism: Can living with less make you happier	精读课文：极简主义及对其理解，极简主义与人们的生活	引导学生注重节俭，结合自身的实际情况，养成勤俭节约习惯，合理消费	勤俭节约是中华民族的优秀传统，引导同学们养成良好的生活习惯，不铺张浪费，节约资源，进一步引出合理的消费观
4. Extensive Reading Text B: How to get by in Beijing without a wallet	泛读课文：北京的移动支付方式	引导学生正确使用移动支付工具，合理消费，注意消费安全，谨防欺骗，同时使其意识到网络中存在虚假信息，注意识别假冒伪劣产品	引导学生营造良好的网络空间，并注意网络消费中存在的安全隐患，培养其辨别真假的能力
5. Writing：邀请函与回帖	邀请函与回帖的写法与例文	注重英语邀请函与回帖的写法，考虑到不同国家的文化及意识形态差异，培养跨文化交际意识。文化是一个国家、一个民族的灵魂，文化兴，国运兴，文化强，国运强	培养学生的文化自信，使学生意识到要坚持中国特色社会主义文化发展道路，激发全民族的文化创造力，建设社会主义文化强国
Unit 3 Money 1. Lead-in: Watch a video and finish the exercises	看视频 思考：拒绝再当月光族	坚决抵制享乐主义和奢靡之风，大力宣传节约光荣、浪费可耻的思想观念，弘扬中华民族勤俭节约的优秀传统美德	培养学生厉行勤俭节约、反对铺张浪费的意识

E 时代第二册英语内容		典型案例	思想道德元素	综合素养目标
Unit 3 Money	2. Listening and Speaking	1. money Management	金钱管理 思考：钱不是万能的	绿水青山是人民幸福生活的重要内容，是金钱不能代替的。建设生态文明是关系人民福祉、关乎民族未来的大计，是实现中华民族伟大复兴中国梦的重要内容	培养学生认识到绿水青山的重要性，要像保护眼睛一样保护生态环境，像对待生命一样对待生态环境
		2 scholarship	奖学金思考：好好学习，早日成才，为社会做出贡献	大学生不仅要有求学求知的热情，还要心系国家，做到知行合一、学以致用，为将来走上社会，投身国家建设做好思想品德、学识修养、能力才干等多方面的储备	培养学生志存高远、脚踏实地的品质，学好知识，打好基础，增长才干，将来为中华民族伟大复兴贡献自己的智慧和力量
		Song: Price Tag	听歌曲 歌曲鼓励学生要认识到生活的美好，而不是只关注金钱	引导学生认识到生活的美好，珍爱生命，热爱生活，保持积极乐观的生活态度	培养学生积极进取、乐观向上的人生态度
	3. Intensive Reading Text A：Money can't buy you success		精读课文：金钱买不到成功	成功需要靠努力和奋斗。只有奋斗的人生才称得上幸福的人生。我们要勇于在艰苦奋斗中净化灵魂、磨砺意志、坚定信念	培养学生在艰苦奋斗中锤炼意志品质，以青春激情、无悔奋斗书写人生华章、铸就伟大梦想

E 时代第二册英语内容		典型案例	思想道德元素	综合素养目标
Unit 3 Money	4. Extensive Reading Text B：A story about coins	泛读课文：文章讲述了小女孩用硬币去提升自己的故事。大学生正处于人生积累阶段，需要像海绵吸水一样汲取知识，提升自我	大学生要抓学习，既要惜时如金、孜孜不倦，又要突出主干、择其精要，努力做到又博又专、愈博愈专	培养学生克服浮躁之气，静下来勤奋学习，多读经典，多知其所以然
	5. Writing：Letter of Thanks	感谢信的写作技巧与例文 思考：感恩是人类的一种重要情感意识，是中华民族的传统美德	面对美好岁月，要有饮水思源、懂得回报的感恩之心，感恩党和国家，感恩社会和人民。要在奋斗中摸爬滚打，体察世间冷暖、民众忧乐、现实矛盾，从中找到人生真谛、生命价值、事业方向	培养学生热爱生活，懂得感恩，与人为善，明礼诚信，争当学习和实践社会主义核心价值观的小模范
Unit 4 Fashion	1. Lead-in：Watch a video about fashion	Watch the clip of a fashion show and discuss what is fashion with partners	引导学生对时尚有正确的理解，要辩证地看待时尚。探讨时尚与风格的关系。时尚是不断变化的，世间万事万物皆在不断变化中	引导学生树立辩证唯物主义观，看待任何问题不要"一刀切"
	2. Listening & Speaking　（1）Shopping	语言点学习：No wonder …… Make sure Pay for	引导学生树立合理的消费观，避免过度及非理性消费。同时正确认识时尚，时尚不等同于奢侈	培养学生正确的消费观，养成勤俭节约的好习惯，避免拜金主义

E时代第二册英语内容		典型案例	思想道德元素	综合素养目标
2. Listening & Speaking	(2) Trying on clothes	语言点学习：Try on，Why not……? I suggest ……	引导学生树立正确的自我认知观念，不要人云亦云，要勇于追求自我	引导学生正确认知自我，树立自信
Unit 4 Fashion	3. Intensive Reading Text A：Fashion：Be Yourself	精读课文：时尚就是做自己	追求时尚，不仅仅是追求美，更是一种"真诚做自己"的精神和生活态度。时尚不是标新立异，而是表达自我的一种方式	培养学生热爱生活、勇于探索的精神态度。进而引导学生树立正确的人生观和价值观。引导学生正确地了解自己、接纳自己、相信自己和欣赏自己
	4. Extensive Reading Text B：Fashion Passes, Style Remains	泛读课文：时尚易逝，风格永存	从深层次含义上讲，时尚是精神的修饰。时尚不是奢侈，不是当下的流行以及时髦。时尚是经典，中华民族传统优秀文化便是我们国家永恒的时尚	培养学生的文化自信，以弘扬中华民族传统文化为己任
	5. Writing：Letter of Apology	道歉信的写作内容、技巧及例文	英文道歉信的结构及写作技巧。"人非圣贤，孰能无过"而"知错能改，善莫大焉"，引导学生树立勇于向他人承认错误并及时改正错误的良好品德	培养学生树立勇于担当、敢于作为的良好意识，同时要勇于承认错误
Unit 5 Game Isn't Nothing	1. Lead-in：Watch a video and finish the exercises	观看视频并引导学生讨论喜欢的游戏类型及其原因	从玩游戏引申出更深层次的思考，如何看待体力、脑力、忍耐力、心理素质、情商等	在大学的学习生活期间，努力提高专业知识及各方面素质，合理安排时间。时不我待，不要虚度光阴

续表

E 时代第二册英语内容		典型案例	思想道德元素	综合素养目标
2. Listening and Speaking	（1）game addiction	语言点学习①：release，be addicted to	不沉迷网络，对学习与娱乐有正确的认识，有合理的时间规划	大学生应树立崇高的个人理想、积极进取的人生态度和科学高尚的人生追求。反对错误人生观，成就出彩人生
	（2）individual games	语言点学习②：board game figure out	每个社会成员都不是单独存在的个体，都是集体的一部分。服从集体安排，注重团队协作	疫情当前，很多医务工作者不顾个人得失，驰援武汉。舍小我，而成全大我。牺牲个人利益，成就国家利益。服从集体安排，具有大局意识。团结一心，中国必胜
Unit 5 Game Isn't Nothing	3. Intensive Reading Text A：Gamers aren't defined by their game	精读课文：玩游戏锻炼手脑协调，也存在积极的一面	玩游戏可以锻炼协调能力，但也浪费大学生的学习精力。凡事都有两面性，要分清利害关系	看问题不可"一刀切"，要用马克思辩证唯物主义客观看待事物的两面性，发挥积极的一面，扬长避短
	4. Extensive Reading Text B：Your life is Tetris	泛读课文：玩俄罗斯方块就像演绎人生	大学生面对人生的挫折和生活的困难，要不畏艰难，勇于探索，不断挑战自己	引导学生严格遵守疫情防控准则，同时树立强大信心和民族自豪感。不畏时艰，在党中央的领导下，必将战胜疫情
	5. Writing：Complaint Letter	投诉信的行文结构与例文	掌握投诉信的结构与写法。投诉内容简明扼要，实事求是，切忌夸大其词。年轻人在工作中要敢作为，也敢担当	培养学生今后在工作岗位中诚实守信、勇于承担、不推卸责任的优良品质，使其具有良好的个人品德和职业道德

续表

E时代第二册英语内容			典型案例	思想道德元素	综合素养目标
Unit 6 Know Yourself		1. Lead-in：Watch a video about personality	Watch the video and then try to figure out the meanings of the words in the pictures（观看视频并标示出图片中各关键词的意思）	引导学生正确认识自己的性格特点，包括优点和不足，正确自我定位	引导学生对自身有一个正确、明确的认识，树立正确的三观。
	2. Listening & Speaking	（1）Key strengths	语言点学习①：Academic，Background，Passionate，Team-player	准确到位的自我认识有助于其树立正确的人生观、价值观、世界观。它能够使大学生沿着正确的人生方向不断进步，对大学生的未来发展起着至关重要的作用	成才立业是所有大学毕业生的美好追求，要选择自己理想的职业，除受社会各方面的影响外，大学生对自身的认识和评价尤为重要，只有正确了解自身的优势和特点，并根据这些特点和优势，有目的地选择相应的职业，才能做到有的放矢，充分发挥自我潜力
		（2）Diary	语言点学习②：Keep a diary，Keep a record of，Remind sb. of	日记也是一种成长记录，记录的是学生学习和生活中的点点滴滴，这可以帮助他们做出自我总结，不断查找问题，改正并进步	帮助大学生对未来生活和人生目标进行展望和规划，也是一个自我记录、自我管理、自我规划的过程
		3. Intensive Reading Text A：Getting to know yourself	精读课文：了解自己	引导学生正确认识自我，不盲从、不跟风，符合自身特点的努力才是通往成功的正确方向	大学生是国家和民族的希望，是社会主义的建设者和接班人，正确的自我认识和正确的理想信念尤为重要

E 时代第二册英语内容		典型案例	思想道德元素	综合素养目标
Unit 6 Know Yourself	4. Extensive Reading Text B：The story of my life	泛读课文：我生活中的故事	引导学生要在大学期间根据自身特点和环境树立正确的奋斗目标，并且锲而不舍地为之奋斗，为以后人生目标的实现积累经验	培养学生树立远大的理想和抱负，有强大的社会责任感，战胜一系列重大挑战，奋力把中国特色社会主义推进到新的发展阶段
	5. Writing：Application Letter	求职信的写法	学习英语求职信的写法，了解求职信的目的在于表现自我，实现自己求职的目的。信中充分展现自身特长，这就要求学生具有正确的自我认识和平时深厚的能力积累	培养学生正确的自我认识，能够明确自身的优势和不足，查漏补缺，才能不断进步

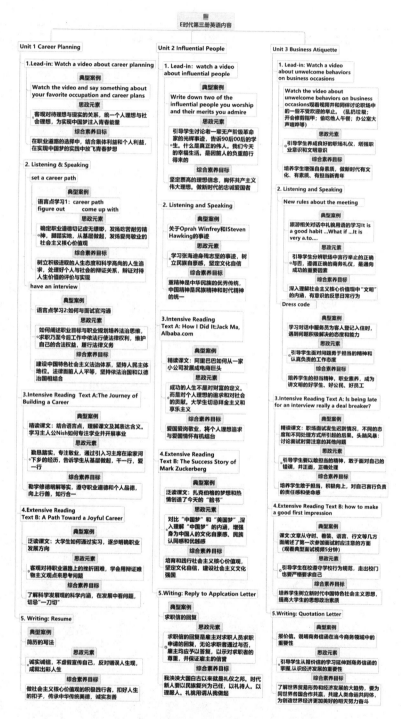

图2 英语课程思维导图（1）

E时代第三册英语内容

Unit 4 Teamwork

1.Lead-in: watch a video about a game of possibilities

典型案例
团队合作在一个球队中所发挥的作用

思政元素
引导学生，认识团队合作的重要性，由点及面，培养良好的团队合作能力

综合素养目标
培养学生明白团队合作对自己、对他人和整个团队的重要意义。明确使命感和责任感

2.Listening and Speaking

典型案例
团队协作在职场中的体现

思政元素
引导学生，树立正确的职场意识和职业意识，这是一个从业人员的根本素质，也是一个社会职业者的必备条件

3.Intensive Reading Text A: four things I have leared from teamwork

典型案例
精读课文：团队合作时注意的四点情况

思政元素
引导学生认识外交政策的特点，以开放求发展，以合作谋共赢

综合素养目标
"一带一路"的提出和倡导完美的体现了作为世界大国在合作共赢中的风采

综合素养目标
习近平总书记首次点评95后大学生时讲"青年一代有理想有担当，国家就有前途，民族就有希望"

4.Extensive Reading Text B: The teamwork of animal kindom

典型案例
泛读课文：动物王国的团队合作。
头脑风暴：分小组讨论，生活中见到的团队合作的典型事例

思政元素
引导学生认识到，无论动物还是人类，团队合作都能带来更大的收获

综合素养目标
培养学生养成融入团队的习惯，认清自我优势，互补长短，发挥团队的最大效用

5.Writing: Order Letter

典型案例
订购信的书写

思政元素
引导学生认识新中国成立至今我国外贸政策的巨大变化特点及原因

综合素养目标
从改革开放以来贸易政策的巨大变化，看我国经济40多年的巨大发展成就

Unit 5 City Life

1.Lead-in

2.Listening & Speaking

典型案例
讨论毕业后选择居住在城市的利与弊；关于租房问题和城市生活压力
观看关于垃圾分类的视频，了解垃圾分类相关知识和表达

思政元素
结合上海市垃圾分类时事热点，普及环保知识，引导学生提高自身素质

综合素养目标
树立学生可持续发展理念，增强环保意识和文明意识

3. Intensive ReadingText A: From the Big City Dreams to Real Life

典型案例
精读课文：讲述了作者从梦想到大城市生活到回到乡村生活的转变。观看关于城乡融合发展和乡村振兴的视频、政策文件

思政元素
（1）将乡村振兴、精准扶贫与学生生活实际相关联，学生的助学金、励志奖学金政策，以及毕业的创业补贴都是扶贫政策的体现。
（2）结合《形势与政策》教学内容，正确认识城乡发展不平衡现状，了解乡村振兴战略和城乡融合发展

综合素养目标
引导大学生正确把握中国形势新变化，统一思想，坚定信念，凝聚力量，为实现中华民族伟大复兴的中国梦增添青春正能量

4.Extensive Reading Text B: We Love Living in the Cities

典型案例
课文：讲述作者为何喜欢生活在墨尔本城市里。
组织学生讨论为何有的人喜欢生活在北上广深，有的人逃离北上广等大城市而选择回二三线城市

思政元素
引导学生正确看待城市生活遇到的压力和问题：既要学会本领、提升自身能力，在压力下释放潜力，在逆境中飞翔；又要有灵活应变的勇气，在城市中找到属于自己的位置

综合素养目标
培养学生顽强的意志品质和灵活变通的应变能力。在社会中寻找自己的位置，敢于成为社会的中流砥柱

5.Writing IOU&Receipt借条和收据

典型案例
Joho和David的借条，Linda 和Bruce的收据

思政元素
（1）有借必还是诚信。借钱是信任，不要拿别人的支持与信任而毁坏了自己的诚信
（2）理解金钱的价值，树立正确的价值观。君子爱财，取之有道
（3）取之有道：警惕校园贷、套路贷、裸贷等违法贷款形式，提高防范意识。如果遇到违法贷款，要及时报警，与家长、老师沟通，通过法律途径解决问题
（4）用之有度：互联网+时代。借条和收据变形为借呗、花呗、信用卡等无形借贷。提倡理性消费，警惕过度消费

综合素养目标
培养学生的诚信意识，重视诚信做人。引导学生树立正确的价值观，提高防范意识，理性消费

Unit 6 E-learning

1.Lead-in

2.Listening & Speaking

典型案例
（1）慕课学院，网易公开课，中国大学慕课，得到app，喜马拉雅
（2）Anna学习使用网络学习
（3）Bob和Mary讨论在线学习利弊

思政元素
网络是把双刃剑，网络学习能够帮助自我提高，而沉迷于网络游戏等，会对自身成长和发展造成伤害
事物都有两面性，引导学生一分为二问题，看问题不能片面

综合素养目标
培养学生全面看问题的意识，学会用辩证的方法看待问题

3.Intensive Reading Text A:An Exciting Multimedia Learning Experience

典型案例
精读课文：作者分享自己网络学习的经历。观看网易课程视频，分享实用的学习app或网站，如慕课、学习强国等

思政元素
介绍常用、实用的在线开放课程，引导学生利用在线开放课程学习，培养学生终身学习的意识

综合素养目标
培养学生的终身学习习惯，落实习近平主席所提议的建设"人人皆学，处处能学，时时可学"的学习型社会，构建网络化、数字化、个性化、终身化的教育体系

4.Extensive Reading Text B: Online Class, Love It or Hate It?

典型案例
泛读课文：作者在网络学习过程中遇到的各种问题。第六段提出了网络学习缺乏监督者

思政元素
引导学生在网络学习中要学会自我约束，提高自律性，分享在网络学习和日常学习中克服自身惰性，加强自律的方法

综合素养目标
培养学生养成律己的好习惯，克服自身惰性，才能遇见更好的自己

5.Writing Contract

典型案例
销售合同的写法：了解近期长租公寓（如蛋壳租房）暴雷新闻

思政元素
在日常生活中按规矩办事，重视合同的签订，培养学生日常生活中的法律意识，知法、懂法、守法、用法

综合素养目标
树立法治理念，培养法治思维，维护法律权威，依法行使权利和履行义务

图 2　英语课程思维导图（2）

表2 课程教学内容体系

模块一：Unit 1 True Love		
项目： 1. Lead-in： Watch a video about love	内容	Watch a video about love
	思政元素	引导学生要举止文明，讲究礼仪。文明的恋爱往往是恋爱双方既相互爱慕、亲近，又要举止得体、相互尊重。恋人在公共场所出入，要遵守社会公德
	呈现方式	观看视频，和同伴讨论夫妻和情侣公众场合不应有的行为。"凡人之所以为人者，礼义也""礼，人之干也""不知礼，无以立也"一个人有礼，才和动物有区别，因此礼对我们一生做人是多么的重要
项目： 2. Listening and Speaking	内容	A candlelight dinner for celebrating the wedding anniversary
	思政元素	爱是一种成全，大爱当前，那些为了大爱舍弃小爱的人，才真正成就人生更高层次的价值。不能错置爱情的地位，一些年轻人奉行爱情至上主义，沉湎于其中，这样的恋爱观，很容易误导人生目标，对需要将主要精力用于学习上的大学生来说危害尤大
	呈现方式	引导学生思考问题：对话中爱人幸福地享受着烛光晚宴，可是当疫情遇到爱情，很多恋人选择了为了更多人的幸福牺牲小我，乃至于"我将无我"
项目： 3. Extensive Reading	内容	Text B：A letter to my love, my friend, my wife
	思政元素	责任是爱情得以长久的重要保障，是坚贞爱情的试金石。自愿担当的责任，既丰富了爱情的内涵，也提升了爱情的境界
	呈现方式	泛读课文阅读：《致吾爱、吾友、吾妻》是作者在情人节前夕写给妻子的信，感谢妻子十年来与其同甘共苦。"贫贱之交不可忘，糟糠之妻不下堂。"爱情要经得起时间、挫折、欲望的考验

续表

模块二：Unit 2 New lifestyles		
项目： 1. Listening and Speaking	内容	Online shopping
	思政元素	树立合理的消费观，避免过度消费及非理性消费，合理正确使用网络消费渠道，同时注意网络中的消费安全，利用其便捷，但同时意识到潜在的危害
	呈现方式	通过语言点学习——Try to do；Pay for；More and more 培养学生的正确消费观念，养成节约节俭的好习惯，合理地通过网络消费渠道进行购物，避免浪费
项目： 2. Intensive Reading	内容	Text A：Minimalism：Can living with less make you happier
	思政元素	勤俭节约是中华民族的优秀传统，引导学生养成良好的生活习惯，不铺张浪费，节约资源，进一步引出合理型消费观念
	呈现方式	通过小组讨论的形式进行精读课文学习，提倡极简主义的生活，引导学生注重节俭，结合自身的实际情况，养成节约习惯，合理消费
项目： 3. Extensive Reading	内容	Text B：How to get by in Beijing without a wallet
	思政元素	引导学生正确使用移动支付工具，合理消费，注意消费安全，谨防欺骗，同时使其意识到网络中的虚假信息，识别假冒伪劣产品
	呈现方式	收集了解目前的移动支付平台，了解我国的移动支付已远超欧美等国家，培养学生爱国主义情怀，培养学生的创新精神，使其今后更加努力学习

四、教学设计

借助思政教育的显性功能，从以下三点进行教学设计。首先，改革教材内容。从听说读写译五个方面增加中国当下的国情和热点话题、中国传统优秀文化案例，点面结合，质与量双向控制，课堂教学同步体现。其次，优化课程设计。遵循语言教学规律，保证学时，克服"文化失语症"。最后，创新教学方法。第一，在课堂教学中运用最新时政热点、数据、新闻报道等，实现"昨天的新闻，今天的教学内容"，让课程思政永远鲜活；第二，加强教师的学术研究，挖掘、提炼中华优秀传统文化资源，知识点与案例并述，让英语课程思政更加接地气。第三，注重师生教学互动。运用主题演讲、课堂讨论、经典研读、学习成果分享等形式让课堂"动"起来。第四，利用"互联网+"的概念创造新的混合式教学模式，让英语课堂教学鲜活起来。

五、实施成效

（一）教学资源情况

课程团队经过集体教研，绘制英语课程思政教学设计思维导图，制作授课视频、微课和动画资源并形成典型教学案例，采用职教云平台支撑线上线下课堂的有效开展，对应教学单元采取课前任务预习、课后教学视频回放以及在线答疑的形式，提高学习效果，弱化学习难度。职教云平台课件 225 个，班级总数 65 个，线上线下活动发布总数 3579 次，选课人数 2395 人次，访问时长 72065（分），访问人数 23817。

（二）具体实施情况

整体而言，英语课程思政的建设，应坚持价值塑造、能力培养、知识传授三位一体，结合英语课程教学内容的实际，注重思政教育与英语教学的有机衔接，将思想政治教育的融入点、教学方法、载体途径与评价德育渗透的教学成效有机融合。在教学实施层面，坚持立德树人，发挥英语课程的育人功能；落实核心素养，贯穿于英语课程教学全过程；突出职业特色，加强语言实践应用能力培养；提升信息素养，探索信息化背景下教与学方式的转变；尊重个体差异，促进学生全面与个性化发展。在学习评价方面，基于学科核心素养开展学业水平评价并充分发挥教学评价的多重功能。

六、教学特色创新

英语作为一门综合素养通识课，是与思政课程同属人文社科类别的课程，两门课程的知识点都是相通的。因此要利用好这一优势，开发好英语课程思政教学，做到大格局培养，落实小课堂教学，于细微处见精神。

英语授课教师是人文学科出身，与理工科教师相比在知识带入、表达能力方面有较大优势，因而会对我们教学团队推进思政元素进课堂、入脑入心大有裨益。

根据各二级学院学生所学专业的实际情况，适当调整课程标准（融入思政知识元素）与学期教学计划及重难点教学内容。

　　教师在课堂授课内容上继续融入 ESP 专门用途英语内容，在课时有限的情况下，精准输入，有意识突出学生的专业特色，授课知识点贴近学生的所学专业内容，并将思政教学元素融入其中，寓价值观引导于知识传授之中，使本门课程与思想政治理论课程同向同行，形成协同效应，完成素质教育培养目标。

　　继续完善我们的网络课程体系，尤其在利用移动学习手机端及使用教学云平台方面进一步深入发展。

七、典型案例教学设计

表 2　案例教学设计

项目名称		Unit 6 E-learning 第六单元网上学习（英语 3）
教学分析	教学内容	Listening & Speaking 听与说
	学情分析	所教授学生为经济管理学院 2019 级电子商务班，大二第一学期，作为新一代青年，他们具有积极、聪明、乐于接受新鲜事物、喜欢网络的特点。但同时在英语方面，大部分学生基础比较薄弱，一部分同学对英语的兴趣不高，并且词汇量偏少，语法知识薄弱，缺乏英语听说和读写能力的培养和训练
	思政元素	终身学习、正确网络观、爱国主义情怀
教学目标	素质目标	Have a right attitude towards Internet. Know the importance of life-ling learning. Feel proud for the fast development of Chinese network and a Chinese 培养学生树立正确的网络观，树立终身学习的观念，引导学生为国家网络建设的快速发展而骄傲，为作为一名中国人而自豪
	知识目标	Use correct English sentences to express your ideas about E-learning. Enlarge relevant vocabularies and phrases 熟练使用正确的英语句式来表达网上学习的相关内容。扩充相关词汇和短语
	能力目标	Improve the listening and speaking abilities and skills about E-learning 掌握与网上学习相关的听说能力和技巧
教学重点		Grasp new words and expressions about E-learning& methods about word-building 掌握与网上学习相关的单词和短语以及构词法
教学难点		Use new words and expressions to talk about E-learning 使用新的英语词汇和表达谈论网上学习等相关话题
教学方法		交际型教学法、任务型教学法、合作型教学法
教学手段		多媒体教学、课程资源平台、手机应用

续表

教学实施过程				
课前				
教学环节	教学内容	教师活动	学生活动	思政元素
预习	预习本单元内容，观看平台发布网上学习的相关视频及文本	教师利用职教云平台发布任务	登录平台，完成预习任务	培养良好的学习习惯
课中				
教学环节	教学内容	教师活动	学生活动	思政元素
1. Warm-up 热身	教材中引言：Never too old to learn 活到老，学到老	通过此句引出本单元学习的话题，学习是没有止境的，而学习的方式是多种多样的，进而引出网上学习这一话题	认真理解 Never too old to learn	引导学生认识到学习是没有止境的，树立终身学习的学习观
2. Listening & oral practice 听力和口语练习	Part One：Lead-in 第一部分：导入 →Task 1：Watch the video and fill in the blanks 任务一：看视频填空（扫码可看）	观看视频了解网络学习的发展和便利 积累词汇表达：electronic learning；device；up-graded	学生观看两遍视频，完成填空	通过了解网络学习的发展，引导学生理性看待新鲜事物，同时学会客观分析优点和不足
	→Task 2：APPs and Websites used for e-learning 任务二：介绍用于网上学习的网站和应用	MOOC学院　网易公开课 得到　edX	掌握网上相关学习的方法和平台	通过学习时下较为流行的网上学习平台和手段，结合自身网络课程学习情况，引导学生打开视野，拓宽学习渠道，利用多种网上资源，丰富学习资料，加强学习

教学环节	教学内容	教师活动	学生活动	思政元素
	Part Two：Listening & Speaking 第二部分：听与说 →Task 1：Listen to the dialogues and fill in the blanks 任务一：听对话填空	 A. Lead the students to read the new words and expressions and explain their meanings 学习生词和短语 B. Let the students listen to the recording twice and ask them to fill in the blanks 播放两遍录音，学生填空 C. Check the answers 检查答案	①学习生词和短语 ②认真听对话，完成填空 ③核对答案	两段听力分别讨论了如何使用网络学习以及网上学习的利弊。通过学习，引导学生认识到网络是把双刃剑，在线学习能够实现自我提高，而沉迷网络会对自身成长和发展造成危害。事物都具有两面性，引导学生一分为二看问题
	→Task 2：Watch the video and make a dialogue 任务二：看视频做对话	 （1）Learn the useful expressions about e-learning 学习网上学习相关表达 （2）Play the sample video twice 播放两遍视频 （3）Set aside some time for students to work in groups to organize their own scene according to the given situation and sample video 学生分组练习对话 （4）Invite one or two groups to perform their scene 邀请一两组同学上台展示对话。	①学习相关表达 ②练习对话 ③展示对话	网络学习的普及离不开中国网络建设的快速发展。引导学生为国家网络建设的快速发展而骄傲，为是一名中国人而骄傲

续表

教学环节	教学内容	教师活动	学生活动	思政元素
	→Task 3：Listen to the song *Live and Learn* and then fill in the blanks 任务三：听歌曲 *Live and Learn* 填空	 （1）Introduce the song simply and let the students enjoy it 歌曲赏析 （2）Ask the students to fill in the blanks 听歌曲填空 （3）Check the answers 核对答案	①欣赏歌曲 ②歌曲填空 ③核对答案	通过歌曲引导学生明白学无止境，即使毕业后也有很多需要学习的东西
3. Summary 总结	Summary 总结	Review the useful expressions and listening skills learnt during the period 总结复习本课和网上学习主题有关的表达和听力技巧	总结本课内容	总结所学
4. Homework 作业	通过英语趣配音应用完成一段和网上学习相关的配音	 老师布置手机应用中英语趣配音的配音任务	课下完成配音作业	①巩固所学 ②学以致用 ③充分发挥课代表的作用，巩固课堂教学效果
课后				
教学环节	教学内容	教师活动	学生活动	思政元素
Review 复习	Review what have been learnt during the period 复习所学	Review the new words and useful expressions learnt during this period 复习生词和短语 Talk about E－learning with your friends in English 与同学练习用英语谈论网络学习	①复习生词短语 ②练习学会用英语谈论网络学习话题	复习巩固所学知识

续表

教学效果	1. 教学与育人相结合，语言学习与课程思政两手抓，能够在课程内容中合理、适量、适当地融入思想教育的内容，培养学生树立终身学习的观念，学会一分为二地看待问题，利用网络便利的同时，也要警惕网络的消极影响 2. 线上与线下相结合，实体课堂与虚拟网上资源和平台相配合。利用智慧职教网络平台布置课前、课后任务，利用手机英语趣配音软件完成英语口语的模仿练习，真正将所学主题"E-learning"落实到教学实践中去
反思改进	1. 英语课程教学不仅仅是语言基础知识的传授，它还关系到大学生人文素养、家国情怀的培育，找准英语学科教学和思政教育的最佳契合点是授课教师必须思考的问题 2. 进一步挖掘思想政治融入英语课堂的多样化形式，教师进一步加强思政内容的理解和学习，同时集思广益，丰富思政教学手段，增强教学效果 3. 学生普遍乐于接受基于网络的各种新的学习形式，如手机应用、网上学习平台等，应在今后的教学中继续加强教师自身的学习，加强教研，充分利用现代科技丰富教学手段，提高学生学习英语的兴趣

八、典型数字化资源展示

Before an Amazing Travel

Introduction to Minimalism

Amazing Travel

Teamwork

Valuable Friendship

我爱学英语

就业与创业教育课程思政设计与实施

负 责 人：肖方、张如意

团队成员：刘易鑫、翟鸿萱、马俊红、张梦龙、霍琳、李诗芯、田洪军、韩晓庆、翟嘉莉（辅导员）、李忠波、王珍奇（党务工作者）、杨玉兰、王妍、王璐、王春媚

一、课程定位

（一）课程名称

就业与创业教育

（二）适用专业

所有高职专业

（三）课程性质

高职所有专业学生必修的公共基础课

（四）课时

40学时，总学分2.5学分。第一学期认识篇，6学时；第二学期规划篇，12学时；第三学期发展篇，12学时；第四学期实践篇，10学时。

二、教学目标

通过《就业与创业教育》课程的学习，提高高职学生就业竞争能力及创新创业能力。通过课程思政建设，激发学生的家国情怀，增强民族自信心和自豪感，向学生传递诚信公平的理念，鼓励学生勇于探索、敢为人先的进取精神，引导学生遵纪守法、诚实守信，形成良好的职业素养，教育引导学生把学习奋斗的具体目标同民族复兴的伟大目标结合起来，将小我融入大我，认识到高等职业教育与国家战略目标和个人的发展目标高度统一。

（一）认识篇

1. 素质目标

正确认识高职，提升对职业教育和高职院校的认同感。培养学生的爱国情怀、社会责任感；增强高职学生就业、创业的自信心；树立正确的求学观、择业观和成才观。

2. 知识目标

了解高职是一种类型教育，认识高等职业教育的地位；理解高等职业教育对经济、社会的重要性；了解专业、职业和就业等概念，理解三者之间的关系；明确合格的高职毕业生应当达到的标准。

3. 能力目标

确定自己高职选择的正确性；明确目标，科学地规划高职阶段的学习；以就业为导向，制订个人高职阶段《专业学习规划》。

（二）规划篇

1. 素质目标

树立职业生涯发展的自主意识，培养目标意识，引导学生珍惜当下时光，努力拼搏奋斗；正确认识自己，形成积极乐观向上的心态；树立职业生涯设计的独立意识；帮助学生养成规划的意识。

2. 知识目标

了解职业的含义、特点和分类，所学专业与未来职业的关系、职业与社会的关系，以及当前对技能型人才的需求；了解职业生涯的含义、内容、作用等理论知识；理解并掌握高职生职业生涯规划的实施、影响因素、职业锚的含义和分类，职业测评的含义、作用、内容及职业生涯设计的含义、内容。

3. 能力目标

确立职业的概念和意识，合理调整就业预期，积极主动地对个人的职业生涯发展和适应社会做出规划和准备；掌握基本的自我探索技能、信息搜索与管理技能、生涯决策技能、求职技能、沟通技能、问题解决技能、自我管理技能和人际交往技能等；能够独立完成个人职业生涯规划书的写作。

（三）实践篇

1. 素质目标

树立端正的求职心态，形成正确的求职观和职业观，正确认识劳动价值，强化学生尊重劳动、热爱劳动的意识；培养学生爱岗敬业的精神和诚实守信的品质；树立法治意识，学会运用法律武器保护自己在求职中的合法权益。

2. 知识目标

了解并准确把握市场需求，掌握搜集就业信息、撰写求职材料的基本理论知识；了解面试的基本常识，设计自我形象，掌握基本的社交礼仪；了解面试官的类型，掌握面试程序及类型；了解就业的相关政策及制度、就业的一般流程，掌握就业协议书和劳动合同的相关内容；了解岗位实习的目的及作用。

3. 能力目标

培养学生敏锐捕捉就业信息、撰写求职材料的能力；做好个人形象设计，学会自我介绍、克服紧张情绪、灵活回答各种压力问题的技能；认同岗位实习的价值和作用，在岗位实习中取得较好的收获；培养学生的法律意识，使学生做到知法、用法并具有维护自己合法权益的能力，提高求职质量和求职成功率。

（四）发展篇

1. 素质目标

树立学生的创新意识，培养学生敢为人先、勇于探索的创新精神，培养分析问题和解决问题的能力，正确认识创新创业中面临的困难和挫折；培养学生具备企业家精神，树立社会责任意识，培养学生的家国情怀，提升学生的民族自信心和自豪感；引导学生树立诚信创业、公平交易的意识。

2. 知识目标

了解创新、创新思维的含义，创新思维的特征，创新思维障碍的类型；理解常用创新方法的特点及流程；了解不同的创新方法及创业项目类型；掌握撰写《创业计划书》知识和技巧，熟悉创办企业的具体程序及相关的法律法规。

3. 能力目标

掌握创新思维形成的方法及克服创新思维障碍的技巧，并应用到实际学习生活中；掌握创新方法的特点和步骤，并应用相关创新方法开展创新创业活动；学会科学有效地选择适合自身创业项目的技巧和方法，能够准确清晰地表达自己的创意，学会对目标市场和竞争对手的情况进行了解和分析，提高创新创业能力。

三、教学方法及手段

(一) 灵活多样的教学方法

根据不同专业的学生，运用不同的教学案例，结合不同类型用人单位的实际，将教材内容与授课对象相结合，创造性地发挥体验式、启发式、互动式等相结合的动态教学方式，采取情景模拟训练、小组讨论、师生互动、角色扮演、头脑风暴等方法充分调动学生的积极性，突出学习重点，增强感性认识，提高实践能力，提高综合素质和职业素养。

(二) 现代化的教学手段

利用现代化多媒体教学手段，设计制作出包括文字、图片、音乐、动画、微课等多媒体课件，让学生更加容易理解学习内容。建立网络学习平台，为学生自学以及交流提供平台。运用 QQ 群、微信群等构建师生互动平台，根据情况实施一对一辅导。

将课堂延伸到校园、企业、社会、家庭中，使学生、家长、社会都参与到学校的教学中，实现"四方联动"，建立起学校、家庭、企业和社会的有机联系。邀请企业专家到校宣讲，帮助学生了解企业，了解用人需求；邀请就业创业指导专家到校讲座，提升创新创业能力；邀请成功校友到校座谈，分享就业创业经验。

四、教学设计

落实立德树人根本任务，将习近平新时代中国特色社会主义思想有效融入教材、课堂和头脑。贯穿一条主线：以习近平新时代中国特色社会主义思想为指导，引导学生认识新时代选择高职教育的必要性，认知认同接受高职教育，做好职业生涯规划，树立端正的求职观和事业观，做到爱岗敬业，树立创新意识，培养创新精神，将立德树人根本任务贯穿于课程始终，弘扬劳模精神和工匠精神，培养新时代的劳动者。

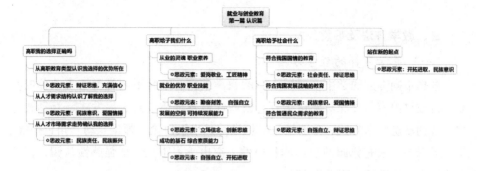

图 1　认识篇思政元素教学设计及思政点融入思维导图

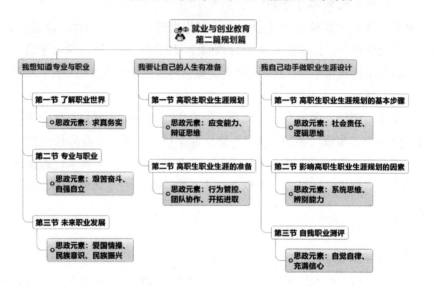

图 2　规划篇思政元素教学设计及思政点融入思维导图

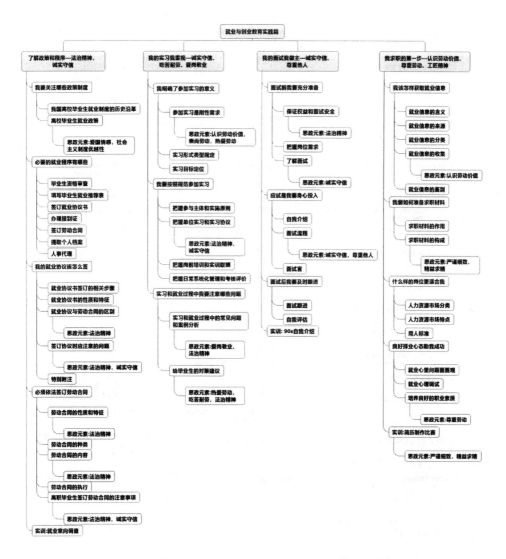

图3　实践篇思政元素教学设计及思政点融入思维导图

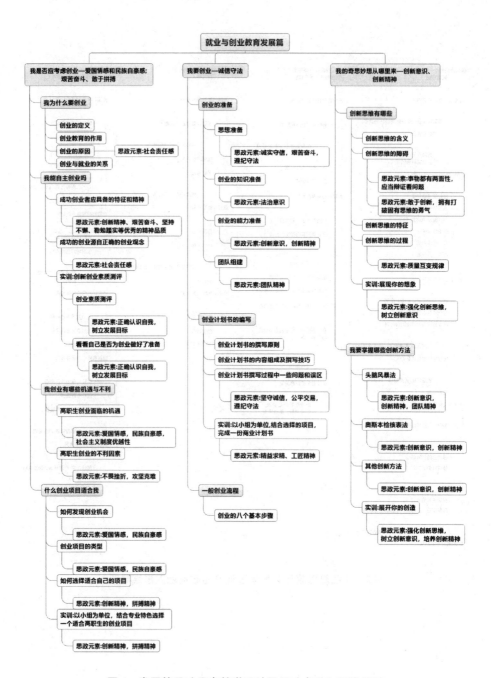

图4　发展篇思政元素教学设计及思政点融入思维导图

表 1　课程教学内容体系

模块一：认识篇		
项目1：高职我的选择正确吗	内容	了解高职教育是一个类型；重点理解高职教育不可或缺、不可取代的重要性；认识产业结构优化升级对人才需求结构变化的影响
	思政元素	辩证思维、家国情怀、责任意识
	呈现方式	通过学习文件、国家发展数据等，使学生明确选择高等职业教育是正确的，认识到高等职业教育在国家建设和经济社会发展中的作用，明确高职生的责任与担当
项目2：高职给予社会什么高职给予我们什么	内容	了解高职教育对经济社会发展的适应性和前瞻性；重点理解高职毕业生的就业优势；了解企业的用人标准、高等职业教育的培养目标及二者之间的关系
	思政元素	爱岗敬业、民族责任
	呈现方式	通过学习改革开放精神、大国工匠案例，使学生认识到区域经济的发展需要人才支撑，高等职业教育与国家战略目标、个人的发展目标高度统一
项目3：站在新的起点	内容	具有科学规划高职阶段学习的能力；具备以就业为导向、制订个人高职阶段《专业学习规划》的能力
	思政元素	自觉自律、自强自立、充满信心
	呈现方式	通过分析优秀毕业生案例，使学生认识到人才是第一资源，中国特色社会主义进入了新时代，迫切需要数以千万计的高素质高技能型人才，高职毕业生在人才招聘市场十分抢手
模块二：规划篇		
项目1：我想知道专业与职业	内容	了解职业的含义、特点和分类；重点理解所学专业与未来职业的关系，职业与社会的关系；了解当前对高素质技术技能人才的需求和当代社会职业发展变化的趋势
	思政元素	艰苦奋斗、自强自立、爱国情操
	呈现方式	通过学习脱贫攻坚战的全面胜利，激发学生的爱国情感和民族自豪感，坚定拥护中国共产党领导和社会主义制度，在习近平新时代中国特色社会主义思想的指导下，践行社会主义核心价值观，确定个人的努力方向，奋发学习，报效祖国

项目2：我要让自己的人生有准备	内容	了解并掌握职业生涯的含义、内容、作用、准备等方面的理论知识；理解学校和职场的差别、学生和职业人的差别，以及初入职场可能会面临的问题和解决方式
	思政元素	应变能力、辩证思维、团队合作、开拓进取
	呈现方式	通过学习优秀毕业生案例，引导学生掌握提高自身的就业能力，认识到应变能力、行为管控能力、团队协作能力与艰苦奋斗、开拓进取的重要性。坚定理想信念，进一步增强个人就业、创业的信心
项目3：我自己动手做职业生涯设计	内容	理解并掌握高职生职业生涯规划的实施、影响因素、步骤和基本要求等方面的知识；了解职业锚的含义和分类；了解职业测评的含义、作用、内容和职业生涯设计的含义、内容
	思政元素	开拓进取、创新意识、社会责任
	呈现方式	通过观看京津冀协同发展视频，使学生认识到在京津冀协同发展上升为国家战略后，成了我国经济发展充满活力的地区。为具有就业优势的高职毕业生提供了一个展示自己的平台，一个实现人生价值的机会，一片自我发展的广阔天地
模块三：实践篇		
项目1：我求职的第一步	内容	了解市场需求；理解并掌握搜集就业信息、撰写求职材料的相关知识；了解求职心理调整的一些方法
	思政元素	认识劳动价值，尊重劳动，具备严谨细致、精益求精的工匠精神
	呈现方式	通过对优秀学生简历及企业招聘案例等文本进行分析，组织学生进行分组讨论，通过分析优秀简历具有的特征以及企业招聘案例中应聘人员的经验做法，引导学生在就业材料准备工作过程中，要认真细致，精益求精，充分认识到每一个岗位的价值，尊重劳动，热爱劳动

续表

项目2：了解政策和程序	内容	了解就业政策和制度；掌握高职生的就业流程；理解就业协议书和劳动合同的特点和区别；了解就业过程中的相关法律知识
	思政元素	社会主义制度的优越性，法治意识，法治精神
	呈现方式	通过对典型学生就业案例及国家相关政策文件的分析，帮助学生了解国家当前针对高职院校毕业生就业的相关政策及法律法规，了解学院学生借助政策帮扶实现优质就业的案例，让学生充分认识到国家的这些就业帮扶政策充分体现了社会主义制度的优越性，强化学生的法治意识和法治精神，当代高职生应当主动了解和学习相关政策，并学会运用法律来维护自身的合法权益
项目3：我的面试我做主	内容	熟悉求职过程中的相关法律知识和政策，在对方针政策和法律法规的学习过程中，充分认识我国社会主义制度的优越性，树立法治意识，培育法治精神
	思政元素	认真严谨，注重细节，工匠精神，诚实守信，尊重他人
	呈现方式	通过观看成功面试案例及失败面试案例的视频，组织学生进行探讨，引导学生明确面试时全方位综合素质的考核，学生在准备和参与面试的过程中，要秉持精益求精的态度，注重细节的谋划，在面试过程中做到诚实守信，注重面试礼仪，做到尊重他人
项目4：我的实习我重视	内容	了解岗位实习的目的及作用；掌握顶岗实习的基本流程；理解并掌握就业过程中的常见问题及解决方法
	思政元素	热爱劳动、吃苦耐劳、诚实守信品质，爱岗敬业、拼搏奋进精神
	呈现方式	通过学习国家重大产业及行业的介绍，学习岗位实习相关的政策文本，帮助学生了解企业及岗位实习相关的信息，引导学生了解我国产业结构的整体情况，充分认识各行各业的价值，培养热爱劳动、拼搏奋进的品质；明确岗位实习的作用，培养吃苦耐劳、爱岗敬业、诚实守信的品质

模块四：发展篇		
项目1：我的奇思妙想从哪里来	内容	了解创新、创新思维的含义，创新思维的特征，创新思维障碍有哪些；掌握创新思维形成的过程，克服创新思维障碍的技巧；理解并掌握头脑风暴、奥斯本检核表法等常用创新方法的使用技巧
	思政元素	创新意识，敢为人先、勇于探索的创新精神
	呈现方式	通过对科学家、发明家等名人案例的分析，引导学生充分认识到创新在科技发展和社会进步方面的价值，帮助学生树立创新意识，培养敢为人先、勇于探索的创新精神
项目2：我是否应该考虑创业	内容	了解什么是创业、创业与就业的关系、为什么要创业；掌握创业者应具备的品质；了解创业过程中的机遇与不利条件；了解高职学生创业从何处入手及目前都有哪些主要的创业方式；掌握选择适合自身的创业项目的方法
	思政元素	拼搏奋进的精神，国家制度优越性，民族自信心和自豪感
	呈现方式	通过对优秀毕业生创业项目案例、其他创业项目案例进行分析，帮助学生了解国家在推动"大众创业、万众创新"方面颁布的政策法规，充分认识到鼓励创新创业是社会主义制度优越性的重要体现；在学习优秀创业者创业故事的过程中，树立拼搏奋进、勇于创新的精神，增强社会责任感和民族自信心
项目3：我要创业	内容	了解高职学生创业前应具备的条件及创业的一般流程；掌握创业计划书的撰写技巧及优秀的创业计划书应考虑的关键因素和环节；了解创业过程中可能出现的一些问题和风险
	思政元素	诚信守法、公平交易、法律意识
	呈现方式	通过对创新创业涉及的相关政策文件及法律法规的介绍及讲解，帮助学生了解在创业过程中可能遇到的法律风险，引导学生树立诚信创业的意识，在创业过程中遵纪守法，诚信经营，公平交易，并懂得运用法律武器维护自身在创业过程中的合法权益

五、实施成效

（一）实施班级具体情况

2020—2021（一）学期，认识篇课程思政建设成果在机械工程学院 2020 级高职生共计 18 个班级使用，约 600 名学生。2020—2021（二）学期，规划篇课程思政建设成果在全校四个二级学院大二年级的高职生中使用，约 3000 人。2021—2022（二）学期，实践篇课程思政建设成果在电子信息与自动化学院 24 个班级使用，近 1000 名学生。

（二）教学资源

在原有教学资源库基础上充实新文件新精神、优秀毕业生典型案例、微课、录课视频、动画、习题、职教云网课课程等。

认识篇课程网址：https：//zjy2. icve. com. cn/expertCenter/process/edit. html？courseOpenId＝r38caxssl5fpapqmbzcsoa&tokenId＝5cagaiktzkfhlfjb3yhumg

规划篇课程网址：https：//zjy2. icve. com. cn/expertCenter/process/edit. html？courseOpenId＝gh3zanwsvphg8lrewuwjxw&tokenId＝rnubadwsblriqsf4velvqg

实践篇课程网址：https：//zjy2. icve. com. cn/design/process/edit. html？courseOpenId＝aia5aee uq6tdzv1klzprq

发展篇课程网址：https：//zjy2. icve. com. cn/design/process/edit. html？courseOpenId＝qcgfa weujj5j3zxstafmsa

（三）具体实施情况

团队成员定期集体教研，完善修订融入课程思政的课程标准；制作融入课程思政的教学 PPT；设计完整的课程思政教案和教学进度计划；完成 10 个微课作品、10 个授课视频、6 个动画；建设职教云网上课程；收集优秀学生案例，举办系列工匠精神大讲堂。在授课中取得了良好的教学效果，教学评价良好。

六、教学特色创新

贯彻落实党的教育方针，秉承学院"修德育能、日见其功"的办学理念，与全员全过程全方位的"三全"育人思想政治工作格局和"十大"育人体系相结合，促进《就业与创业教育》课程思政改革。

（一）使用具有高职学生针对性的特色教材

使用戴裕崴担任主编、高教社出版的《高职生职业生涯规划和就业创业指导》教材。

（二）建成教学资源库和线上开放课程

该课程已建成包括教案、素材、题库等的教学资源库。主讲教师参与完成高教社牵头的教材配套线上开放课程建设，全国已有近万名师生学习使用，对校内学生免费开放。不断完善和充实教学资源库。疫情防控期间，利用教学资源和线上平台完成了教学任务，教学效果良好。

（三）新时代先进人物进课堂

发挥新时代先进人物的榜样示范作用，邀请国家级和市级劳动模范、大国工匠、优秀毕业生等入校讲座，教育引导广大学生坚定理想信念、坚定"四个自信"，为学生讲述改革开放故事、科研报国故事、创新创业故事、青春奋斗故事等，以丰富阅历和家国情怀感染学生、引领学生，教育引导学生把学习奋斗的具体目标同民族复兴的伟大目标结合起来，将小我融入大我，立志做出新时代大学生的贡献。

（四）发挥社会实践的育人功能

加强实践教育，与新时代实践活动相结合，带领学生参加社会实践，赴企业、学校等地观摩学习，在实践中受锻炼、增知识、长才干。引导广大学生在实践体验中深入学习领悟习近平新时代中国特色社会主义思想的伟大历史成就，坚定跟党走中国特色社会主义道路的理想信念，努力成长成才，创新创造，建功立业。

七、典型案例教学设计

表 2　案例教学设计

项目名称		高职——符合我国国情的教育
教学分析	教学内容	我国的基本国情；高等职业教育的发展战略；高等职业教育的培养目标
	学情分析	大部分同学对高等职业教育的认识还不清楚，选择高职教育具有一定盲目性和无奈性，不了解高等职业教育的特色和优势，对毕业后的就业创业没有信心
	思政元素	家国情怀、爱国励志、民族责任、工匠精神
教学目标	素质目标	树立正确的学习观和人才观
	知识目标	了解高职教育为国家社会经济建设提供重要的人力资源支撑，符合我国国情的教育
	能力目标	了解经过高职学习，要成为什么样的人，要具备哪些能力，怎样才能成为促进经济社会发展和提高国家竞争力的优秀人才

项目名称	高职——符合我国国情的教育			
教学重点	我国的基本国情；高等职业教育的培养目标			
教学难点	高等职业教育作为与经济发展有着最本质的、最紧密的、最直接联系的教育类型，是动手与动脑相结合的教育，这是高等职业教育的优势所在，也是高等职业教育具有广阔就业空间的根本			
教学方法	讲授、案例分析、师生互动、分类指导			
教学手段	多媒体课件、微课、视频动画			
教学实施过程				
课前				
教学环节	教学内容	教师活动	学生活动	思政元素
课前准备	第二章第一节符合我国国情的教育	布置调查内容	查阅了解我国的基本国情	家国情怀
课中				
教学环节	教学内容	教师活动	学生活动	思政元素
小组讨论	我国的基本国情	"国情"是什么？具体表现是什么	学生分组讨论，踊跃发言 学生A：我们国家大，人口多；我们国家底子薄、生产力不发达 学生B：我国还有一些贫困的家庭 学生C：中国特色社会主义进入了新时代，全面建成小康社会取得伟大的历史性成就，脱贫攻坚战取得了全面胜利	家国情怀

教学环节	教学内容	教师活动	学生活动	思政元素
教师小结	我国的基本国情	国情是一个国家客观存在的基本事实。我们国家的国情包括许多方面，但最根本的是我国正处于并将长期处于社会主义初级阶段，我国是世界上最大的发展中国家	学生认真听讲并思考	辩证思维 实事求是
师生互动提问	高等职业教育的发展战略	教师：同学们，大家了解了我们的国情，那么我们应当怎样应对呢	学生 D：选择适合我国国情的发展模式 学生 E：把"人口多"的压力变成潜力，成为人力资源 学生 F：我们还要成为人力资源的大国、人力资源的强国	辩证思维 家国情怀
教师小结	高等职业教育的发展战略	选择适合我国国情的发展模式：将人口、资源、环境等方面的巨大压力，转换为巨大的发展潜力和发展空间；充分利用丰富的人力资源，有效地促进经济增长与社会转型；促使我国从人口负担大国向人力资源大国进而向人力资源强国转变	学生理解国家坚持教育优先发展、建设人力资源强国的重大战略行动	辩证思维 实事求是

教学环节	教学内容	教师活动	学生活动	思政元素
教师讲解	高等职业教育的发展战略	高等职业教育针对我国国情，采取了怎样的发展战略 2014年6月，在全国职业教育工作会议上，习近平总书记就加快职业教育发展作出重要指示。他强调，职业教育是国民教育体系和人力资源开发的重要组成部分，是广大青年打开通往成功成才大门的重要途径，肩负着培养多样化人才、传承技术技能、促进就业创业的重要职责，必须高度重视、加快发展。2019年1月，国务院印发了《国家职业教育改革实施方案》，明确提出"职业教育与普通教育是两种不同教育类型，具有同等重要地位"。2021年4月，习近平总书记对职业教育工作作出重要指示强调，在全面建设社会主义现代化国家新征程中，职业教育前途广阔、大有可为	学生收看视频 http：//tv. cctv. com/2014/06/23/VIDE1403521921415924. shtml，理解并认同高等职业教育的发展战略	爱国励志 民族责任

续表

教学环节	教学内容	教师活动	学生活动	思政元素
教师讲解学生互动	高等职业教育的培养目标	启发式和学生讨论高职教育的培养目标 高职教育培养目标： 1. 要爱国、励志、求真、力行，具有良好的职业道德、敬业精神和遵纪守法意识，有着高度的社会责任感、诚信品质，以及吃苦耐劳、乐于奉献等优良品质 2. 熟练掌握专门知识和技术，具备精湛的操作技能，能解决实际工作中的难题，具有职业岗位所必备的技术应用能力 3. 掌握本专业高新技术和知识，具有建立在技术引进、改造、管理、成果转化及发明创新等方面能力基础上的就业竞争力 4. 为保持个人在未来社会的持续发展，具有终身学习理念和提高学习的能力 5. 具有交流沟通、团队协作精神，具备社会适应能力	学生认识到经过高职学习，要成为什么样的人，要具备哪些能力，怎样才能成为促进经济社会发展和提高国家竞争力的优秀人才	

续表

教学环节	教学内容	教师活动	学生活动	思政元素
师生诵读学习	习近平总书记对大学生的寄语	学习习近平总书记对大学生的寄语,如:大家要志存高远,脚踏实地,学好知识,打好基础,增长才干,将来为中华民族伟大复兴贡献自己的智慧和力量 ——2019年7月16日,习近平考察内蒙古大学时强调我们现在迎来了从站起来、富起来到强起来的阶段,我们要把学习的具体目标同民族复兴的宏大目标结合起来,为之而奋斗。只有把小我融入大我,才会有海一样的胸怀,山一样的崇高 ——2019年1月17日,习近平考察南开大学时强调 师生讨论:学习了习近平总书记对当代大学生的寄语,大家有什么感想	集体诵读习近平总书记对大学生的寄语,感受习近平总书记对当代大学生的殷切期望。激发学生的家国情怀、民族责任感和自强自立的信心 学生A:习近平总书记对青年大学生寄予厚望,我非常感动,要牢牢记住 学生B:我们一定不辜负总书记的殷切期望,用一生来践行跟党走的理想追求 学生C:我们要像总书记要求的"知行合一,做实干家"	家国情怀 民族责任 自强自立

续表

教学环节	教学内容	教师活动	学生活动	思政元素
教师讲解	课堂总结	通过以上的学习和探讨，我们得出三个结论：1. 高职教育符合我国社会经济发展的客观要求；2. 高职教育助力我们成长成才；3. 我们要把当前的学习作为新起点，使其成为奉献社会、实现自我价值的阶梯。相信同学们会在成长的路上，把个人目标融入国家发展战略，为实现中华民族伟大复兴的中国梦，立鸿鹄志，做奋斗者！		

课后				
教学环节	教学内容	教师活动	学生活动	思政元素
结合自身思考	第二章第一节 符合我国国情的教育	思考：为什么说高等职业教育与国家战略目标，与我们个人的发展目标高度统一	学生 A：习总书记对青年大学生寄予厚望，我非常感动，要牢牢记住 学生 B：我们一定不辜负总书记的殷切期望，用一生来践行跟党走的理想追求 学生 C：我们要像总书记要求的"知行合一，做实干家"	辩证思维 爱国励志
教学效果	通过以上的学习和探讨，同学们认同高职教育符合我国社会经济发展的客观要求；高职教育助力我们成长成才；要把当前的学习作为新起点，使其成为奉献社会、实现自我价值的阶梯。把个人目标融入国家发展战略，为实现中华民族伟大复兴的中国梦而奋斗			

续表

反思改进	本课程需要与时俱进，不断学习，了解最新的文件精神，更新教学案例等教学资源库。在宣传国家政策的同时，调动学生听课的主动性和积极性，使《就业与创业教育》课程取得更好的效果

八、拓展阅读

金牌优秀毕业生成功创业

曹宇鹏，2015年6月毕业于天津轻工职业技术学院模具设计与制造专业。在校期间思想端正，成绩优异，综合能力突出。积极参加团学组织，参加志愿者活动，德智体美劳全面发展。获得过优秀学生干部、优秀志愿者、爱心服务标兵、自立自强标兵、金牌优秀毕业生等荣誉称号。

毕业后个人申报多项专利，2015年7月创办天津零壹科技有限公司，被天津市科学技术委员会认定为天津市科技型企业，获得天津市教育发展基金会授予的"天津市大学生创业奖学金"特等奖。他不仅是智能乐高式MES、高柔智能产线带头人，同时还参与了创业教材的编写工作，为企业创造了56个就业岗位，带动上下游就业超1000人，并对就业人员的能力升级提供了有效支撑。公司成立5年来已为国内外知名企业地区提供百余次的解决案例，为企业节约超1.5亿元，截至2020年7月已完成订单6600万元。他热心回馈学校，多次回校给在校生分享就业创业的经验。2020年参加第六届中国国际"互联网+"大学生创新创业大赛并获国家铜奖。

曹宇鹏说踏实肯干、诚信务实，是他的为人之道、经商之道。他感谢母校给他的成功创业打下了坚实基础。

图5　分享就业创业经验

九、典型数字化资源展示

（一）微课

从人才市场需求走势确认
我的选择

从人才需求结构了解
我的选择

高职——符合
我国国情的教育

高职生职业生涯成功的
基石——职业锚

高职生职业生涯
规划的基本步骤

专业与职业

大学生心理健康教育课程思政设计与实施

负 责 人：冯　宁
团队成员：周显晶（思政课教师）、任怡、吕鸿雁（学生管理教师）

一、课程定位

（一）课程名称

大学生心理健康教育

（二）适用专业

高职所有专业

（三）课程性质

大学生心理健康教育课程是高校思想政治工作的重要内容，遵循"育心与育德相统一"的原则，既有心理知识的传授、心理活动的体验，还有心理调适技能的训练等，是集知识、体验和训练为一体的综合课程。

（四）课时：32 学时

二、教学目标

（一）素质目标

通过学习本课程，使用辩证法指导自己形成合理的认知模式，具有正确义利观、成败观和得失观，具有自尊自信、理性平和、与人为善、珍爱生命的心理品质，具有不惧困难、坚持不懈的精神和积极乐观、健康向上的人生态度，具有较强的责任心和团结合作精神、良好的职业心理素养，具有坚定的理想信念并乐意为之奋斗，认同并内化社会主义核心价值观，具备深厚的爱国情怀。

（二）知识目标

通过对本课程的学习，学生了解心理学的有关理论和基本概念，明确心理健康的标准及意义，了解大学阶段人的心理发展特征及异常表现，了解自身的心理特点和性格特征，掌握自我调适的基本知识。

（三）能力目标

通过学习本课程，学生掌握自我探索技能、心理调适技能及心理发展技能，如学习发展技能、环境适应技能、压力管理技能、沟通技能、问题解决技能、自我管理技能、人际交往技能和生涯规划技能等，在遇到心理问题时能够进行自我调适或寻求帮助，积极探索适合自己并适应社会的生活状态。

三、教学方法及手段

（一）教学方法

在教学方法的选择上遵循"认同、内化、践行"的原则，选择能够有助于培养价值观和坚定理想信念的教学方法，在课堂内以小组合作法和案例讨论法为主，促进核心价值观的形成和高尚品德的内化；在课堂外以社会观察任务和作品创作任务实现认同升华和践行传播；再结合讲授法、角色扮演法、任务驱动法、项目教学法、参观教学法、心理测验法等特色教学方法，实现思政元素的融会贯通。通过职教云、QQ群、学习强国、微信公众号等方式将微课、电影歌曲、文章等课程思政教学资源推送给学生，学生在线自主学习，记录学习体验和感悟，在潜移默化中引领学生价值观。

（二）教学手段

在课程教学中，注意体现教师引导教学与学生自主学习的有机结合，尊重学生学习的主体地位；注重理论与实践相结合，引导学生培养理性思维与创新思维；注重发挥专业特色，创造有用、有趣、有力的课程教学。

四、教学设计

在整体课程设计上，遵循融入思政元素的"1234"全景式教学设计模式，即一个指导是指习近平新时代中国特色社会主义思想。两条主线是指一条是凝聚中国力量：社会主义核心价值观、中华优秀传统文化；另一条是培养理性思维：马克思主义哲学原理及方法论。三个结合是指教学与实践相结合、全域覆盖和重点渲染相结合、隐性和显性相结合。四个融入是指教学内容、教学方法、教学载体、评价方案相融入。

《大学生心理健康教育》
思政元素

项目一：健康中国——心有所信，方能行远

- 健康理念的发展与进步
- 《"健康中国2030"规划纲要》中关于心理健康的规划
- 道德健康的重要性
- 教师在疫情期间的心理援助服务工作经历
- 心理咨询与治疗的发展现状
- 网络游戏障碍，引导学生科学、合理、健康地使用网络
- 学校、各省市及国家的心理援助热线资源

项目二：自我意识——三省吾身，德以日进

- 主我与客我的矛盾统一
- 以发展的观点去看待自我的成长
- 自信、自尊、自我实现
- 自我同一性确立的重要性和人生意义
- 钟南山院士、医护人员、扶贫干部等案例

项目三：人格——嘉言懿行，怀瑾握瑜

- 苏洵《名二子说》
- 中国文化中对个人修养的最高要求
- 中华传统文化中"岳母刺字""画荻教子"、现代电视剧《都挺好》，与学生讨论家里是否有家风以及对自己性格的影响
- "西安音乐学院药家鑫事件"，融入"法制、道德品行和友善"等思政元素的教育

项目四：情绪——淡泊明志，宁静致远

- 视频《火神山医院护士长，收到母亲去世消息悲伤不已，三鞠躬后又投入到工作中》，引导学生树立正确的价值观、职业素养
- "2013年上海复旦大学投毒案"，引导学生树立理性平和的心态
- 总书记提出的"奋斗幸福观"，树立正确的幸福观

《大学生心理健康教育》
思政元素

项目五：人际交往——和而不同，美美与共

- 春秋时期孔子的交往准则
- 中国的对外开放政策
- 上海社会科学院举办的"庆祝改革开放40周年重要成果发布研讨会"《上海"00后"青少年心目中偶像调查报告》
- 红色爱情：周恩来与邓颖超；夏明翰与郑家钧
- 视频《疫情下医护人员的爱情》

项目六：学习和职业规划——非学无以广才，非志无以成学

- 周恩来"为中华之崛起而读书"，引导学生树立正确的学习动机，将个人发展与国家和社会发展关联，引导学生树立远大理想，树立和践行社会主义核心价值观，动员学生为实现"两个一百年"奋斗目标、实现中华民族伟大复兴的中国梦而勤奋学习、努力工作
- 能力发展——创新能力
- 目标管理——理想信念
- 时间管理——责任担当

项目七：挫折应对——千磨万击还坚劲，任尔东西南北风

- 视频《中国机长》片段，引导学生辩证看待顺利与挫折、成功与失败
- 抗战时期，革命烈士的事迹
- 中国历代仁人志士的生平故事，学习他们在面对各种险恶情境时如何冷静分析，沉着应对，引导学生勇于接受人生的挫折和压力的挑战，认真分析，理性对待，正确面对人生的生死、得失、顺逆和苦乐

项目八：生命教育和危机干预——宝剑锋从磨砺出，梅花香自苦寒来

- "云南大学马加爵事件""复旦大学投毒案""西安音乐学院药家鑫事件""史学天才林嘉文患抑郁症自杀事件"，引导学生正确应对挫折，树立法治意识
- 国家和各省市心理危机干预热线资源
- 《生命的顽强与脆弱——汶川大地震中的生命奇迹》
- 通过理论讲授引导学生认识到心理危机干预的成功，需要国家、社会和个人的共同努力。将"富强""敬业""友善"价值准则贯穿其中

图 1　思政元素思维导图

表 1　课程教学内容体系

模块一：知识积累		
项目： 健康中国 —— 心有所信， 方能行远	内容	健康中国视域下新时代心理健康；大学生心理困惑及异常心理；大学生心理健康的自我保健；大学生心理咨询
	思政元素	政治认同、家国情怀、人文精神、责任担当、社会主义核心价值观、职业素养、爱校情怀、中华优秀传统文化、马克思主义哲学原理及方法论
	呈现方式	运用马克思主义基本观点和以全面、辩证、发展的眼光认识心理发展及其变化规律，以理性平和的心态，面对可能出现的各类心理健康问题，积极乐观地对待生活；明确道德在人生发展中的意义
模块二：能力提升		
项目： 自我意识 —— 三省吾身， 德以日进	内容	大学生自我意识的特点；自我意识偏差及其调适；健全自我意识的塑造
	思政元素	责任担当、社会主义核心价值观、职业素养、文化自信、人文精神、道德修养、唯物史观、中华优秀传统文化、马克思主义哲学原理及方法论
	呈现方式	用唯物史观进行自我意识探索与心理健康检测；将个体层面的自我意识探索上升至国家层面的探索，联系中国特色；社会主义发展的历史进程，增强对"四个意识""四个自信""两个维护"的认识和认同
项目： 人格—— 嘉言懿行， 怀瑾握瑜	内容	人格概述；大学生的人格特征；人格发展异常的表现与评估；大学生人格完善的途径和调适方法
	思政元素	政治认同、家国情怀、人文精神、责任担当、社会主义核心价值观、职业素养、爱校情怀、中华优秀传统文化
	呈现方式	在健康人格的培育上，用榜样人物作为案例，帮助大学生正确认识健康人格的内涵和价值。用"幸福都是奋斗出来的"理念，激励大学生"做有担当、有作为的大学生"，在实现中华民族伟大复兴中国梦的生动实践中放飞青春梦想

项目： 情绪—— 淡泊明志， 宁静致远	内容	情绪概述；大学生情绪特点及其影响；不良情绪的表现及调适；培养良好的情绪
	思政元素	社会主义核心价值观、职业素养、文化自信、人文精神、责任担当、理想信念、家国情怀、马克思主义哲学原理及方法论、中华优秀传统文化
	呈现方式	引导大学生运用马克思主义哲学的方法分析事物，树立合理认知；鼓励大学生从追求"小我"境界的"幸福感"，向追求"大我"境界的"幸福感"跨越，在自我实现的道路上，为社会做出更大的贡献
项目： 人际交往 —— 和而不同， 美美与共	内容	人际关系概述；大学生人际交往及影响因素；大学生人际交往原则及技巧；大学生人际关系障碍及调适；大学生恋爱心理
	思政元素	政治认同、社会主义核心价值观、四个自信、仁爱之心、人文精神、家国情怀、马克思主义哲学原理及方法论、中华优秀传统文化
	呈现方式	强化大学生与他人、集体、国家的联结意识和体验，增强集体感、归属感和家国情怀。通过红色爱情故事，引导学生培养正确的婚恋观
项目： 学习和 职业规划 非学无以 广才，非志 无以成学	内容	大学生学习心理；大学生能力发展；大学期间生涯规划
	思政元素	责任担当、社会主义核心价值观、职业素养、文化自信、人文精神、道德修养、创新精神、中华优秀传统文化
	呈现方式	引导学生把学习的具体目标同民族复兴的宏大目标结合起来；在职业规划方面，引导学生培养自身职业素养、创新精神、工匠精神，树立正确的理想信念，激发爱岗敬业的价值观
模块三：攻坚克难		
项目： 挫折应对 —— 千磨万击 还坚劲， 任尔东西 南北风	内容	挫折概述；挫折的产生与特点；挫折对大学生心理的影响；挫折应对
	思政元素	责任担当、社会主义核心价值观、职业素养、文化自信、人文精神、马克思主义哲学原理及方法论、中华优秀传统文化
	呈现方式	结合中国近现代史上伟大艰苦的斗争，引导学生更加爱党爱国，努力奋斗。通过中国历代仁人志士的生平故事，引导学生勇于接受人生的挫折和压力的挑战

续表

项目：生命教育和危机干预——宝剑锋从磨砺出，梅花香自苦寒来	内容	生命的意义；大学生心理危机的表现；大学生心理危机的预防与干预
	思政元素	政治认同、家国情怀、责任担当、社会主义核心价值观、职业素养、四个自信、人文精神、马克思主义哲学原理及方法论、中华优秀传统文化
	呈现方式	通过对社会案例的分析，向学生展示灾难面前人的求生欲望。通过理论讲授引导学生认识到成功的心理危机干预，将"富强""敬业""友善"价值准则贯穿其中

五、实施成效

（一）实施班级具体情况

本阶段课程面向我院大一学生开设，参与学生达 3000 余名。

（二）教学资源

在课程实施过程中，完善现有大学生心理健康教育课程标准、教学教案、进度计划和教材等资源，进一步提高心理课程思政育人功能。创建了资源丰富、架构合理的教学资源库，包括视频、音频、文本、图片、学习平台等，内容涵盖教学案例、考核试题、教学素材等，学生可以通过职教云平台进行学习和分享，极大地提高了学生学习的直观性、生动性和有效性，凸显了交互性，增强了学生的获得感。线下依托大学生心理健康教育中心（含心理咨询室、团体辅导室、宣泄室、放松室、沙盘治疗室等），丰富的心理健康教育教学资源，使教学活动发挥更加有效的作用，拓宽学校心理健康教育的广度和深度。

（三）具体实施情况

教学过程遵循学生认知规律，教学流程得当，信息化手段运用合理。在理念上，能够推崇主流价值观指引，凝聚学生的价值认同；在内容上，结合学科特点开展工作，做到思政元素与学科技能的科学结合；在效果上，增加学生的真实体验，学生获得感增强。这不仅使学生吸收了丰富实用的心理专业知识，获得心灵上的成长和能力上的提高，体验到正确的价值观引领，激活更多青春生命的正能量，还得到了学生的广泛认同和好评。很多同学在课程作业报告中指出，通过课程更加了解了自己，更加坚定了正确的价值观，有部分同学还主动预约个体心理咨询，更多同学在课堂外主动探索心理学知识，修正人际交往中的问题，更加积极地参加社团活动和志愿者工作，践行青年大学生的责任担当。

六、教学特色创新

坚持以人为本，优化课程内容的价值指引，力争人人"知心"。

关注个体感悟，重视教学互动与实践体验，达到处处"情牵"。

注重教学相长，借助全员、全方位培养，促成时时"意坚"。

推行实践育人，采取发展性综合评价方式，实现内外"践行"。

七、典型案例教学设计

表2 案例教学设计

项目名称		人格——嘉言懿行，怀瑾握瑜
教学分析	教学内容	人格概述；大学生的人格特征；人格发展异常的表现与评估；大学生人格完善的途径和调适方法
	学情分析	"00后"高职学生群体在快速的社会变革和发展中成长起来，他们有着鲜明的个性特征，但同时存在各种问题。很多学生表现出自我认知能力不够、个性躁动、行为不稳定等特征，面对现实适应性的要求，他们往往不知道如何应对，或者方法非常有限。当感到自身人格出现问题时，他们可能不知所措，无法适应环境，阻碍了自身发展。所以，帮助学生如何正确认识人格和应对人格问题，对于他们维护心理健康、提升人格适应能力具有重大现实意义
	思政元素	政治认同、家国情怀、人文精神、责任担当、社会主义核心价值观、职业素养、爱校情怀、中华优秀传统文化
教学目标	素质目标	促进大学生关注自身人格的发展，能主动完善个体能力、气质和性格等人格特征；促进大学生形成正确的人生观、世界观和价值观，培养学生家国情怀和责任担当精神，坚定理想信念，践行社会主义核心价值观
	知识目标	了解人格的概念、特征、结构和发展过程；熟悉人格发展异常的原因和大学生常见的人格缺陷；掌握大学生塑造健全人格的原则和完善人格的策略
	能力目标	学会识别人格异常与缺陷的能力；学会完善自我人格的方法与技能
教学重点		人格发展异常的原因和大学生常见的人格缺陷；塑造健全人格的原则和完善人格的策略
教学难点		识别人格异常与缺陷；完善自我人格的方法与技能
教学方法		课堂讲授、课堂活动、小组讨论、角色扮演、案例分析
教学手段		多媒体课件、视频、图片等

教学实施过程				
课前				
教学环节	教学内容	教师活动	学生活动	思政元素
激发导引，蓄势待发	气质类型	发布课前任务，组织学生角色扮演	任务一：登录职教云教学资源课程《大学生心理健康教育》，进行自主学习。任务二：通过职教云完成个人人格测验《气质类型》。任务三：通过职教云观看常见的人格障碍微课。任务四：通过职教云发布课前准备活动，随机选取 4 名学生准备情境表演	团结协作辩证思维创新意识
课中				
教学环节	教学内容	教师活动	学生活动	思政元素
合作探究，好学思辨	人格概述	采用情境体验法——让学生上台表演不同性格和不同气质类型的角色，帮助学生了解人格构成中性格和气质的不同以及各自的含义、表现及对个体的影响。在人格结构中着重讲解关于世界观、人生观、价值观的部分。通过职教云进行《气质类型测验》的心理测试，帮助学生了解自身人格状态及其与个人成长、职业发展的关系，理解当代大学生应具备的人格特征	情境表演，深刻体验。了解人格构成中性格和气质的不同以及各自的含义、表现及对个体的影响。了解人格结构中世界观、人生观、价值观的意义，明确人格与道德对人生发展的重大意义。完成心理测验，增加对自身的了解	培养正确的人生观、世界观、价值观、社会主义核心价值观等。树立远大理想，培养责任担当精神

教学环节	教学内容	教师活动	学生活动	思政元素
合作探究，好学思辨	识别人格缺陷	采用案例分析和小组讨论的方式，让学生举例说明人格障碍的表现，教师归纳总结。通过案例分析人格发挥异常的原因及影响，寻求专业帮助	案例分析和小组讨论，举例说明人格障碍的表现，着重理解个体出现人格异常对于家庭和社会发展的影响。总结人格发展异常的根源在于世界观、人生观、价值观的扭曲，强调社会主义核心价值观的引领作用	尊重他人人格差异，做到平等待人，以人为本。培养责任与担当精神，践行社会主义核心价值观。坚持培养乐观、坚毅、诚实、真诚、仁爱等积极的人格特质
	塑造健全人格	通过案例分析讲授人格完善的塑造方法。强调世界观、人生观、价值观的引导	思考理解借助社会发展和社会资源完善人格	坚定理想信念，践行社会主义核心价值观。坚持马克思主义哲学原理和方法论
课后				
教学环节	教学内容	教师活动	学生活动	思政元素
情感交流，实践升华	新知巩固和拓展提升	发布任务，督促成长，见证改变	新知巩固：完成资源库线上作业，将课程收获和感受写在资源库留言板 拓展提升：参加21天人格改善计划（学生选择自己某个性格特点进行完善，记录每天的变化，21天后将记录提交至职教云）	团结协作 人格完善 创新意识
教学效果	本课程运用情境体验法、心理测试法、小组讨论法、案例分析法、认知重塑法及行为训练法等方法，运用信息技术创设教学情境，引起学生情感共鸣，使其积极参与、畅所欲言，充分锻炼其表达能力，培养学生分析问题、解决问题的能力与团结合作意识。采用隐性渗透式，围绕课程思政理念，深入探索"知识技能传授与价值素养引领相结合"，充分梳理本门课程所蕴含的思政元素，深入挖掘本次创新教案内容所承载的思政功能。利用信息化资源平台、微课等多媒体教学资源，促进学生自助自学、自我成长			

续表

反思改进	本节课依据心理健康教育课程标准、学习者特征分析、现代教育技术理论及建构主义学习理论，以学生为本，充分信任学生，放手让学生去经历一次难忘的情感体验，让学生经历一个探索问题的过程，充分体现了学生的主体地位。这节课的一个亮点就是学生的讨论和探究过程，在此过程中培养了学生的思维能力、语言表达能力。在教学过程中，融入思政元素，如使用中国传统文化中的人物故事进行案例分析，在人格结构中采用社会主义核心价值观引领等，注重对学生世界观、人生观和价值观的培养

八、拓展阅读

周恩来的初心

《周恩来的初心》故事简介：周恩来从小学时立志"为中华之崛起"而读书，到南开学校毕业时与同学们互赠"愿相会于中华腾飞世界时"的留言，到日本留学又回国参加五四运动，再到欧洲勤工俭学又回国投身革命……他就一直在为中华之崛起而奋斗。少年定下初心，之后为之奋斗终生，周恩来这种坚定的理想信念和执着的人生追求永远是我们共产党人学习的典范。

时代先锋——扫雷英雄杜富国

《时代先锋——扫雷英雄杜富国》故事简介："你退后，让我来。"六个字铮铮铁骨，杜富国以自己的血肉之躯，掩护了战友，换来一方百姓的安全。他用生命担当使命，用青春书写荣光，诠释了新时代的英雄精神。让我们向杜富国同志致敬，向每一位甘于牺牲奉献的英雄致敬。

张桂梅和女子高中

《张桂梅和女子高中》故事简介：张桂梅说，当她走进华坪、走进民族中学、走进孤儿院这群孩子当中，本以为一两年之后就会离开，没想到一陷进去就没拔出来。"不管怎么着，我救了一代人。不管是多是少，她们后面过得比我好，比我幸福，就足够了，这是对我最大的安慰。"

九、典型数字化资源展示

好好学习　天天向上

追寻生命的意义

情绪 ABC

生命教育

需要的力量

首因效应

单片机控制技术课程思政设计与实施
——天津市高校新时代"课程思政"改革精品课

负 责 人：王春媚

团队成员：王芸惠（思政课教师）、范平平、张杰、孟帙颖、翟珈艺、李娜、李靖、孙艳、刘枫（辅导员）、张立强（企业教师）、徐庆增（企业教师）

一、课程定位

（一）课程名称

单片机控制技术

（二）适用专业

本课程适用于 3 年制或 5 年制高职院校光伏工程技术专业、风力发电工程技术专业等新能源类专业学生。

（三）课程性质

单片机控制技术是新能源类专业学生必修的一门主干专业基础课，本课程是一门能直接用于工业控制的课程，是后续专业课程学习和职业能力培养的基础，它直接影响后续专业课程的学习。

（四）课时：理论 60 学时+实践 30 学时

二、教学目标

（一）素质目标

坚定拥护中国共产党的领导和我国社会主义制度，在习近平新时代中国特色社会主义思想指导下，践行社会主义核心价值观，具有深厚的爱国情感和民族自豪感；具有严谨求实的科学态度和精益求精的质量意识；具有不拘一格的创新意识、获取新知识的能力和职业变化的自学能力；具有吃苦耐劳的职业道德和任劳任怨的敬业精神；具有良好的社会责任感和较强的工作责任心；具有团队协作精神和集体意识；具有严于律己的品质和敢作敢为的魄力。

（二）知识目标

熟悉单片机在自动控制领域的相关国家标准及环保要求；熟悉电力系统的相关技术指标及相关知识；掌握单片机仿真器和编程器使用方法；掌握 MSC51 系列单片机 C 语言基本指令；掌握常用电子元器件和芯片的检测方法；掌握典型 A/D、D/A 转换器的使用方法；掌握加、减、乘、除等子程序的调用方法；掌握 MSC51 单片机的 I/O 接口、中断、定时器等模块工作原理。

（三）能力目标

具有能熟练地查阅常用电子元器件和芯片的规格、型号、使用方法等技术资料的能力；具有能熟练地使用 C 语言或汇编语言进行电子产品软件程序设计的能力；具有能熟练地利用单片机仿真器调试硬件电路的能力；具有能分析典型的模拟、数字电路（信号的提取、电源、移相等）的能力；具有能制订电子产品开发计划和步骤，提出解决电路设计问题的思路的能力；具有查阅单片机外围电子元件的英文资料的能力；具有撰写产品制作文件、产品说明书的能力；具有一定的独立分析、设计、实施、评估的能力。

三、教学方法及手段

（一）教学方法

本课程为后续专业课程提供必要的理论和实践支撑，起到重要的基石作用。本课程把握学生成长成才目标，从价值塑造、能力培养、知识传授三个层面开展教学活动，创设了"三协同 三融入 三贯通"课程思政育人模式，对应回答"谁建设？建什么？怎么建？"三个问题（如图 1 所示）。"三协同"教师团队——专业教师（含企业工程师）、思政课教师、辅导员跨部门协同育人；"三融入"教学内容——将习近平新时代中国特色社会主义思想、"五爱"、工匠精神有机融入课程教学，坚定学生的理想与信念，培养学生的责任与担当；"三贯通"教学方式——第一课堂：传统课堂的改革，第二课堂：实践课堂的创新，第三课堂：在线课堂的建设，三种课堂融会贯通形成教学合力，促进课程思政育人目标的达成。

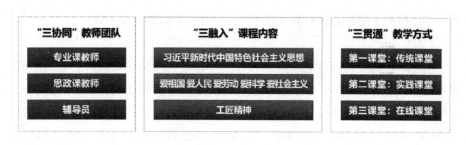

图1 "三协同 三融入 三贯通"课程思政育人模式

（二）教学手段

作为典型的理实一体化课程，其授课注重德技并修、育训结合。教师通过教研挖掘课程蕴含的思政教育资源，同时融合三类课堂，采用混合式教学培养学生的自主学习能力、诚信的学习态度、积极的创新意识，课后组织学生参加普职融通、劳动教育、企业导师讲座等活动，以此作为课上思政育人的有力补充。

四、教学设计

单片机控制技术课程作为光伏工程技术专业的专业核心课程，开设在高职二年级。按照我院光伏工程技术专业人才培养定位"为国家新能源产业输送高素质复合型技术技能人才"的要求，准确把握"坚定学生理想信念，教育学生爱党、爱国、爱社会主义、爱人民、爱集体"主线，为课程创设了"三协同 三融入 三贯通"课程思政育人模式。结合课程特点，深入挖掘蕴含的思政教育资源，优化课程思政内容供给。教学团队通过教研挖掘课程蕴含的思政教育资源，制作了课程资源思维导图（见图2）。

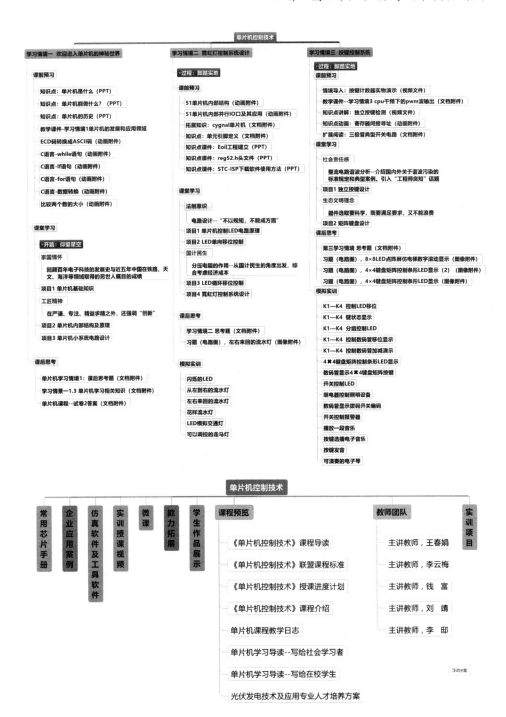

图2 单片机控制技术课程思维导图（简图）

表 1　课程教学内容体系

模块一：欢迎进入单片机的神秘世界		
项目 1： 欢迎进入单片机的神秘世界	内容	1. 了解什么是单片机及其应用领域 2. 熟悉单片机的外部特征及引脚功能 3. 掌握 MCS-51 单片机的总体结构
	思政元素	介绍我国电子产业发展的现状与面临的问题，引导学生对"部分国家对我国高科技出口管制"的思考，激发学生的爱国情怀
	呈现方式	教师课前通过微信群布置课前预习任务，学生需提前观看情境导入视频。讲授中，介绍我国电子产业的发展现状与面临问题，引导学生对"部分国家对我国高科技出口管制"的思考
项目 2： 单片机内部结构及原理	内容	1. 熟悉单片机的外部特征及引脚功能 2. 掌握 MCS-51 单片机的总体结构
	思政元素	分组学习，使学生具有沟通能力和团队精神
	呈现方式	学生作为学习主体，采用小组讨论的方式，协作完成任务，程序在电路板上调试运行
项目 3： 单片机小系统电路设计	内容	单片机最小系统硬件工作原理
	思政元素	分组学习，使学生具有沟通能力和团队精神
	呈现方式	在课堂的思政教学中，我们采用"蜻蜓点水"式的引导，告诉学生编程学习要务实，要以解决实际问题为目标。对于系统的学习编程，课堂上的知识远远不够，还需要在实际的工作和学习中边实践、边学习，获得成就感和信心
模块二：霓虹灯控制系统设计		
项目 1： 单片机控制 LED 电路原理	内容	LED 电路元件工作原理
	思政元素	节约意识、国计民生
	呈现方式	知识点"分压电阻的作用"的讲授，可以引导学生在生产实践中遇到问题时，除了要从理论上去分析问题该如何解决，还要从国计民生的角度出发，综合考虑经济成本

项目2: LED单向 移位控制	内容	单向移动函数原理
	思政元素	节约意识、国计民生
	呈现方式	授课中强调器件选取的科学，既要满足要求，又不能浪费，培养学生的节约意识，引导其树立生态文明理念
项目3: LED循环 移位控制	内容	1. 掌握流水灯显示程序编写方法 2. 熟悉LED（发光二极管）驱动电路工作原理
	思政元素	1. 形成自觉遵守规则、诚实守信的良好习惯 2. 养成尊重宽容、团结协作的合作意识
	呈现方式	告诉学生生活中的事情跟电路里面的基本定律一样，不以规矩，不能成方圆，都是要在一定的框架内；遵守一定的法律法规，遵守一系列规则，人才能够在社会上正常有序地工作和生活
项目4: 霓虹灯控制 系统设计	内容	利用I/O口控制LED发光二极管的原理
	思政元素	1. 坚持省察克治，掌握实际的操作技能 2. 形成慎独自律、踏实工作的良好习惯 3. 培养互帮互助、团结协作的合作意识
	呈现方式	采用信息化教学手段，以生活中十字路口交通事故的视频引入项目，以实际应用为切入点，引导学生明白遵守规则的重要性
模块三：按键控制系统设计		
项目1: 独立按键设计	内容	1. 掌握按键基本知识，了解采用扫描的方式进行按键检测的过程与方式 2. 熟练掌握中断技术，熟练掌握子程序调用
	思政元素	通过编程演练，学生具有抽象的逻辑思维能力
	呈现方式	教师课前通过微信群布置课前预习任务，学生需提前观看项目导入视频：生产线产品计数器

续表

项目2：矩阵键盘设计	内容	1. 掌握键盘检测的电路结构和原理、键盘作用、如何实现键盘检测、消抖、键盘编码等内容 2. 掌握带返回值函数写法及应用，熟练掌握中断技术，熟练掌握子程序调用
	思政元素	通过分组学习，学生具有沟通能力和团队精神
	呈现方式	学生作为学习主体，采用小组讨论的方式，协作完成任务，程序在电路板上调试运行

模块四：LED 数码管计数器设计		
项目1：数码管静态显示原理	内容	1. 掌握锁存器控制程序编写方法 2. 熟悉数码管驱动电路工作原理
	思政元素	1. 通过编程演练，学生具有抽象的逻辑思维能力 2. 通过分组学习，学生具有沟通能力和团队精神
	呈现方式	学生作为学习主体，采用小组讨论的方式，协作完成任务，程序在电路板上调试运行
项目2：数码管动态扫描显示	内容	1. 掌握 LED 数码管结构 2. 了解数码管字形编码
	思政元素	1. 形成自觉遵守规则、诚实守信的良好习惯 2. 懂得尊重宽容，培养团结协作的合作意识 3. 年轻人要发愤图强、不断创新，提高技术自主研发的能力和水平
	呈现方式	在课堂的思政教学中，我们采用"蜻蜓点水"式的引导，告诉学生编程学习要务实，要以解决实际问题为目标。对于系统的学习编程，课堂上的知识远远不够，还需要在实际的工作和学习中边实践、边学习，获得成就感和信心

项目3： 定时/计数器 设计	内容	1. 掌握定时器的概念 2. 熟悉定时/计数器的结构与工作原理
	思政元素	1. 认知行业发展，掌握设计的实际技能 2. 坚持自强不息，养成踏实学习的良好习惯 3. 养成勤劳勇敢的品质，培养团结统一的合作意识
	呈现方式	信仰是人的一种内化教育。"活到老，学到老"讲的是一种谦虚的学习态度。计算机知识日新月异，只有经过不断的学习来提升我们的知识，丰富我们的智慧，才能增强我们运用计算机解决生活和工作中问题的能力。在追求技术的道路上，引导学生思考人的一生应该追求什么
项目4： 数码管按键 计数器设计	内容	1. 掌握数码管显示程序编写方法 2. 熟悉计数器驱动电路工作原理
	思政元素	1. 通过编程演练，学生具有抽象的逻辑思维能力 2. 通过分组学习，学生具有沟通能力和团队精神
	呈现方式	将信念的坚定性与《单片机控制技术》教学内容进行艺术的结合，采用讨论式、案例式、辩论式等方法，以追求最舒服、最高效的代码为目的进行展开
模块五：双机串口通信设计		
项目1： 串行口通信 流程	内容	1. 掌握串口传送程序编写方法 2. 熟悉74LS164芯片工作原理
	思政元素	1. 认知最新技术，掌握串行通信的实际技能 2. 自觉遵守规则，形成诚实守信的良好习惯 3. 懂得尊重宽容，培养团结协作的合作意识
	呈现方式	介绍国内外关于谐波污染的标准规定和典型案例，引入"工程师良知"话题，提升学生的社会责任感
项目2： 串行口方式 0应用	内容	掌握单片机串口通信软件设计方法
	思政元素	懂得尊重宽容，培养团结协作的合作意识
	呈现方式	举例和学生讨论，学习是人的一种发自内心的重要动机，是学生仰望星空的梦想后需要脚踏实地去日日履行和自制实践的信念

项目3： 串行口其他 方式应用	内容	掌握单片机串口电路的原理
	思政元素	自觉遵守规则，形成诚实守信的良好习惯
	呈现方式	马克思说"人创造环境，环境也创造人"，课程思政具有良好的教育和导向作用。课堂上，老师从技术细节入手，引导学生深刻思考科学精神和人文精神与学生自我发展关系，以此为契合点来引导学生树立健康、阳光的思想，成为一名对家庭、对社会、对国家有用的人才

模块六：简易数字电压表设计		
项目1： D/A 转换原理 及应用	内容	1. 了解 D/A 和 A/D 变换原理 2. 掌握 DAC0832 使用方法
	思政元素	懂得尊重宽容，培养团结协作的合作意识
	呈现方式	和学生讨论：对大多数人来说，人生目标就是创造财富，享受幸福。但学生的学习意义何在？国家的强盛与我无关吗？古人尚且有"国破山河在，城春草木深"的爱国情怀，今天的我们更应该爱家、爱国。通过在课程教学中表达对学生的殷切希望，希望他们一言一行都透露出人文的涵养，人品与学问俱进，能够无愧于父母，无愧于国家，在实现自己个人梦想的过程中能够担当起实现中国梦的历史使命
项目2： A/D 转换 原理及应用	内容	1. 了解 D/A 和 A/D 变换原理 2. 掌握 ADC0808 使用方法
	思政元素	科学研究要精益求精，养成严谨的学习和工作态度
	呈现方式	从不同类型的基本放大电路具有不同特性的角度出发，共射极基本放大电路放大倍数的绝对值比较大，但是输入电阻比较小，共集电极基本放大电路（射极输出器）放大倍数小于等于 1，但是其输入电阻比较大，输出电阻比较小。从这里可以看到，专业知识里面也蕴藏着一些做人的道理。一个人总会有一些优点，也存在一些不足，在生活中要善于扬长避短，发挥自己应有的作用

续表

项目3： 简易数字 电压表设计	内容	了解 D/A 和 A/D 变换原理
	思政元素	年轻人要发愤图强、不断创新，提高技术自主研发的能力和水平
	呈现方式	恰如其分地嵌入芯片的核心技术受制于人导致的"中兴事件"，教育学生要发愤图强、不断创新，提高国家技术自主研发的能力和水平，印证习近平总书记讲的"关键核心技术是要不来、买不来、讨不来的"，青年学生要励志等内容
模块七：简易波形发生器设计		
项目1： 方波发生 器设计	内容	1. 掌握定时器的工作原理 2. 掌握定时器的工作方式
	思政元素	自觉遵守职业操作规范，诚实守信
	呈现方式	为学生讲解：《中庸》说"博学之，审问之，慎思之，明辨之，笃行之。"求是精神的内涵是爱国奉献、勤奋务实、追求真理。科学的目标是什么？就是探求真理
项目2： 锯齿波 发生器设计	内容	1. 掌握定时器的工作原理 2. 掌握定时器的工作方式
	思政元素	科学研究要精益求精，养成严谨的学习和工作态度
	呈现方式	在知识讲授、习题练习、实训及模拟实训等方面，注意渗透工匠精神，推动学生不断提高技能，大胆创新，实现个人的产品（作品）的精益求精
项目3： 三角波 发生器设计	内容	1. 能根据控制要求算出计数初值、定时器的控制字 2. 能完成查询方式下定时器的时间控制
	思政元素	年轻人要发愤图强、不断创新，提高技术自主研发的能力和水平
	呈现方式	在学习中碰到问题，教导学生需要根据已有知识、经验的启示或预见解决。我们在自己的活动中总是既要有方向和又要有信心，如通过在线课程平台的帮助或者是在编程的论坛中求助，或者直接百度；同时需要有锲而不舍的（探索）精神，在实践中不断历练和成长

项目4： 简易波形 发生器实现	内容	1. 掌握算术指令的应用方法，运算指令：加、减、乘、除 2. 掌握数码管显示函数编写方法
	思政元素	加强学生自主学习、解决问题的能力
	呈现方式	知识点"计算负载电压"的讲授中，在符合线性电路的前提下，可以将一个复杂的多电源共同作用的电路拆分成若干个电源单独作用的电路，分别单独处理之后再将计算结果进行叠加
模块八：电子温度计设计		
项目1： LED点阵显示	内容	1. 了解LED点阵硬件知识 2. 掌握LED点阵显示程序的编写
	思政元素	培养学生精益求精的工作作风
	呈现方式	在知识的讲授、习题练习、实训及模拟实训等方面，注意渗透工匠精神，推动学生不断提高技能，大胆创新，实现个人的产品（作品）的精益求精
项目2： LCD1602液晶 显示器程序设计	内容	1. 了解1602液晶屏的硬件知识，掌握液晶屏显示的基本知识 2. 掌握1602液晶屏显示程序的编写
	思政元素	增强学生间沟通能力和培养团队协作精神
	呈现方式	和学生讨论：科学方法可以随时随地改换，而科学目标、追求真理也就是科学的精神，是永远不改变的。网络信息丰富广博，求是精神可以提升大学生的思想政治敏感度，增强对错误信息的侵蚀和不良思潮（如拜金、完全个人主义等）的抵抗能力
项目3： 12232液晶 显示器设计	内容	1. 了解12232液晶屏的硬件知识，掌握字库显示原理 2. 掌握12232液晶屏显示程序的编写
	思政元素	加强学生自主学习、解决问题的能力
	呈现方式	在生活中，有聚沙成塔、集腋成裘这样的实例，在学习中一点点的知识积累，叠加起来就会从量变到质变

续表

项目4: 12864液晶 显示器设计	内容	1. 了解12864液晶屏的硬件知识，掌握字库显示原理 2. 掌握12864液晶屏显示程序的编写
	思政元素	培养学生精益求精的工作作风
	呈现方式	在知识的讲授、习题练习、实训及模拟实训等方面，注意渗透工匠精神，推动学生不断提高技能，大胆创新，实现个人的产品（作品）的精益求精
项目5: 电子温度计设计	内容	1. 熟练使用万能板制作项目硬件的步骤 2. 掌握相关元件测试的方法 3. 掌握使用相关工具进行电路制作的操作方法 4. 掌握使用仪表进行电路测试的方法，提高仪表使用的熟练程度 5. 掌握单片机控制音频输出电路构成及硬件、软件调试
	思政元素	增强学生间沟通能力和培养团队协作精神
	呈现方式	通过举例，引导学生以苦为乐，勤奋学习，奋发进取，用勤奋的身影，脚踏实地地学习知识，为日后能为国家、社会和家庭贡献自己的力量奠定坚实的基础

五、实施成效

（一）实施班级具体情况

2016—2020级光伏工程技术班累计300人

（二）教学资源

在十余年的课程建设中，课程团队出版了"国家'十二五'规划教材"，开发了独创仿真互动系统、3D互动教材、移动端AR实训等特色资源。以实际产品为载体，创设14个学习项目（模块），课程团队自主开发了包含课程思政教学资源在内的1000余条颗粒化资源，通过视频、微课、动画、仿真有效弥补了理论与实操之间的"真空地带"。课程依托国家级新能源类专业教学资源库平台，面向社会完全开放、自由注册、免费学习。注册人数3833余人，在线互动交流1000余次，400余人参与作业测验。在线资源覆盖课程所有知识点和岗位技能点，思政元素有机融入课程资源，同时具有一定的拓展性和冗余度，便于满足个性化学习和终身学习的需求。

（三）具体实施情况

创新实践的"互联网+课堂"教学模式解决了纯在线模式在教学支持和教学效果方面的问题，其教学质量和教学效果可以大大超越传统教学。从"互联网+"的角度来看，是将传统教育产业的价值通过互联网进行传播从而产生新的价值的一种教学模式。"互联网+课堂"教学模式立足个性化和协作化相结合，既尊重个体的学习习惯、学习兴趣，又能根据不同的认知能力构成协作小组，教师全程引导，既能让学习者根据自身能力进行分层递进式学习，又能让学生在合作中取长补短，促进学生间情感交流，将学习动力进行内化，主动学习，获得适合自己需求的教学体验和知识能力。

六、教学特色创新

（一）"三协同 三融入 三贯通"课程思政建设模式创新

专业教师、思政课教师、辅导员"三协同"教师团队，习近平新时代中国特色社会主义思想、"五爱"、工匠精神"三融入"教学内容，传统课堂、实践课堂、在线课堂"三贯通"教学方式。

（二）原创千余条丰富立体的教学资源

重构课程体系满足思想性、前沿性、时代性要求，建成 1000 余条教学资源，网站与手机应用同步更新。适当融入思政元素，自主开发以企业工作过程为载体的"互动学习系统"，以教材为载体整合 200 余个富媒体资源的"3D 互动教材"、移动端 AR、"虚拟现实实训 App"，均为原创且技术领先，使教学方法更具先进性、互动性、针对性。

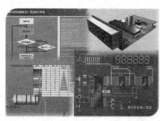  

图3　仿真互动学习系统　　图4　3D 互动电子教材　　图5　虚拟现实实训 App

七、典型案例教学设计

表 2　案例教学设计

项目名称		手动计数器设计
教学分析	教学内容	1. 掌握 LED 数码管结构 2. 了解数码管字形编码
	学情分析	学生对死板的课本知识不感兴趣，乐于接受多媒体形式授课
	思政元素	求实精神、国计民生、节约意识、知识积累、工匠精神
教学目标	素质目标	1. 认知行业发展，掌握动画设计的实际技能 2. 自觉遵守规则，形成诚实守信的良好习惯 3. 懂得尊重宽容，培养团结协作的合作意识 4. 年轻人要发愤图强、不断创新，提高技术自主研发的能力和水平
	知识目标	1. 掌握 LED 数码管结构 2. 了解数码管字形编码
	能力目标	1. 具备 LED 数码管硬件电路分析能力 2. 具备数码管静态显示、动态显示的编程能力
教学重点		1. 数码管结构 2. 数码管字形显示原理
教学难点		1. 理解字形的编码方法 2. 掌握按键去抖动的方法
教学方法		情境教学法、案例法、启发法、翻转法
教学手段		采用信息化教学手段，以实际应用为切入点，以学生为中心，针对教学重难点，把复杂的电路结构、工作原理形象化，把抽象的程序设计直观化，提高学生学习兴趣；实现"做中教，做中学"，支持学生的个性化学习，让每位学生学有所获；提供师生、生生交流的新途径，改变传统的评价方式

教学实施过程				
课前				
教学环节	教学内容	教师活动	学生活动	思政元素
学习准备	课前常态化安全教育元器件选型	教师通过微信群布置课前预习任务；教师通过评价中心，了解学生课前预习情况	学生需提前观看情境导入视频，进入课前微课堂学习，下载任务报告单	★节约意识：选取的元器件，既要满足要求，又不能浪费，要有节约意识和责任心 ★民族自信：由国产品振的发展现状讲述国产电子产品的崛起之路 ★团结协作：单个元件只有和其他元件组合才能实现复杂功能。学习也一样，只有注重团结协作，才能充分发挥自己的聪明才智，做出更大贡献。讲述合作型物理学家约翰·巴丁两次获得诺贝尔物理学奖的故事
课中				
教学环节	教学内容	教师活动	学生活动	思政元素
项目导入（5分钟）	导入新知	专业教师通过展示一组数码管在日常生活中的应用图片和视频作为本次项目的切入点，将学生带入情境当中，并引发思考 导入项目任务：本项目通过单片机来完成手动计数器设计  图6　生活中常见的数码管应用场景	学生联想、举例	★职业安全意识：上课要穿工装，操作要安全用电，实践后整理工位 ★工匠精神：严谨、专注、精益求精，追求高品质代码 ★求是精神：自己动手，验证结论，实事求是，追求真理

续表

教学环节	教学内容	教师活动	学生活动	思政元素
任务分析 （15分钟）	分析问题	教师提问：要实现这个任务需要用到哪些知识  图7　教师指导 任务分析 引导学生结合任务特点实施步骤，将本任务分解成4个子任务	学生接到任务后，与老师共同探讨实现的方法和步骤 学生回答： 1. 数码管的结构 2. 数码管字形编码 3. 数码管静态、动态显示程序设计 学生分解4个子任务： 子任务1：独立按键识别检测 教学重点：按键开关的工作原理 教学难点：去除抖动的方法 子任务2：一位数码管驱动显示 教学重点：数码管的结构和显示原理 教学难点：数码管的静态驱动显示方法 子任务3：6位数码管驱动显示 教学重点：数码管动态扫描的概念 教学难点：数码管的动态驱动显示方法 子任务4：手动计数器实现 培养职业素养、自主学习能力、团队协作能力	

教学环节	教学内容	教师活动	学生活动	思政元素
任务实施（55分钟）	程序设计 实验验证	子任务1：独立按键识别检测 教学重点：按键开关的工作原理 教学难点：去消抖动的方法 步骤1：引导学生认知电路元件，完成元器件选型。步骤2：讲授电路设计原理  图8　教师讲述团结协作的途径——改变自己适应社会 步骤3：Keil环境下的程序设计 首先，给定学生程序流程图 步骤4：在仿真平台搭建电路验证仿真效果  图9　教师指导仿真电路设计	子任务1：独立按键识别检测 学生进入仿真学习软件的"仿真演示"环节，学生单击按钮后观察信号仿真动画的运行过程，加深理解程序对电信号的控制 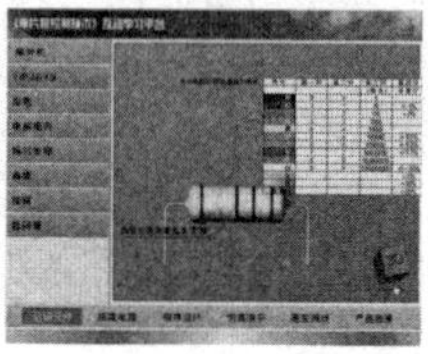 图10　自主开发的仿真学习软件——认知元件界面 子任务2：一位数码管驱动显示 通过观察生活中交通灯读秒、空调上的温度显示等，导入项目 子任务3：六位数码管驱动显示 电路信号仿真，在资源库学习平台搭建电路	★节约意识 电子器件的选型任务中，我们要做到元器件选取的科学性，既要满足要求，又不能浪费，要有节约意识和责任心 ★民族自信 国产电子元器件发展迅速，时至今日，中国已不是20世纪那个百废待兴、贫穷落后的国家。国产晶振的发展现状：我国晶振行业确实和美国、日本有差距，但国产晶振在全球晶振行业占据相当的分量，广泛应用于手机、无人机、机器人等高端智能领域 ★团结协作 单个电子元器件的作用有限，只有和其他元器件组合才能实现复杂功能。学习和研究也一样，只有注重团结协作，才能充分发挥自己的聪明才智，作出更大贡献。科学家的学习研究方法：美国物理学家约翰·巴丁，因晶体管效应和超导两次获得诺贝尔物理学奖。巴丁是一个合作型科学家，他的两次获奖都是通过与其他科学家合作而获得的

教学环节	教学内容	教师活动	学生活动	思政元素
任务实施 （55分钟）	程序设计	子任务2：一位数码管驱动显示 教学重点：数码管的结构和显示原理 教学难点：数码管的静态驱动显示方法 步骤1：引导学生认识数码管 通过观察生活中交通灯读秒、空调上的温度显示等，导入项目LED数码管由若干个发光二极管组成。当发光二极管导通时，相应的一个笔画或一个点就发光。控制相应的二极管导通，就能显示出对应字符，通过不同的组合可显示数字0—9，字符A—F、H、P、R、U、Y，符号及小数点"." 步骤2：指导学生搭建电路 子任务3：6位数码管驱动显示 任务描述：用6个数码管同时动态显示1-6 步骤1：任务分析：任务数码管动态显示。动态扫描动态显示，即轮流向各位数码管送出字形码和相应的位选，利用发光的余晖和人眼视觉暂留作用，使人感觉各位数码管都同时在显示 步骤2：通过让学生观看理解显示原理动画，让学生理解动态扫描原理	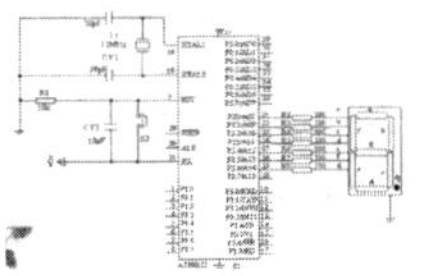 图11 资源库学习平台-搭建电路 子任务4：手动计数器实现 作为拓展任务，学生可根据子任务1、2、3所学程序设计知识，按要求完成 步骤1：任务分析：单片机P3.2引脚接一按键，最开始显示全0，按下一次按键加1，把加得的和用8位数码管显示出来 步骤2：分组实现设计要求，以学生为主体，以教师为主导  图12 学生实操 步骤3：任务完成后，学生在开发板上测试程序运行结果，录制视频上传至互动空间	★ 工匠精神 严谨、专注、精益求精，追求高品质代码。在学习程序设计过程中需要严谨地训练和实践，也需要不断地学习，输入指令要求区分大小写、区分标点符号全半角输入法，仔细严谨、一丝不苟 ★ 求是精神 通过动手实验，验证实验结论，培养学生实事求是、追求真理的精神 ★ 国计民生 在生产实践中，遇到实际的电路设计问题时，除了要从理论上分析问题该如何解决，还要从国计民生的角度出发，综合考虑经济成本 ★ 工匠精神 计数器的实现不能出现偏差，在任务实施过程中严谨、专注、精益求精

续表

课后				
教学环节	教学内容	教师活动	学生活动	思政元素
巩固训练	完成课后任务	专业教师：布置课后任务 思政课教师：每周一次，在班级群发布线上任务，本周任务  图13　课程网站"我的中国'芯'"板块小视频	1. 完成并提交任务报告单 2. 登录我的课堂，复习课堂笔记、知识标签，观看回放微课堂，巩固学习重难点 3. 登录互动空间与教师、企业技术人员交流设计体验 4. 在数码管上稳定显示"A""C""E""P"四个字符，完成线上视频的学习和自测以及回复讨论区的问题	★ 诚信 课下自主学习，目的是培养自主学习意识和诚信的学习态度 ★ 创新意识 完成课后任务4程序设计不是唯一的，鼓励学生大胆创新，做独特的自己 ★ 课程平台——我的中国"芯"板块 打卡观看《工匠精神，青年榜样》小视频
教学效果	在教学内容上融入了特色鲜明的"课程思政"元素，在教学目标上提出了"课程思政"的目标与教学要求，吸引学生"入耳""入心"，充分发挥了课堂教学育人的主渠道作用			
反思改进	思政融入形式不够生动，下一步将探索以学生更为喜闻乐见的思政融入形式，实现融盐于水、润物无声			

八、典型数字化资源展示

霓虹灯的点亮方式

独立按键控制 LED 灯

独立按键计数

PLC 应用技术课程思政设计与实施
——天津市高职院校课程思政示范课程

负 责 人：范平平

团队成员：李云梅、姚策（党务工作者）、侯雪、王许磊、李良君、李蕾（辅导员）、赵洪洁、艾光波（企业教师）

一、课程定位

（一）课程名称

PLC 应用技术

（二）适用专业

电气自动化技术

（三）课程性质

PLC 应用技术是电气自动化技术专业的一门专业核心课程，通过本课程的学习，要求学生熟练掌握 PLC 的内部结构、基本原理和功能，具备 PLC 控制系统识图与分析能力，能根据相关工艺要求进行 PLC 控制系统设计，能够排除故障并进行检修；在工程应用中，能够对 PLC 控制系统进行方案制订、设计、编制运行程序，教会学生如何按照行业规范和国家标准规范完成工作，胜任岗位需求。

（四）课时：56 学时

二、教学目标

（一）素质目标

培养学生安全用电、规范操作和规范工艺的意识，以及自主学习和分析问题、解决问题的能力，使学生具备良好的职业道德修养，能遵守职业道德规范。培养学生刻苦钻研和创新的精神，提高团队协作的能力与自我管理和自我约束的能力。

（二）知识目标

掌握 PLC 控制系统的构成、概念、内部结构和等效电路图；掌握 PLC 的编程语言、编程元件和编址方式；掌握 PLC 基本指令和基本电路；掌握 PLC 控制系统设计的基本原则与一般设计思路；掌握 PLC 控制系统外部硬件连线；掌握 STEP 7-MicroWIN SMART 软件的编程、编译、下载、运行、调试程序的方法与控制系统常见故障分析及排故。

（三）能力目标

能够正确理解和应用 PLC 的编程元件、编址方式和基本指令的功能；能够根据 PLC 的编程原则规范编程，按照控制系统要求进行正确的 I/O 分配和完成硬件连线；能运用 STEP 7-MicroWIN SMART 软件进行编程、编译、下载、运行、调试程序；具备一定程序分析能力，能够根据系统功能要求对 PLC 控制系统进行调试，并根据程序调试现象和程序监控进行故障排查，完成软硬件排故。

三、教学方法及手段

（一）教学方法

我校在对电气自动化技术专业学生培养过程中，坚持立德树人的教育理念，将 PLC 应用技术课程教学内容作为"课程思政"的重要载体，课程坚持以基础理论知识、基本专业技能、基本素养的培养为教育目标，以项目为载体，以完成工作任务为导向，将学生创新能力的培养和人文素养的培育有机融合在课堂教学上，结合专业课程特点，实现知识传授与价值引领的有机统一。

（二）教学手段

授课采取任务驱动教学、问题引领教学方法。通过实训室的模拟工程项目，培养学生分析问题、解决问题的能力。本课程在教学前，先给学生下达任务，明确工作任务和教学中不断出现的问题，引领学生不断探索，在探索中实践，既激发了学生的求知欲，任务的完成也给了学生实在的成就感。

结合思政教学的需要，积极开拓课程思政教育基地，带领师生到我院鲁班工坊建设·体验馆、现代学院思想政治工作教育基地、安全体验馆和天津市宏远电气有限公司劳动教育基地等 10 余个场所开展课程思政教育和实践活动，将思想政治教育渗透到知识、经验和活动中，通过一二课堂联动，引导学生将所学的知识转化为内在德行，转化为自身精神系统的有机构成，提升新时代未来职业人的综合素养。

四、教学设计

PLC 应用技术课程以就业为导向、能力为本位、职业实践为主线、项目教学为主体的原则进行设计。项目内容来自工业现场应用，结合新技术、新方法，体现当前流行的专业技术。教学过程中将学生应知应会的理论知识融入具体项目中，以项目为载体，将项目实施结果与相关理论知识加以联系，对项目中出现的问题加以分析，锻炼学生解决实际问题的能力和思路。同时增加学生的兴趣与自信，在每个项目步骤中学生可以在项目操作中获得成就感。本着以学为主、以教为辅的原则，为开拓学生思维、增强学生自我学习和探索的主动性，课中适当安排与专业接近的科普视频展示，作为拓展思考。

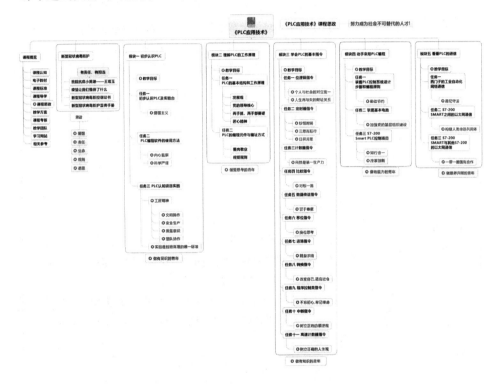

图 1　PLC 应用技术课程思维导图

表 1　课程教学内容体系

模块一：初步认识 PLC		
项目1：初步认识 PLC	内容	能够正确理解 PLC 控制系统的控制过程；能够熟练掌握可编程序控制器训练装置各接线端子的位置
	思政元素	爱国主义
	呈现方式	从 PLC 的品牌和市场格局分析我国工业自动化技术的快速发展，让学生看到我国正由制造大国向制造业强国迈进，激发学生的爱国情怀

续表

项目2： 使用 S7-200S MART PLC 编程软件设计并编制	内容	能够运用 STEP-7 软件正确输入程序；熟练掌握 STEP-7 软件程序的输入、编译、下载、运行、程序状态监控各操作步骤
	思政元素	内心监察、科学严谨
	呈现方式	学生输入程序过程中通过编程软件对程序的编译纠错，发现程序的编写过程中常常会出错，要及时纠错改错。引导学生意识到在成长的过程中自己也可能会不自觉地犯错误，所以要时常内心监察，自我反省，要有勇于面对错误的勇气，并深究根源并及时改正
项目3： PLC 认知项目实践	内容	熟练使用 SMART 软件输入程序，正确完成程序的编译、下载和运行；熟练掌握可编程序控制器训练装置各接线端子的位置
	思政元素	文明操作、安全生产；质量意识；团队协作；实践是检验真理的唯一标准
	呈现方式	教学实施过程中，热点词汇"工匠精神"作为主线贯穿整个课堂的教学活动，要求同学们在绘图时注重细节，一丝不苟，符合国标。PLC 硬件连线部分的教学中要求学生按照工程技术规范标准执行，在整个工作中要文明操作、安全生产，要有质量意识。从项目中体验到实践是检验真理的唯一标准
	模块二：理解 PLC 的工作原理	
项目1： PLC 的基本结构和工作原理	内容	正确理解 PLC 的工作原理；正确理解 PLC 的扫描方式
	思政元素	两手抓两手都要硬、发展观
	呈现方式	学生通过完成 PLC 项目理解 PLC 的工作原理时会发现，不论是程序有错还是硬件连线有错，都会导致程序调试现象不正确，因此学懂 PLC 就要硬件、软件两方面都要弄懂弄通，"两手抓、两手都要硬"——也是马克思主义思想精髓和科学方法在我们党治国理政、管党治党实践中的具体体现

项目2：PLC 的编程元件和编址方式	内容	正确进行数制之间的转换；正确理解编址方式，并在程序中正确规范地使用
	思政元素	爱岗敬业、规矩、规则
	呈现方式	在编程时只要不按照正确的编址方式编程，编译程序就会报错，从而引导学生认识到编址方式是正确编写程序的规矩。进而引导学生深刻认识法律是一个国家运行的保障，国有国法，家有家规。遵守国家的法律法规是人在社会上应该遵守的规矩规则
模块三：学会 PLC 的基本指令		
项目1：学会 PLC 的基本指令	内容	通过自锁、互锁功能实现优先电路的控制；正确进行 I/O 分配；运用基本位操作指令实现简单程序控制
	思政元素	集体意识
	呈现方式	在讲解 PLC 指令时，引导学生认识到任何一个独立的指令都不可能实现完整的控制，每条指令都应恰当地发挥自己的作用，互相配合才能实现控制要求。引发学生思考，个人与社会的关系是对立统一的，一个人在社会上行走，一定要个人利益服从集体利益
项目2：使用定时器指令编制程序	内容	根据三类定时器的工作特点确定工程项目中定时器的选型；正确确定定时器的定时时间
	思政元素	三思而后行、日积月累、珍惜时间
	呈现方式	在讲解定时器指令时，通过学生观看爱国主义影片《我和我的祖国》"国旗升起"片段，国旗能够精准地随着国歌结束升至旗杆的顶端不能有一分一毫的误差，让学生感受到时间的重要性，懂得珍惜时间。通过不同类型的定时器的工作方式类比我们生活中要注重三思而后行，日积月累

项目3： 使用计数器 指令编制程序	内容	根据项目需求对计数器进行选型；综合运用定时器指令和计数器指令构成长时间延时；运用多个计数器构成长时间延时
	思政元素	科学技术是第一生产力
	呈现方式	在讲解计数器指令功能时，播放自动灌装药品生产线生产过程，引导学生发现全过程高度自动化，解放了大量的劳动力，纯体力劳动的工作岗位逐步被机器替代，"科学技术是第一生产力"的认同感在学生内心产生震撼。通过生产过程中只要有不合格产品就会被剔除掉这一细节，启示学生只有不断学习新知识、新技术，努力适应社会，才能成为社会不可替代的人才
项目4： 使用比较指令 编制程序	内容	将数据类型和存储类型正确匹配；运用定时器和比较指令结合实现时间的控制；能运用定时器和计数器指令结合编程
	思政元素	创新意识
	呈现方式	通过完成三盏灯循环点亮的项目，可以应用定时器串联、定时器并联、定时器和比较指令结合三种方法实现，让学生看到完成同一个项目可以通过不同的思路、不同的程序结构来实现，但是不同的程序结构所占用的硬件资源不同，最终的运行效率也有差异，由此使学生意识到创新的重要性。并扩展到社会、经济发展中的改革创新，使学生注重自己创新能力、创新意识的提高
项目5： 使用数据传送 指令编制程序	内容	正确使用数据传送指令和数据块传送指令；理解编程原则：同一编号的继电器的线圈不能重复用；加深对数据类型和存储类型的理解
	思政元素	中国精神传承、大爱传递赋能
	呈现方式	通过观看公益宣传片《中国精神》的代代相传，让学生认识到：以爱国主义为核心的民族精神、以改革创新为核心的时代精神是凝心聚力的。兴国之魂，强国之魂，是一场震古烁今的伟大事业，需要坚忍不拔的伟大精神。弘扬中国精神，凝聚中国力量，是我们每个人要做到和传承下去的

项目6： 使用移位指令 编制程序	内容	正确理解基本移位指令的移位过程，并实现控制；正确理解移位寄存器指令的参数和移位过程，并实现控制；中间继电器和输出继电器对应关系的建立
	思政元素	换位思考
	呈现方式	通过观看"生活换位思考，珍惜才配拥有"小视频，通过想法换位思考、位置换位思考的案例，让学生感悟到每一件事以不同角度看问题，就会有不同的见解；要多站在别人的位置上看自己，善待别人
项目7： 使用运算指令 编制程序	内容	能正确运用算数运算指令实现数据处理；正确应用数据类型、存储类型；能正确运用逻辑运算指令实现数据处理
	思政元素	创"中国方法"，寻中国数学之道；精益求精
	呈现方式	通过给学生讲述"伟大数学家刘徽的故事""祖冲之计算圆周率的故事""中国现代科学家吴文俊的故事"，学生了解中国数学从古代到现代的发展，引发学生共鸣，我国要创"中国方法"，寻中国数学之道
项目8： 使用转换指令 编制程序	内容	正确运用数据类型转换指令进行数据类型的转换、编码、译码、字符串的转换；正确使用七段译码指令
	思政元素	转变自己，适应社会
	呈现方式	通过学习转换指令，学生观察到不同类型的数据直接进行运算就会报错，只有先将其类型转换才能正确运算。引发学生思考人只有转变自己才能适应社会，同时让学生思考从学生角色到职业角色的转变，自己需要做哪些改变和准备
项目9： 使用程序 控制类指令 编制程序	内容	正确使用程序控制类指令；跳转、循环结构程序实现
	思政元素	坚持党和人民的利益高于一切
	呈现方式	子程序结构中主程序和子程序的关系就像个人与国家的关系，让学生认识到要小局服从大局，个人服从国家；坚持党和人民的利益高于一切，个人利益服从党和人民的利益

项目 10：使用中断指令编制程序	内容	正确理解主程序和中断服务程序之间的调用和返回；正确完成中断的初始化
	思政元素	做事分清轻重缓急
	呈现方式	通过讲解中断的概念，执行主程序的过程中是因为有更紧急的事情需要处理，转去执行中断程序，中断程序执行完毕再返回主程序断点处继续执行，提示学生在学习、生活、工作中做事要分清轻重缓急
模块三：掌握 PLC 的编程		
项目 1：系统设计和编程原则	内容	能够对 PLC 控制系统进行方案制订、设计、编制运行程序
	思政元素	生态文明理念
	呈现方式	PLC 的程序设计之初首先要进行 I/O 分配，PLC 的输入输出端子数目是有限的，这就要求在有限资源的情况下，为了完成既定的项目任务，在不能提高经济预算的基础上，一定要一个输入输出端子都不能浪费，这正是生态文明建设的主旋律。生态文明建设是中国特色社会主义事业的重要内容，关系人民福祉，关乎民族未来，事关"两个一百年"奋斗目标和中华民族伟大复兴中国梦的实现
项目 2：基本电路	内容	能够对 PLC 控制系统进行方案制订、设计、编制运行程序
	思政元素	良好职业习惯的养成
	呈现方式	通过带领学生完成项目，让学生看到一个 PLC 控制系统设计人员如何有序地完成一个项目，从而引导学生养成条理清楚、规范的良好职业习惯
项目 3：实现 S7-200 SMART PLC 控制项目	内容	能根据相关工艺要求进行 PLC 控制系统设计，能够排除故障并进行检修
	思政元素	自我创新，自我革新；耐心细致、精益求精的工匠精神
	呈现方式	通过让学生对老师讲过的例题尝试用其他方法实现，学生可以看到同一个项目要求可以用不同的方法去完成，鼓励学生在程序设计中要有创新精神和创新意识

五、实施成效

（一）实施班级具体情况

2018 级机电一体化技术专业、建筑智能化工程技术专业和 2019 级机械电子工程本科、电气自动化技术专业共计 342 名学生。

（二）教学资源

课程团队经过集体教研，绘制课程思政教学设计思维导图，整合一套完整的课程思政教案，制作了课程思政授课视频、微课和动画资源并形成典型教学案例。2019 年，课程团队在职教云平台搭建了在线开放课，以项目为载体，以完成工作任务为导向，通过线上线下混合式教学模式，供校内外师生、企业员工学习、浏览，学生对此满意度很高。

结合思政教学的需要，积极开拓课程思政教育基地，带领师生到我院鲁班工坊建设·体验馆、艺术学院非遗大师工作室、现代学院思想政治工作教育基地、安全体验馆和天津市宏远电气有限公司劳动教育基地等 10 余个场所开展课程思政教育和实践活动，将思想政治教育渗透到知识、经验和活动中，通过一二课堂联动，引导学生将所学的知识转化为内在德行，转化为自身精神系统的有机构成，提升新时代未来职业人的综合素养。

（三）具体实施情况

PLC 应用技术课程的实施过程是建课程—实施—反思—建课程，边建边反思边改进。

课程组通过课程线下、线上集体教研，认真梳理知识点，修订人才培养方案，制订课程教学目标，建设课程教学资源和思政资源库，重新制作了课程授课 PPT，整理课程教案，重新制订并实施考核方案。以上教学资料全部融入课程思政中，将课程知识点和思政点有机结合。

课程思政课上以社会热点、爱国影片、典型视频、知识基因、科普文章、中国传统文化开展在线讨论，以社会热点引导型、工作生活融入型和课程知识基因型等形式对学生开展课程思政教学。

PLC 应用技术课程思政做到课上课下不放松。课下以讲党课、谈心谈话、网络打卡、实训基地参观、榜样现身说法、劳动教育主题活动、安全体验馆参观、鲁班工坊参观、第二课堂等多种形式，让学生自发地感悟思政、实践思政。将课程思政真正内化于心，外化于行。

六、教学特色创新

采用线上线下混合式教学模式，课程思政教育形式多样。

课程思政教学资源贯穿课前、课中、课后，将显性教育与隐性教育相结合，构建全课程育人环境。

转变传统的教学模式，让学生成为教学活动的主体。

七、典型案例教学设计

表 2   案例教学设计

项目名称		PLC 认知项目实践
教学分析	教学内容	以 PLC 等效电路图为模型，分析 PLC 程序的外部连线图
	学情分析	高职学生理论基础薄弱，乐于动手实践，喜欢探索
	思政元素	工匠精神、勇于探索、协作精神
教学目标	素质目标	(1) 培养学生勤于思考、谦虚好学的精神品质 (2) 培养学生实事求是的科学态度，乐于通过亲历实践检验、判断各种技术问题 (3) 培养学生的安全操作意识和规范接线的职业习惯 (4) 培养学生团结协作的精神和求同存异的态度 (5) 安全用电，接线允许带电插拔，上实验台穿工服，完成后要整理工位
	知识目标	(1) PLC 等效电路图元素与实验台各元素的对应关系 (2) PLC 等效电路图—程序外部连线
	能力目标	(1) 能够按照 PLC 等效电路图模型绘制程序的外部连线图 (2) 能够按照 S7-200 SMART PLC 上的指示灯状态排查线路问题
教学重点		以 PLC 等效电路图为模型，绘制简单项目"电动机启动停止项目"的外部连线图
教学难点		PLC 等效电路接线原理
教学方法		项目驱动、问题引领、小组合作
教学手段		实验台、职教云平台、智慧黑板

教学实施过程				
课前				
教学环节	教学内容	教师活动	学生活动	思政元素
课前任务	工匠精神视频、实验室操作规则	职教云平台布置学习任务，观看"工匠精神"的视频，要求学生完成课前讨论。课前发布实验室操作规则	学生完成职教云平台的课前讨论"你心目中的工匠精神是什么"	工匠精神
课中				
教学环节	教学内容	教师活动	学生活动	思政元素
复习提问	PLC控制系统分析	老师提问"PCL控制系统中人、PLC和被控对象之间是什么关系"，要求学生上台讲解	小组派代表上讲台模拟老师的身份进行讲解	要求学生在讲解过程中要自信，勇敢表达自己
任务实施	起保停项目实操	教师演示起保停项目实现全过程	学生按照老师的操作步骤模拟项目的完成，并观察实验现象（学生照样子操作，只是获得感性认识，会产生疑问：项目的接线依据是什么，有没有接线图）	要求学生在学习过程中要细致观察、善于思考
任务实施	PLC等效电路图分析——回答学生疑问"PLC的程序如何连线"	教师结合PLC等效电路图对应PLC训练装置各元素，使学生把抽象的等效电路图具体化成实物图，建立感性认识。再从PLC等效电路图分析外部连线规则、外部连线图	学生代表配合老师：老师在智慧黑板画起保停项目的外部连线图，学生在试验台对应完成相应连线（老师在黑板画一根线、学生在试验台连一根线）	在与老师的配合中树立协作意识

续表

教学环节	教学内容	教师活动	学生活动	思政元素
任务实施	学生练习"起保停项目的外部连线和运行"	教师巡视指导各组完成情况，针对出现的问题予以纠正	学生获取知识后，独立完成整个项目实践全过程，掌握外部连线的方法。学生两人一组进行项目：一名同学进行项目的实施，外部连线，程序运行调试。另一名同学负责绘制外部连线图，并给同学们分析程序现象的原因（各组将操作视频上传到职教云平台）	学生在实操过程中树立安全用电、规范操作、协作意识
任务实施	职教云平台起保停项目学生实操视频、小组互评和教师点评	教师组织小组间针对各组上传职教云平台的操作视频进行点评。教师在小组互评后进行接线的规范操作	学生针对各组上传到职教云平台的实操视频进行点评，找出其哪些地方做得好，哪些操作存在问题	通过小组互评和老师点评，总结PLC项目接线过程应遵守的原则和安全操作规则
任务总结	总结课程教学内容	教师总结PLC等效电路图和PLC项目接线的规则	学生结合PLC项目体会总结他们心目中的工匠精神是什么	工匠精神
课后				
教学环节	教学内容	教师活动	学生活动	思政元素
布置作业	作业	在职教云平台上布置学生完成抢答器项目外部连线图的绘制的作业，以及各小组上网搜索关于工匠精神的典型案例的作业	学生上传抢答器项目的外部连线图。将讲解工匠精神的典型案例的小视频上传职教云平台，班内互相学习	工匠精神

116

续表

教学效果	热点词汇"工匠精神"作为主线贯穿整个课堂的教学活动,要求同学们在绘图、实操中要注重细节、一丝不苟,做到精益求精。学生在问题的驱动下认真思考,积极动手实践,学生在课程的各环节参与度高,学习主动性明显增强
反思改进	高职阶段学生纯理论知识学习兴趣不高,要摒弃呆板的讲授型授课,充分利用信息化手段,通过微课、小视频、时事热点、身边榜样事迹等鲜活的形式,调动学生学习的主动性

八、典型数字化资源展示

指令转换

s7-1200 计数器的应用

计数器指令

S7-1200
在口罩生产中的应用

PLC 通电延时定时器指令

117

新能源发电技术与利用课程思政设计与实施
——天津市高职院校课程思政示范课程

负 责 人：皮琳琳

团队成员：姚嵩、王芸惠（思政课教师）、夏红梅、孙艳、马思宁、孟宪阳、魏所库（企业教师）、侯雪、李坤（辅导员）、李萍（辅导员）、安思余（辅导员）、牛志坤（思政课教师）、张长志（企业教师）

一、课程定位

（一）课程名称

新能源发电技术与利用

（二）适用专业

光伏工程技术

（三）课程性质

本课程为专业必修课

（四）课时：32课时（可适当增加认识实训部分8课时左右）

二、教学目标

（一）素质目标

通过学习课程培养学生能够运用马克思主义立场、观点、方法分析和解决问题的能力，重点引导学生了解世界、国情、党情，深刻领会习近平新时代中国特色社会主义思想；具有深厚的爱国情感和民族自豪感，通过国家生态文明建设政策和太阳能等新能源建设政策，坚定学生学习专业的信心，坚定拥护中国共产党领导和我国社会主义制度，在习近平新时代中国特色社会主义思想理论指引下，践行社会主义核心价值观，增强学生的使命感。培养学生遵守法律、严守纪律、诚实守信、尊重生命、热爱劳动的精神品质，履行道德准则和行为规范，具有社会责任感和社会参与意识；培养学生创新意识和创新思维，勇于尝试、乐观向上，具有良好的沟通能力，有较强的集体意识和团结合作精神；灵活运用风光互补发电系统、水光互补发电系统等多种新能源结合利用的技术案例；培养学生的质量意识、环保意识、安全意识、信息素养、工匠精神；要爱岗敬业，具有良好的职业道德；提升学生人文素养。灵活运用国内、国际上对太阳能、风能等利用的案例，介绍中国先进新能源发电技术。

（二）知识目标

学生通过学习课程，了解生态文明必备的思想政治理论。明确发展新能源的意义、国内外的新能源技术及产业发展现状；从中华优秀传统文化中发现太阳能、风能、地热能等资源利用在中国发展的历程，发扬中华民族优秀的传统文化。熟悉国内外太阳能、风能、生物质能、地热能、海洋能源等资源的利用现状及国家最新颁布的相关政策；掌握太阳能、风能、生物质能、地热能、海洋能源等资源发电基本原理；掌握垃圾分类基本内容，熟悉垃圾分类方法。

（三）能力目标

通过学习课程，学生具备能够根据项目需要查阅新能源相关技术资料与文献的能力；具备能够完成简单的新能源技术实验、技术报告的能力；具备运用创新思维方法进行创新设计产品的能力；具备一定的逻辑思维能力，有较强的分析问题和解决问题的能力；对电子和新能源发电技术相关知识、新能源互补发电有一定的兴趣和爱好。

三、教学方法及手段

（一）教学方法

采用线上线下混合式教学、启发互动式教学、问题式教学、讨论式教学、探究式教学、发现式教学等方法，把学生思维活动引导到实际问题中，把重点放在引入、分析和解决问题的思路上。

（二）教学手段

职业教育以职业为基础并为职业服务，根据课程所在专业特点和对应岗位需求，遵循职业教育属性，在企业成员的深度参与下对课程系统进行重构，并由思政课教师对课程思政元素进行精准提炼。教学内容基于工作过程预设 7 个学习模块，17 个任务，建设百余条立体化在线资源。通过三教（教师、教材、教法）改革的实施，开展教师教学团队模块化教学，采用线上线下混合式教学手段，实现移动端 APP 与 PC 端同步使用（见图1）。

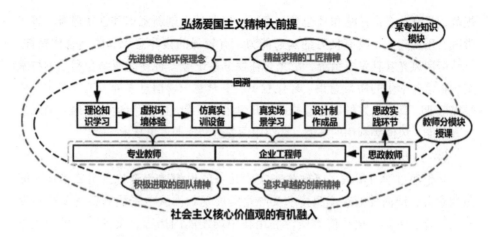

图1 教学内容、师资队伍"双模块化"教学示意图

四、教学设计

为使专业课堂成为思想政治教育的有效载体,达成课程目标,新能源发电技术与应用课程教学切实遵循教书育人规律,精心设计"课程思政"教学内容。课程教学以"一核心双主线四维度"的设计思路,将思政元素全面贯穿到教育教学全过程。"一核心"即践行社会主义核心价值观;"双主线"即以弘扬爱国主义精神为思政主线,以坚持节约资源和保护环境的基本国策努力走向社会主义生态文明新时代为专业主线。凝练出先进绿色的环保理念、精益求精的工匠精神、追求卓越的创新精神、积极进取的团队精神四个维度的思政元素。根据各专业知识模块特点,分工细化,逐层渗透实现7个项目20个任务30余个思政结合点的全面结合。并通过视频、动画、网站、实践协作等方式将"思政元素"融合到教学内容的每一个任务中,达到隐形思政教育的目的(如"一核心双主线四维度"课程思政结合点示意图)。

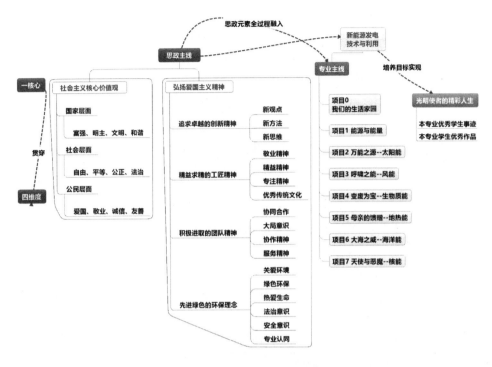

图2　"一核心双主线四维度"课程思政结合示意图

表1　课程教学内容体系

项目一：我的生活家园		
任务1： 课程概览	内容	新能源发电技术与利用课程基本结构框架概览
	思政元素	1. 智慧教室安全使用教育 2. 生态文明理念
	呈现方式	视频：安全教育微课、生态文明大会讲话片段 实践：参观鲁班工坊建设·体验馆，风光互补实训基地在印度和埃及的应用

续表

		项目二：能源与能量	
任务 1： 认识能源	内容	1. 能源的基本概念与分类 2. 新能源的概念 3. 国内外新能源技术利用的发展现状	
	思政元素	1. 生态文明建设根本方向 2. 新能源专业服务"一带一路"沿线国家 3. 习近平生态文明思想金句学习	
	呈现方式	朗读：习近平生态文明思想金句视频片段，金句朗读 实践：参观线上能源博物馆	

		项目三：万能之源——太阳能	
任务 1： 认识太阳能	内容	1. 国内外太阳能资源的利用现状及国家最新颁布的相关政策 2. 太阳能辐射基础知识 3. 太阳能利用的基本形式	
	思政元素	"四个意识"中核心意识	
	呈现方式	讲授：通过能量来源太阳引出"四个意识"中"核心意识"，引导学生在思想上认同核心、在政治上围绕核心、在组织上服从核心、在行动上维护核心 实践：放大镜点燃纸实验	
任务 2： 太阳能热利用	内容	1. 太阳能光热利用基本原理 2. 太阳能光热发电技术四种形式	
	思政元素	1. 国家新能源政策 2. 敦煌光热电站发展历程，"一带一路"起源	
	呈现方式	视频：新闻片段 实践：1. 光热烤箱实验 2. 太阳能光热电站 VR 虚拟现实沉浸式体验学习	

续表

任务3： 太阳能光伏利用	内容	1. 光伏电池基本原理 2. 光伏发电系统组成及基本原理 3. 光伏发电应用
	思政元素	1. 光伏扶贫政策及案例聚焦精准扶贫，引出中国梦，青年要以民族复兴为己任 2. 中国精神作为兴国强国之魂，主要表现为激发创新创造的精神动力、凝聚中国力量的精神纽带、推进复兴伟业的精神定力
	呈现方式	视频：央视科教视频片段——偏远地区牧民的光伏用电生活 实践：1. 光伏发电组件制作，光伏小汽车、光伏泡泡机、光伏收音机等 2. 光伏运维虚拟现实操作 3. 小组创新小发明设计方案
项目四：呼啸之能——风能		
任务1： 认识风能	内容	1. 风能相关基本概念 2. 国内外风能利用的发展现状
	思政元素	1. 传统文化：古诗《风》 2. 风能领域典型工匠人物，工匠精神的体验学习
	呈现方式	朗诵：古诗《风》、讲工匠故事 实践：风力发电组件制作
任务2： 风力发电技术	内容	1. 风力发电基本原理 2. 大型风力发电机组成及功能 3. 小型风力发电机应用
	思政元素	1. 风电行业劳动模范等人物事迹 2. 学习先进人物，学习劳模精神、工匠精神
	呈现方式	讲授：通过视频配合讲授劳模事迹 实践：小组创新小发明设计方案

项目五：变废为宝——生物质能		
任务1：认识生物质能	内容	1. 生物质、生物质能概念及国内外应用现状 2. 生物质能发电原理及技术
	思政元素	梁家河办沼气的故事
	呈现方式	讲授：引出习近平总书记曾经用"扣扣子"比喻价值观的养成，他说，青少年时期的价值取向不仅影响个人成长，更决定了未来社会的价值取向。就像扣扣子，如果第一粒扣子扣错了，剩余的扣子都会扣错。梁家河的七年，扣好了自己人生的第一粒扣子 实践：生物质能发电体验，水果发电生物电
任务2：垃圾分类知识	内容	1. 国家垃圾分类政策和意义 2. 垃圾分类的要求和方法
	思政元素	典型生物质能利用技术即沼气技术及垃圾分类的意义
	呈现方式	动画：垃圾分类动画 实践：垃圾分类游戏互动
项目六：母亲的馈赠——地热能		
任务1：地热能及其利用	内容	1. 地热能概念及基本知识 2. 国内外地热能利用现状 3. 地热能发电技术基本原理
	思政元素	雄安新区最新政策和建设进展；紧跟时事政治，了解国家政策
	呈现方式	火山爆发小实验
项目七：大海之威——海洋能		
任务1：海洋能源及其利用	内容	1. 了解海洋能利用现状 2. 掌握波浪能、潮汐能、盐差能应用基本原理
	思政元素	多能互补理念引入的同时体会合作共赢、团结协作的精神
	呈现方式	视频：水光互补的案例片段 实践：水光互补设计方案

项目八：天使与恶魔——核能		
任务 1： 核能及其利用	内容	1. 了解核能利用现状 2. 掌握核能应用基本原理
	思政元素	核安全知识引出工作岗位安全意识培养、职业素养学习
	呈现方式	讲授：核安全小故事分享

五、实施成效

（一）实施班级具体情况

实施专业：光伏工程技术专业、风力发电工程技术专业、机电一体化技术专业、节能工程技术专业。

实施班级：仅列举光伏工程技术专业班级。20 级光伏 1 班 30 人、20 级光伏 2 班 31 人、20 级光伏两年制班 24 人、19 级光伏班、19 级光伏两年制 1 班 37 人、19 级光伏两年制 2 班 38 人、18 级光伏 1 班 33 人、18 级光伏 2 班 30 人、18 级光伏两年制班 47 人、17 级光伏 1 班 35 人、17 级光伏 2 班 33 人、17 级光伏 3 班 31 人、17 级光伏两年制 1 班 33 人、17 级光伏两年制 2 班 31 人、16 级光伏 1 班 38 人、16 级光伏 2 班 38 人、16 级光伏 3 班 37 人。

（二）教学资源

本课程自 2010 年建设至今，以国家级教学资源库等课程建设项目、校级首批课程思政精品课、中国特色高等职业院校及重点专业群建设项目为契机，独创活页式教材、仿真互动系统、3D 互动教材、VR 实景虚拟实训等特色资源，填补了新能源发电技术与应用课程资源领域空白。

（三）具体实施情况

本课程目前为新能源专业群通识专业课，原理性的知识居多，在不同专业开设目的不同，在理论知识和实际技能之间存在盲区，为了满足不同专业需求，我们以生态文明建设为主线、实际案例为载体，创设 7 个学习情境和 7 个实践模块，课程团队自主开发了千余条碎片化资源，通过微视频、动画、仿真有效辅助，课程互动交流百余次，千余人参与作业测验。基础资源覆盖课程所有知识点和岗位技能点，拓展资源体现行业发展的前沿技术，资源有一定的拓展性和冗余度，便于满足个性化学习和终身学习需求。

六、教学特色创新

（一）构建"3+3自适应"课程思政教学团队新模式

课程改革始终将立德树人作为教育教学的根本任务，坚持为党育人、为国育才宗旨，把培养新时代讲政治、有本领的高质量人才摆在突出重要的位置。发挥教师团队协作共同体的主力军作用，课程团队成员由专业教师、思政课教师、企业工程师构成，同时聘请联盟院校专业教师作为课程成员，聘请教育学专家教授作为教学理论指导专家，聘请企业高级工程师作为专业指导顾问，形成"3+3自适应"课程思政教学团队新模式，定期开展线上、线下、校内、校际、校企联合教研备课，根据专业知识内容、岗位需求梳理出各门思想政治理论课新教材对于学生在思想道德素质和法律素质等方面的德育要求及教育教学要点。

（二）新型活页式教材辅助"双模块化"线上线下混合式教学实施

"双模块化"是指教学内容的模块化设计和教师教学团队的模块化分工。在教学内容模块化的基础上，教学团队充分发挥"校企共建、思专共研"的优势，根据团队成员特点，实现分模块教学。为辅助"双模块化"线上线下混合式教学的实施，团队协作为研究适应产业发展需要与学生成长需求的"课程思政"新载体，将调研扩大至行业、企业、教师、学生等多个对象，将产业和职业等经济社会发展需要与学生个性化成长等需求结合起来，将开发制作与实践应用结合起来，融入数字技术、教学信息化等新载体与形式，开发了新型活页式教材，并配套数字化教学资源、创新工具套装等学材，依托网络课程平台开展基于信息化的混合式教学模式实践，不断创新载体与形式，实现思想政治教育与技术技能培养的有机统一。

（三）"一核心双主线四维度"课程思政设计思路育德技双馨青年

本课程充分发挥生态文明环保理念的课程优势，将服务意识的培养充分渗透到教学全过程，同时结合创新思维、方法和专业知识，锻炼学生动手、动脑能力，身体力行，完成一系列学习和活动，通过实践将知识夯实扎牢。课程通过服务校内外师生，延展带动学生服务社会，真正践行了社会主义核心价值观，通过真切的成果给学生和教师证明了思政课程和课程思政的同向同行。

七、典型案例教学设计

表2 案例教学设计

项目名称	项目一课程概览			
教学分析	教学内容	课程专业知识概览；明确生态文明主线		
	学情分析	学生掌握基本的专业知识，但生态文明建设的理念不系统、知识面窄		
	思政元素	生态文明		
教学目标	素质目标	1. 了解生态文明必备的思想政治理论，在习近平新时代中国特色社会主义思想指引下，践行社会主义核心价值观，具有深厚的爱国情感和民族自豪感，树立责任担当 2. 具备质量意识、环保意识、工匠精神、创新思维		
	知识目标	了解新能源技术与应用课程基本结构框架 了解该章节部分重难点		
	能力目标	学会使用新能源类专业教学资源库本课程学习平台 学会使用职教云本课程学习平台		
教学重点	新能源技术与应用课程基本结构框架			
教学难点	学会使用新能源类专业教学资源库本课程学习平台			
教学方法	网络平台环境——职教云：课前预习+课中签到、提问+课后复习、作业（疫情防控期间增加腾讯会议等直播授课平台软件辅助）			
教学手段	硬件多媒体环境——线上：电脑、平板、手机；线下：多媒体教室电子大屏、手机（签到答题）、电脑			
教学实施过程				
课前				
教学环节	教学内容	教师活动	学生活动	思政元素
课前准备	搭建课程平台，上传整体课程资源；组建授课班级；发布课程任务 教师发布此课程任务	加入学习平台班级；下载电脑和手机端学习平台，并熟悉其使用方法 学生观看视频，根据要求完成课前内容，将作业上交平台	为线上线下课程实施做好准备 让学生掌握平台使用方法，了解课程的整体架构 让学生了解新能源领域，特别是光伏专业的政策文件和发展情况，建立专业自豪感	培养学生的生态文明理念，并深刻体会"绿水青山就是金山银山"的内涵

课中				
教学环节	教学内容	教师活动	学生活动	思政元素
课前任务总结	课前情况评价；学生答案展示	组织学生汇报交流	了解生态文明相关政策	用习近平总书记在全国生态文明大会上讲话引出课程，开启生态文明建设主线
课程概览	以思政内容引出本堂课的教学内容；提出问题，引导学生思考	增强职业认同感 回答教师提出的问题	掌握课程知识目标	宏观意识
实践学习	展示学习平台内容和平台使用方法	熟悉平台使用方法	熟悉本课程的网络学习环境	与时俱进、主动性
总结	总结课程学习内容及过程	理顺所学知识 熟悉课程学习方法	熟悉课程整体学习计划	规划意识

课后				
教学环节	教学内容	教师活动	学生活动	思政元素
	回顾课程概览的课程结构，选出自己感兴趣的单元准备下节课讨论			
教学效果	学生通过学习本次课程，了解学习平台的使用方法，熟悉课程的结构和内容，熟悉课程的学习要求及成绩构成			
反思改进	反思：极少数同学认为本次课程授课内容过于丰富，不能全部吸收 改进：将课程内容设置为递进式，关于光热元主要元件这一部分，根据授课内容进行梯度安排，较难部分进行小组讨论，教师辅助，帮助学生提升参与度，加强对知识点的认知			

八、拓展阅读

思政园地

结合"太阳系中最主要的成员是太阳，占据了太阳系所有已知质量的99.86%，太阳系内的天体在太阳引力的约束下运动。环绕太阳运转的大天体都躺在地球轨道平面——黄道——附近的平面。所有的行星和大多数的太阳系其他天体都以相同的方向绕着太阳转动（从地球的北极鸟瞰是逆时针方向）"。此段对太阳的描述，思考太阳作为太阳系的核心，其他天体在其引力下运动，联想到"东方红太阳升"乃至关于"四个意识"的提出，学习"四个意识"，体会其深刻含义并联系自我，思考作为一名当代大学生我们应该从中学到什么？

提示：2016 年 1 月 29 日中共中央政治局会议最早提出"四个意识"。习近平总书记在庆祝中国共产党成立95周年大会上的讲话强调，全党同志要增强政治意识、大局意识、核心意识、看齐意识，切实做到对党忠诚、为党分忧、为党担责、为党尽责。

九、典型数字化资源展示

新能源发电技术—组件及其应用　大型风力发电机机舱讲解　新能源技术之可燃冰

绿色地球-中国是榜样

应用光伏技术课程思政设计与实施

负 责 人：赵元元

团队成员：刘靖、王春媚、孙艳、姚策（党务工作者）、李云梅、皮琳琳、赵洪洁（辅导员）、王艳越（企业教师）

一、课程定位

（一）课程名称

应用光伏技术

（二）适用专业

光伏工程技术

（三）课程性质

应用光伏技术是高职院校光伏工程技术专业核心课程之一，是高职院校光伏工程技术专业学生必修的主要训练课程之一。本专业培养德、智、体、美、劳全面发展，适应光伏产业发展需要，具有现代企业管理意识，综合素质高，具备太阳能光伏产业及节能减排基础知识，系统掌握光伏材料加工与光伏发电技术及能源利用的应用技术专业基本理论知识、基本方法和基本技能，具备较强的专业实践技能，能从事光伏材料及相关领域行业的生产制造、运行、技术管理、产品检测与质量控制及产品销售等工作的专门应用型人才。

（四）课时：60 学时

二、教学目标

（一）素质目标

培养学生爱国主义热情以及奋发向上的精神；培养学生勤于思考、做事认真的优良作风，能立足本专业，规划自己未来的职业生涯；培养学生的沟通能力及团队协作精神；培养学生勇于创新、敬业乐观的工作作风；初步掌握光伏发电系统测量技术，能正确选用测量仪器实施简单的电气测量；能正确识读光伏发电系统元器件，并会用仪表简单判别系统的质量；初步掌握光伏系统技术，能根据图纸装配简单的太阳能电池产品；通过技能训练，拥有高尚的职业道德情操；培养学生正确的政治理想信念和价值取向，德才兼备、全面发展；培养学生工程素质、实践技能，开发创新思维和创新能力。

（二）知识目标

能对光伏发电系统进行安装施工（支架、组件、逆变器、控制器、交直流配电柜、汇流箱等安装，防雷和接地施工）；能对光伏发电系统运行前进行检查；能分析光伏发电系统常见故障的产生原因；能排除光伏发电系统常见故障。

（三）能力目标

能领略本领域科技发展的过程，激发对科学技术探究的好奇心与求知欲。有参与科技活动的热情，有将科学知识应用于生活和生产实践的意识。具有敢于坚持真理、勇于创新和实事求是的科学态度和科学精神。有主动与他人合作的精神，敢于坚持正确观点，勇于修正错误，具有团队精神。

三、教学方法及手段

（一）教学方法

本课程主导思想是以学生为本，采用灵活多样的教学方式进行授课。比如案例教学、情境教学、问题导向式教学、榜样示范法、分组教学、角色扮演、典型工作任务驱动等方法，将传统课堂讲授结合丰富多彩的视频、音频、案例解析等，为学生营造一种丰富多彩的教学环境。

（二）教学手段

采用理论教学和实践教学相结合的教学组织方式，以工作过程为导向安排教学。在教学组织中，以专业知识与职业素质技能要求的实训内容为重点，将部分理论教学的内容与实训环节有机结合组织教学（或课堂教学与现场教学穿插进行），加强学生理论知识与实践知识的紧密联系，基于工作过程导向，以情境教学模式形成良好的教学效果，克服理论与实践两层皮的弊端。通过案例引导进而激发学生的学习兴趣，提高其学习积极性。采用灵活多样的教学方法与教学手段，以学生为主体，改革教学方法，调动学生的主动性。

四、教学设计（含思政元素）

目前该课程在原有的基础上不断完善课程标准，通过专家咨询、企业人员访谈、思政课教师意见反馈等方式，收集了大量课程思政建设方面的意见建议，经过整理和意见采纳，在专业知识和技能点的基础上融入课程思政元素，形成具有课程思政特色的专业课教学模块（见图1）。结合本专业课程特点，形成以回顾历史、不忘初心，脚踏实地、着眼现在和开拓创新、展望未来为基本点的三大知识技能和思政点融为一体的教学模块。

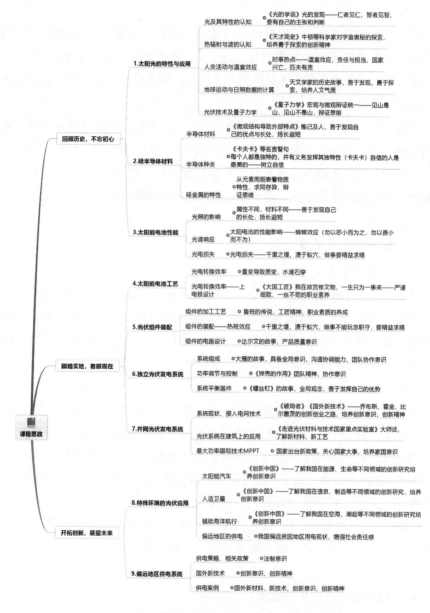

图1 三大知识技能和思政点融为一体的教学模块

本课程的教学内容是以工作过程为向导，以典型工作任务为基点，综合理论知识、操作技能和职业素养为一体的思路设计。本课程融入思政工作的教学设计理念，旨在专业课程的讲授和实训过程中，不但注重专业知识和技能的讲授和训练，也要注重大学生的德育，帮助学生树立正确的社会主义核心价值观；不但要注重职业素质的培养，也要注重人文素质的培养。学生通过专业课程的学习，养成不怕吃苦、顽强奋斗、求真务实、开拓进取、刻苦钻研、勇于探索的精神和细致严谨的科学观。将学生培养成具有扎实的基础知识、过硬的技术技能、高尚的道德情操和职业素养，具备工匠精神、创新意识、团结协作精神，符合新时代要求的知识青年。

表 1　课程教学内容体系

模块一：光及光伏材料基础理论		
项目 1： 太阳光特性 与应用	内容	1. 了解光的波粒二象性、黑体辐射、太阳及其辐射的基本原理 2. 掌握日照数据及估算温室效应产生、太阳的视运动规律、直接辐射和漫射原理
	思政元素	1. 国家责任感，爱国奉献精神 2. 刻苦钻研、艰苦奋斗的精神
	呈现方式	微课视频、故事性代入、社会热点话题、互动讨论、诗句谚语
项目 2： 硅半导体与 非晶硅材料	内容	1. 了解半导体材料的基本特性、P 型材料 N 型材料掺杂形成的基本原理 2. 掌握化学键模型能带模型形成机理、晶体与非晶体的区别、单晶体与多晶体的区别、单晶硅与多晶硅太阳电池的区别、电子-空穴对的产生条件、产生率（G）的计算、施加外电压克服内电场形成电流的原理
	思政元素	1. 科学探索精神，创新意识，全局观念 2. 刻苦钻研、艰苦奋斗的精神
	呈现方式	名人事迹分享、诗句谚语
项目 3： 硅太阳电池 性能	内容	1. 熟悉太阳光照到电池上对太阳电池特性的影响 2. 熟悉光谱响应的概念 3. 了解温度对太阳电池特性的影响 4. 了解寄生电阻对太阳电池特性的影响
	思政元素	1. 节能及环保意识 2. 了解国家能源产业结构，未来发展趋势
	呈现方式	媒介新闻、故事代入、诗句谚语共勉

		模块二：生产工艺及装配	
项目1： 太阳能电池技术指标和设计	内容	1. 能够分析太阳能电池在工作中减少损失的原因及采取何种措施 2. 地面用太阳能电池的制造工艺
	思政元素	1. 国家责任感，爱国奉献精神 2. 刻苦钻研、艰苦奋斗的精神
	呈现方式	微课视频、故事带入、诗句谚语
项目2： 太阳能电池片的生产工艺	内容	1. 理解太阳能电池片的生产工艺的原理 2. 掌握太阳能电池片的生产工艺及过程
	思政元素	爱国主义、生态文明、求真务实
	呈现方式	微课视频、名人事迹分享、媒介新闻、故事带入、诗句谚语共勉
项目3： 光伏组件的生产工艺	内容	1. 熟练光伏组件生产设备及工艺 2. 熟练光伏组件的测试检测工艺及设备
	思政元素	务实严谨、法治意识、工匠精神、职业素养
	呈现方式	社会热点话题互动讨论、微课视频、名人事迹分享、诗句谚语共勉
		模块三：光伏发电系统设计施工	
项目1： 独立光伏系统的结构设计	内容	1. 熟练光伏电站的设计选址方法 2. 熟练光伏电站的设备选型及工作原理
	思政元素	1. 具有团队精神、职业素养 2. 具有全局意识和创新精神
	呈现方式	名人事迹、微课视频、教学沁入
项目2： 光伏发电系统安装施工	内容	熟练光伏电站的安装施工及电气设备的运行维护
	思政元素	法治意识、四个意识、生态文明、工匠精神、求真务实
	呈现方式	微课视频、社会热点话题互动讨论、诗句谚语共勉
		模块四：特殊环境下的光伏应用	
项目1： 特殊环境下的光伏应用	内容	1. 掌握太阳能产品的应用环境　2. 掌握太阳能产品的工作原理
	思政元素	法治意识、工匠精神、务实严谨、职业素养
	呈现方式	微课视频、热点新闻讨论、诗句谚语共勉

项目2：偏远地区供电	内容	掌握偏远地区供电的相关政策及供电案例
	思政元素	务实严谨、工匠精神、安全意识、求是精神
	呈现方式	微课视频、故事性代入、诗句谚语共勉
模块五：光伏并网系统		
项目1：光伏并网系统现状	内容	1. 掌握光伏并网现状　2. 掌握光伏电站接入电网技术规定
	思政元素	精益求精、团结协作、勇攀高峰、四个自信
	呈现方式	微课视频、故事性代入、诗句谚语共勉
项目2：光伏并网关键技术	内容	1. 掌握光伏并网关键技术　2. 掌握光伏并网用电安全
	思政元素	安全意识、务实严谨、创新思维、工匠精神
	呈现方式	微课视频、故事性代入、热点话题讨论、诗句谚语共勉

五、实施成效

（一）实施班级具体情况

本课程在 2020—2021 学年第一学期对 2019 级光伏专业学生进行教学实施，课程学习人数 64 人。

图2　多模式授课形式图

（二）教学资源

本课程创设五个学习情境，根据每个学习情景设计了相应融入思政元素的 60 学时的教案和课件，4 个微课，50 个授课视频，100 个动画，30 个教学案例。资源覆盖课程所有知识点和岗位技能点，围绕专业教学内容，选取可以培养大学生理想信念、价值取向、政治信仰、社会责任的"课程思政"教育素材,并借助搭建的学习环境和营造的学习氛围。所有资源都发布在职教云在线课堂平台。

（三）具体实施情况

以应用光伏技术为例,这是光伏专业的一门专业必修课程,该课程采用"模块化—项目"的模式组织教学内容,主要包括光及其特性的认识、硅半导体及非晶硅材料、太阳能电池性能、光伏电池片和组件的生产工艺,光伏发电系统的安装施工,光伏发电技术的应用等。

本课程在2020—2021学年第一学期对2019级光伏专业学生进行教学实施,课程学习人数64人。主要成效有:教学相长,凝聚课程思政合力。教师在课程思政改革实践中以专业课程知识教授为主线,在适当的教学节点和适当的教学情境中,将生动有趣、与学生实际密切相关的思政话题和课程思政元素有机融合到专业课堂教学中来,充分激发了学生上课的积极性,最关键的是可以帮助学生形成正确的世界观、人生观、价值观,大大增强了学生的社会使命感和主人翁意识。目前该课程在原有的基础上不断完善课程标准,结合本专业课程特点,形成了以回顾历史、不忘初心,脚踏实地、着眼现在,开拓创新、展望未来为基本点的三大知识技能和思政点融为一体的教学模块,突破了传统课堂教学的时空限制,促进了生生、师生之间的深层次交流和互动,使得处于不同层次的学生都能够根据自己的实际情况选择适合自己的学习内容,根据自己的进度进行学习,积极参与各种主题交流和探讨,能够得到师生的实时帮助和指导,确保没有一个学生掉队,课堂上建立了良好学习氛围,学生的道德观念与行为方式得到了改善,同时教师及学生都自觉地遵守文明的言行举止规范。

六、教学特色创新

（一）创新课程思政考核评价体系,建立"双主体""双嵌入式"动态考核评价体系

随着课程教学过程中思政教育新内容的引入,原有以专业知识和技能为主要考核内容的考核方式,无法满足课程思政教育教学改革的需求,而专业课程思政教育工作具有潜移默化可持续发展的特性,也决定了专业课程的思政教育在短期内不可见到显著成效。必须创新课程考核方式,建立融入隐性课程思想政治教育内容的"嵌入式"持续动态考核评价体系。经过文献调研、专家咨询

等多种方式，结合专业课程特点，打破传统的考核评价体系，创新建立了"双主体""双嵌入式"动态考核评价体系（如图3所示）。

图3　"双主体""双嵌入式"动态考核评价体系

　　"双主体""双嵌入式"动态考核评价体系，即课程思政的考核评价贯穿了整个学期的教学活动过程，具有实时有效性、连续性和动态性的特点，符合方向性原则，符合学生成长发展的规律，而具体的课程思政点的考核又嵌入到知识和技能的考核当中，符合定量定性原则，符合思政教育潜移默化的特点，这种双嵌入式考核评价体系经过多方调研符合教育教学规律，能够满足学生的课程思政教育需求，教学考核评价标准能够体现课程思政教育发展趋势，符合新时代课程思政教育教学要求，不但能够反映学生是否掌握光伏专业知识和技能，又能反映学生的价值取向、个人修养、精神风貌、行为规范能否有所提高，具有一定的实践价值和现实意义。

　　（二）建立评价反馈渠道，创新建立长效"闭环式"可持续发展反馈机制

　　如图4长效"闭环式"可持续发展反馈机制所示，采用长效"闭环式"可持续发展反馈机制，教师可以在职教云平台提前发布课程安排，企业专家和工程师可以对课程安排做出评价和反馈意见，教师调整课程安排，布置课程内容，学生完成学习任务，提交学习反馈，对教师做出评价；企业专家和工程师、思政专业教师对教师和学生做出评价，教师调整课程安排，并提前发布课程安排到职教云平台。

图 4   长效"闭环式"可持续发展反馈机制

这样的长效"闭环式"可持续发展反馈机制，体现了"双主体""双嵌入式"的考核原则，能够满足激励性原则，体现了学生是学习活动的主体，也是考核评价的主体，体现了学生在充分反思发言后能够有一个促进自身不断认识成长的过程。教师的自我考核评价也可以在很大程度上促进学生的成长，充分地尊重课程发展需求。符合教育教学规律，能够满足学生的课程思政教育需求。

七、典型案例教学设计

表 2   案例教学设计

项目名称		光伏组件装配工艺
教学分析	教学内容	光伏电池片和组件工艺
	学情分析	太阳能电池片生产工艺和组件装配工艺是光伏发电效率的关键因素，通过对知识和工艺的学习培养学生严谨务实的工匠精神、产品质量意识和职业素养
	思政元素	团队协作意识、工匠精神、产品质量意识

续表

项目名称	光伏组件装配工艺			
教学目标	素质目标	1. 具有节能及环保意识 2. 了解国家能源产业结构、未来发展趋势		
	知识目标	1. 掌握组件的生产工艺的基本原理 2. 掌握光伏组件的生产工艺流程		
	能力目标	1. 熟练制作光伏组件生产设备及工艺 2. 熟练光伏组件的测试检测工艺及设备		
教学重点	光伏电池片的生产工艺			
教学难点	工艺原理			
教学方法	任务驱动教学法、案例教学法、问题启发式教学法、小组讨论法			
教学手段	企业参观、AR/VR、虚拟仿真、微课学习			
教学实施过程				
课前				
教学环节	教学内容	教师活动	学生活动	思政元素
AR 科技馆参观	太阳能电池应用	提出问题太阳能在生产生活中的应用有哪些	头脑风暴、查阅资料列举太阳能产品	环保意识、生态文明
课中				
微课学习	太阳能组件工艺	教师讲授	学生 VR 体验	工匠精神
虚拟仿真	太阳能电池片工艺	教师讲授	角色扮演、情景再现、学生 VR 体验、分组讨论、分享交流	工匠精神
课后				
观看微课	鲁班的传说	鲁班精神有哪些	头脑风暴 小组讨论	工匠精神
教学效果	本课程融入思政工作的教学设计理念，旨在专业课程的讲授和实训过程中，不但注重专业知识和技能的讲授和训练，也注重大学生的德育，帮助学生树立正确的社会主义核心价值观，不但要注重职业素质的培养，也要注重人文素质的培养。通过专业学习，学生养成不怕吃苦、顽强奋斗、求真务实、开拓进取、刻苦钻研、勇于探索的精神和细致严谨的科学观			
反思改进	在教学安排上多增加学生思考和动手的机会，让学生做课堂的主角			

八、拓展阅读

故事文本

春秋战国时期的鲁班是一个能工巧匠，也是传说中的"木匠之祖"。鲁班经过四川某地，看到河上正在建造一座大石桥。负责设计建造大桥的赵掌墨师粗心大意，在设计上有失误，致使桥身不能合拢。鲁班凿下一块大石头，送给买不起嫁衣的穷姑娘翠儿，并要她在石桥合拢的时候拿出石头。翠儿依言而行，既建好了桥，又解决了自己的嫁妆问题。鲁班又路过江南某地，碰到造宗庙的工程。但设计造庙的张掌墨师对于用黄荆树做正梁、朱砂石做亭盖的要求非常发愁。鲁班想出了"鲁抬梁""土堆亭"的办法，帮助他解决了难题，建成了宗庙。这个故事告诉我们，做事要勤于思考，要具有工匠精神和创新精神。

九、典型数字化资源展示

光伏电站的设计及施工

光伏发电系统组成及安装

太阳能电池组生产工艺

光伏电源的能量
改造——逆变器

分布式光伏电站的优化设计

路由器/交换机技术课程思政设计与实施

负 责 人：王宝龙

团队成员：孟帙颖、张菁楠、李萍（思政课教师）、李超（辅导员）、王一夫（企业教师）

一、课程定位

（一）课程名称

路由器/交换机技术

（二）适用专业

计算机网络技术

（三）课程性质

路由器/交换机技术课程开设于 2006 年，是计算机网络技术专业的一门专业核心课，是形成职业能力的一门重要课程。该课程以培养学生技能为主要目标，同时兼顾理论与实操的联系。通过对该课程的学习，学生掌握交换机、路由器在网络建设中的作用以及怎样通过交换机、路由器的配置来保证网络的正常运行，并能熟练利用 Cisco、华为等主流网络设备（路由器和交换机）设计、构建和维护中小型的企业网络。

（四）课时：72 学时

二、教学目标

（一）素质目标

坚定拥护中国共产党领导和我国社会主义制度，在习近平新时代中国特色社会主义思想指导下，践行社会主义核心价值观，具有深厚的爱国情感和民族自豪感；具有认真负责的工作态度和一丝不苟的科学精神；具有勇于创新、不断探索、追求完美、精益求精的工匠精神；具有自我管理、职业生涯规划的意识，有较强的集体意识和团结合作精神；具有道德意识、安全意识，自觉遵守各种行为规范；具有创新意识和创新精神。

（二）知识目标

掌握路由器/交换机等网络设备选型的方法；掌握二层交换机的工作原理、MAC 地址学习过程和对不同类型数据的转发方法；熟悉 VLAN 的工作原理，掌握 VLAN 的配置方法；熟悉使用路由器对网络进行隔离的设计方法；掌握路由器的工作原理和路由协议的运行过程；了解广域网的接入方法，掌握 NAT 的设置；掌握访问控制列表的工作过程和配置方法。

（三）能力目标

具有根据企业需求进行网络设备选型的能力；具有对二层交换机 MAC 表进行配置、实施 MAC 地址绑定的能力；具有 VLAN 网络规划与配置的能力；具有路由网络规划与配置的能力；具有对路由协议配置和实施的能力；具有广域网接入和 NAT 配置的能力；具有网络安全设置的能力。

三、教学方法及手段

（一）教学方法

路由器/交换机技术课程是以学生为主体，以行动为导向，基于工作过程系统化的学习领域课程。在学习过程中，学生首先要获得的是关于职业内容和工作环境的感性认识，进而获得与职业相关的专业知识和技能。强调以学生直接参与项目任务的形式——行动导向，来掌握融合于实践行动中的新知识、新技能。不是传统理论加上机的教学模式，而是真正落实教、学、做一体化课程的实施，切实提高人才培养质量。

对于学习领域课程，该课程按照工作过程对课程内容进行序化，将教学内容的选取与职业技能大赛相结合、陈述性知识与过程性知识整合、理论知识学习与实践技能训练整合、专业能力培养与职业素质培养整合、工作过程与学生认知心理过程整合。通过科学的教学设计，将学习领域细化成具体的学习情境。路由器/交换机技术课程分成 5 大项目，14 个情境（见表 1）。

表 1 课程学时统计表

教学模块	理论学时	实践（实验）学时	学时合计
模块一：组建交换式小型局域网	4	6	10
模块二：组建安全隔离的小型网络	6	8	14
模块三：组建基于路由器的多子网网络	8	8	16

教学模块	理论学时	实践（实验）学时	学时合计
模块四：组建广域网接入网络	6	6	12
模块五：实现安全的网络环境	6	6	12
路由器/交换机的综合配置	2	4	6
合计	32	40	72

（二）教学手段

采用项目教学法，推行基于工作过程的教学模式，融"教、学、做"为一体，强化能力培养，采用"项目驱动式"教学法，引入企业实际案例，让学生逐步了解企业的工作过程，同时通过下企业参观、社团活动、专家讲座等二课堂活动，实现认知实习。应用"互联网+"的教学模式，引入"OTO线上线下混合式教学"的思想，采用"项目驱动式"的教学方法，实现符合高职特色的"工作过程系统化项目式教学"，通过校企合作，将企业实际工作项目进行总结整理，转化为课堂教学案例。借助教学资源库、微课、虚拟仿真等信息化教学平台和资源，在整个教学过程中，学生作为学习的主体，教师先提出问题，学生去分析、研究、实施，遇到困难和问题时在老师的帮助下查阅资料，自主学习。对基本理论的学习完全贯穿在实际项目的实施过程中，体现"做中学、学中做"。

四、教学设计

计算机网络技术专业要求学生具有非常强的动手能力，在入校时大部分学生都有计算机的使用经历，对基础知识有初步的了解，这样，如果按照传统的教学方式，学生势必会感觉枯燥无味，甚至认为内容浅显。借助思政教育的显性功能，在课程中融入思政元素，通过观看视频、学生研讨、头脑风暴、企业参观、专家讲座等方式，让学生了解我国信息技术的发展、国际上信息技术的发展，以及我们面临的机遇与挑战，增强学生的爱国热情，引起学生的好奇心和学习兴趣，激发学生的创新创业热情，培养学生的工匠精神，同时在课程中融入"1+X"职业技能证书内容提高学生重视程度，借助网络专业社团组织知识竞赛、体育活动、劳动活动等丰富学生课余生活，强化学生的美育素质提升，通过课程思政融入，实施多措并举，进一步推进教学改革、优化教学内容、创新教学形式，提高教师队伍综合素质，提升专业课程教学实效。在不断改进中加强思政教育的亲和力和针对性，满足学生成长发展需求和期待，切实提升课程教学效果。

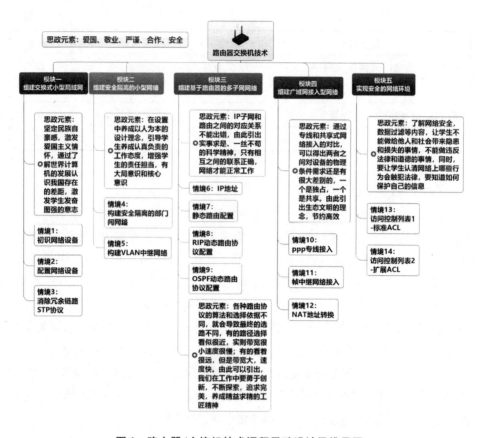

图 1 路由器/交换机技术课程思政设计思维导图

表 2 课程教学内容体系

模块一：组建交换式小型局域网		
项目 1： 初识网络设备 ——交换机	内容	组建交换式网络
	思政元素	融入计算工具的发展史——春秋时期的算筹、起源于北宋的珠算都是中华民族智慧的结晶
	呈现方式	课前学生自主查询世界计算工具发展史，重点了解中国的发展史，准备相关资料。在课堂中学生通过图片、视频等分享春秋时期的算筹、起源于北宋的珠算等都是中华民族智慧的结晶，通过展示坚定学生的民族自豪感

续表

项目2： 配置网络设备	内容	交换机的基本配置
	思政元素	中国计算机的发展史——中国超级计算机天津计算中心
	呈现方式	通过视频介绍中国计算机的发展史——中国超级计算机天津计算中心，学生了解中国信息技术的发展，对比国际上信息技术发展情况，激发爱国主义情怀和发奋图强的意志
项目3： 消除交换机间的 冗余链路	内容	STP 协议的配置
	思政元素	让学生坚定民族自豪感，激发爱国主义情怀，通过与世界计算机的发展认识我国存在的差距，激发学生发奋图强的意志
	呈现方式	通过微课学习交换式网络的特点，了解交换机在实际生活中的应用场景，引起学生思考：如何保证在使用过程中数据的高效转发
模块二：组建安全隔离的小型网络		
项目1： 构建安全隔离 的部门间网络	内容	交换机 VLAN 的配置
	思政元素	坚持以人为本的设计理念，引导学生养成认真负责的工作态度，增强学生的责任感，有大局意识和核心意识
	呈现方式	采用小组讨论的方式，研讨为什么要进行部门之间的网络隔离，在实际工作中有什么作用？引导学生养成以人为本的设计理念和认真负责的工作态度
项目2： 构建 VLAN 中 继的隔离网络	内容	VTP 协议的配置
	思政元素	坚持以人为本的设计理念，引导学生养成认真负责的工作态度，增强学生的责任感，有大局意识和核心意识
	呈现方式	引入话题：针对部门多、用户多的网络，坚持以人为本的设计理念，引导学生养成认真负责的工作态度，增强学生的责任担当，有大局意识和核心意识

模块三：组建基于路由器的多子网网络		
项目1：路由器的IP配置	内容	路由网络的IP地址规划
	思政元素	IP子网和路由之间的对应关系不能出错，由此引出实事求是、一丝不苟的科学精神，只有相互之间的联系正确，网络才能正常工作
	呈现方式	通过视频、PPT、微课等方式说明IP子网和路由之间的对应关系不能出错，由此引出实事求是、一丝不苟的科学精神，只有相互之间的联系正确，网络才能正常工作
项目2：静态路由的设置	内容	设置静态和默认路由
	思政元素	各种路由协议的算法和选择依据不同，就会导致最终的选路不同，有的路径选择看似很近，实则带宽很小、速度很慢；有的看着很远，但是带宽大、速度快。由此可以引出，我们在工作中要勇于创新，不断探索，追求完美，培养精益求精的工匠精神
	呈现方式	通过视频、动画、微课、PPT等多种方式说明各种路由协议的算法和选择依据不同，就会导致最终的选路不同，有的路径选择看似很近，实则带宽很小速度很慢；有的看着很远，但是带宽大，速度快。由此可以引出，我们在工作中要勇于创新，不断探索，追求完美，养成精益求精的工匠精神
项目3：RIP路由协议的配置	内容	设置距离矢量路由协议
	思政元素	各种路由协议的算法和选择依据不同，就会导致最终的选路不同，有的路径选择看似很近，实则带宽很小、速度很慢；有的看着很远，但是带宽大、速度快。由此可以引出，我们在工作中要勇于创新，不断探索，追求完美，培养精益求精的工匠精神
	呈现方式	通过视频、动画、微课、PPT等多种方式说明各种路由协议的算法和选择依据不同，就会导致最终的选路不同，有的路径选择看似很近，实则带宽很小速度很慢；有的看着很远，但是带宽大，速度快。由此可以引出，我们在工作中要勇于创新，不断探索，追求完美，养成精益求精的工匠精神

项目 4：OSPF 协议的配置	内容	设置链路状态路由协议
	思政元素	各种路由协议的算法和选择依据不同，就会导致最终的选路不同，有的路径选择看似很近，实则带宽很小、速度很慢；有的看着很远，但是带宽大、速度快。由此可以引出，我们在工作中要勇于创新，不断探索，追求完美，培养精益求精的工匠精神
	呈现方式	通过视频、动画、微课、PPT 等多种方式说明各种路由协议的算法和选择依据不同，就会导致最终的选路不同，有的路径选择看似很近，实则带宽很小速度很慢；有的看着很远，但是带宽大，速度快。由此可以引出，我们在工作中要勇于创新，不断探索，追求完美，养成精益求精的工匠精神
模块四：组建广域网接入网络		
项目 1：PPP 专线的接入	内容	配置 PPP 协议
	思政元素	通过专线和共享式网络接入的对比，可以得出两者之间对设备的物理条件需求还是有很大差别的，一个是独占，一个是共享。由此引出生态文明的理念，节约高效
	呈现方式	通过专线和共享式网络接入的对比，可以得出两者之间对设备的物理条件需求还是有很大差别的，一个是独占，一个是共享。由此引出生态文明的理念，节约高效
项目 2：帧中继网络的接入	内容	配置帧中继协议
	思政元素	通过专线和共享式网络接入的对比，可以得出两者之间对设备的物理条件需求还是有很大差别的，一个是独占，一个是共享。由此引出生态文明的理念，节约高效
	呈现方式	通过专线和共享式网络接入的对比，可以得出两者之间对设备的物理条件需求还是有很大差别的，一个是独占，一个是共享。由此引出生态文明的理念，节约高效

续表

	内容	配置地址转换功能
项目3：NAT地址转换的使用	思政元素	通过专线和共享式网络接入的对比，可以得出两者之间对设备的物理条件需求还是有很大差别的，一个是独占，一个是共享。由此引出生态文明的理念，节约高效
	呈现方式	引入话题：大家思考一个问题，我们家里连接Wi-Fi后都可以上网，IP地址是如何分配和管理的呢？你了解公用IP和私用IP的区别吗？通过NAT地址转换功能可以节省公用IP地址，同时也可以提高网络访问的安全。使用视频、PPT等
模块五：实现安全的网络环境		
项目1：标准访问控制列表的配置	内容	配置标准ACL
	思政元素	了解网络安全、数据过滤等内容。让学生不能做给他人和社会带来隐患和损失的事情，不能做违反法律和道德的事情。同时，要让学生认清网络上哪些行为会触犯法律，要知道如何保护自己的信息
	呈现方式	引入话题：你遇到过网络安全问题吗？你知道（听说过）哪些网络安全事件？通过视频向同学们展示因为网络安全问题所带来的严重后果，教导学生不能做给他人和社会带来隐患和损失的事情，不能做违反法律和道德的事情
项目2：扩展访问控制列表的配置	内容	配置扩展ACL
	思政元素	了解网络安全、数据过滤等内容。让学生不能做给他人和社会带来隐患和损失的事情，不能做违反法律和道德的事情。同时，要让学生认清网络上哪些行为会触犯法律，要知道如何保护自己的信息
	呈现方式	通过视频、PPT等让学生了解网络安全、数据过滤等内容。让学生认清网络上哪些行为会触犯法律，要知道如何保护自己的信息

五、实施成效

（一）实施班级具体情况

路由器/交换机技术课程设立于2006年，至今已开设了十余年。截至目前，已在计算机网络技术专业开设 15 届，学习人数 2000 余人。本课程在 2012 年被评为院级优质核心课，2015 年化学工业出版社出版教材《路由器/交换机技术项目化教程》，2017 年入选天津市提升办学能力建设项目重点建设课程，2019 年被评为学院思政精品在线课程。2019—2020 学年度第二学期在 2019 级网络技术专业 2、6、7、8 班实施，人数 173 人。

（二）教学资源

包括课程总体设计方案、课程实施方案、课程标准、课程授课进度计划、电子教案、教学课件、教学资源包（引导文、情境单、任务单、配置动画，教学录像、报告单、评价表、技能进阶训练）、学习指导书、实训资源包（实训课程标准、实训课程计划、实训任务书、项目单、任务单、实训报告书、实训指导书、配置案例）、能力评估资源包（23 套完整试卷、按章节全套习题库、389 道选择题题库、操作题题库、综合案例题库）、资源扩展包（思科技术资料、华为技术资料、CCNA 认证资源、天津市高职计算机技能大赛题库、综合应用案例库）、授课案例库、配置动画、虚拟仿真软件、华为网络系统建设与运维 1+X 职业技能等级证书资源。

（三）具体实施情况

通过建设，课程内容与企业实际需求融合度提高，极大提升了学生的学习兴趣和动力，课程教学资源逐步完善并通过课程思政的融入丰富了教学内容，采用线上线下混合教学设置课前、课中、课后环节，将学习延伸到课后。在职教云平台上，学生对课程教学的满意率五星评价达到 97% 以上（见图 2）。

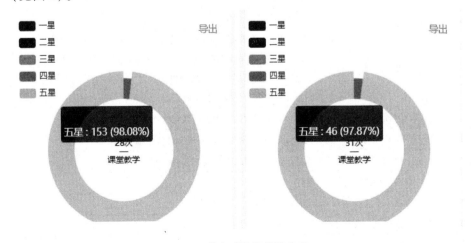

图 2　学生对课程的满意率

六、教学特色创新

(一)"思政教育"与"专业技术"相结合,激发学生学习兴趣

将"思政"与"专业"相结合,从课程内容选取到课堂教学形式,从理论知识到实践操作,教学方式不断改变、创新,将工作案例与实际生活中的方方面面结合起来,使学生在学习技术的同时,还了解今后在工作中如何为人处世,教书与育人同向融合,学生的学习兴趣和积极性大大提高。

(二)典型企业案例贯穿整个教学过程,注重学生职业素质培养

以网络设备的选型、配置与安全保障所要求的职业能力和职业素质培养为主线,以典型网络建设过程中网络设备相关的工作任务作为贯穿课程始终的训练项目,并以此组织教学内容及设计教学实施过程。学生通过对交换型网络、路由型网络设备的选择、调试与配置逐步到高级网络设备的选择调试与配置,获得网络互联技术的技能与知识,从而培养学生从事中等规模网络建设中网络设备配置与管理的职业能力与职业素质。

七、典型案例教学设计

表 3　案例教学设计

项目名称		家庭网络的组建
教学分析	教学内容	路由器交换机设备选型
	学情分析	大部分学生都有过使用计算机的经历,对基础知识有了初步的了解,但对交换机路由器等具体设备了解较少,尤其是系统性能参数、设备选型考虑因素等不了解
	思政元素	融入计算机工具的发展史:春秋时期的算筹、起源于北宋的珠算都是中华民族智慧的结晶。中国计算机的发展史——中国超级计算机天津计算中心。让学生坚定民族自豪感,激发爱国主义情怀,认识我国在计算机方面存在的不足,激发学生发奋图强的意志
教学目标	素质目标	分析问题和解决问题的能力、团队合作能力
	知识目标	交换机/路由器的作用与工作原理,设备选型
	能力目标	具有根据企业实际需求进行设备选型的能力
教学重点		交换机/路由器的工作原理
教学难点		根据企业实际需求对设备进行选型
教学方法		分组讨论、案例讲解
教学手段		职教云在线课程平台

续表

教学实施过程				
课前				
教学环节	教学内容	教师活动	学生活动	思政元素
课前预习	回顾：你了解我国网络技术的发展吗？你知道哪些计算机网络设备 预学新知：交换机的硬件组成和工作原理	1. 在云课堂发布课前讨论：说说你了解的网络硬件 2. 发布课前测验，在云平台发布课前测验题，检查学生对相关基础知识的掌握情况	1. 学生自主查询我国当前网络技术发展的现状 2. 完成测试题，根据测试题查找不足，有针对性地回顾相关内容	介绍中国超级计算机天津计算中心。让学生坚定民族自豪感，激发其爱国主义情怀，通过了解世界计算机的发展认识我国存在的差距，激发学生发奋图强的意志
课中				
教学环节	教学内容	教师活动	学生活动	思政元素
创设情境 5分钟	网络发展的现状 网络是通过哪些硬件连接起来的 常见的网络硬件	1. 结合国家超级计算天津中心的视频，介绍我国计算机网络技术的发展 2. 云课堂组织讨论：说说网络是如何工作的 3. 你能说出多少种网络硬件设备 4. 结合同学们的回答总结常见的网络设备	1. 观看视频 2. 参与讨论，在课程平台提交答案 3. 分析关键字，得出结论	通过观看视频、参与讨论，将学生带入情境，了解中华优秀传统文化，体会古人的智慧，结合当前我国超级计算机的发展，激发学生爱国情怀
探究学习 35分钟	交换机的工作原理 交换机的硬件组成和功能特性 交换机的初始配接	借助微课讲解交换机的工作原理及在网络中的作用 借助课件讲解交换机的硬件组成和功能特性 通过教师实际演示操作，讲解交换机初始配接的方法	通过微课学习，了解网络的工作原理和交换机的功能 学习并记录交换机硬件的组成和功能特性 观看教师操作，记录操作过程	介绍我国著名IT企业——华为技术有限公司的系列产品，了解我国目前技术发展水平，明确学习目标。通过讲解交换机对数据的判断和转发，强化学生的规矩意识和责任意识

续表

教学环节	教学内容	教师活动	学生活动	思政元素
专技训练	通过模拟软件练习交换机的初始连接和设置方法	借助模拟软件，演示交换机的初始连接和设置	在模拟软件中进行操作，锻炼动手能力	团队精神、进取精神
总结巩固	总结、游戏、反馈	对所学内容进行总结。设置小游戏：抢答。利用云平台设置抢答，看看哪个同学知识掌握得最好	每组派一个人进行总结；在云平台上抢答	团队精神、进取精神
课后				
教学环节	教学内容	教师活动	学生活动	思政元素
拓展提升	题库作业扩展：路由器的组成和功能	在课程平台发布作业题	完成作业，查找路由器相关资源	资料查询能力
教学效果	1. 模拟真实情境，通过视频引入我国计算机网络技术的发展历程，激发学生的爱国情怀和民族自豪感。通过设置讨论，增强学生们的参与性和互动性，提高学习兴趣 2. 利用信息化技术和资源，通过视频、微课、虚拟软件等为学生提供一个实际动手训练的方法，提高学生动手能力			
反思改进	在讨论环节，学生回答的内容相关性不高，说明对基础知识了解较少。今后要加强学生自主学习、资料查阅的能力			

八、拓展阅读

故事文本

为了帮助同学们快速适应网络学习，进入学习状态，提升学习效果。针对专业学习特点和同学们实际需求，以身边的榜样为引领，带动学习的激情。以典型的案例为标杆，勾勒成才的路径。邀请17级计算机网络技术专业1班班长王永琪学长对自己三年的学习经历、专业发展的理解和如何进行自我学习与同学们进行了分享，就如何查找和利用网络资源进行在线学习做了详细的说明并进行现场演示，并对自己三年来的学习经历和学习方法进行了总结分享，对大家在学习中存在的疑惑进行了答疑，受到了热烈欢迎（见图3）。

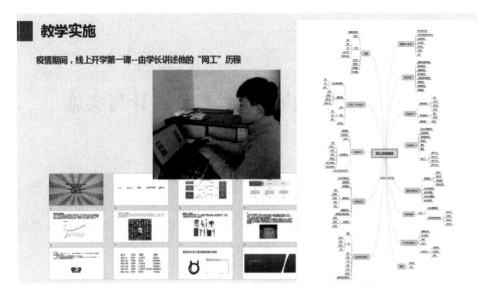

图 3 2017 级计算机网络技术班王永琪为学弟学妹进行网络辅导

九、典型数字化资源展示

交换机的工作原理

网络设备的认知

NAT 地址转换的配置

NAT 地址转换（一）

NAT 地址转换（二）

NAT 实操配置

数据库原理与应用课程思政设计与实施

负 责 人：孟帙颖
团队成员：张玉萍、韩艳芬、江颖、王宝龙、王春媚、王芸惠（思政课教师）、牛卫卫（辅导员）、王一夫（企业教师）

一、课程定位

（一）课程名称

数据库原理与应用

（二）适用专业

计算机网络技术

（三）课程性质

数据库原理与应用课程是计算机网络技术专业的一门核心课程，也是自动化类相关专业的一门选修课程，学生通过对课程的学习，了解数据库的基本概念和功能，掌握数据库管理系统的使用方法，能够对数据库中数据进行管理和使用，并能开发简单的数据库应用程序，从而具备数据库系统的开发与维护能力。通过融入课程思政，培养学生爱国主义精神，了解中华优秀传统文化，沟通礼节，具有生态文明意识、诚信意识、工匠意识，具备职业素养、团队协作精神，锻炼分析问题与解决问题的能力，将学生培养成具有正确世界观、人生观、价值观的新时代高素质技术技能人才。

（四）课时：72 学时

二、教学目标

（一）素质目标

坚定拥护中国共产党领导和我国社会主义制度，在习近平新时代中国特色社会主义思想指导下，践行社会主义核心价值观，具有深厚的爱国情感和中华民族自豪感；诚实守信、遵守法纪，履行道德准则和行为规范，具有社会责任感和社会参与意识；具有质量意识、环保意识、安全意识、工匠精神、创新思维、全球视野；勇于奋斗、乐观向上，具有自我管理、职业生涯规划的意识，以及具有较强的集体意识和团结合作精神。

（二）知识目标

掌握数据库的分析方法；数据库和表的结构、组成和功能以及创建方法；数据的增、删、改、查等操作；数据完整性的设置方法；了解 T-SQL 语言，能够编写简单的程序；存储过程和触发器的使用；数据库安全的实现方法。

（三）能力目标

具有数据库分析和设计的能力，数据库定义和数据对象创建的能力，对数据增、删、改、查等操作的能力，对复杂数据进行操作的能力，对数据库安全进行设置的能力。

三、教学方法及手段

（一）教学方法

采用基于工作过程的教学模式，应用项目教学法，以学生喜闻乐见的实际应用案例"学生管理系统"为蓝本，创设了 10 个学习情境。通过对该课程的学习，学生了解并掌握了数据库系统从分析规划到开发再到使用的全过程。让学生进入工作实践，为学生提供体验完整工作过程的学习机会，逐步实现从学习者到工作者的角色转换，课堂上为同学们下发具体的任务，促使同学们将理论和实践结合。

（二）教学手段

秉承"以学生为主"的理念，采用"基于工作过程"的教学模式，借助"互联网+"，搭建在线开放课程，实现线上线下混合式教学。企业案例引导，创设模拟企业环境，调动学生学习积极性，实现学生由被动学习向主动学习转变，由一人学习向多人协同学习转变，由以理论为主学习向理实一体化学习转变，教师由传统信息化教学手段向智慧化教学模式转变，由以知识教学为主向引导式教学转变。

充分利用在线开放课程平台，在传统课堂教学方法的基础上结合信息化技术，建立智慧教室，借助在线开放课程实现"课前、课中、课后"线上线下混合式教学。借助微课、动画、课中提问、课后问答等方式，增强与学生的互动，调动学生学习的积极性、主动性，同时增加习题讲解视频，帮助学生自主学习难点和重点。利用在线测评系统进行课后练习自动批改和评分，结合学生课堂表现，分析学生学习效果，完成成绩趋势画像，掌握学生学习动态，实现智能化教学。

图1 数据库原理与应用课程思政设计思维导图

四、教学设计

在课程中融入思政元素，根据课程内容的要求和特点，构建了课程内容与思政元素对应的思维导图，将思政元素有机融入，如爱国主义精神、中华优秀传统文化、沟通礼节、生态文明教育、诚信教育、职业素养、工匠精神、规矩意识、励志精神、创新精神等。让学生在接受技能训练的同时，对其自身的行为进行规范约束，在潜移默化中规范自己的言行，真正实现立德树人。

本着全面贯彻党的教育方针，牢固树立育人为本、德育为先的理念，以课堂是弘扬主旋律、传播正能量的主阵地为导向，坚持正确的政治方向，对数据库原理与应用课程的教学内容进行认真梳理，并进行了"课程思政"教学设计。以习近平新时代中国特色社会主义思想为指导，坚持知识传授与价值引领相结合，围绕专业教学内容，选取可以培养大学生理想信念、价值取向、政治信仰、社会责任的课程思政教育素材，旨在全面提高大学生明辨是非的能力，让学生成为德才兼备、全面发展的人才。

表 1　课程教学内容体系

		模块一：数据库系统的搭建
项目 1：探秘数据的世界——认识数据库系统	内容	数据库系统的基础知识：数据、数据库、数据库管理系统、数据库系统、数据库系统特点。E-R 模型、关系数据模型关系的规范化
	思政元素	拥护中国共产党的领导，具有深厚的爱国情感和民族自豪感融入中国优秀传统文化教育，培养学生与人沟通的能力、待人接物的礼貌、文化礼节。融入诚信教育，培养学生诚信的品德和实事求是的工作作风
	呈现方式	学生在课前查找相关资料，在古代人们是如何计数的，是如何把这些数据记录保存下来的，我们的古人发明了很多方法，例如珠算。通过查找相关资料，了解我国五千多年的历史和文化，激发学生民族自豪感。在当今信息化的时代，我们的信息技术仍然在世界上位列前茅，培养学生深厚的爱国情怀
项目 2：准备好装备我们出发——开发环境的搭建	内容	数据库管理系统的安装
	思政元素	爱国主义教育，弘扬文化自信、民族自豪感，点燃学生心中为祖国发展奉献自我的奋斗精神
	呈现方式	通过视频展现我国信息技术的发展，在世界上处于领先地位。弘扬文化自信和民族自豪感

	内容	数据库的组成和创建，表结构的组成和创建
项目3： 有规矩成方圆 ——数据库和 表的创建	思政元素	诚实守信、遵守法纪、履行道德准则和行为规范，具有社会责任感和社会参与意识；规矩意识教育，培养学生制订计划规划的能力
	呈现方式	引入话题：请问同学们，你在家里收拾过屋子吗？你的衣服、物品是如何存放的呢？我们是不是要把衣服叠好放在衣柜里，要分出春夏和秋冬，内衣和外衣，这样才方便我们取用，这就是我们生活中的规矩。同样，数据库中的数据也需要按照一定的规格和方式存放，便于以后的查询和读取。所以我们做什么事情都要讲规矩，要遵守行为规范，要有计划和规划
	**模块二：数据的录入和管理**	
项目4： 真实可靠的数 据才有效—— 信息的录入 与更新	内容	按照要求向表中输入数据，对表中的数据进行更新
	思政元素	实事求是、一丝不苟的科学精神，这些输入的原始数据不能有丝毫的错误，更不能随意修改，要具有基本的职业素养
	呈现方式	通过视频、微课等告诫学生们私自篡改数据是非法的，原始数据不能随意修改。这是基本的职业素养
项目5： 用职业的要求 和素养管理数 据——数据的 检索与更改	内容	按照要求对表中的数据进行检索，对表中的数据进行分组汇总和排序，实现多表链接查询
	思政元素	实事求是、一丝不苟的科学精神，这些输入的原始数据不能有丝毫的错误，更不能随意修改，要具有基本的职业素养
	呈现方式	通过视频、微课等告诫学生们私自篡改数据是非法的，原始数据不能随意修改。这是基本的职业素养
项目6： 要有严谨的态 度——数据 的完整性设计	内容	通过设置各种约束实现对标中数据的完整性要求
	思政元素	融入工匠精神教育，我们不能只满足于数据的能够输入，还要定义严格的输入要求，确保数据有效，这正是精益求精的精神体现
	呈现方式	引入话题：请同学们做一个实验，在学生管理数据库中"性别"列输入"王"可以吗？在年龄列输入"150"可以吗？如果谁能够输入进去并不出现错误提示，那么请你注意，你设计的系统是有问题的。因为你输入的数据实际上是没有意义的，这些数据是"垃圾"数据。所以我们不能只满足数据的输入，还要确保数据的有效，这就是工作中精益求精精神的体现

		模块三：数据库对象的创建和使用
项目7： 数据也要环保 ——视图和索 引的使用	内容	在表中创建索引，加快数据查询速度；创建视图，使用视图对数据进行管理
	思政元素	生态文明理念，节约时间，减少浪费，激发学生的社会责任感
	呈现方式	引入话题：同学们，大家都去过超市，在大型超市中每天进出的货物数量是十分巨大的，每一笔账目我们都要清晰地记录下来，大家可想而知，这个数据量是非常庞大的。通过视频、PPT等向同学们展示大型数据库中数据的存储量需求。那么我们能不能通过改变一些方法，使数据的存储量变得少一些，节约资源，减少浪费，养成良好的节约美德。视图和索引就是数据库中的节约标兵
		模块四：数据库的编程
项目8： 统一安排听指 挥——T-SQL 程序设计	内容	T-SQL语句的组成和编程方法
	思政元素	融入团队教育，团队成员之间要相互关心、相互爱护
	呈现方式	引入话题：数据库管理系统中这么多对象，我们如何让他们之间协调统一地工作呢？可以使用T-SQL语句进行程序设计，通过程序设计调用各种对象步调一致，协同工作，大家相互配合，高效地完成各项工作
项目9： 发挥集体的力 量——存储 过程和触发器	内容	创建和使用触发器
	思政元素	融入团队教育，团队成员之间要相互关心、相互爱护
	呈现方式	引入话题：存储过程和触发器在数据库管理系统中的作用是什么？通过存储过程和触发器的设置，能够将不同的对象关联起来，通过修改一处数据，能够引起其他相关数据的改变。这就像个人和团队的关系，每个人都是团队的一员，每个人的行为都会对整体有影响。同学们要建立团队意识

续表

模块五：数据库的安全管理		
项目10：守护数据的安全——数据的安全管理	内容	创建 windows 和 SQL Server 登录账号，设置访问权限
	思政元素	法制教育，要让学生具有遵纪守法的意识，要有正确的世界观、人生观、价值观。价值引导，不能非法获取、非法占有
	呈现方式	通过视频、PPT 等向学生展示数据泄露所造成的安全问题，引发学生思考，如何控制不同级别用户对数据库的访问操作，禁止非法获取重要的数据信息。对学生进行法制教育，教导学生要有遵纪守法的意识、数据的保护意识、系统的安全意识
项目11：实战——数据库系统设计与实施	内容	根据实际需求对数据库系统进行整体规划与设计
	思政元素	融入创新精神，针对不同的需求创新思维、进行设计
	呈现方式	以疫情防控数据统计为例，设计一个社区人员信息管理系统，方便工作人员快速统计和查询相关信息。通过模拟实际案例让学生切实感受数据库管理系统设计和开发的整个过程，并根据实际需求进行创新设计，培养学生的创新思维

五、实施成效

（一）实施班级具体情况

本课程在2020—2021学年第一学期对2019级计算机网络技术专业学生进行教学实施，课程学习人数390人。

（二）教学资源

该课程已在职教云平台建设在线开放课，通过半年多时间的建设，该课程已基本形成一套较完整的融合思政元素的教学资源，包括教学内容形象直观、图文并茂易于学生学习的课程教学 PPT 1 套；能够突出重点并有助于理解概念和掌握方法的视频 76 个；吸引学生注意，激发学生学习兴趣的动画 1 部；便于课下反复观看、揣摩学习，激发自主学习的微课 4 堂；实现课堂活动管理，实现教、学、管、评等功能的职教平台学习资源 1 套；实时解决实践中的问题，与实际工作场景紧密结合的数据库系统 5 个，课程总体资源达到 294 个。

（三）具体实施情况

1. 学习积极性提高，掌握理论知识更扎实

针对目前高职生厌枯燥理论、传统教育，喜新鲜故事、喜动手实操的特点，本课程穿插历史小故事、正能量新闻等，激发学生学习兴趣，让学生独立思考问题，在扎实掌握理论知识的基础上提高了学生的分析问题和解决问题的能力。

2. 激发学生动手实践欲望，提升动手实践能力

学习一个新的知识点时，教师有针对性地设计问题的情境，激发学生主动参与的学习兴趣，产生积极发现问题、积极探究的欲望，使学生敢想、敢问、敢说，从而激发学生动手探究的意识。例如通过计算 2019 年世界杯中国女排核心力量选手，学习 GROUPBY 分组关键字。

3. 渗透劳动教育，培养劳动精神

在教学环节引入思政元素，促使学生养成以人为本的设计理念，引导学生养成认真负责的工作态度，增强学生的责任感，培养学生大局意识和核心意识。加强劳动教育，培养精益求精、吃苦耐劳、永不言败的工匠精神，充分发挥课程育人、实践育人的功能。

六、教学特色创新

（一）立德树人的教学设计具有可操作性

立德树人，是一种对学生进行的正确思想塑造、积极态度形成和良好职业习惯养成的过程。教学中坚持融入"课程思政"元素，就是将立德树人具体化、形象化，使之具有可操作性，立德树人的目标方可落地。立德树人教学工作成果包括：修订教学标准及授课计划，使之包含体现"课程思政"的知识点与育人环节；完善体现"课程思政"新特点的教案（课件）及教学实施，且教学设计应注重情境创设；增加对"课程思政"教学效果的考核；教学反馈中增加学生对该课程教学效果的反馈；注重提炼体现"课程思政"的典型案例；加强对"课程思政"教学改革建设的研究。

（二）注重挖掘具有学科特色的"课程思政"，提高育人效果

数据库原理与应用课程蕴含了丰富的"课程思政"内容。教师从浅显易懂的现象或规律中启发点拨出的哲学思想，学生易于理解和接受。同时，作为计算机网络技术专业的专业核心课，它又带有普适性。在挖掘思政元素融合点时侧重强化爱国精神、规矩意识、创新意识、科学素养、人文情怀和工匠精神等体现专业特色的思政教育。借助线上线下混合式教学模式，与学生交流互动，

了解学生的想法，促进学生的学习，将课程思政落在实处，真正实现育人效果。

（三）围绕相关文件精神，构建基于"课程思政"的评价体系

中共中央国务院印发《深化新时代教育评价改革总体方案》（以下简称《方案》），该《方案》强调通过过程性评价、多元评价等评价方式，并通过信息化手段提升评价的可行性和有效性。在以数据库为基础的课程思政教学设计中，制订了基于思政要求的教学目标、评价指标；设计了多元评价体系，其中思政分值占30%；知识占40%，技能占30%；并通过基于过程性评价的"课堂教学评价管控系统"，实施教学和完成过程性评价。通过上述方式方法，提升了课堂教学效率，达到了课程思政的预期效果。

七、典型案例教学设计

表2　案例教学设计

项目名称		探秘数据的世界——认识数据库系统
教学分析	教学内容	E-R概念模型，关系数据模型
	学情分析	同学们对数据库有基本了解，知道数据、数据库等基本概念，但对于E-R模型很陌生，不了解如何通过E-R图将现实世界的对象转换成数据描述出来
	思政元素	拥护中国共产党的领导，具有深厚的爱国情感和民族自豪感 思政元素融入：融入中国优秀传统文化教育，培养学生与人沟通的能力、待人接物的礼仪、文化礼节。融入诚信教育，培养学生诚信的品德和实事求是的工作作风
教学目标	素质目标	分析问题解决问题的能力、团队合作能力
	知识目标	E-R模型、E-R图的各元素组成，E-R图的画法
	能力目标	能够将现实世界的实体用E-R模型表现出来
教学重点		E-R模型的概念、E-R图的组成和画法
教学难点		实体的识别、实体属性的查找和确认
教学方法		分组讨论、案例讲解
教学手段		职教云在线课程平台
教学实施过程		
课前		

续表

教学环节	教学内容	教师活动	学生活动	思政元素
课前预习	回顾：你了解我国计数工具的发展吗？你知道古人用哪些方法记录数据吗	1. 在云课堂发布课前讨论：说说你了解的计数的方法，你知道有哪些记录数据的方法 2. 发布课前测验，在云平台发布课前测验题，检查学生对相关基础知识掌握的情况	1. 学生自主查询我国古代的计数方法 2. 完成测试题，根据测试题查找不足，有针对性地回顾相关内容	我国有几千年的文明，古人很早就发明了计数的工具——算盘，被誉为中国的"第五大发明"，大大提高了人们对数据处理的效率。今天我国的天河系列超级计算机更是在世界上处于领先地位。通过文档和视频等简短的介绍，激发学生的爱国热情和学习兴趣

课中

教学环节	教学内容	教师活动	学生活动	思政元素
创设情境 5分钟	1. 我国古代的计算方法都有哪些呢 2. 我们如何将现实生活中的实体描述出来呢	课程的引入：随着科学技术的发展和普及，计算机被大量地应用在人们工作和学习的各个方面，尤其是数据库技术方面的应用，给人们带来了前所未有的方便和快捷 在课前让大家预习了我国古人计数的方法，下面请大家说一说你了解的计数方法有哪些	1. 讲思政小故事：中华优秀传统文化——珠算 2. 观看视频：天津计算中心超级计算机——天河一号 3. 参与讨论，在课程平台提交答案 4. 分析关键字，得出结论	通过观看视频，参与讨论，将学生带入情境，激发学生爱国情怀
探究学习 35分钟	1. 了解什么是E-R图 2. 识别现实生活中的实体 3. 寻找能够描述实体的属性，找出主要属性 4. 学习E-R图的组成	1. 借助微课讲解实体——联系图（E-R图）的组成和功能 2. 借助课件，讲解什么是实体，如何识别现实生活中的实体 3. 通过示例讲解，如何使用数据描述一个实体，找到实体的特征属性 4. 说明属性的各种取值方法	1. 通过微课学习，了解E-R图的组成和功能 2. 学习并记录如何确定现实生活中的各种实体 3. 通过老师的举例了解如何描述实体，即找出实体的特征属性	通过微课让学生传承和发扬中华优秀传统文化，激发学生的民族自豪感

续表

教学环节	教学内容	教师活动	学生活动	思政元素
专技训练	画 E-R 图	带领学生，通过分析"学生管理系统"中应包含的实体，找出描述实体的属性，画 E-R 图	独立画出"学生管理系统 E-R 图"	通过分组训练，锻炼学生的团队合作意识，提高相互交流能力
总结巩固	总结、游戏、反馈	对所学内容进行总结。设置小游戏：抢答。利用云平台设置抢答，看看哪个同学的知识掌握得最好	每组派一个人进行总结；在云平台上抢答	团队精神、进取精神

课后				
教学环节	教学内容	教师活动	学生活动	思政元素
拓展提升	题库作业扩展：请分析图书管理系统所包含的实体，画出 E-R 图	在课程平台发布作业题	完成作业，查找图书管理系统相关资料	资料查询能力
教学效果	1. 通过讲思政小故事——中华优秀传统文化——珠算，激发学生的民族自豪感。通过观看视频天津超级计算中心——天河 1 号，增强学生的民族自信心和自豪感，激发学生的爱国热情和学习热情 2. 利用视频、微课、软件等为学生提供一种实际动手训练的方法，通过学生喜闻乐见的案例"学生管理系统"带动学生的学习热情，提高学生动手能力			
反思改进	由于 E-R 模型内容非常抽象，学生对于常见的系统，如学生管理系统、图书管理系统等理解得较好，对于不常见的内容理解起来较困难，今后要多引入一些数据库系统案例，拓宽学生的知识面			

八、拓展阅读

中华优秀传统文化——珠算

"算盘是中国的第五大发明"，珠算最早见于东汉时期的《数术记遗》，记载了 14 种古代算法，而用珠的算法就有"太一算""两仪算""三才算""九宫算"和"珠算"五种。相传，1972 年春，美国代表团访华，我国领导人陪同到杭州游览，途中有位美国朋友说："久闻贵国有猜谜风习，我想让你猜个谜，行吗？""好啊，请说吧！"美国客人说："你一只，我一只，每家屋里有几只，全国只有十几只，你看奇怪不奇怪？"这位领导人笑着回答："这个谜底只有我们中国人才有啊！"美国代表知道谜底已被猜中了（生肖），佩服不已。这位领导人微笑："我也有一谜，请你猜猜。'四角方方一丘田，不种稻谷不种棉。不种瓜果不种菜，单种荸荠万万千'。"美国客人听后迟迟猜不出，原来这个谜底就是算盘。

"算计珍珠几十个，盘藏财富亿万千"，我国人民喜爱算盘涉及方方面面。在武汉市江夏区金口镇东岳庙（本名"东震寺"），清末秀才汤寄六曾为寺内壁画所绘算盘，书写一副算盘对联："你的算计非凡，得一步进一步，谁知满盘都是错；我却糊涂不过，有几件记几件，从来结账总不差。"横批："不由人算"。联语寓意一个人不管怎么神机妙算，总会有错。做多少好事，干多少坏事都会被世人记得一清二楚。北京朝阳门外也有个始建于元代延祐六年（1319）的东岳庙，东岳庙瞻岱门过道内墙壁上悬挂着一个大算盘，左右配写对联："乘除分明，毫厘不爽。"寓意人世间善恶因果，就像这算盘一样公正。我国清代著名的思想家、文学家和艺术家郑燮（号板桥），创作了许多对联，其中有一副赠做生意商人的对联："得大自在，打松算盘。"意思是为人必须抛弃烦恼，保持乐观，放松心情，安闲自得。

由此可见，我们中国人自己发明的、闻名世界的计算机先驱——算盘，随着时间的推移，渐渐形成了我们中华民族独特的文化艺术之一，深深地扎根在我们民族的传统文化中。

九、典型数字化资源展示

SQL Server2008　　用 SQL 语句创建　　规则与默认值
安全管理服务　　与管理外键约束

数据的唯一性约束　　　　EXISTS 子查询　　　　常用函数的功能

软件开发方法与 UML 建模课程思政设计与实施

负 责 人：姚嵩

团队成员：王唯、刘砚、胡小杰（辅导员）、王柔健（思政课教师）、李金星（企业教师）

一、课程定位

（一）课程名称

软件开发方法与 UML 建模

（二）适用专业

大数据技术、软件技术及相关专业

（三）课程性质

软件开发方法与 UML 建模是软件技术及相关专业的一门专业核心课程。本课程注重培养学生的思想、道德、政治、信念，使学生具有良好的职业道德、科学的职业价值观和较强的政治素质。通过对本课程的学习，学生可以了解面向对象编程的开发过程，掌握软件开发方法，从需求分析到系统测试的各个软件开发阶段的模型建立、开发工具使用、编程方法、系统测试以及开发文档写作等。学生通过学习，拥有独立组织进行软件开发的能力，并能对软件系统的运行和维护进行规划与实施；掌握软件系统规划、建设及实施的方法和技能；锻炼独立思考和创新精神，以提高全面素质。

（四）课时：72 学时

二、教学目标

在课程中逐渐树立起价值塑造、能力培养、知识传授三位一体的教学目标，以习近平新时代中国特色社会主义思想为指导，坚持知识传授与价值引领相结合，采用可以培养大学生理想信念、价值取向、政治信仰、社会责任的题材和内容，全面提升大学生缘事析理、明辨是非的能力，让学生成为德才兼备、全面发展的人才。

（一）素质目标

养成遵守软件设计规范的良好职业习惯；具有对最新专业技术发展趋势的专业敏感和自学能力；具备中国道路自信和行业领域发展信心；具备企业工作岗位的专业知识、技术技能及操作经验；具备按时、守时的软件交付观念；具备诚实守信、坚忍不拔的性格；具有自主、开放的学习能力；具备良好的自我表现、与人沟通能力、良好的团结合作精神以及高尚的职业道德、正确的政治理想信念和价值取向。

（二）知识目标

掌握软件工程的基础知识以及相关实用技术，包括统一建模语言 UML、软件开发过程、软件工程概述、软件可行性研究、软件需求分析、软件总体设计、软件详细设计、面向对象技术、程序编码技术、软件测试技术、软件实施与维护、软件重用技术、软件项目管理、软件开发工具与软件工程环境，使学生在掌握原有编程语言的基本能力上，具备完整系统设计与开发的能力。

（三）能力目标

学会使用专业工具进行软件设计、建模、开发、测试等工作；能够独立完成软件系统的设计、开发、运行、维护；提高面向对象的程序设计能力；具备软件开发能力；具备新技术自学以及创新能力；具备查阅资料等研究性学习能力；具备较强的逻辑思维能力，以及分析问题和解决问题的能力；具备较好的理解能力与表达能力；具备团结合作精神。

三、教学方法及手段

（一）教学方法

课前课中课后主要采用以下三种方法：

混合式教学：课前将部分内容用微课等形式通过职教云让学生参与学习，课堂主要是学生和老师之间的互动，包括答疑、解惑等知识的运用，充分调动学生的积极性，教学效果良好。

对分课堂教学法：通过讲授—作业—讨论三个模块，讲授法与讨论法两者长短互补，培养学生的审辩思维、创新素养、沟通素养、合作素养以及文化理解与传承素养。

情境教学法：课程组织将理论知识与实际项目紧密结合，构成以项目为驱动、以学习情境为主干、将工作任务为支撑的课程体系，将真实的项目贯穿整个教学过程，将程序设计的知识融入其中，突出重点、化解难点，有意识、有目的、有重点地营造有利于学生能力发展的氛围，启发学生思维，促进学生能力的提高。

（二）教学手段

本课程以企业的实际项目为载体，基于工作过程导向开发设计教学内容，利用职业教育数字化学习中心承载的数字化教学资源，实现了线上线下混合式教学。本课程教学内容设计了十个学习情境，每个学习情境下又设置若干任务，通过每个任务的完成可以实现对应学习情境的学习。

四、教学设计

该课程教学设计本着情景契合、内容融合的原则，采用"一核双线、三层对接、四位一体"人才培养模式，构建了课前、课上、课后，线上、线下，理论、实践有机融合的课程体系，利用学生感兴趣的事和物，来引导他们感悟、发自内心的认同，将专业教学和课程德育相结合，在知识传授中融入价值引导，引领广大学生对中国智慧和中国道路真听真懂，增强自信，并利用丰富的现代信息技术实现第一课堂、第二课堂的持续延伸。

课程教学采用"一核双线、三层对接、四位一体"人才培养模式。人才培养自始至终以立德树人和学生思想道德品质教育为"核心"；以"1+X"体系下的职业学历教育和职业资格等级证书教育为"双线"；人才培养内容和方式，一是教学内容与行业龙头企业对接国际最新规范标准，二是教学过程与高精尖技术企业对接国内一流技术工艺，三是教学模块与技术成长型企业对接区域服务项目；四位一体是指人才培养体系，在人才培养过程中全面实施德技一体、育训一体、学研一体、教赛一体。通过情景契合、内容融合，使学生在获得专业知识的同时，树立中国制造成就中国道路、中国智造蕴含中国智慧的信念。在教学中运用案例教学、信息化教学等方法，选取当下热点问题的典型案例，指导学生进行有针对性的分析、讨论，从现象中挖掘出问题的本质，做到情景契合、内容融合，用学生感兴趣的事物引导学生感悟、发自内心的认同，培养学生应用能力、创新意识和主动探索的学习精神。

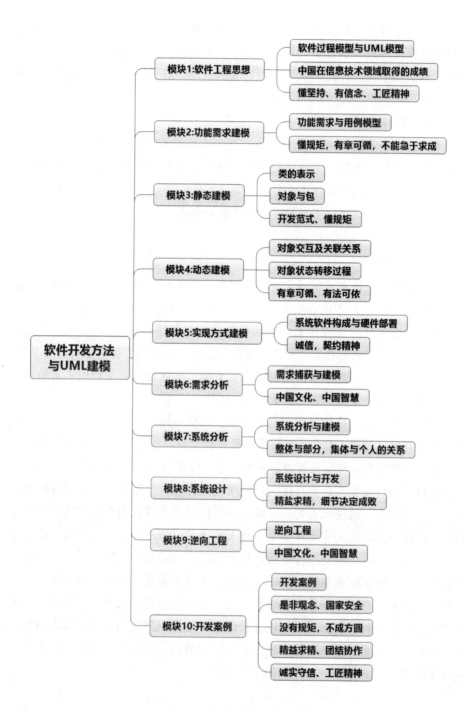

图1 软件开发方法与 UML 建模教学设计

表 1　课程教学内容体系

模块一：用软件工程的思想开发系统		
项目 1：软件过程模型与 UML 模型	内容	软件和软件工程的概念、软件开发生命周期、UML 在面向对象的软件开发过程中的作用、软件过程模型运用的原则
	思政元素	中国在信息技术领域取得的成绩（中国成就、中国自信）；软件生命周期（懂坚持、有信念、工匠精神）
	呈现方式	视频展示、实例引入、利用职业教育数字化学习中心实现线上线下混合式教学
模块二：系统的功能需求建模		
项目 1：功能需求与用例模型	内容	用例图的主要组件，用例间的包含、扩展、泛化关系；用例建模的一般过程、软件工具的使用；准确识别系统的参与者和用例，能准确识别系统的关系，建模初始用例模型，按照规范书写用例文档
	思政元素	软件开发模型、开发范式（懂规矩，有章可循、有法可依，不能急于求成）
	呈现方式	实例引入、思考问答、利用职业教育数字化学习中心实现线上线下混合式教学
模块三：系统的静态建模		
项目 1：类的表示	内容	类图的标记符组件，类的特性、职责和约束；根据具体问题，建模类图模型，表达类的设计思想，建模对象模型，表达对象间的关系
	思政元素	开发范式、懂规矩，有章可循、有法可依，不能急于求成
	呈现方式	实例引入、思考问答、利用职业教育数字化学习中心实现线上线下混合式教学
项目 2：对象与包	内容	类之间的关系，对象图、包图；根据具体问题，建模包图模型，表达模块间的关系
	思政元素	开发范式、懂规矩，有章可循、有法可依，不能急于求成
	呈现方式	实例引入、思考问答、利用职业教育数字化学习中心实现线上线下混合式教学

模块四：系统的动态建模		
项目1：对象交互及关联关系	内容	动态建模在软件开发中的应用，动态模型与静态模型的关系；建模对象间的交互
	思政元素	开发范式、懂规矩，有章可循、有法可依，不能急于求成
	呈现方式	实例引入、思考问答、利用职业教育数字化学习中心实现线上线下混合式教学
项目2：对象状态转移过程	内容	动态建模方法；准确识别对象的不同状态，建模对象的状态转移过程
	思政元素	开发范式、懂规矩，有章可循、有法可依，不能急于求成
	呈现方式	实例引入、思考问答、利用职业教育数字化学习中心实现线上线下混合式教学
模块五：系统的实现方式建模		
项目1：系统软件构成与硬件部署	内容	建模实现方式，组件图、部署图、建模实现方式
	思政元素	软件部署与交付、诚信，契约精神
	呈现方式	视频展示、实例引入、利用职业教育数字化学习中心实现线上线下混合式教学
模块六：需求分析		
项目1：需求捕获与建模	内容	信息收集的方法策略、需求整理的方法及需求建模的方法步骤；实施需求分析及建模
	思政元素	软件项目管理、懂规矩，有章可循、有法可依，不能急于求成、中国文化、中国智慧
	呈现方式	视频展示、实例引入、利用职业教育数字化学习中心实现线上线下混合式教学
模块七：系统分析		
项目1：系统分析与建模	内容	建立分析模型、实体对象与数据模型之间的关系、识别系统的实体类、建模系统的实体类图、系统分析模型、实体类模型映射成数据库模型
	思政元素	软件系统设计，整体与部分、集体与个人的关系
	呈现方式	视频展示、实例引入、利用职业教育数字化学习中心实现线上线下混合式教学

续表

模块八：系统设计		
项目1：系统设计与开发	内容	系统设计类的导出，系统设计的主要内容、方法和思路；系统架构设计、设计模型
	思政元素	软件开发编码原则、精益求精，细节决定成败
	呈现方式	视频展示、实例引入、利用职业教育数字化学习中心实现线上线下混合式教学
模块九：逆向工程		
项目1：逆向工程	内容	源代码转换、软件再工程、逆向工程；分析源程序，系统逆向
	思政元素	软件项目管理、中国文化、中国智慧
	呈现方式	视频展示、实例引入、利用职业教育数字化学习中心实现线上线下混合式教学
模块十：开发案例		
项目1：开发案例	内容	UML建模过程、面向对象方法的分析设计；实施软件开发、将软件建模技术贯穿到整个软件开发的实践
	思政元素	没有规矩、不成方圆，是非观念、诚实守信、国家安全、精益求精、团结协作、工匠精神
	呈现方式	视频展示、实例引入、利用职业教育数字化学习中心实现线上线下混合式教学

五、实施成效

（一）实施班级具体情况

2019级大数据技术1班、2班，共95人。

（二）教学资源

在智慧职教平台创建课程，共建设使用资源151个，其中文本类资源61个，视频、微课、动画等非文本类资源90个。

（三）具体实施情况

通过一个学期的教学实践，该课程的思政教育已初见成效。本课程通过建设，将思想政治教育元素和思想政治教育功能融入课堂教学环节，实现了价值塑造、能力培养、知识传授三位一体的教学目标，将理想信念、职业道德、工匠精神、奉献社会等思想政治教育核心元素纳入专业课程体系中，打通全员育人的"最后一公里"，巧妙地进行价值引领与知识传授的融通，实现立德树人润物无声。通过情景契合、内容融合，使学生在获得专业知识的同时，树立中国制造成就中国道路、中国智造蕴含中国智慧的信念。在教学中运用案例教学、信息化教学等方法，选取当下热点问题的典型案例，指导学生进行有针对性的分析、讨论，从现象中挖掘出问题的本质，做到情景契合、内容融合，用学生感兴趣的事物引导学生感悟、发自内心的认同，不仅开发锻炼了学生自我思维能力，还激发了学习热情，拓展了思维空间。利用丰富的现代信息技术将教学中的所有元素信息化，实现知识学习实践与思想政治理论课同向而行，使学生更加容易接受计算机专业理论知识，增强了学习主动性，使思想政治教育深入人心，实现了专业课程与思政教育的无缝连接。

图 2　教师实施分模块授课情况

在实施的过程中，对学生进行了课程满意度调查，结果发现：

（1）95%以上的学生认为授课内容生动，激发了其对专业课程学习的热情，并在学习的过程中树立了正确的世界观、人生观和价值观。

（2）97%的学生认为授课过程中的思政小故事使他们更好地体会了科学精神、工匠精神。

（3）98%的学生认为在授课过程中通过加强对编程规范的要求，增强了编程规范意识，进而提升了职业素养和个人的职业适用能力，提高了自己的逻辑思维能力，培养了分析和解决实际问题的能力，锻炼了探索规律、举一反三、融会贯通的能力。

六、教学特色创新

将理论知识、实际项目、思政内容紧密结合，构成以项目为引领、以任务为驱动、以学习情境为主线的课程体系；以真实的项目贯穿整个教学过程，将程序设计的知识融入其中，实现教、学、做一体化教学，体现"做中学"的教学理念；实现了思想政治教育元素和思想政治教育功能融入课堂教学环节，实现了价值塑造、能力培养、知识传授三位一体的教学目标，将理想信念、职业道德、工匠精神、奉献社会等思想政治教育核心元素纳入专业课程体系中，打通全员育人的"最后一公里"，巧妙地进行价值引领与知识传授的融通，实现立德树人，润物无声。

七、典型案例教学设计

表 2　案例教学设计

项目名称		软件测试基本方法
教学分析	教学内容	软件测试的基本概念、软件测试在软件开发过程中的重要性、软件测试的意义、软件测试的基本方法和测试分类
	学情分析	通过对前序章节的学习，学生已经掌握了基本的软件设计以及对应的开发方法，对软件生命周期有了初步的了解，并根据以上内容开展后续学习
	思政元素	软件特征非 0 即 1：是非观念、诚实守信
教学目标	素质目标	培养学生是非观念、勇于实践、工匠精神、团队协作的品质，使学生具有良好的职业道德、科学的职业价值观和较强的政治素质
	知识目标	掌握软件测试的基本概念
	能力目标	理解软件测试在软件开发过程中的重要性
教学重点		软件测试的重要性、软件测试的基本方法和测试分类
教学难点		软件测试的基本方法、黑盒测试、白盒测试
教学方法		采用信息化教学手段，以实际案例引入学习情境，把软件测试概念与任务，通过视频、微课等手段，布置、分析、实施

续表

教学手段	通过学生分组实施，引入团队协作要求，将软件测试环节所需精益求精的工匠精神传递给学生，通过更多的师生互动，改变传统的评价方式

教学实施过程

课前

教学环节	教学内容	教师活动	学生活动	思政元素
课前准备	观看微课视频	提出教学目标要求学生自主学习	登录学习平台观看视频、查阅相关资源	软件特征非 0 即 1：是非观念、诚实守信

课中

教学环节	教学内容	教师活动	学生活动	思政元素
课中讲解	软件测试意义与分类	1. 教师讲解软件测试的意义与分类	1. 学生观看视频 2. 进行课堂回答 3. 完成教学任务	软件安全问题：国家安全
案例分析	案例说明软件测试的重要性、引入不同测试方法	1. 引入案例说明软件测试的重要性 2. 教师讲解测试方法的分类，将黑盒测试与白盒测试进行对比	1. 学生观看视频 2. 进行课堂回答 3. 通过学习平台进行测试题的作答	软件测试方法：没有规矩，不成方圆
分组讨论	测试方法分类比较	1. 教师播放微课，讲解不同的测试方法 2. 讲解黑盒测试中等价类划分等方法 3 讲解白盒测试中路径覆盖等方法	1. 学生观看视频 2. 进行课堂回答 3. 通过学习平台进行测试题的作答 4. 进行分组讨论对比测试方法	测试案例不能穷举：精益求精
课中总结	测试方法区别与应用	1. 教师总结测试方法的区别及其应用范围 2. 选出学生进行学习小结，教师进行点评 3. 教师通过手机学习平台发布课堂即时测试题 4. 查看即时测试题结果统计、评价教学效果	1. 学生观看视频 2. 进行课堂回答 3. 认真学习知识积累 4. 倾听教师点评，反思学习过程，进行课程总结	软件测试管理：团结协作、工匠精神

续表

			课后		
教学环节	教学内容	教师活动		学生活动	思政元素
课后作业	测试方法与分类	教师布置课后作业，着重测试方法与分类，查看学习平台中学生学习记录，进行教学总结		完成教师布置任务	
课后思考	测试场景等	教学反思，增强测试场景应用部分内容		进行学习情况总结	
教学效果	在教学中运用案例教学、信息化教学等方法，选取当下热点问题的典型案例，指导学生进行有针对性的分析、讨论，从现象中挖掘出问题的本质，做到情景契合、内容融合，利用学生感兴趣的事物引导学生感悟、发自内心的认同；通过阶段性考核，在每一项考核中除了对专业知识点规定明确的分值标准外，还包括对思政教育效果的综合评定				
反思改进	本节内容丰富、综合性强，由于学生个人学习情况存在较大的差距，编程基础较为薄弱的同学，容易存在脱节的现象，需要更多地关心这类学生群体，课前布置预习的内容应该更加系统。对于不宜说明的抽象知识，应继续加强对现代信息技术的利用，将教学中的所有元素信息化，同时实现知识学习实践与思想政治理论课同向而行，使学生更加容易接受计算机专业理论知识，不断增强学生学习主动性				

八、典型数字化资源展示

黑盒测试　　　　白盒测试　　　　数据库概念

构造应用哈夫曼树　　需求获取　　软件开发最佳实践

177

数据库基础课程思政设计与实施

负责人：翟永君

团队成员：杜书珍、张玉萍、姚策（党务工作者）、孙昕、刘枫（辅导员）、徐庆增（企业教师）

一、课程定位

（一）课程名称

数据库基础

（二）适用专业

物联网应用技术专业

（三）课程性质

数据库基础是物联网应用技术专业的必修课程。通过对本课程的学习，学生能够掌握数据库的基本知识和基本技能；培养学生利用数据库系统进行数据处理的能力，学生能使用所学的数据库知识，根据实际问题进行数据的保存、维护、检索与统计，能开发简单的数据库应用程序，使学生具备数据库系统的开发与维护能力，并通过融入课程思政，学生具备工匠意识、创新意识、团结合作、团队协作精神、分析问题与解决问题的能力，使之成为具有正确世界观、人生观、价值观的新时代高素质的技术技能人才。

（四）课时：52 学时

二、教学目标

（一）素质目标

培养学生爱国主义热情以及奋发向上的精神；培养学生勤于思考、做事认真的优良作风，能立足专业，规划自己未来的职业生涯；培养学生的沟通能力及团队协作精神；培养学生勇于创新、敬业乐观的工作作风；培养学生具有热爱物联网行业且吃苦耐劳的精神，以及有为实现伟大复兴中国梦的责任担当意识；培养学生热爱科学、求真务实的工作作风以及精益求精、勇于创新的工匠精神；培养学生严谨的工作态度和科学的审美观念；培养学生自觉遵守职业规范、职业标准，拥有高尚的职业道德情操；培养学生成为具有正确政治理想信念和价值取向、德才兼备、全面发展的复合型人才。

（二）知识目标

熟悉安装和正确使用及简单配置 SQL Server 2008 数据库；掌握初步管理、维护及备份恢复 SQL Server 2008 数据库的方法；掌握使用 SQL 语言维护数据的方法；掌握各种通过查询从 SQL Server 2008 数据库中获取信息的方法；掌握数据库的安全管理方法；掌握数据库的基本设计方法；掌握对表进行创建、操作维护的方法；掌握 T-SQL 存储过程和触发器工作原理和方法。

（三）能力目标

培养学生具有能熟练查阅数据库相关技术资料并且能熟练地掌握数据库需求分析、设计能力；具有能熟练地利用数据库存储和查询数据的能力；具有制订数据库管理系统开发计划和步骤，提出解决数据库设计问题的思路的能力；具有查阅数据库软件技术英文资料的能力；具有能撰写数据库开发文档、使用说明书的能力；具有一定的独立分析、设计、实施、评估的能力；具有获取、分析、归纳、交流知识和新技术的能力；具有一定的逻辑思维能力，有较强的分析问题和解决问题的能力，能够适应信息化社会要求的自学能力和获取计算机新知识、新技术的能力。

三、教学方法及手段

（一）教学方法

本课程主导思想是以学生为本，采用灵活多样的教学方式进行授课，如案例教学、情境教学、问题导向式教学、榜样示范法、分组教学、角色扮演、典型工作任务驱动等方法，将传统课堂讲授结合丰富多彩的视频、音频、案例解析，为学生营造一种声情并茂的教学环境。

（二）教学手段

运用信息化教学手段，借助手机、电脑网络随时浏览线上学习资源，通过线上线下混合式教学方式，增强老师和学生之间的互动交流，实现课上课下教学的连贯性和教师实时在线答疑的便捷性。此外，利用各种教学软件或移动终端设备采取摇一摇、手动选人、举手、抢答等形式，提高学生学习积极性及课堂参与度。教师可以随时掌握学生的学习状况和思想动态，以便因材施教，达成良好的教育教学效果。

四、教学设计

本着全面贯彻党的教育方针，牢固树立以育人为本、德育为先的理念，以课堂是弘扬主旋律、传播正能量的主阵地为导向，坚持正确的政治方向，对数据库基础课程的教学内容进行认真梳理，进行了"课程思政"教学设计。以习近平新时代中国特色社会主义思想为指导，坚持知识传授与价值引领相结合，围绕专业教学内容，选取可以培养大学生理想信念、价值取向、政治信仰、社会责任的"课程思政"教育素材，旨在全面提高大学生缘事析理、明辨是非的能力，让学生成为德才兼备、全面发展的人才。

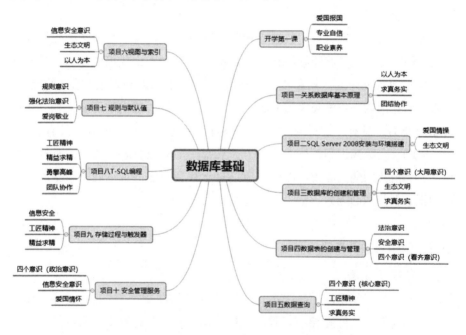

图1　融入思政元素的课程体系思维导图

表 1　课程教学内容体系

模块一：关系数据库基本原理		
项目 1： 数据库系统 概述	内容	1. 了解数据库系统的基础知识　2. 掌握 DB、DBMS、DBS 等概念　3. 了解概念模型的要素
	思政元素	爱国报国、四个自信、团队协作、和谐沟通
	呈现方式	播放社会新闻案例："数据库管理系统，助力国家信息化领域建设"，让学生了解数据库管理系统基本简介以及重要性明确课程学习的目的，树立科技强国的决心。也通过了解数据库行业发展前景，引发学生对未来的职业愿景，激发学生对社会主义核心价值观的认同感
项目 2： 关系数据模型	内容	1. 数据模型的分类　2. 关系数据模型的有关概念要素　3. 关系模型和关系模式的区别
	思政元素	爱国情怀、四个自信、工匠精神、求真务实
	呈现方式	以图灵和图灵奖为切入点，引入清华大学姚期智教授、清华大学的计算机科学实验班。探讨中国文人的家国情怀，与四个自信中的文化自信相结合，同学们从姚期智教授的事迹中真切地感受到姚教授真挚的爱国情怀
项目 3： 关系的完整性 规则与关系 的规范化	内容	1. 完整性约束的规则　2. 关系规范化的定义以及范式的分类　3. 第一范式、第二范式、第三范式的要求
	思政元素	法治意识、四个意识
	呈现方式	通过对学院往届学生因不遵守校规、严重违反学校制度而被开除的案例引出：制度约束，成年人要学会为自己的行为负责，培养学生拥有规则意识、法治意识
模块二：SQL Server 2008 安装与环境搭建		
项目 1： SQL Server 2008 的安装与配置	内容	1. 掌握数据库系统的安装　2. 掌握数据库系统的验证与配置
	思政元素	严谨务实、以人为本、工匠精神
	呈现方式	观看目前大数据时代下我国的科技发展视频，引导学生讨论，了解数据库行业技术背景，使学生建立"技术强国"思想，激发学生的爱国主义热情。协调小组成员之间的关系，能够团结一致完成小组任务，培养团队协作精神

模块三：数据库的创建和管理		
项目1： 数据库的创建	内容	1. 了解数据库的物理结构和逻辑结构 2. 了解系统数据库都有哪些以及相应的作用 3. 创建数据库的方法
	思政元素	爱国主义、生态文明、求真务实
	呈现方式	以火爆世界的中国移动支付为切入点，介绍移动支付背后的技术支撑，从而引出数据库技术、网络技术在我国的发展现状，通过生活中的日常行为，感受我国的数据库技术水平"获得感"，增强民族认同感，专业认同感、树立爱国主义热情
项目2： 数据库的管理	内容	1. 熟悉管理数据库的工具 2. 熟悉修改数据库的 T-SQL 语句
	思政元素	务实严谨、法治意识、职业素养
	呈现方式	通过分享一则时事新闻"某 IT 从业人员从删库到跑路"的案例，在欢快的气氛中引导学生养成谨慎的工作态度，加强责任感。通过讲解引出如何搭建满足用户需求的数据库，培养其求真务实的精神，提升大学生思想政治敏感度，形成对错误信息的侵蚀和不良思潮（如拜金、完全个人主义等）的抵抗能力
模块四：数据表的创建和管理		
项目1： 数据表的创建	内容	1. 理解数据表的概念 2. 了解数据表的分类、数据类型 3. 了解约束的类型以及理解约束的作用
	思政元素	爱国主义、四个自信、生态文明、求真务实
	呈现方式	通过介绍比尔·盖茨等传奇人物，激发学生对课程的热爱和兴趣。同时让学生意识到在计算机专业领域，我国的计算机技术与国际技术的差距，激励学生努力学习改变现状的决心和爱国情怀

项目2：数据表的管理	内容	1. 熟悉管理数据表的工具　2. 理解修改数据表的 T-SQL 语句　3. 数据的记录的操作
	思政元素	法治意识、四个意识、生态文明、工匠精神、求真务实
	呈现方式	通过课堂热点话题互动讨论"面对信息大爆炸时代，你该如何做"，让学生知道面对如今社会信息大爆炸时代，要会分辨信息的真假，对错误信息和不良思潮有抵抗能力，好的信息要广泛吸收，懂得去伪存真

<table>
<tr><td colspan="3" align="center">模块五：数据查询</td></tr>
<tr><td rowspan="3">项目1：
简单查询</td><td>内容</td><td>1. 掌握 Select 语句语法　2. 掌握 7 种简单查询操作概念及方法</td></tr>
<tr><td>思政元素</td><td>法治意识、工匠精神、务实严谨、职业素养</td></tr>
<tr><td>呈现方式</td><td>教师通过民法典立法意义为案例，以实际生活中息息相关的法律规范，引导学生要遵守数据查询语句的语法结构，保证语句的正常运行，同时培养学生的法治意识</td></tr>
<tr><td rowspan="3">项目2：
条件查询</td><td>内容</td><td>1. 掌握条件查询的分类　2. 掌握六种条件查询　3. 掌握对查询结果进行相关操作的方法</td></tr>
<tr><td>思政元素</td><td>务实严谨、工匠精神、安全意识、求是精神</td></tr>
<tr><td>呈现方式</td><td>教师以现实生活中的案例进行导入，引导学生主动思考工作岗位中如何着重于对用户感兴趣的数据进行查询，提高数据的操作效率，在操作数据的同时保障数据安全性。教师通过讲解条件查询语句的书序规范，引导学生养成务实严谨的职业素养</td></tr>
<tr><td rowspan="3">项目3：
连接查询</td><td>内容</td><td>1. 掌握连接查询语法及操作方法　2. 掌握关系运算与查询语句语法及操作方法</td></tr>
<tr><td>思政元素</td><td>精益求精、团结协作、勇攀高峰、四个自信</td></tr>
<tr><td>呈现方式</td><td>教师通过借阅图书案例，以实际生活中的案例分析，多表查询的重要性。注意外键的值和主键保持一致，将多个表连接在一起的查询即为连接查询。引导学生树立大局意识、核心意识四个，并在做编程练习时将团结协作、精益求精、勇攀高峰的精神贯穿其中</td></tr>
</table>

项目4： 条件查询	内容	掌握查询语法及操作方法；能力要求：能用子查询实现复杂查询功能
	思政元素	安全意识、务实严谨、创新思维、工匠精神
	呈现方式	通过现实生活中借阅图书的案例，引导学生初步认识多表查询数据的需求和思路。讲解子查询语法结构时，要求清晰明了，精益求精。培养学生讲究高效运行、低耗空间的环保意识
模块六：视图与索引		
项目1： 视图	内容	1. 掌握视图的概念及作用 2. 掌握创建和管理视图的操作方法 3. 掌握通过视图操作表数据的方法
	思政元素	安全意识、务实严谨、创新思维、工匠精神
	呈现方式	通过观看大数据时代下数据检索和安全性面临的问题视频，引导学生多角度分析问题，在提高数据的操作效率的同时关注数据安全性问题，养成保护数据的意识
项目2： 索引	内容	1. 掌握索引的概念 2. 掌握创建聚集索引和非聚集索引的操作方法 3. 掌握管理索引的操作方法
	思政元素	以人为本、生态文明、务实严谨
	呈现方式	通过现实生活中词典查字案例，引导学生初步认识索引和数据表之间的关系。通过引用这个案例，将抽象概念具象化，同时弘扬中华汉字文化的博大精深，引导学生要弘扬中华传统文化，做一个博学多识、具有内涵的人。创建索引注意原则，引导学生要以人为本，保障高效运行、低耗空间
模块七：规则与默认值		
项目1： 规则与默认值	内容	1. 掌握规则的创建与管理方法 2. 掌握默认值的创建与管理方法 3. 掌握规则与默认的使用方法
	思政元素	法治意识、规则意识
	呈现方式	通过与学生讨论重修补考管理规定，要求同学们以学业为重，强化制度约束，学会责任担当；强化学生遵守纪律制度的工作态度，培养学生的规则意识、诚信意识

续表

		模块八：T-SQL 编程
项目 1： T-SQL 编程	内容	1. 了解 T-SQL 语言编程概念　2. 了解 T-SQL 语言常量、全局变量、局部变量、运算符和函数基本使用方法　3. 掌握 T-SQL 语言基本语句操作
	思政元素	务实严谨、工匠精神、创新思维、精益求精
	呈现方式	通过了解新冠肺炎疫情防控期间数据查询的重要性，引导学生多角度分析问题，数据查询在日常生活中的重要地位，而且鼓励学生善于创新思维，将新技术用于解决现实问题
		模块九：存储过程与触发器
项目 1： 存储过程	内容	1. 理解存储过程的概念和好处　2. 了解存储过程的分类　3. 创建存储过程的语句
	思政元素	爱国主义、专业自信、文化自信、责任担当
	呈现方式	通过观看时事新闻，让学生理解新冠肺炎疫情防控期间，信息技术特别是基于软件技术设计开发的各类应用系统，乃至软件技术支持下的各类大数据系统、各类人工智能应用，为防疫抗疫带来了巨大助力。培养学生树立专业自信、责任担当精神
项目 2： 触发器	内容	1. 理解触发器的概念和作用　2. 了解触发器的分类　3. 创建触发器的语句
	思政元素	四个意识、工匠精神、职业素养
	呈现方式	在讲解触发器执行原理时，引申到要求学生树立政治意识，自觉增强政治意识，才能坚持坚定正确的政治方向，善于从政治上观察、分析、解决问题，对党绝对忠诚，自觉在思想政治行动上同以习近平同志为核心的党中央保持高度一致，自觉为党的事业和人民幸福奉献终生

续表

项目1： 安全管理		模块十：SQLServer2008 安全管理服务
	内容	1. 掌握数据库登录的身份验证模式原理及方法　2. 掌握用户管理的原理与操作方法　3. 掌握角色管理的原理与操作方法　4. 掌握权限管理的原理与操作方法
	思政元素	安全意识、求真务实、工匠精神、职业素养
	呈现方式	通过观看腾讯 QQ 群数据泄露事件产生的危害性视频，增强学生对数据安全的重视性，时刻关注数据安全性问题，培养学生树立安全意识；同时引导学生思考在工作岗位中如何对数据库进行安全保护

五、实施成效

（一）实施班级具体情况

本课程在 2020—2021 学年第一学期对 2019 级物联网应用技术专业学生进行教学实施，课程学习人数 104 人。

图2　第一课堂——线上线下混合教学

（二）教学资源

本课程创设 10 个学习情境，根据每个学习情境设计了相应融入思政元素的 52 学时的教案和课件，4 个微课，5 个授课视频，10 个动画，37 个教学案例。资源覆盖课程所有知识点和岗位技能点，围绕专业教学内容，选取可以培养大学生理想信念、价值取向、政治信仰、社会责任的"课程思政"教育素材，借助搭建的学习环境和营造的学习氛围。所有资源都发布在职教云在线课堂平台。

（三）具体实施情况

数据库基础课程作为多个专业的专业基础课程，课程思政教育的受益面非常广。2020 年该课程被评为院级课程思政示范课程后，创建了信息化资源，并投入线上线下教学中。课程内容以开发学生学籍数据库为载体，创设了 10 个学习情境。

本课程在 2020—2021 学年第一学期对 19 级物联网专业学生进行教学实施，主要成效有：一是教学相长，凝聚课程思政合力。教师在课程思政改革实践中以专业课程知识教授为主线，在适当的教学节点和教学情境中，以生动有趣、与学生实际密切相关的思政话题将课程思政元素有机糅合到专业课堂教学中来，充分激发了学生上课的积极性，同学们的主动性也得到了明显的提高，最关键的是可以帮助学生形成正确的世界观、人生观、价值观，大大增强了学生的社会使命感和主人翁意识。二是知行合一，实践育人，贯穿思政元素。通过参加社团活动如在感恩节给老师、父母做感恩贺卡等实践活动，培养学生的仁爱精神，另外邀请优秀毕业生为学生分享大赛经验、励志故事，给在校学生树立榜样力量，全方面发扬实践育人的教学理念。三是线上线下联动，激发课程思政活力。本课程资源全部上传到职教云课程平台。授课时"MOOC+SPOC"的翻转课程教学方法能够满足不同学生的学习需求，突破了传统课堂教学的时空限制，促进了生生、师生之间的深层次交流和互动，使处于不同层次的学生都能够根据自己的实际情况选择适合自己的学习内容，并根据自己的进度来学习，积极参与各种主题交流和探讨，得到师生的实时帮助和指导。课堂上建立良好学习氛围，教师及学生都自觉地遵守规章制度；学生的爱国精神、理想信念、责任意识、仁爱精神、道德修养以及人生观和价值观等思想素质水平有明显提高，在潜移默化中将马克思主义最新研究成果、中华优秀传统文化、爱党爱国爱人民的深厚情怀深深扎根在每位学子心中。

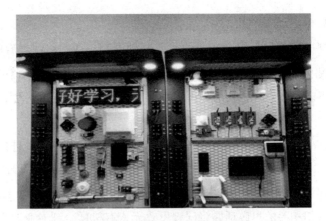

图 3　第二课堂（专业社团实践）

图 4　第三课堂（2019 级物联网学生做抗疫志愿者实践活动）

图 5　第三课堂（2019 级物联网学生在感恩节为父母、老师制作感恩贺卡）

六、教学特色创新

（一）构建融入思政考核要素的多元化教学评价体系

以前的数据库基础考核评价只有专业技能知识的课程评价机制，在进行课程思政教育教学改革后，修改了该课程的教学评价机制，把思政考核要素加入课程教学评价体系，由单一的知识与技能的考核变成了"德、能、勤、绩"多元化考核，着重考核学生掌握理论知识和专业技能的同时，还考核其是否具有良好的职业道德、较强的竞争意识和团队协作精神，以及是否树立了正确的世界观、人生观和价值观。

（二）深化价值引领、知识传授、能力培养"三位一体"的协同育人机制

专业课教师将理想信念教育、社会主义核心价值观教育等融入课堂教学中，成为"课程思政"教育教学改革的先锋者和领路人。"课程思政"的实践激发了广大教师的责任感和使命感，使广大教师深入践行"立德树人"，做到"学高为师、身正为范"。教师依托课程思政，通过企业实践、实训、第三课堂等活动将理论教学与技能实践有机结合，真正以学生为中心，潜移默化地影响学生，深化了以社会主义核心价值观为引领、知识传授、能力培养"三位一体"的课程思政协同式育人机制。

（三）融入思政元素的多样化教学资源

为了配合专业课课程思政建设，以专业知识要点为主线，融入了思政元素，团队搜集学生相关需求，编写融合思政元素的课程教材，教材巧妙地运用二维码扫描技术，可以随时呈现教学视频，使一本静态教材变成动态的立体化教学资源，学生随时随地都能聆听教师的专业授课和思政教诲。

（四）构建"思政案例库"，将思政案例融入教学项目中

围绕数据库基础的课程特点和学生的实际情况，将"思政元素"进行分类，并融入实际案例中，将案例打包成教学项目，形成"思政案例库"。在数据库基础的教学中，通过分组教学，每组学生围绕指定的案例，完成对应的项目。在项目教学过程中，通过小组讨论、头脑风暴等形式，学生围绕相关知识、思政元素进行探究分析，将思政元素和知识学习融为一体，并收到了良好的效果。

七、典型案例教学设计

表 2　案例教学设计

项目名称	关系数据库基本原理			
教学分析	教学内容	数据库系统概述、概念模型设计		
	学情分析	帮老师做一个学生管理系统项目引入数据库设计任务		
	思政元素	爱国报国、四个自信、团队协作、和谐沟通		
教学目标	素质目标	1. 积累职业素养，懂得职业规范，为进军软件行业做准备　2. 协同小组成员之间的关系，能够团结一致完成小组任务，培养团队协作精神　3. 理解并敬重工匠精神，在学习中努力发扬工匠精神　4. 新时代与个人成才的关系　5. 语言沟通能力		
	知识目标	1. 了解数据库系统的基础知识　2. 掌握 DB、DBMS、DBS 等概念　3. 了解概念模型的要素		
	能力目标	1. 能根据用户要求进行系统需求分析　2. 概念模型（E-R 图）的设计		
教学重点	1. 能根据用户要求进行系统需求分析 2. 概念模型（E-R 图）的设计			
教学难点	E-R 图的设计			
教学方法	情境教学法、案例教学法、分组讨论法			
教学手段	启发式教学手段、信息化教学手段			
教学实施过程				
课前				
教学环节	教学内容	教师活动	学生活动	思政元素
微课学习 企业参观	初始数据库需要什么准备工作	职教云布置预习内容并提出问题：什么是数据库？说出生活中你接触过的数据库	在职教云中自主预习并完成头脑风暴	专业自信
课中				
教学环节	教学内容	教师活动	学生活动	思政元素
情境导入	了解数据库行业背景	教师引导学生观看案例微视频：社会新闻案例——"数据库管理系统，助力国家信息化领域建设"	学生讨论	爱国报国、专业自信

续表

教学环节	教学内容	教师活动	学生活动	思政元素
任务导入	数据库的开发流程、应用领域及用途	教师通过研讨，布置具体任务，引出本章节内容。教师使用分步原理，引出合理规划自己的学习生活的内容	学生思考讨论设计数据库系统的步骤与能力	团结协作、和谐沟通
任务分析	数据库有关基本概念	教师讲解	学生思考讨论、互动交流、头脑风暴	团结协作
任务实施	概念模型 E-R 图设计	教师讲解及启发	学生实践——完成工厂物资管理系统 E-R 图设计	求真务实、职业规范
学习总结	基本概念及 E-R 图设计时容易出现的错误	E-R 图设计。根据学生设计情况总结学生设计出现的问题	案例成果展示	文化自信、勇攀高峰

课后				
教学环节	教学内容	教师活动	学生活动	思政元素
完成作业	E-R 图的设计	职教云布置	自主完成	求真务实
观看微课	图灵奖获得者介绍	职教云布置	头脑风暴	工匠精神、爱国报国
教学效果	了解数据库行业技术背景，激发学生对未来的职业愿景，激发学生对社会主义核心价值观的认同感。通过数据库设计的步骤学会合理分布规划设计。任务实施过程中协同小组成员之间的关系，能够团结一致完成小组任务，培养团队协作精神和良好的职业素养			
反思改进	在教学安排上多增加学生的思考和动手的机会，让学生做课堂的主角			

八、拓展阅读

故事文本

几个人驾车，从澳大利亚的墨尔本出发，去往南端的菲利普岛（澳洲著名的企鹅岛）看企鹅归巢的美景。他们从车上的收音机里得知，企鹅岛正在举行一场大规模的摩托车赛。估计在他们到达企鹅岛之前，摩托车赛就已经结束了，到时候会有成千上万辆汽车往墨尔本方向开。由于这条路只有两车道，所以他们都担心会塞车，并会因此错过观赏的最佳时间。担心的时刻终于来了。离企鹅岛还有 60 多公里时，对面蜂拥而来大批的车辆。其中有汽车，还有摩托车。

可是他们的车却畅通无阻！后来他们终于注意到对面驶来的所有车辆，没有一辆越过中线！这是一个左右极不"平衡"的车道，一边是空空的道路，一边是密密麻麻的车子，然而没有一个"聪明人"试图去破坏这样的秩序，要知道，这里是荒凉的澳洲最南端，没有警察，也没有监视器，有的只是车道中间的一道白线，看起来毫无任何约束力的白线。这种"失衡"的图景在视觉上似乎丝毫没有美感可言，可是却渐渐地令人感受到了一种震慑。

九、典型数字化资源展示

搞好关系规范化微课

安全管理服务微课

创建数据库

创建自动填充数据表

连接查询

规则与默认值

工业机器人工作站系统集成
课程思政设计与实施

负 责 人：于玲

团队成员：姚策（党务工作者）、崔立鹏、陈良、赵元元、洪诚（思政课教师）、周旺发（企业教师）

一、课程定位

（一）课程名称

工业机器人工作站系统集成

（二）适用专业

工业机器人技术专业

（三）课程性质

工业机器人工作站系统集成课程是工业机器人技术专业的一门核心课程，课程主要讲授工业机器人的基本结构、工业机器人工作站的组成、工业机器人与外围设备的接口技术知识、工业机器人工作站的设计及安装调试，培养学生具有对工业机器人工作站系统安装与调试的能力，能进行日常检测，并通过融入课程思政，使学生具备人生价值、工匠精神、生态文明理念、法治意识、分析问题与解决问题的能力，使之成为有正确世界观、人生观、价值观的新时代高素质的技能人才。

（四）课时：56 学时

二、教学目标

（一）素质目标

坚定拥护中国共产党领导和我国社会主义制度，在习近平新时代中国特色社会主义思想指导下，践行社会主义核心价值观，具有深厚的爱国情感和中华民族自豪感；具有认真负责的工作态度、一丝不苟的科学精神；具有勇于创新、不断探索、追求完美、精益求精的工匠精神；具有良好的职业道德和科学的创新精神；具有良好的心理素质与健康体魄；具有分析与决策能力；具有与他人合作、沟通的团队工作能力；具有发现问题、解决问题的能力；具有自我学习、追求进步、不断超越的能力；培养学生具有严谨的工作态度和科学的审美观念；培养学生自觉遵守职业规范、职业标准，拥有高尚的职业道德情操；培养学生具有正确政治理想信念和价值取向、德才兼备、全面发展的复合型人才；培养学生热爱科学、求真务实的工作作风以及精益求精、勇于创新的工匠精神。

（二）知识目标

熟悉工业机器人工作站的构成，掌握工业机器人的技术参数及选型依据，掌握工业机器人与外围设备的接口、工业机器人与外围设备的主要通信方法、工业机器人工作站外部控制器系统的设计方法、人机组态界面控制机器人的方法、PLC 控制机器人的基本方法。

（三）能力目标

具有根据企业需求进行设备选型的能力，能选用工业机器人、工业机器人工作站外围设备、设计工业机器人与外围设备的接口电路、编写与调试机器人程序及 PLC 程序、设计工业机器人工作站人机界面。

三、教学方法及手段

（一）教学方法

本课程主导思想是以学生为本，采用灵活多样的教学方式进行授课，比如案例教学、情境教学、问题导向式教学、榜样示范法、分组教学、角色扮演、典型工作任务驱动等方法，将传统课堂讲授结合丰富多彩的视频、音频、案例解析，为学生营造一种声情并茂的教学环境。

（二）教学手段

教学内容遵循职教属性进行设计，企业深度参与重构课程系统。基于工作过程弹性预设多个项目，建设 100 多条立体化在线资源。采用线上线下混合式教学手段，实现移动端 APP 与 PC 端同步使用。

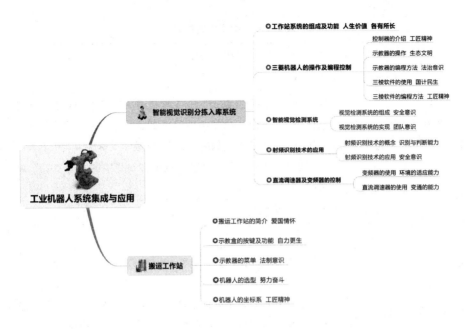

图 1　本课程思维导图

四、教学设计

在课程中融入思政元素，根据课程内容的要求和特点，构建了课程内容与思政元素对应的思维导图，将思政元素有机融入，如爱国主义精神、中华优秀传统文化、生态文明教育、诚信教育、职业素养、工匠精神、规矩意识、励志精神、创新精神等。让学生在接受技能训练的同时，对其自身的行为进行规范约束，在潜移默化中规范自己的言行，真正实现立德树人。

本着全面贯彻党的教育方针，牢固树立育人为本、德育为先的理念，以课堂是弘扬主旋律、传播正能量的主阵地为导向，坚持正确的政治方向，对工业机器人工作站系统集成课程的教学内容进行认真梳理，进行了"课程思政"教学设计。以习近平新时代中国特色社会主义思想为指导，坚持知识传授与价值引领相结合，围绕专业教学内容，选取了可以培养大学生理想信念、价值取向、政治信仰、社会责任的"课程思政"教育素材，旨在全面提高大学生缘事析理、明辨是非的能力，让学生成为德才兼备、全面发展的人才。使专业课堂成为思想政治教育的有效载体，达成课程目标。

表 1　课程教学内容体系

项目 1：视觉分拣工作站	内容	工业机器人工作站系统的组成
	思政元素	人生价值
	呈现方式	国家战略"中国制造 2025"与工业机器人技术密切相关，通过本节课的主题自然引出"中国制造 2025"这一国家战略的思政点，让学生了解"中国制造 2025"，鼓励学生学好工业机器人技术，将来走上工作岗位后才能为国家实现"中国制造 2025"做出贡献
项目 2：视觉分拣工作站	内容	工业机器人控制器
	思政元素	工匠精神
	呈现方式	自传统学徒制在中国孕育、诞生和发展以来，工匠精神就始终存在于中国传统道德的丰富内涵之中。中国工匠精益求精的技术精神，创造了中国古代举世瞩目的技术文明。工业机器人的控制器操作不能有一丝马虎，本课程在知识的讲授、习题练习、实训及模拟实训等方面，注意渗透工匠精神，培养学生对待工作严谨的态度，推动学生不断提高技能，大胆创新
项目 3：视觉分拣工作站	内容	示教器的编程方法
	思政元素	法治意识
	呈现方式	当学习到示教器操作这部分时，通过提前制作好的微课视频，向学生展示编程方法，强调编程方法，遵循规则，强调法治意识
项目 4：视觉分拣工作站	内容	更换机器人电池
	思政元素	安全意识
	呈现方式	当学习到机器人的组装与拆卸部分时，我们要告诉学生生活中的事情跟机器人的组装一样，不以规矩，不能成方圆，都是要在一定的框架内，遵守一定的法律法规，遵守一系列规则，人才能够在社会上正常有序地工作和生活
项目 5：视觉分拣工作站	内容	三菱软件的编程方法
	思政元素	工匠精神
	呈现方式	当学习三菱软件的编程方法这部分时，通过提前制作好的微课视频，向学生展示编程方法，强调编程方法，强调工匠精神

项目6：视觉分拣工作站	内容	视觉检测系统的组成
	思政元素	安全意识
	呈现方式	当学习到视觉检测系统的组成这部分时，通过提前准备好的视频，向学生展示组成部分，强调安全意识
项目：视觉分拣工作站	内容	射频识别技术的概念
	思政元素	识别与判断能力
	呈现方式	当学习到射频识别技术的概念这部分时，通过提前准备好的视频，向学生更好的学习抽象概念，提高学生识别与判断能力
项目7：视觉分拣工作站	内容	变频器的使用
	思政元素	环境的适应能力
	呈现方式	当学习到变频器的使用这部分时，通过提前准备好的视频，帮助学生更好地学习使用变频器，提高学生适应环境的能力
项目8：搬运工作站	内容	工业机器人搬运工作站简介
	思政元素	爱国情怀
	呈现方式	当学习到工业机器人搬运工作站简介这部分时，通过提前准备好的材料，向学生介绍机器人研制者的先进事迹，培养学生的爱国情怀
项目9：搬运工作站	内容	工业机器人示教盒的按键及功能
	思政元素	自力更生
	呈现方式	当学习到工业机器人示教盒的按键及功能这部分时，通过提前准备好的操作视频，向学生更好地展示这部分的功能，提高学生的学习能力、自力更生的能力
项目10：搬运工作站	内容	工业机器人示教盒的菜单
	思政元素	法治意识
	呈现方式	当学习到工业机器人示教盒的按菜单这部分时，通过提前准备好的操作视频和小故事，向学生更好地展示这部分的菜单，提高学生的法治意识

五、实施成效

（一）实施班级具体情况

在两年的课程建设中，以实际产品为载体，创设多个学习项目（模块），课程团队自主开发了包含课程思政教学资源在内的 200 余条颗粒化资源，通过视频、微课、动画、仿真有效弥补了理论与实操之间的"真空地带"。课程依托国家级智能制造类专业教学资源库平台，面向社会完全开放，自由注册，免费学习。注册人数 900 余人，在线资源覆盖课程所有知识点和岗位技能点，思政元素有机融入课程资源，同时具有一定的拓展性和冗余度，便于满足个性化学习和终身学习需求。

（二）教学资源

课程团队经过集体教研，绘制课程思政教学设计思维导图，整合一套完整的课程思政教案，制作了课程思政授课视频、微课和动画资源并形成典型教学案例。2019 年，在微知库平台搭建了在线开放课，以项目为载体，以完成工作任务为导向，通过线上线下混合式教学模式，供校内外师生、企业员工学习、浏览，学生满意度高。

六、教学特色创新

（一）呼应新时代的要求，注重价值渗透，与思政课程协同育人

课程组老师共同找准专业课程与思想政治教育的结合点，将相关的理念、价值观渗透进课程讲授、习题练习、实训、模拟实训等过程中，实现专业课程与思政课程的协同育人，工业机器人工作站系统集成是机器人专业的专业核心课程，也是自动化类专业扩展的专业课程，是一门能直接用于工业控制实际技术的课程。在教授这门课程的过程中，教师带领学生到鲁班工坊建设·体验馆进行现场教学，使学生身临其境地感受并受到工匠精神的熏陶。此外，本课程建设团队为了呼应新时代的要求，持续对教学资源进行更新。

（二）构建立体化特色资源，填补课程领域空白

已完成计划课程教学视频超过 50 个，教学 PPT 超过 40 个，习题超过 50 个，动画超过 10 个，微课超过 10 个。原创资源占比 95%以上。

（三）拓展了线上线下相结合的在线课程的教学模式

模式由教学流程、学生活动、教师活动三部分组成。其中教学流程是主线，师生活动是为提高该模式的可操作性、针对对应教学流程的相应环节而提出的。该课程通过多年的教学实践验证了该模式的有效性，实现了课程资源的动态生

成、持续进化。

七、典型案例教学设计

表 2 案例教学设计

项目名称		更换电池			
教学分析	教学内容	更换电池			
	学情分析	共计 45 名同学，均为 95 后，对机器人比较感兴趣，乐于动手，但缺乏主动分析问题的意愿，理论和实践的综合运用能力较差，技术规范和职业素养意识一般			
	思政元素	安全意识、环保、节能			
教学目标	素质目标	1. 具有节能及环保意识 2. 了解国家机器人产业结构及未来发展趋势			
	知识目标	1. 了解工业机器人的报警信息 2. 掌握如何更换电池及软件设置的方法			
	能力目标	1. 会查看报警原因 2. 会更换电池及软件设置			
教学重点	判断电池没电				
教学难点	更换电池方法				
教学方法	案例教学法、问题启发式教学法				
教学手段	任务驱动教学法、小组讨论法、线上线下结合、教学做一体化				
教学实施过程					
课前					
教学环节	教学内容	教师活动	学生活动	思政元素	
课前准备	课前发布 AR 设备演示等任务，让学生观看"机器人动作视频"。了解怎么发现电池没电？如何处理	在微知库平台发布本节课程教学资源，发布问题。提出问题"机器人的动作动力来源是什么"通过提前引导同学们的预习，了解机器人的安全操作注意事项及流程，分析如何发现机器人电池没电	学生通过观看查阅资料、VR 和视频完成预习	环保意识生态文明	

续表

课中				
教学环节	教学内容	教师活动	学生活动	思政元素
引入任务	展示设备 AR 运行，了解设备整体运行情况	播放设备 AR 运行，提问设备运行的流程	观看设备运行，了解动力来源	注重启发学生创新，工匠精神
任务分析和明确任务	通过提前录制的微课《判断电池没电》，让学生了解处理方法	播放微课《判断电池没电》，提问 2 种判断方法及更换电池的步骤及方法	观看微课《判断电池没电》，学习判断方法和更换电池的方法，对老师提出的教学任务进行回答	注重安全意识的培养
任务评价	学生自我评价和教师评价	教师提前发布问题和评价标准	学生根据自己掌握情况及表现对照标准给分	工匠精神，提高学生细心和专研的精神
课后				
教学环节	教学内容	教师活动	学生活动	思政元素
课后巩固	总结复习本节内容，并布置下次课前任务	教师布置课后任务	学生按时完成课后任务，预习下次课内容	大胆心细，团结合作精神
教学效果	本课程融入思政工作的教学设计理念，旨在专业课程的讲授和实训过程中，不但注重专业知识和技能的讲授和训练，也要注重培养大学生的德育，帮助学生树立正确的社会主义核心价值观；不但要注重职业素质的培养，也要注重人文素质的培养。通过完成专业学习，培养学生不怕吃苦、顽强奋斗、求真务实、开拓进取、刻苦钻研、勇于探索的精神和细致严谨的科学观			

反思改进	在教学安排上多增加学生的思考和动手的机会，让学生做课堂的主角，提高学生动脑动手的兴趣。并增加实际操作的规范评价，加强同学们间的协作，提高共同完成任务的能力，提高团结合作的能力

八、典型数字化资源展示

ABB 工业机器人的运动控制

广数机器人程序示教

机器人画三角

入库的奥妙

冲压模具设计及主要零部件加工
课程思政设计与实施

负 责 人：周树银

团队成员：张玉华、苏越、李扬、杨国星、王培磊、肖方（党务工作者）、李谦（思政课教师）、张建营（企业教师）

一、课程定位

（一）课程名称

冲压模具设计及主要零部件加工

（二）适用专业

模具设计与制造专业

（三）课程性质

本课程是一门理论与实践紧密结合的理实一体化的专业核心课程，通过对本课程的学习，培养学生具备冲压件的单序模、复合模、级进模的设计和模具主要零部件加工的能力；具备在动手实践过程中主动发现问题和解决问题的能力；具备查阅资料及不断自主学习的能力；具备良好的职业道德、锲而不舍的团队精神及与人沟通协作的能力。

（四）课时：96 学时

二、教学目标

（一）素质目标

具备良好的心理素质、职业道德、锲而不舍的精神及吃苦耐劳、认真负责的工作态度；具有较强的口头与书面表达能力、人际沟通能力、团队协作精神；培养工匠精神和创新思维；培养独立分析和解决问题的能力；培养模具生产的质量意识、环保意识、安全意识。

（二）知识目标

掌握典型冲压模具设计与制造的基本知识和方法；掌握中等复杂程度冲压件的工艺性分析、工艺计算、模具结构和零件设计以及模具装配图绘制；了解模具主要零部件的加工工艺。

（三）能力目标

具有在设计和动手实践过程中主动发现问题并解决问题的能力；具有对中等复杂程度的冲压件进行工艺性分析、工艺计算、模具结构设计、模具零件设计以及绘制模具图纸的能力。

三、教学方法及手段

（一）教学方法

本课程在冲压模具一体化教室进行授课，使学习环境和实际工作环境相一致，做到了课堂教学与实习地点一体化，实现了"做中教""做中学"的一体化教学模式。

（二）教学手段

本课程采用任务驱动法、案例教学法、引导式教学方法、启发式教学方法、实地考察法、小组专题研讨等多种教学手段来完成真实的工作任务。

四、教学设计

本课程选用"十三五"职业教育国家规划教材《冲压模具设计及主要零部件加工》，根据模具设计师岗位典型工作任务，按照企业实际生产过程及学生的认知规律，设计了四个学习情境、七个典型项目。每个项目以典型生产案例即冲压制件为载体，载体由简单到复杂，涵盖了冲压模具设计及主要零部件加工所涉及的全部知识点和技能点，培养学生团结合作、爱岗敬业、吃苦耐劳、精益求精的工匠精神。

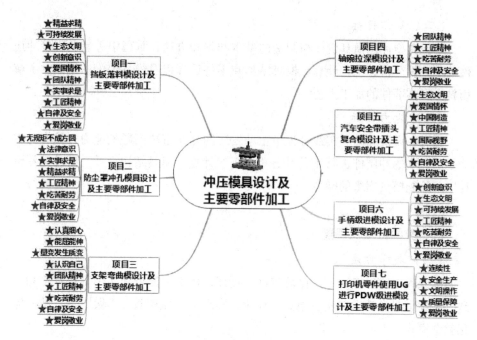

图1 本课程思政元素融入思维导图

表1 课程教学内容体系

项目一：挡板落料模具设计及主要零部件加工	内容	1. 工艺性分析及工艺方案确定　2. 模具结构选择　3. 排样图设计　4. 压力机选择　5. 压力中心计算　6. 掌握刃口尺寸计算原则和方法　7. 零部件选择与设计　8. 模具装配图的绘制　9. 了解零部件的工艺编制及加工方法
	思政元素	爱国精神、创新意识、严谨求实、工匠精神、安全环保、诚实守信、团队合作
	呈现方式	通过引入《大国重器》创新驱动，对学生进行爱国精神教育，增强民族自豪感，增强学生的专业自信和爱国主义情怀，培养学生广阔的知识视野、国际视野和历史视野

续表

项目二：防尘罩冲孔模具设计及主要零部件加工	内容	1. 防尘罩工艺性分析及工艺方案确定　2. 防尘罩模具结构及压力中心确定　3. 防尘罩模具刃口尺寸计算及模具图绘制　4. 防尘罩冲孔模主要零部件的加工
	思政元素	爱国精神、创新意识、严谨求实、工匠精神、安全环保、诚实守信、团队合作
	呈现方式	以"《大国工匠》：火箭'心脏'焊接人高凤林"为切入点，用极致、专注、坚守、匠心诠释对理想信念的执着追求
项目三：支架弯曲模具设计及主要零部件加工	内容	1. 支架工艺性分析及工艺方案的确定　2. 支架毛坯展开尺寸计算　3. 支架弯曲力计算　4. 支架弯曲模工作部分设计　5. 支架模具结构设计　6. 支架弯曲模主要零部件的加工
	思政元素	爱国精神、创新意识、严谨求实、工匠精神、安全环保、诚实守信、团队合作
	呈现方式	视频以"《大国工匠》：国产大飞机的首席钳工胡双钱"为切入点，讲述航空工业要的就是精细活，大飞机的零件加工精度要求达到十分之的时一毫米级，培养学生严谨求实、工匠精神
项目四：轴碗拉深模具设计及主要零部件加工	内容	1. 轴碗拉深工艺性分析　2. 轴碗拉深工艺计算　3. 轴碗拉深模具工作零件设计　4. 轴碗模具的总体设计　5. 轴碗拉深模主要零部件的加工
	思政元素	爱国精神、创新意识、严谨求实、工匠精神、安全环保、诚实守信、团队合作
	呈现方式	加强新发展理念教育，帮助学生认识在供给侧结构性改革过程中，加强生态文明的重要性和必要性，使学生充分认识到选择压力机重在安全生产、减少噪声、绿色环保。了解热处理工艺：酸洗处理的严重性，增强社会责任感。更加注重安全环保，加强6s管理，优化工艺，做到绿色生产

项目五：汽车安全带插头复合模设计及主要零部件加工	内容	1. 汽车安全带插头工艺性分析及工艺方案的确定 2. 汽车安全带插头压力中心确定及压力机的选择 3. 汽车安全带插头模具结构确定及工艺计算 4. 汽车安全带插头复合模主要零部件的加工
	思政元素	爱国精神、创新意识、严谨求实、工匠精神、安全环保、诚实守信、团队合作
	呈现方式	以 C919 大型客机为切入点，讲述零部件的国产化的重大意义，增强学生的爱国情怀和时代责任感，激发学生的青春梦
项目六：手柄级进模设计及主要零部件加工	内容	1. 手柄工艺性分析及工艺方案的确定 2. 手柄级进模排样设计及冲压力计算 3. 手柄模具结构及刃口尺寸计算 4. 手柄模具零部件设计 5 手柄级进模主要零部件的加工
	思政元素	爱国精神、创新意识。严谨求实、工匠精神、安全环保、诚实守信、团队合作
	呈现方式	通过案例教学培养严谨求实的工作作风和专注的工作态度，对完成的工作做到精益求精。同时，增强学生的职业认同感，培养学生干一行、爱一行、专一行的职业操守和锲而不舍的工匠精神
项目七：打印机零件使用 UG 进行 PDW 级进模设计与数控加工	内容	1. 打印机零件三维建模 2. 打印机零件使用 UG 中 PDW 级进模设计 3. UG 冲压模数控加工综合实例
	思政元素	爱岗敬业、创新意识、严谨求实、工匠精神、安全环保、诚实守信
	呈现方式	注重启发性教育，培养学生的问题意识和辩证思维能力，引导学生在设计排样图的过程中，不断发现问题、分析问题、思考问题，在不断启发中让学生水到渠成得出结论，确定出合理的排样形式，增强创新意识

五、实施成效

（一）实施班级具体情况

实现在线教学，在爱课程网上的学习人数达到 5934 人。职教云平台访问人数 5171 人。

授课班级为 2018 级、2019 级模具设计与制造专业学生。

（二）教学资源

冲压模具设计及主要零部件加工为国家级精品资源共享课，真正实现翻转课堂，支持课下自主学习、个性化学习，课程具备系统、完整的各类教学基本资源，包括课程介绍、教学大纲、教学日历、教案或演示文稿、重点难点指导、作业、参考资料目录和课程全程教学录像等。

（三）具体实施情况

（1）疫情防控期间，真正实现了线上线下混合式教学，适应了"互联网+"时代的教育生态。

新冠肺炎疫情改变了以往传统的线下教学模式，团队教师积极落实教育部及我校在疫情防控期间发布的"停课不停学""停课不停教"的要求，及时调整教学策略，立即投入线上教学准备、教学实践、线上学习工作中。

（2）师生、生生互动，营造有效课堂，劳动教育贯穿其中

教师与学生双向互动，学生与学生多形式互动（小组讨论、角色扮演、学生做老师等），充分调动了师生双方的积极性，通过探究任务和提出问题，引导学生自主学习和探索，提升学生分析、解决问题的能力，同时培养学生团队合作意识。

（3）课程思政与专业教育融合

坚持以立德树人为根本，用习近平新时代中国特色社会主义思想铸魂育人，融入中国特色社会主义和中国梦宣传教育、中华优秀传统文化教育、理想信念教育、职业文化教育、工匠精神教育等思政元素，将社会主义核心价值观融入教育教学全过程。

六、教学特色创新

（一）线上线下混合教学，促进学生自主学习、个性化学习

以我校主持的国家精品资源共享课和职教云平台课程为支撑，优化教学过程，开发优质数字资源，重构教学内容，提高教学效率。资源库的丰富资源和共享平台，对课程的教学和推广具有积极意义。课程所有教学资源已上传爱课程网站、职教云网站，通过共享系统向高校师生和社会学习者提供优质教育资源服务，促进现代信息技术在教学中的应用，实现优质课程教学资源共享。

（二）课程思政融入专业教育，劳动教育融入课堂

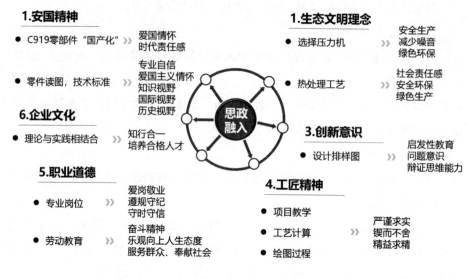

图 2 课程思政与专业教育融合

（三）落实"三教"改革，实施"三全"育人

课程组多年来与行业企业的合作，形成了一支"双师"结构稳定、"双师"素质优良的市级优秀教学团队。教学队伍整体结构合理，具有较高的政治觉悟和专业能力，富有敬业精神、团队精神和创新精神。通过几年来的教学改革与实践，形成了大量紧密结合实际生产的教学案例。不断提升教学能力，打造创新型教学团队；打造新形态教材，申报"十三五"国规教材；与时俱进，实施全员全程全方位育人环境。

七、典型案例教学设计

表 2 案例教学设计

项目名称		项目一：挡板落料模设计及主要零部件加工
教学分析	教学内容	任务 3 挡板排样图设计
	学情分析	模具设计与制造专业大二学生，掌握了机械制图的基本绘图知识，对国家标准有一定的了解，好奇心强，喜欢网络资源，动手能力强，有朝气有活力；专业课的理论知识薄弱，自主学习能力较弱，团队合作意识不强，需强化劳动意识
	思政元素	创新意识，培养学生的问题意识和辩证思维能力

续表

教学目标	素质目标	1. 培养学生自主学习及创新意识 2. 培养学生严谨求实、认真负责的精神及沟通交流能力		
	知识目标	1. 了解排样的分类和方式 2. 掌握排样图设计方法		
	能力目标	1. 具备查阅标准数据的能力 2. 具备对简单零件进行绘制排样图的能力		
教学重点	排样图设计			
教学难点	排样图设计			
教学方法	案例教学法、小组讨论法			
教学手段	1. 分组教学 2. 线上线下混合式教学			
教学实施过程				
课前				
教学环节	教学内容	教师活动	学生活动	思政元素
发放任务单,让学生自主学习 提供学习网址 爱课程网和职教云平台	布置学习内容: 课程学习安排 设计教学环节	根据教学内容选取案例零件 准备教学资源	查阅学习任务:课程安排内容 预习学习内容,观看视频	创新意识,问题意识
课中				
教学环节	教学内容	教师活动	学生活动	思政元素
1. 资讯: 教学引入(提问法、演示法)5分钟	展示任务及生产中的零件	展示零件图,提问如何实现在条料上的排布?引出排样的概念;分组;要求学生绘制零件图	准备绘图工具,绘制零件图	注重启发性教学,培养学生的问题意识和辩证思维能力
计划: 明确任务,制订计划(10分钟)	展示生产中的料带,主要参数	布置任务:绘制排样图	对教学任务提问	培养学生独立思考和创新意识

209

续表

教学环节	教学内容	教师活动	学生活动	思政元素
决策： 了解绘制排样图需要的信息（30分钟）	排样种类、排样方式、搭边值的确定、条料宽度计算、材料利用率计算	讲授： 展示图片；给出参考表格	小组思考排样种类、排样方式，了解需查出的搭边值；确定计算条料宽度公式	发现问题、分析问题、思考问题，增强创新意识
实施： 实例练习（30分钟）	指导学生分析	教师根据各组学生不同的排样方式及问题进行指导	小组体会真实工作任务，讨论排样方式的可行性，查出搭边值，计算条料宽度；完成排样图的绘制；计算利用率	培养学生沟通表达能力
检查： 提交作业（5分钟）	排样图 一张完整的排样图要素	教师提问：排样图表达的信息，重新更换方案数值如何计算 点评，强化重点	各小组回答问题；进行论述；体会，理解，记忆	职业道德培养；增强学生爱岗敬业精神
评价： 组内评价（3分钟） 组间评价（2分钟） 教师评价（5分钟）	教师参与教学内容的答疑解惑、批改作业	综合零件的难易程度、排样图的准确性、团队意识进行评价	针对每名学生提出排样方案的可行性进行评价；针对完成任务的效率、沟通协作意识进行评价	弘扬劳动精神；培养学生的奋斗精神和乐观向上的人生态度，做到服务群众、奉献社会

课后				
教学环节	教学内容	教师活动	学生活动	思政元素
总结	学生修改任务提交作业	教师评阅	反思整改	遵规守纪守时守信
教学效果	1. 利用实际生产零件进行排样图的绘制可以有效地引导学生进行思考，调动学习积极性 2. 掌握排样图多种排样方式及绘制方法；培养自主学习意识、节约意识、创新意识			

反思改进	1. 利用国家精品资源共享课平台和职教云平台的线上资源，提高学生自主学习能力，实现了个性化学习 2. 面对行业中的新理念、新工艺、新知识的不断更新，对承担专业核心课的教师的知识储备、应变能力和新型课堂的组织能力提出了更高的要求 3. 案例教学以学生为主体，以教师为主导，培养学生的思维能力，分析问题、解决问题的能力。满足了学生个性化学习需求，也有利于他们职业生涯发展 4. 绘图过程中培养学生认真负责的工作态度和严谨的工作作风以及锲而不舍的工匠精神

八、拓展阅读

文本故事

通过引入《大国重器》第 5 集——创新驱动，对学生进行爱国主义精神教育，增强民族自豪感，增强学生的专业自信和爱国主义情怀，培养学生广阔的知识视野、国际视野和历史视野。该片讲述了充满中国智慧的机器制造故事，再现了中国装备制造业从无到有，赶超世界先进水平背后的艰辛历程，展望了中国装备制造业的未来。大国重器的视频体现了如下元素：

爱国主义精神、民族自信：讲到生产线的时候很自豪地说，这是我们中国制造的；

企业文化：美国福特公司的负责人对中国企业文化的一种赞许；

诚实守信、责任担当、创新意识：一定在截止日期前排查出问题，找出解决方案，按时交付使用；

团队合作：企业负责人介绍，这是一整个团队共同努力的结果。

九、典型数字化资源展示

正装复合模具 1　　　冲孔落料级进模具 1　　　倒装复合模具 1

机械制图及计算机绘图课程思政设计与实施

负责人：张婷婷

团队成员：郭青、王欣、杨国星、喻秀、李彦伟、高红宇、罗金华、李谦（思政课教师）、杨彤彤（辅导员）、梅文清（企业教师）

一、课程定位

（一）课程名称

机械制图及计算机绘图

（二）适用专业

本课程适用于三年制或五年制高职院校模具设计与制造专业、智能制造装备技术专业、数控技术专业、机械设计与制造专业、工业产品质量检测技术专业、机械制造及自动化（智能制造）专业等机械类专业学生。

（三）课程性质

机械制图及计算机绘图是机械类专业学生必修的一门主干专业基础课，本课程是产品设计、制造、检验、使用和维修过程中表达和交流设计思想的主要工具，是后续专业课程学习和职业能力培养的基础，直接影响后续专业课程的学习。

（四）课时：128 学时

二、教学目标

（一）素质目标

培养学生初步培养遵守国家标准和生产规范的习惯；初步培养产品质量意识和成本意识；形成认真负责的工作态度、严谨细致的工作作风；形成良好的意志品质和敬业、诚信等良好的职业观；具有团队精神、合作意识和创造能力。

（二）知识目标

学生基本掌握技术制图、机械制图等国家标准的有关内容；掌握正投影法的基本理论及其应用；掌握组合体三视图的绘制方法和读图方法；掌握阅读、绘制机械图样（零件图、装配图）的方法；掌握计算机绘图的常用命令、基本操作方法。

（三）能力目标

培养学生具有阅读、绘制机械图样（零件图、装配图）的基本能力；具有计算机绘图能力；具有空间想象和思维能力；具有分析问题和解决问题的能力。

三、教学方法及手段

（一）教学方法

课堂教学围绕生产实例，创设教学情境，以任务驱动为主，结合演示法、案例教学法、讨论法及讲练结合等方法，激起学生认识、分析、解决问题的欲望，在分析问题、解决问题的过程中学习专业知识，同时又将知识应用于解决实际问题中，在任务中融入思政元素，以达到知、情、行统一的最佳效果。

（二）教学手段

多媒体教学手段：制作生动直观的教学课件，包括文字、图片、三维模型、动画、视频、思政案例等，辅助学生理解枯燥、抽象的知识，同时将专业知识与思政元素相融合；信息化教学手段：借助智慧职教、慕课等线上平台，形成线上与线下相结合的混合式教学，充分调动学生学习的主观能动性；板书：在当前信息化教学流行的环境中，传统的板书不能丢弃，教师严谨、工整、条理的板书，具有画龙点睛的作用，教师的规范作图能起到"言传身教"的作用。

四、教学设计

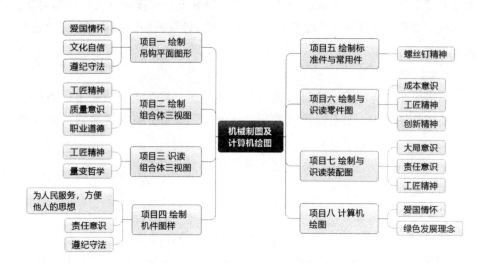

图1 各模块融入思政元素思维导图

表1 课程教学内容体系

模块一：绘制平面图形		
项目一：绘制吊钩的平面图形	内容	机械制图国家标准；绘图工具和仪器的使用方法；线段的等分及正多边形绘制的作图方法；斜度、锥度图形的作图方法；圆弧连接的作图原理和方法；平面图形尺寸分析和线段分析的方法；图学发展史与文化自信
	思政元素	文化自信、工匠精神、遵纪守法
	呈现方式	通过讲解《图学发展史》，了解我国工程图学的历史以及取得的成就，让学生树立起文化自信；观看纪录片《大国工匠》，让学生了解这些人如何追求职业技能的完美和极致，靠着传承和钻研，凭着专注和坚守，成为国宝级的顶级技师，成为某个领域不可或缺的人才。通过大国工匠的典型案例，让学生体会工匠精神的内涵

模块二：绘制与识读组合体三视图		
项目二： 绘制组合体 三视图	内容	投影基础、组合体的组合形式、组合体三视图的画法、组合体的尺寸标注
	思政元素	质量意识、职业道德、工匠精神
	呈现方式	讲解案例：海尔"砸冰箱"，"砸冰箱"事件唤醒了海尔员工的质量意识，让海尔成为当时注重质量的代名词，也让海尔逐渐成为世界 500 强企业。该案例让学生体会注重质量、精益求精的重要性；通过观看微电影《废品的报复》，学生体会做人做事来不得半点虚假，要严谨细致，否则就会遭到生活的"报复"
项目三： 识读组合体 三视图	内容	形体分析法识读组合体三视图、线面分析法识读组合体三视图
	思政元素	工匠精神、量变哲学
	呈现方式	观看纪录片《大国工匠》，进一步加深对"工匠精神"的理解，他们在普普通通、平平凡凡的岗位上靠着精湛的技艺、精益求精的决心，耐得住寂寞，坐得住冷板凳，最终在平凡的岗位上闪闪发光
模块三：绘制机械图样		
项目四： 绘制机件 各种图样	内容	视图、剖视图、断面图、局部放大图和其他表达方法
	思政元素	为人民服务、方便他人的思想，责任意识，遵纪守法
	呈现方式	解读电影《我和我的祖国》，电影讲述了我国七个重大的历史瞬间，让我们重温了祖国 70 年来的日新月异，这些大事件背后的小人物们，带给我们满满的正能量。小人物的星星之光汇成了祖国 70 年来的辉煌和璀璨。通过观看和解读，树立学生为人民服务的意识，方便他人的思想；树立对社会的责任意识

续表

项目五： 绘制标准件 与常用件	内容	螺纹及螺纹的紧固件、键连接、销连接、齿轮、滚动轴承
	思政元素	螺丝钉精神
	呈现方式	"螺丝钉精神"是指雷锋的"螺丝钉精神"，自觉地把个人融入党和人民的事业之中去，个人服从整体，服从组织，忠于职守、兢兢业业，干一行爱一行，全心全意为人民服务。通过观看电影《雷锋》，引导学生向雷锋同志学习，培养"螺丝钉精神"
项目六： 绘制零件图	内容	零件图的内容和作用、零件图的视图表达方法、常见零件图上的工艺结构、零件图的技术要求、读零件图的基本方法和步骤
	思政元素	成本意识、创新精神
	呈现方式	小故事《鲁班学艺》。该项目的内容具有难度，面对困难时要像鲁班一样，要有恒心、决心和耐心，培养迎难而上、坚韧不拔的品格
项目七： 绘制装配图	内容	装配图的作用和内容、装配图的表达方法、装配图的尺寸标注与零部件序号和明细表、装配结构工艺性、读装配图
	思政元素	大局意识、责任意识
	呈现方式	小故事《庖丁解牛》告诉我们面对困难不应逃避，要勇于面对，从大局出发，化繁为简；反复就是最好的老师，多次反复就能生巧，就能举一反三，熟能生巧
模块四：计算机绘图		
项目八： 计算机绘图	内容	计算机绘图基础、简单图形的绘制、图形编辑、尺寸标注、标准件的绘制、零件图的绘制、三维图的绘制
	思政元素	爱国情怀、绿色发展理念
	呈现方式	绘制国旗、国徽等图形，让学生充分了解国旗、国徽的结构和设计含义，树立学生的爱国情怀和民族自豪感；在绘图中展示标准图纸，培养学生细致、严谨、专注的工作态度以及对职业的认同感、荣誉感和使命感

五、实施成效

（一）实施班级具体情况

2019 级和 2020 级机械工程学院所有专业学生，即模具设计与制造专业、数控技术专业、数控设备应用与维护专业、机械设计与制造专业、机械产品检测检验技术专业、机械制造与自动化（智能制造）专业的全体学生，数量近 1200 人。

（二）教学资源

教学资源包：PPT、课堂教学实录视频、微课、动画；线上教学资源：职教云平台。

（三）具体实施情况

本课程开设在第一、二学期，这是意识培养和习惯养成的关键时期。因此，在教学过程中更要注重学习态度、学习习惯、职业素养、职业理念的培养。根据课程性质、课程地位、岗位特点、企业需求、学生情况制订培养目标，修订课程标准，进行整体的课程设计，挖掘与本课程专业知识以及在岗位中所需要的职业素养相关的思政元素，以企业案例为载体，将实际问题转化为课堂任务，以任务实施为推动，实施经历四个阶段：直观刺激（入耳）、语言引导（入脑）、实践练习和评价反馈（入心）、阶段式成果（入行），即从唤起意识到增强意识，再到巩固意识，最终形成意识。

（1）学生形成敬业、精益求精、专注、创新等意识（唤起意识）

（2）学生提高作图能力，注重图纸质量（强化意识）

（3）学生在课后拓展及生活中注重细节、养成良好习惯（巩固意识）

（4）学生在技能大赛中取得优异成绩（形成意识）

六、教学特色创新

评价主体和评价方式多元化，注重过程性评价。评价方式包括师生评价、生生互评和学生自评，从不同的角度使评价更加直观全面。注重过程性评价，课堂不仅要关注学生知识和技能的掌握情况，还要观察学生在学习过程中是否善于与他人合作、态度是否精益求精、思维是否有条理性和创造性等，可作为评价课程思政融入是否有效的标准。

课程思政贯穿课堂，递进式融入。思政元素融入"四阶段"教学过程中，即直观刺激、语言引导、实践练习、评价反馈，层层递进，逐步实现入耳、入脑、入心、入行四个阶段，整个过程体现教师的主导作用，发挥学生的主体地位。

七、典型案例教学设计

表2 案例教学设计

项目名称		组合体的尺寸标注			
教学分析	教学内容	组合体的尺寸标注			
	学情分析	学习的主观能动性较差，自我要求不高，得过且过			
	思政元素	精益求精的质量意识，培养注重细节、追求完美的工匠精神			
教学目标	素质目标	树立精益求精的质量意识，培养注重细节、追求完美的工匠精神			
	知识目标	1. 掌握尺寸基准和尺寸种类 2. 掌握尺寸标注的基本要求 3. 掌握常见结构尺寸的注法 4. 掌握组合体尺寸标注步骤			
	能力目标	会正确、完整、清晰地标注组合体的尺寸			
教学重点	掌握正确、完整、清晰的标注组合体尺寸的方法				
教学难点	掌握尺寸标注的基准的选择				
教学方法	情境式教学法、任务驱动法				
教学手段	线上与线下相结合、多媒体教学资源、板书				
教学实施过程					
课前					
教学环节	教学内容	教师活动	学生活动	思政元素	
课前准备	课前发布微课和任务，让学生观看"海尔砸冰箱"案例和"庆祝改革开放40周年大会"相关新闻	在职教云平台发布本节课程教学资源，发布、讨论问题	学生观看微课，完成平台讨论问题	注意细节；精益求精的工匠精神（入耳）	
课中					
教学环节	教学内容	教师活动	学生活动	思政元素	
引入任务	从上节课案例引入本节案例情境式教学，启发引导学生思考	提出问题：从实际加工的角度，图纸中只含有一组图形能否加工？如果要加工出这个物体，除了视图外，还应该确定什么 教师揭示主题并写板书课题"组合体的尺寸标注"	同学间互相交流讨论，并回答老师提出的问题	注重细节；精益求精的工匠精神（入脑）	

教学环节	教学内容	教师活动	学生活动	思政元素
任务分析与教师演示	1. 形体分析 将轴承座分解成底板、套筒、肋板、支承板四个形体 2. 尺寸标注的基本要求： （1）正确性；（2）完整性 组合体的尺寸种类： （1）定形尺寸；（2）定位尺寸 尺寸基准的确立：对于组合体，在长、宽、高三个方向分别有尺寸基准，每个方向至少有一个尺寸基准，以便确定各基本体在各个方向上的相对位置 总体尺寸：表示组合体在长、宽、高三个方向的总长、总宽、总高的尺寸 强调：当组合体一端为同心圆孔的回转体时，通常仅标注孔的定位尺寸和外端圆柱面的半径，不标注总体尺寸 课件演示定形定位尺寸与总体尺寸，强调：对于总体尺寸的标注，可能与定形定位尺寸产生重复，要反复对照、修订，避免重复尺寸的产生	在多媒体上用动画演示，把组合体拆分为四部分，让学生在三视图中找出四部分对应的投影 教师展示几种不同的标注，让学生讨论每个标注的正确与否，引导学生讨论尺寸正误的标准 提出问题：如何避免丢失尺寸 老师板书：组合体尺寸的分类 引导学生找出底座在三视图中对应的部分，并进行尺寸标注 老师根据底座立体图提出问题：两个孔如何加工呢？只有定形尺寸能否加工 板书：定位尺寸 教师展示两种不同的定位尺寸标注方案，提出问题：两种标注有何不同，原因是什么 分析学生的不同回答，得出主要原因是选择的基准面不同，引出基准的概念 板书：尺寸基准概念 展示课件中不同类型的图形、机件的基准，引导学生找出不同 教师依次展示轴承座其他形体的尺寸标注并让学生检查是否有遗漏 提出问题：如果想把加工好的组合体装箱运输，还需要什么尺寸 板书：总体尺寸	同学间互相交流讨论，并回答老师提出的问题	注重细节；精益求精的工匠精神（入脑）

续表

教学环节	教学内容	教师活动	学生活动	思政元素
任务实施	学生练习	在学生练习的过程中巡视课堂，发现学生的问题	学生完成尺寸标注	注重细节；精益求精的工匠精神（入心），提高学生的质量意识和责任意识
任务评价	学生自我评价和师生评价。评价时不单以正确和错误为指标，附加怎样标注尺寸更合理，使得图纸质量更高，以方便使用	公布答案二维码，让学生扫描二维码获取答案，告诉学生将错误、遗漏、重复的尺寸标示出来	学生扫描二维码获取答案，对照正确的标注图样，评价自己的标注并打分	

课后				
教学环节	教学内容	教师活动	学生活动	思政元素
课后巩固和拓展		1. 在职教云平台发布拓展任务 2. 设置答疑环节 3. 提供答案二维码	完成拓展任务，通过平台向老师提出疑问	注重细节；精益求精的工匠精神（入行）
教学效果	课堂延展为课前、课中、课后三个教学环节，思政元素渗透过程分为直观刺激、语言引导、实践练习、评价反馈四个阶段，使得学生在学习专业知识的过程中，实现了将注重细节、精益求精的工匠精神入耳、入脑、入心、入行，提高了质量意识和责任意识			
反思改进	机械制图教学材料的呈现方式应该多样化并切合学生生活实际；内容应该有利于突出学生的主体地位，有利于激发学生的学习兴趣，有利于鼓励学生积极思考、合作交流，有利于学生获得良好的情感体验，建构自己的机械制图知识			

八、拓展阅读

故事文本

巩鹏——中国航天科工集团第三研究院钳工，这位从 1988 年开始与板锉、钻头等加工器具"厮守"的普通钳工，如今已经是享誉行业内外的"大国工匠"。在 30 年的职业生涯中，巩鹏用默默的坚守和非凡的成绩书写了一段从学徒到钳工拔尖人才，再到质量工匠精神传承者的传奇人生，成为了中国航天技能人才的典型代表，也为千千万万追求极致质量、锤炼卓越技能的人们竖起了一座精神的丰碑。

李峰——航天科技集团九院 13 所铣工，曾获"航天技能大奖""中央企业技术能手""全国技术能手""大国工匠"等荣誉称号。李峰 20 岁一进厂就被分配为铣工，26 年里只干过这一个工种，铣工是他坚守一辈子的行当。就是在这一份坚守中，他不断磨砺技艺，磨出一把好"剑"，为我国航天事业做出巨大贡献。在他的工作模式里，速度不来自表面的急促紧迫，而源于每个工作行为的准确有效。在他心里，精益求精已经成为一种信仰。

选择这两部纪录片作为思政案例的目的是让学生体会到在平凡的岗位上也可以做出伟大的事业，要敢于坚守，追求极致，锤炼卓越的技能，树立工匠精神。

新闻

2018 年 12 月 18 日上午，庆祝改革开放四十周年大会在人民大会堂举行，100 名改革先锋称号获得者在大会上受到表彰。其中海尔集团董事长张瑞敏获得"注重企业管理创新的优秀企业家"的荣誉称号。张瑞敏带领海尔从一家濒临倒闭的小厂发展成全球知名的跨国集团，其中很重要的因素在于他重视企业口碑。1984 年他临危受命，到当时濒临倒闭的青岛电冰箱总厂担任厂长，因客户反馈问题，砸掉 76 台有缺陷的冰箱，目的是让企业员工重视质量，树立精益求精的质量意识。

以该新闻作为思政案例，目的是让学生树立注重细节、严谨细致、精益求精的质量意识。

八、典型数字化资源展示

平面切割圆柱体截交线

组合体的尺寸标注

形体分析法读组合体三视图

三视图的
形成及投影规律

形体分析法
读组合体三视图

识读直线的投影

电力安全生产及防护课程思政设计与实施

负 责 人：朱鹏
团队成员：李娜、王义贵、李忠波、郭红霞（辅导员）、郭桦（党务工作者）、刘易鑫（思政课教师）、王野（企业教师）

一、课程定位

（一）课程名称

电力安全生产及防护

（二）适用专业

安全技术与管理及其相近专业

（三）课程性质

电力安全生产及防护课程是安全技术与管理专业的一门专业核心课程，也是一门理论与实践紧密结合的学科，是基于项目教学的实用课程，它遵循安全技术与管理专业岗位职业标准和人才质量培养标准。通过对本课程的学习，培养学生成为坚定的理想信念，德、智、体、美、劳全面发展，具备从事该专业领域所必备的安全专业知识与技能的高素质复合型技术技能人才。

（四）课时：56 学时

二、教学目标

（一）素质目标

培养学生热爱祖国，热爱人民，诚信友善；能够准确理解和把握社会主义核心价值观的深刻内涵和实践要求；具有正确的世界观、人生观、价值观，具有一定的创新意识与能力；具有团队精神、合作意识和良好的社会沟通能力；具有一定的应变能力，能够处理安全生产过程中出现的一些异常情况；具有安全风险预防意识；具有强烈的规范操作、安全生产意识。

（二）知识目标

理解电力安全生产的基本法律法规与规章制度；熟悉电力安全生产技能；掌握电力安全工器具的检查、使用与保管和主要工具的作用、使用方法、保管原则；掌握防火防爆安全技能，掌握紧急救护安全技能。

（三）能力目标

具备文件、资料的收集与整理，获取新知识、独立学习的能力；具备制订、实施工作计划的能力；具有正确使用电力安全工器具的能力；具有紧急救护处理能力；具备开展安全防范工作的能力；具备应急应变工作能力；具有检查与评价能力；具有运用所学知识分析问题、解决问题的决策能力等。

三、教学方法及手段

（一）教学方法

将思政元素融入教学全过程，打造"体验式"情境思政课，改变传统教学方法，依靠形象的力量、感情的力量感染学生，潜移默化地引导学生，为学生设置小任务，在走心小游戏中深植价值观。充分调动学生的积极性，突出学习重点，增强感性认识和实践能力，提高综合素质和职业素养。

（二）教学手段

利用全国职业院校教学资源库——微知库教学平台承载数字化教学资源，满足师生"课前、课中、课后"教与学的全部应用场景，提升了传统课堂教学的效率。

微知库学习平台整合了微课、微视频、虚拟仿真等资源，能够获取学生在学习过程中沉淀下来的各类数据，智能制订个性化的学习方案，真正做到因材施教。

四、教学设计

以职业能力为核心，加强素质教育与技能培养。

电气防火与防爆措施的应用

电气防火与防爆的措施　　　　　　　　　灭火器的使用　　　　　　　　任务实施评价

电气火灾和爆炸的原因分析

火灾发生的原因及分类

防爆相关名词解释

闪爆事故现场分析

电路短路火灾原因分析

私拉乱接电线火灾原因分析

高压开关柜电弧故障

爆炸的基本认识

防止电气火灾和爆炸的措施及方法

防止电气火灾的措施

静电的认识

静电的产生形式

静电的危害形式

静电的防护措施

防范粉尘爆炸具体措施

火灾逃生急救原则

防火与防爆措施的认识及使用

粉尘爆炸的基本原理

燃烧、火灾和爆炸和危险物品的认识

重大火灾隐患判定方法

防火防爆设备的使用

热成像仪使用方法

过滤式防毒面具

正压式氧气呼吸阀的使用方法

红外线点测温探测仪使用方法

高压冲闪法测试电缆故障

电气火灾试验墙使用方法

电力工业防火要求

灭火器的分类及应用

灭火器基本知识

灭火的基本方法

常用消防器材的分类及使用规范

灭火器的分类及适用范围

消防器材点检与保养方法

常用灭火器材的性能

灭火器的使用方法及实操演练

消防演习方案

火场逃生与自救方法

灭火器家族的职能分工与使用方法

二氧化碳灭火器使用方法

干粉灭火器使用方法

推车灭火器使用方法

泡沫灭火器的使用方法及范围

机器人灭火实操演练

小组任务实施评价　　小测试

图 1

2. 以学生为主体，充分考虑个体差异，实施分层教学。

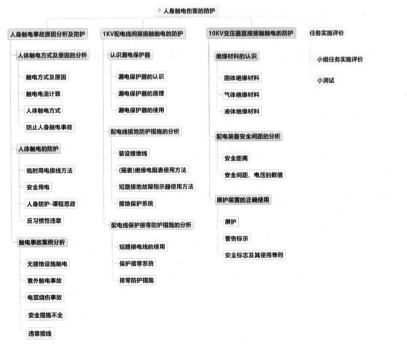

图 2

表 1 课程思政教学内容体系

模块一		
项目一： 人身触电伤害 的防护	内容	人身触电伤害事故原因分析，10KV 变压器直接接触触电防护、1KV 配电线间接接触触电防护
	思政元素	通过观看《厉害了，我的国之电力篇》等视频，增强学生的民族自豪感和爱国情怀
	呈现方式	教学资源平台（电力系统自动化技术专业国家教学资源库电力安全生产及防护课程网址），视频、任务推送、作业测试，讲练结合、理实一体、互动教学
项目二： 电力安全工 器具的使用 与管理	内容	10kV 跌落式开关的操作、登杆作业专用器具的使用、电力安全工器具的管理
	思政元素	通过学习习近平总书记关于安全生产工作论述摘编等资源，培养学生能够准确理解和把握社会主义核心价值观的深刻内涵和实践要求；培养学生认真严谨的学习风气；培养勇于探索、精益求精的工匠精神
	呈现方式	教学资源平台（电力系统自动化技术专业国家教学资源库电力安全生产及防护课程网址），视频、任务推送、作业测试，讲练结合、理实一体、互动教学
项目三： 电气防火与 防爆措施的 应用	内容	电气防火与防爆的措施、灭火器的使用
	思政元素	学习十九大对安全生产的新要求，讨论电力人的初心和使命，增强学生不忘初心、牢记使命的意识；通过火灾危害的典型案例，增强学生安全意识、环保意识、法治意识；通过对灭火器不同类型的学习，增强学生创新意识
	呈现方式	教学资源平台（电力系统自动化技术专业国家教学资源库电力安全生产及防护课程网址），视频、任务推送、作业测试，讲练结合、理实一体、互动教学

续表

项目四： 现场伤员紧急 救治与搬运	内容	作业者触电后急救、作业者受外伤后急救、跳呼吸骤停伤员急救、现场伤员骨折固定、现场伤员搬运
	思政元素	通过对《生产安全事故应急条例》的解读，以及观看《生命的红线》等资源，增强学生的安全意识、珍爱生命意识；通过讲解急救实操及分析施救成功案例，增强团队协作意识，树立正确的世界观、人生观、价值观
	呈现方式	教学资源平台（电力系统自动化技术专业国家教学资源库电力安全生产及防护课程网址），视频、任务推送、作业测试，讲练结合、理实一体、互动教学
项目五： 电力安全生产 事故处理	内容	电力安全生产事故案例分析、电力安全生产事故调查与处理
	思政元素	通过分析电力安全生产事故案例，教师引导学生勿以善小而不为，勿以恶小而为之，增强学生的自我约束意识；在故障分析和排查中注重学生 认真严谨的学习风气，勇于探索、精益求精的工匠精神的培养
	呈现方式	教学资源平台（电力系统自动化技术专业国家教学资源库电力安全生产及防护课程网址），视频、任务推送、作业测试，讲练结合、理实一体、互动教学

五、实施成效

（一）实施班级具体情况

19级安全技术与管理班 19 人

（二）教学资源

依托国家职业院校电力系统自动化技术专业教学资源库——微知库平台，采用线上线下混合式教学模式。

（三）具体实施情况

已构建有效的学科思政融合策略体系，并对课程思政的教学内容、教学目标、教学方法、教学评价等进行有效构建。

协同育人，将思想政治教育教学师资资源、课程资源、运行载体等各要素形成协同机制，发挥思想政治教育教学合力。

将思政元素融入教学全过程，打造"体验式"情境思政课，改变传统教学方法，依靠形象的力量、感情的力量感染学生，潜移默化地引导学生，为学生设置小任务，在走心小游戏中深植价值观。

形成"德""智""体""美""劳"五育融合的教育新体系。

六、教学特色创新

在课程思政建设中，紧密结合安全技术与管理专业学生的知识结构、理论水平和实践能力要求，从职业道德、工匠精神、社会责任等方面，将安全工程学理论知识与思想政治教育融合起来。

在授课方式上，充分利用学校地缘优势，将校内多媒体教学资源与校外的安全管理机构、产学研基地等相结合，做到与时俱进、开拓视野，激发学生的学习兴趣，培养其综合能力，守住道德底线，做德才兼备的优秀人才。

七、典型案例教学设计

表 2　案例教学设计

项目名称		电气防火与防爆的措施
教学分析	教学内容	电气火灾爆炸事故的原因分析
	学情分析	教学对象为二年级学生，有一定专业基础
	思政元素	增强学生安全用电意识、树立正确保护古建筑的意识、培养学生对建筑艺术欣赏的兴趣
教学目标	素质目标	培养规范意识、树立危机意识、增强安全观念
	知识目标	1. 了解电气火灾爆炸事故的概念 2. 了解引发电气火灾爆炸事故发生的原因分析过程
	能力目标	能够准确进行电气火灾爆炸事故的原因分析
教学重点		电弧、短路、过负荷、漏电的基本内容
教学难点		电气引燃源引发火灾和爆炸的原理
教学方法		翻转课堂、讲授、任务驱动、案例教学
教学手段		依托国家教学资源库——微知库平台，采用线上线下混合式教学模式

续表

教学实施过程				
课前				
教学环节	教学内容	教师活动	学生活动	思政元素
课前准备	观看微课视频，初步感知、整体认识电气火灾事故的特点	提出教学目标要求学生自主学习	登录学习平台观看视频	培养自主学习的行为习惯
课中				
教学环节	教学内容	教师活动	学生活动	思政元素
课程教学	教师通过学习平台APP发起签到课前学习平台上学生完成任务情况分析	1. 发起签到 2. 分析课前学习平台上学生完成任务情况，导出本次课教学的难点	1. 进行签到 2. 观看学生完成任务情况，学生反思	
	视频情境导入，引出内容	播放电气火灾视频，引出电气火灾爆炸事故的概念和危害性	观看电气火灾视频	
	认识电气火灾事故原因之电弧	1. 教师播放电弧视频，引入电弧教学内容，并进行讲解 2. 教师讲解由电弧引发的火灾爆炸事故案例	1. 学生观看视频 2. 学生通过学习平台进行测试题的作答	思政元素：增强学生安全用电意识、树立正确保护古建筑的意识、培养学生对建筑艺术欣赏的兴趣
	案例分析	教师通过法国巴黎圣母院电气火灾的典型案例进行分析	观看教师视频学生进行反思	
	认识电气火灾事故原因之漏电	1. 教师播放漏电现象视频，引入漏电教学内容进行讲解 2. 教师提问，让学生举一些日常生活中看到的漏电案例 3. 教师讲解由漏电引发的火灾爆炸事故案例	1. 学生观看视频 2. 学生进行课堂回答 3. 学生通过学习平台进行测试题的作答	

续表

教学环节	教学内容	教师活动	学生活动	思政元素
课程教学	认识电气火灾事故原因之接触电阻过大	教师讲解由接触电阻过大引发的火灾爆炸事故案例	学生通过学习平台进行测试题的作答	
	认识电气火灾事故原因之铁芯过热	教师讲解由铁芯过热引发的火灾爆炸事故案例	学生通过学习平台进行测试题的作答	
	认识电气火灾事故原因之短路	1. 教师播放短路视频，引入短路教学内容，并讲解 2. 教师讲解由短路引发的火灾爆炸事故案例	1. 学生观看视频 2. 认真学习，积累知识	
	认识电气火灾事故原因之过负荷	1. 教师播放过负荷现象视频，引入过负荷教学内容并讲解 2. 教师讲解由过负荷引发的火灾爆炸事故案例	1. 学生观看视频 2. 认真学习，积累知识	思政元素：奉献社会在生产实践中，遇到实际问题时，除了要从理论上去分析问题该如何解决，还要从奉献社会的角度出发，综合考虑社会需求
	认识电气火灾事故原因之散热不良	教师讲解由散热不良引发的火灾爆炸事故案例	认真学习，积累知识	
	认识电气火灾事故原因之机械故障	1. 教师播放机械故障引发的火灾视频，引入机械故障导致火灾爆炸的教学内容进行讲解 2. 教师提问，让学生举一些日常生活中机械故障发热案例 3. 教师讲解由机械故障引发的火灾爆炸事故案例	1. 学生观看视频 2. 学生课堂回答问题 3. 认真学习，积累知识	

教学环节	教学内容	教师活动	学生活动	思政元素
课程教学	认识电气火灾事故原因之电压异常	1. 教师讲解由电压异常引发的火灾爆炸事故案例 2. 教师通过学习平台发起测试题，要求学生作答。教师根据学生答题结果，有针对性地讲解测试题	1. 学生观看视频 2. 学生通过学习平台进行测试题的作答	

课后

教学环节	教学内容	教师活动	学生活动	思政元素
课后巩固	课后拓展： 1. 绘出思维导图 2. 布置思考题 3. 布置下次课前学习任务	教师布置课后任务	学生倾听教师任务布置	善于发现问题、解决问题，增强学生安全用电意识
教学效果	通过"课堂讲解+资源库平台查询"，学生学到了有用的知识和技术；通过案例教学法，学生搜集了大量的信息，提升了利用案例素材分析问题、提炼结论的能力；通过讨论交流的"头脑风暴"方式，训练了学生的表达能力，让学生体会到了集体的力量，懂得了相互学习的重要性			
反思改进	1. 在知识传导中，全面利用现代高科技的优点，让授课环境更加真实。以主要细化理论为根据，确立道德素质修养的题目，以我国安全生产案件为例，引导学生根据案例因素进行自我意见表达、交流与意见反馈。根据创立环境和授课方式相互交流，让授课知识变得更加直观 2. 增加对高职生授课之后实际操作行为的品德引领，根据多方面的隐藏品德培养，在集体共享场地多起带头作用，营造良好社会氛围			

八、典型数字化资源展示

电力场所防火
防爆措施制订

"安全生产，以人为本"
—安全标志的识别

电气火灾预防措施

电气火灾爆炸事故原因

安全生产五要诀

"飞"来横祸之人身防护

数控车综合实训课程思政设计与实施

负 责 人：王培磊

团队成员：李文强、李洪、单学勇、徐漫宇（辅导员）、吕鸿雁（思政课老师）

一、课程定位

（一）课程名称

数控车综合实训

（二）适用专业

模具设计与制造专业、数控技术专业、智能制造装备技术专业

（三）课程性质

数控加工类专业学生的专业实训课，是一门理实一体化的课程。

（四）课时：78 学时

二、教学目标

（一）素质目标

深入学习大国工匠的工作精神并依据数控车职业技能的要求特点培养学生的实际操作动手能力。

（二）知识目标

培养数控类学生的编程与实际操作能力，学习后满足数控车工中级工水平，能够进行基础编程机床的操作、工件的加工以及产品的检测。

（三）能力目标

通过实训使学生有较强的动手操作能力、识别图纸的能力，满足企业基础操作工作的要求，实现职业技能培训后，学生在就业时能与企业有较好衔接，为今后工作奠定良好的基础。

三、教学方法及手段

（一）教学方法

采用线上线下混合式教学，以视频引入、微课教学以及理论与实训相结合的方式进行教学。教学过程中分别运用了以下方法：

（1）案例教学法。在安全教育课程中，学生通过观看数控车床加工视频了解数控车床加工过程中的安全要点和数控车床加工过程。

（2）情境教学法。在基础编程课程中，教师给学生提供企业实际加工工件的背景，让学生模拟设计师、编程员的角色，对加工工件进行工艺安排、实际编程，使学生亲身体会编程过程。

（3）实战教学法。学生实际操作机床，独立完成全部加工过程，让学生敢于动手操作，具备实际动手操作的能力，做到理论与实际相结合。

（4）讨论教学法。在教学过程中，学生通过预设问题以及解决加工中遇到的实际问题，进行分组讨论，并通过所学知识找出最优的加工工艺，工件加工出来后，各组同学相互比较，互相评分，总结优缺点，最终达到举一反三、相互学习的目的。

（二）教学手段

课堂中设置一些竞技比赛、小组讨论等，丰富课上内容，激发学生的学习热情，营造一个"赶帮比超"的学习环境。

四、教学设计

我们从学生应要学习的本门课程知识技能过程中以插入敬业、精益、专注、创新的工匠精神为主要思政点，提升思想政治教育和实训安全教育重要性。例如，在每轮实训课程安全教育中加入细致认真、安全谨慎的思政教育，在随后的课堂中根据实际情况适时地分别加入敬业、精益、专注、创新等与本节课相关的思政内容（见图1）。

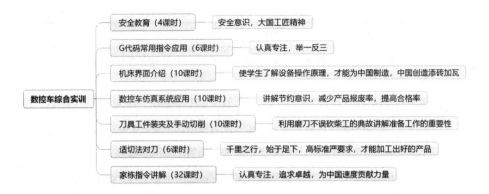

图1　数控车综合实训思维导图

表1　课程教学内容体系

模块一：数控车削加工实训		
项目1： 安全教育	内容	安全生产讲解，培养学生树立大国工匠精神和精益求精的态度
	思政元素	安全意识、大国工匠精神
	呈现方式	通过方文墨、顾秋亮等大国工匠的典型人物事迹视频，激发学生的爱国主义情怀，了解平凡岗位也会有大作为！引导学生了解自己所学专业将来的工作方向和对社会做出应有的贡献
项目2： 基础编程	内容	简单G代码介绍、常用指令的应用、实例编辑
	思政元素	认真专注、举一反三、精益求精
	呈现方式	通过典型案例——蛟龙号潜艇，讲解尺寸公差的重要性！潜艇上安装的玻璃窗在潜入深海后将承受几百吨的压力，如果超差玻璃将会产生破裂，更会危及潜艇内人员生命，所以在加工中培养学生一丝不苟、精益求精的精神，使学生了解在工作中公差范围的重要性

项目3： 设备讲解	内容	机床界面介绍
	思政元素	使学生了解设备操作原理，才能为中国制造、中国创造添砖加瓦
	呈现方式	通过动画和设备的视频向学生展示中国制造的强大力量！引导学生只有了解自己所用设备，才能更好地运用它，才能更好地提高生产效率和产品质量，不断超越
项目4： 模拟加工	内容	利用数控车仿真系统，根据图纸要求对工件进行模拟加工
	思政元素	讲解节约意识、减少产品报废率、提高合格率
	呈现方式	通过一些实际企业中悬挂的标语引导学生知道产品质量是企业的生命，产品质量是最好的推销员，客户就是上帝的工作要求。在讲解加工模拟软件中贯穿这些要求，使学生提高责任意识，更好地学习
项目5： 基础操作	内容	刀具装夹、工件装夹、手动切削
	思政元素	利用磨刀不误砍柴工的典故讲解准备工作的重要性
	呈现方式	通过磨刀不误砍柴工的故事让同学们了解做事情的前期准备工作非常重要，关乎事情的发展和结果，告诫学生准备工作的重要性！通过微课、视频等方式提高学生认知能力，从而提高操作效率，更好地完成加工前的准备工作
项目6： 对刀讲解	内容	试切法对刀、建立工件坐标系
	思政元素	千里之行，始于足下，高标准严要求，才能加工出好的产品
	呈现方式	通过一些名人名言、企业标语的讲解，让学生了解此项目的重要性。举例对刀建立工件坐标系好像盖房子打地基，是一个非常重要的基准，通过教学视频让学生更快掌握操作方法并熟练掌握技巧，为更好地完成加工任务做准备
项目7： 综合加工	内容	加工代码指令讲解
	思政元素	认真专注，追求卓越，为中国速度贡献力量
	呈现方式	通过微课、教学视频来让学生更清楚、更直观地理解加工过程，这个项目也是对本门课程的综合考核。通过加工出的产品提高学生的学习兴趣，讲解中国现在飞速发展的制造业，激发学生的爱国热情，更好地学习专业知识，为国家做出应有的贡献

五、实施成效

（一）实施班级具体情况

本门课程适用于模具设计与制造专业、数控技术专业、智能制造装备技术专业的学生，每班 30 人左右，每学年大概 4—5 个班。将思政元素引入我们的实训课程，激发学生的学习热情，教育引导学生自觉践行社会主义核心价值观，传承工匠精神，更好地服务社会。

（二）教学资源

图 2　老师讲授理论编程　　图 3　老师讲授机床操作　　图 4　学生进行工件检测

实训课程定位基准是培养学生的实际动手能力、独立看图能力，学生可以根据图纸对工件制订加工工艺，选择刀具，并可以加工出合格的实际工件。与同类院校相比，我院课程有较高的优越性，比如，设备的数量多、机床所用的系统多、机床的种类多、教师专业水平高、学生练习的花样多等，由易到难的实训过程最终可以使学生按照图纸加工出合格产品，并进行工件的检验，让学生犹如到了实际企业中工作，根据企业对高职人才培养的要求培养学生，从而增强学生适应社会的能力。

（三）具体实施情况

（1）进入课堂后，首先讲解安全教育和工匠精神，再对一个简单的实际工件进行分析讲解，选择刀具，设计加工路线对其进行加工。那么在这个过程中，学生可以有自己制订的加工方案，这也是对理论知识的一个延伸和对所学课程的验证。

（2）设立实际工厂的加工环境和实际的生产工件。我们的实训场地完全按照实际企业标准建设，包括学生进入实习场地必须穿工作服、戴安全帽，让学生提前适应实际企业的环境；实习工件就是实际企业的产品，包括工件材料、产品图纸、检测工具、装配运输等。以此培养学生的加工能力和适应企业的能力。

（3）为了提高学生的技能水平，我们用一个有多种加工方法的工件让学生分组讨论并进行加工，找出最优的加工工艺，以此培养学生的灵活性和创新能力。工件加工出来后，各组同学相互比较，互相评分，总结优缺点，最终达到举一反三、相互学习的目的。

（4）课程最后我们会对一个不规则工件进行工艺分析，根据形状进行加工顺序的排列，并根据形状进行刀具的刃磨，选择正确的装夹方法对其进行加工，这里往往会用实际的产品进行加工，让学生知道它的重要性，加工过程要谨慎小心，尽量减少残次品的数量，提高产品质量。当然，这是要学生具备了一定的技能水平以后才可以实施，最终目的是使学生毕业后与企业无缝对接。

（5）"班组织，学徒制"是现代企业以老带新的普遍生存模式，我们也利用了企业这一特点，将其与实际情况相结合。我们的实训教师相对较少，有时候学生较多，照顾不过来，那么，我们就将整个班级分成5—8人的工作小组，起初由老师集体讲解，在过程中选出接受能力和动手能力相对较好的同学作为小组的组长，组长负责本组同学的工作安全管理。当同学们的基础水平到达一定状态时（指学生具备一定的操作机床的能力），老师再给各组组长分配讲解实训任务，组长再对组员进行课程讲解、任务督促和工件加工。这样做的优势是老师有了"分身之术"，可以纵观全局，发现每名同学的问题并解决问题，而且可以充分发挥学生的主观能动性，培养学生独立动手的能力。选出的组长根据实际情况是可以更换替代的，这样就形成了同学之间的良性竞争，相互学习、相互赶超，最后到实训课程的末端时再将全体同学分为两人一组，互为"师徒"，这样就起到了两人互相监督、互相促进的作用，使实训课程有一个进入到实际工作环境下的状态，大大提高了学生的主观能动性，通过相互学习、监督和反复练习，学生的动手能力提高了一个台阶，同时也增进了同学之间的友谊。

六、教学特色创新

（1）教师通过一些浮雕软件利用数控设备进行产品加工，这迅速吸引了学生眼球，加强了他们的学习欲望和求知欲望。教师在加工过程中可以讲解软件使用的情况，理论课所学的知识在加工过程中是如何体现的，以及我们学完指令代码及数控编程后机床如何运动等。

（2）理论联系实际，现场提问现场解决，加深学生的印象，树立正确的实习愿望，加强学习信心，利用这样的沟通机会给学生讲解实训课程是对理论课程的检验，也可以加深对理论课程的理解，培养学生成为高技能人才的思想，不能只成为干活"机器人"，要成为可以操作机器人为我们干活的人。这样会使一些在理论课程中就失去学习信心的同学重拾信心，告诉他们工作任务和学习方式发生了改变，我们的课程现在是"工学结合，学做一体"，理论课程只是一部分，实训才是重要部分，大家又站在了同一起跑线。这样使他们重新树立信心，增加学习兴趣，改变学习思想，很多原来学习较差的同学反而表现得很优异，形成相互帮助、互相赶超、齐头并进的良好格局。

图 5　学生作品

七、典型案例教学设计

表 2　案例教学设计

项目名称		数控车综合实训
教学分析	教学内容	安全生产讲解，培养学生树立大国工匠精神、精益求精的态度
	学情分析	安全学习，大国工匠精神讲解，企业 5S 管理理念讲解
	思政元素	引入企业安全生产，大国工匠典型人物视频案例
教学目标	素质目标	让学生了解安全生产的重要性，培养学生善于观察、勤于动脑、长于动手的良好学习习惯，理论联系实际的工作作风，以及善于发现问题、解决问题的态度，进一步提高就业竞争能力
	知识目标	掌握数控车床安全操作规程，做到安全文明生产实习，树立正确的实习目标，学习体会大国工匠精神，严格要求自己，树立正确的实训目标
	能力目标	掌握并了解安全操作生产的重要性，深刻体会大国工匠精神的重要性；了解学习的重要性

续表

项目名称	数控车综合实训			
教学重点	讲解实训场地的规章制度和安全生产要求，教会学生如何保护自己，通过典型案例的人物精神感染学生，使其对学习产生兴趣			
教学难点	由工厂安全事例引入，让学生将安全文明生产养成一种习惯，将大国工匠精神永远记在心中，时刻牢记使命			
教学方法	讲解安全操作规程，提高学生的安全意识。通过PPT讲解企业5S管理理念的来源、意义			
教学手段	通过播放典型人物视频案例来讲解大国工匠精神，使学生了解本次实训意义			
教学实施过程				
课前				
教学环节	教学内容	教师活动	学生活动	思政元素
布置课前预习材料	1. 安全操作规程 2. 上传大国工匠典型案例视频	要求学生提前预习课程材料	提前预习上课内容，找出疑难问题，为上课做准备	安全意识、大国工匠精神
课中				
教学环节	教学内容	教师活动	学生活动	思政元素
讲解有关课上内容	1. 安全操作内容讲解（包括设备安全、用电安全、操作安全等） 2. 播放视频（工匠视频、安全视频）	1. 分析讲解安全操作规程内容 2. 播放视频内容，讲解人物事迹，激发学生学习热情	1. 认真听教师讲解安全内容，提高安全意识 2. 观看工匠视频，学习他们身上的精神，提高学习热情	1. 提高安全意识 2. 学习大国工匠精神
课后				
教学环节	教学内容	教师活动	学生活动	思政元素
布置作业	布置课后作业，抄写安全操作规程增加印象，预习下节课内容	督促学生完成课后作业、完成疑难解答	完成安全操作的抄写，加深安全意识，预习下节课内容	举一反三，加强安全意识，激发学习热情，树立家国情怀

续表

教学效果	提问学生如何防止安全隐患问题发生，学习目标是什么；让学生时刻拉紧安全绳索，时刻铭记学习使命，有服务社会、奉献社会的意识与责任心
反思改进	教学反思： 1. 学生实习兴趣不高　2. 学生理论联系实际的能力较差　3. 加工方案单一死板 4. 动手能力较差 教学改进： 1. 要进一步学习教育教学理论，更新教育教学观念，丰富课上内容，要以学生如何能提高专业技能来指导自己的实践工作，通过不断的努力，尽早形成更具有特色的教学模式 2. 在课堂教学中尽量给学生创设轻松、和谐的学习环境，留给学生充足的时间和空间，让学生主动探究新知，增强学生的自主学习能力、加强动手能力，学会在探究中发现问题 3. 加强与学生的交流与沟通，培养学生学习大国工匠精神、劳模精神，激发学生的学习热情。课堂教学中及时了解学生的学习情况，以便及时地调整自己的教学行为

八、典型数字化资源展示

万变不离其"心"

——数控车床的对刀

程序输入，程序模拟

产品检测

数控车削编程

——复合循环

商务数据分析与应用课程思政设计与实施

负 责 人： 白洁
团队成员： 宫晋强、李颖、张子悦（辅导员）、宫苗苗、孙梅（思政课教师）、阎祺松（企业教师）

一、课程定位

（一）课程名称

商务数据分析与应用

（二）适用专业

电子商务专业

（三）课程性质

电子商务数据分析与应用课程是电子商务专业核心专业课程，也是电子商务数据分析与应用1+X证书试点的相关课程。通过对该课程的学习，学生能掌握商务运营数据分析的基本方法与流程，达到1+X"电子商务数据分析师"岗位职业能力的基本要求，为今后从事电子商务数据分析工作奠定基础。

（四）课时：54学时

二、教学目标

（一）素质目标

培养社会（人际）交往能力、沟通能力、计划执行能力；培养创新思维；培养学生搜集信息、整理信息、发现问题和解决问题的能力；通过爱国主义教育、中华传统文化教育，树立学生的民族自豪感，培养有崇高理想信念、有正确价值观念的社会主义建设者和接班人；培养学生践行社会主义核心价值观，提高学生的综合道德水平；培养学生法律意识，能遵守个人隐私、数据保护等法律法规，不侵权，不犯法；培养诚实守信精神，理解保密数据是新时代电商发展的要求，熟悉我国公民享有的十项隐私权；培养学生正确认识到中国在世界电子商务领域的核心地位，了解国家大数据战略、发展理念和战略布局，增强"四个自信"。

（二）知识目标

了解数据分析的内涵与类别；理解数据分析的常用方法、基本流程及分析工具；掌握网店数据分析的主要指标体系；理解网店运营数据分析的相关概念与术语；掌握市场数据分析、客户数据分析、营销流量分析的方法。

（三）能力目标

能够进行数据的收集与分析；能够熟练应用 Word 独立撰写数据分析报告等，书面表达能力强；能用 PPT 制作汇报演示幻灯片；能够运用 Excel 工具对数据进行清洗、抽取、转换、计算等预处理操作，并能选择合适的图表展示数据；能够运用 Excel 开发工具进行简单的数据分析；能够运用量子恒道、数据魔方等工具获取数据分析所需的网站运营数据；能够通过量子恒道、数据魔方对第三方平台店铺进行流量分析、转化率分析、用户分析等；能够通过关联数据分析对网站（网店）进行初步诊断，发现可能存在的问题并提出适当建议。

三、教学方法及手段

（一）教学方法

（1）采用案例法。在产品数据分析注意事项时，通过对相关案例的解读，学生能够了解侵犯知识产权的不良后果。在讲解供应链数据分析管理时，通过对相关案例的解读，学生能够了解供应链合作伙伴之间相互信任、真诚相待的重要性，诚信是必须具备的基本素质之一。从而让学生认识到，在企业经营中，应当秉承工匠精神，做实事，精益求精，而不是看重眼前利益，唯利是图。

（2）采用启发法。学生通过总结自己十年来，自身生活发生的变化，进而了解国家十年来在生态、经济、文化、交通等方面的辉煌成就。在充分了解我们国家的发展现状，感受国家十年来的飞速发展的同时，帮助学生建立大国自信，培养家国情怀。

（3）采用角色扮演法。在讲授法律法规相关理论内容的同时，让学生以普法工作者的身份，总结商务数据分析相关的法律文件，在课堂上进行解读并对知法懂法的重要性进行宣传。学生在学习知识的同时，更能够站在主人翁的立场上，认清法律和自身的相关性，并自觉遵守。

（二）教学手段

融入思政元素，开展 O2O 模式下的"教学做一体化"。课程融入思政元素，在价值传播中凝聚知识底蕴，在知识传播中强调价值引领。课程以智慧职教平台为支撑。利用"在线讨论、在线答疑、在线测试"等环节，以线上线下相融合的教学方法进行授课，将思政教育潜移默化地融入其中，实现以学生为主体的"教学做一体化"。

四、教学设计

专业教师、企业技术骨干与思想政治理论课教师共同合作，从学生知识、能力、情感、态度、价值观等维度，对教学目标进一步细化。

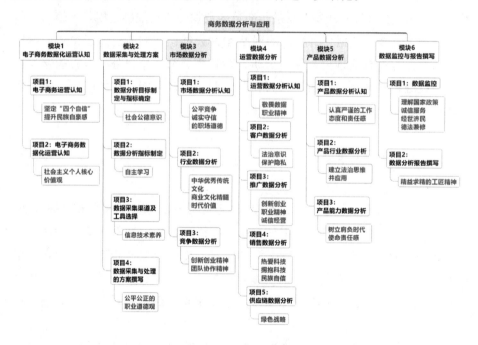

图1 本课程思维导图

表 1　课程教学内容体系

模块一：电子商务数据化运营认知		
项目 1： 电子商务 运营认知	内容	电子商务运营的概念、电子商务运营的业务流程
	思政元素	坚定"四个自信"，提升民族自豪感
	呈现方式	1. 通过播放《厉害了，我的国》《辉煌中国》等影视作品中的"移动互联、快捷支付、智慧物流、双 11 消费狂欢"内容，引导学生讨论中国电子商务的发展以及周围生活的变化。增强学生民族自豪感，坚定"四个自信"，具有崇高理想信念，使学生成为具有正确价值观念的社会主义建设者和接班人 2. 举例说明数据发展形势，引导学生讨论电子商务、移动商务在中国经历的跨越式发展与在国际上的巨大竞争力和影响力，使学生充分感受到社会主义制度的优越性
项目 2： 电子商务数据 化运营认知	内容	电子商务数据化运营工作流程、电子商务数据化运营的价值
	思政元素	社会主义核心价值观
	呈现方式	结合数据分析工作人员一天的工作实例（参观企业、观看视频形式、优秀毕业生讲座），融入敬业、诚信、友善的社会主义核心价值观等思政内容
模块二：数据采集与处理方案		
项目 1： 数据分析目标 制定与指标 确定	内容	需求收集与需求分析、数据分析目标的制定
	思政元素	社会公德意识
	呈现方式	讨论交流电商扶贫的作用与意义，培养学生社会公德意识，树立高尚道德情操，恪守个人行为规范
项目 2： 数据分析指标 制定	内容	数据分析指标选择、数据分析指标分类
	思政元素	科学探知
	呈现方式	引导学生结合抖音、微信学习数据分析相关技巧，培养学生自主学习、科学探知精神
项目 3： 数据采集渠道 及工具选择	内容	数据来源渠道确认、数据采集工具选择
	思政元素	信息技术素养
	呈现方式	学生搜集商品数来源渠道、采集工具模拟实践，培养学生良好的信息技术素养

续表

项目4： 数据采集与 处理的方案 撰写	内容	数据采集与处理方案的构成、数据采集与表格处理
	思政元素	公平公正的职业道德观
	呈现方式	讲授大数据杀熟的负面案例，引导学生展开讨论

模块三：市场数据分析		

项目1： 市场数据 分析认知	内容	市场数据分析的内容、市场数据分析的价值
	思政元素	公平竞争、诚实守信的职场道德
	呈现方式	选取电商扶贫商品，找寻产品质量高、农户朴实、利润低等不同卖点，分析商品数据；培养学生公平竞争、诚实守信的职场道德
项目2： 行业数据分析	内容	行业发展分析、市场需求分析、目标客户分析
	思政元素	中华优秀传统文化、商业文化精髓和时代价值
	呈现方式	1. 给学生讲解中华传统文化中教育商业文化发展的经典案例（如中华老字号的前世今生），培养学生在电子商务经营活动中坚持正确的道德观，培养学生的家国情怀 2. 启发学生理解民族自强、实业报国的企业宗旨；重商厚商、敬业乐业的经营思想；勤劳刻苦、奋发进取的高尚品格；精细计算、俭约朴实的经营作风；诚笃不欺、信义为尚的商业品德；执乎其中、和谐为贵的经营理念；出奇制胜、善于竞争的经营策略和精究本行；心志专一的敬业精神
项目3： 竞争数据分析	内容	竞争对手识别、竞店分析、竞品分析
	思政元素	创新创业精神、团队协作精神
	呈现方式	1. 教师通过讲解并讨论优秀电子商务从业者创设品牌案例，激发学生创新的使命感，树立正确的学习观和成才观，树立正确的商业伦理观 2. 学生分组模拟创设公司，完成竞店分析报告，引导学生既要分工，又要合作，引导学生主动沟通，共同参与，互帮互学，积极奉献，提高团队责任感

模块四：运营数据分析		
项目1：运营数据分析认知	内容	初识运营数据分析、运营数据分析内容
	思政元素	敬畏数据的职业精神
	呈现方式	观看视频，了解我国数据分析行业面临的机遇与挑战。培养学生将敬畏数据的精神贯穿运营分析全过程；将社会主义核心价值观体现于运营分析全过程
项目2：客户数据分析	内容	客户分类、客户特征分析、客户忠诚度分析、客户行为分析
	思政元素	法治意识、保护隐私
	呈现方式	1. 讲授不法商户网络泄露消费者信息的案例，让学生熟悉国家新颁布的《中华人民共和国电子商务法》（以下简称《电子商务法》）中的相关内容；使学生具备法律意识，能遵守个人隐私、数据保护等法律法规，不侵权，不犯法。学生明确保密数据是新时代电商发展的要求。熟悉我国公民享有的十项隐私权 2. 针对电子商务从业人员可获取并掌握大量公民个人信息、企业商业数据的实际情况，整合《中华人民共和国刑法》《电子商务法》《中华人民共和国网络安全法》等相关内容，结合微商泄露消费者隐私的真实案例，加强对《中华人民共和国消费者权益保护法》等内容的讲解，积极引导学生知法、守法、懂法、用法，严格遵守法律，依法经营，维护正当权益
项目3：推广数据分析	内容	推广渠道分析、关键词推广效果分析、活动推广效果分析、内容运营分析
	思政元素	创新创业职业精神、诚信经营
	呈现方式	小组在完成产品推广实践后，对品牌故事虚假营销案例展开讨论，引导学生不能出现虚假品牌营销、盗用图片、抄袭其他品牌等违反商业伦理的行为，要诚实守信经营
项目4：销售数据分析	内容	交易数据分析、服务数据分析
	思政元素	热爱科技、拥抱科技、民族自信
	呈现方式	讲解微信的发展史，将一封家书与即时视频对比进行讨论，引导学生感受移动商务为工作、生活、学习带来的便捷，进行微信背后通信技术5G发展的讨论，培养学生热爱科技、拥抱科技的意识

续表

项目5：供应链数据分析	内容	采购数据分析、物流数据分析、仓储数据分析
	思政元素	绿色战略
	呈现方式	绿色战略是电商的可持续发展战略，培养学生树立社会主义核心价值观，提高学生的综合道德水平。讲解京东数字化运营案例，培养学生对中国领先技术的民族自豪感
模块五：产品数据分析		
项目1：产品数据分析认知	内容	产品数据分析概念、产品数据分析的内容
	思政元素	认真严谨的工作态度和责任感
	呈现方式	讲解华为产品设计案例，分析产品数据应用效果背后凝聚的产品数据分析人员认真严谨的工作态度与责任感
项目2：产品数据分析认知	内容	产品搜索指数分析、产品交易指数分析
	思政元素	法治思维
	呈现方式	教育学生传递真实的信息，如真实合法地注册（认证）电商平台和产品、不销售假货、不做虚假宣传、不搞恶意炒作、不搞"刷单"交易，遵纪守法。培养学生的契约精神，把传统教学中向学生"提要求"变为"订契约"，让学生既有自律又有他律，促使学生形成履约意识，实事求是，主动抵制非诚信行为，靠诚实守信赢得认可
项目3：产品能力数据分析	内容	产品获客能力分析、产品盈利能力分析
	思政元素	培养学生具备宽容忍耐、爱岗敬业、言行一致、敢于担当、热情主动等良好的职业道德与素质
	呈现方式	讲解新媒体电子商务网红直播等的正能量和违规曝光的案例，培养学生诚实守信的品质，以诚信为本是提供优质服务的基本前提

续表

模块六：数据监控与报告撰写		
项目1： 数据监控	内容	数据监控认知、数据监控报表制作、异常数据鉴别与分析
	思政元素	理解国家政策倡议、诚信服务、经世济民、德法兼修
	呈现方式	1. 通过分析优秀店铺案例，引导学生理解"精准扶贫""一带一路""乡村振兴""供给侧结构性改革""产业升级转型"等国家发展的倡议和举措，体会社会主义制度优越性 2. 引导学生深入社会实践，关注现实问题，培育学生经世济民、诚信服务、德法兼修的职业素养
项目2： 数据分析报告 撰写	内容	数据分析报告的主要类型、数据分析报告的结构设计、数据分析报告的撰写
	思政元素	精益求精的工匠精神
	呈现方式	在学生撰写产品数据分析报告实践过程中，通过学生自评、互评等方式，启发学生对优秀报告的写作热情，并将精益求精的工匠精神贯穿始终

五、实施成效

（一）实施班级具体情况

商务数据分析与应用在2019级电子商务专业1班、2班、3班进行教学，学生人数117人。思政元素通过润物细无声的方式使学生沉浸其中。教师按照教学规律和学习认知规律，采用多种教学方法，实现思政元素与专业教学的高度融合，并起到互相促进作用。课程的教学改革，使学生强化了对习近平新时代中国特色社会主义思想的理解，并积极践行社会主义核心价值观，传承优秀传统文化，懂法守法，使学生具有良好的职业道德。

（二）教学资源

课程团队集体教研，设计了课程思政教学设计思维导图，完善了课程思政教案，建设颗粒化课程资源300余个，涵盖了动画、微课和教学视频，并形成了课程教学典型案例。2020年，课程组利用参与建设的商务数据分析与应用专业国家教学资源库子项目为契机，以项目为载体，以完成任务为导向，在职教云平台建设在线课程，供校内外师生、企业员工学习。

（三）具体实施情况

课程团队挖掘课程中所蕴含的思想政治教育元素，从不同角度融入课程思政内容，将知识传授与教书育人紧密结合。教师在传授学生知识技能的同时也培养学生具备正确的职业观、人生观、价值观。通过开展课程思政活动，同学们对专业课程有了更深入的理解和认识，更加切身地体会到了自身的责任和使命。不少学生表示课程思政让他们进一步坚定了学习成才目标，要努力学习专业知识，增长才干，为国家的发展、中华民族的伟大复兴做出积极贡献。

六、教学特色创新

（一）构建重职业素养、倡自主学习的教学平台

随着互联网的不断发展，各种新媒体在教学过程中被广泛运用。将思政教育融入课程教学中，思政教育不再是单一的知识结构，它将随着多元化的教学方法和手段，融入专业知识中。围绕嵌入的思政内容，利用交互媒体如微信公众号、智慧职教等，了解学生需求，加强与学生之间的互动，以讲解思政案例、思政视频等方式，将思政教育内容与专业知识融为一体。

（二）引入企业导师评价机制

人才的需求来源于企业，引入企业导师评价机制，将学生的商务数据分析报告成果运用于企业，通过实战数据进行成果考核激励，激发学生的学习主动性与参与性。在学生平时的学习和实训过程中，根据其表现出来的政治素养，考核并评价课程思政的融入效果。

（三）课程思政协同育人

在课程的实践教学中融入企业管理规范，引导学生加强对职业规范的学习，培养学生的职业责任心。同时把课程思政结合点的构建与社会公德教育相结合，培养学生树立良好的社会公德，提升学生的社会责任感和使命感，进一步提高学生的职业素养和综合素质。将课程思政融入学生的专业学习和日常生活中，通过专业老师、辅导员、行业企业等多方面的协同，实现课上课下、校内校外、线上线下等多面结合，充分利用课堂教学和专业课程实践，将课程思政融入学生生活的方方面面，实现全方位课程思政协同育人。

七、典型案例教学设计

表 2　案例教学设计

项目名称		客户数据分析		
教学分析	教学内容	客户特征分析、客户画像应用		
	学情分析	学生思维发散、活跃、自我意识较强，有一定的创新意识，但喜欢互联网新鲜事物的同时法律意识薄弱		
	思政元素	使学生具备法律意识，遵守个人隐私、数据保护等法律法规，诚信经营		
教学目标	素质目标	培养学生法律意识，能遵守个人隐私、数据保护等法律法规，不侵权，不犯法		
	知识目标	掌握客户特征分析的方法、客户画像的应用方法		
	能力目标	能够通过量子恒道、数据魔方对第三方平台进行用户特征分析，利用用户画像提升业务水平		
教学重点	客户特征分析的维度、指标与作用，设计客户标签			
教学难点	客户特征多维度分析、设计客户标签			
教学方法	案例分析法、讨论法			
教学手段	线上线下教学、教学做一体化			
教学实施过程				
课前				
教学环节	教学内容	教师活动	学生活动	思政元素
预习思考、小组调研、创设学习情境	结合某女装店铺数据分析用户特征，提升流量	观看微课《警惕客户数据分析中的陷阱》，引导学生思考泄露用户隐私获取企业收益的现象	收集泄露消费者个人隐私、大数据杀熟、微商泄露消费者隐私的真实案例，调研讨论隐私泄露的负面影响	提出保护消费者隐私的重要意义

续表

课中				
教学环节	教学内容	教师活动	学生活动	思政元素
分析任务	提出解决方案：通过客户特征分析（客户地域分析、年龄分析、消费层级分析、性别分析、访问时间分析、终端分析），实现店铺引流、转化、提升复购率，确定客单价，最终提升收益	引导学生结合某女装店铺数据利用 Excel 表格制作不同区域、不同年龄的可视化图；各区域成交客户数占比可视化图；价格分组可视化图；各消费层级对应客户订单量的数据透视可视化图；性别分析可视化图；采集终端访客数可视化图。利用以上信息对产品、营销优化引导学生角色扮演，面对大量数据分析，包括 IP 地址、姓名、性别等在内的个人数据信息、上网习惯及网购习惯等在内的个人网络隐私会不会误入陷阱，或被泄露引导学生收集隐私泄露的负面案例并展示说明	结合课前自主学习，学生应用数据完成相关可视化分析图表同学小组讨论，大量数据存在的隐私泄露风险同学举例说明隐私泄露的负面案例	明确保密数据是新时代电商发展的要求
任务评价	小组展示用户数据分析方案，生生互动评价，师生互动评价	教师点评学生知识技能应用情况，并强化诚信经营、合法经营的思政目标	学生互评、师生互评	树立正确的人生观、价值观
课后				
教学环节	教学内容	教师活动	学生活动	思政元素
课后巩固	复习巩固客户特征分析，客户画像应用知识与技能应用，强化职业道德	布置作业，批阅作业，引导学生搜集相关隐私泄露案例	观看相关视频	诚信经营、合法经营
教学效果	教学过程把"育人"放在首位，并贯穿始终，课程思政与专业教学相融合，实现"润物无声"，将立德树人落到实处			
反思改进	拓展知识，阅读相关法律内容，并结合电子商务数据分析实践项目，设计应结合实事发展、激发学生兴趣的案例讨论			

八、典型数字化资源展示

从服务评价分析看 如何当好一名 网店客服人员　　　　认识商务数据采集　　　诚信是企业家的金质名片

家居用品设计与制作课程思政设计与实施

负 责 人: 高莹
团队成员: 刘建伟、吴冰、傅荣、龚振华（辅导员）、王娇（思政课教师）、刘鸿杰、翟婉冰、任海龙、赵志强、李悦、杨红雨（企业教师）

一、课程定位

（一）课程名称

家居用品设计与制作

（二）适用专业

环境艺术设计及相关专业

（三）课程性质

该课程是环境艺术设计专业核心课程。通过学习，学生具备室内软装设计制作等技能。在教学中遵循"以应用为目的，以必需、够用为度"的原则，注重理论联系实际，强调学生制作能力、分析解决问题能力的培养，提高学生对中国传统文化的理解，培养具有工匠精神的高素质人才。

（四）课时：70学时

二、教学目标

通过对中国传统故事、传统古诗词、传统手工艺制品的讲解，提高学生对空间美感、中国传统文化内涵的感悟水平，使学生发自内心的热爱中国传统文化，树立励志将中国传统文化不断传承、发扬、壮大的决心，培养学生创新精神、创新思维，提高环保意识以及树立大国工匠精神。

（一）素质目标

通过对本课程的学习，学生认识到中国传统文化对现代软装饰品的设计影响的重要性；通过指导学生制作完成设计作品，培养学生具备敢于创新的思想意识、勇于探索的精神和良好的团结合作精神；通过对专业理论知识的学习，了解中西文化的相互影响和交融，激发学生的民族自豪感和责任感，增强大学生的民族凝聚力和爱国主义情感；通过分析成功的设计作品，鼓励和鞭策学生努力学习，立志成才。

（二）知识目标

理解不同风格的特点；室内陈设设计色彩搭配的各种原则；室内陈设设计配饰元素的特点。

（三）能力目标

通过对本课程的学习，学生在掌握必要的专业知识的同时，具有一定的设计思路，并将设计的想法应用到设计作品中，使学生具有一定的收集资料的能力和创新能力；通过深入理解不同的设计风格要素，指导学生将设计要素运用到自己的作品中，并动手制作出来，使学生具有一定的创新能力和动手能力；通过动手制作设计作品，培养学生分析问题和解决问题的能力。

三、教学方法及手段

（一）教学方法

（1）项目导向、任务驱动教学法。人们离不开衣食住行，这门课正是以"住"作为切入点，将室内陈设品和室内陈设品的搭配作为教学情境，结合中国传统手工艺，进行开发和制作。邀请居然设计家的老师带着真实项目进入课堂，指导学生完成设计内容。

（2）案例教学法。根据室内陈设品等实际案例进行剖析，引入工程案例设计、制作，培养学生分析问题和解决问题的能力。

（3）讨论式教学。将学生的设计作品呈现出来，大家互动讨论，分析方案的不足之处，提出完善的方法。

（4）线上线下混合式教学。线上采用环境艺术设计专业国家级教学资源库软装饰设计课程资源，完成课前预习、课后复习，与线下课中内容讲授和平台饰品视频制作指导相结合。线上平台融入思政内容的微课与授课视频，为学生深入理解、巩固授课内容提供保障。

（二）教学手段

（1）"做中教""做中学"的一体化教学模式。本专业目前一体化教室共11个，配备了多媒体设备、陶艺制作工具、3D打印机等相关设备，在以项目为导向的教学过程中，教室可以根据实际工作过程需要选择教学地点，教学形式灵活多样。

（2）将真实任务、项目教学、课程内容融入大赛当中。在教学过程中，教师根据室内软装设计师所需知识和技能，以及相关设计大赛，分项目为学生布置真实任务，使学生明确学习任务，学生利用一体化教室条件完成任务，学生在完成工作任务的过程中学习了搭配方法、设计技巧、制作工艺，并通过相关设计平台完成设计方案的全景呈现，通过对方案的深入讲解，相互探讨，不断完善、修改，力求将最优秀的方案呈现出来，提交给大赛或公司。

四、教学设计

课程教学将理论讲授、实践辅导相结合，针对不同阶段任务，采用不同教学方法。着眼于学生整体素质提高，促进学生全面、持续、和谐发展。确立以"理论为基础，能力培养为目标，作品为落脚点"，围绕项目任务选择、组织课程内容，突出工作任务与课程的联系，增强课程内容与职业岗位能力要求的相关性，提高学生就业能力。以作品展示作为最终考核内容，促进学生素质的提高和职业能力的培养。

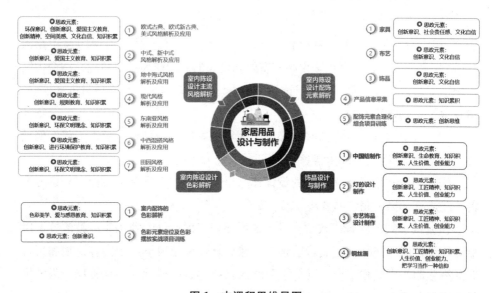

图1　本课程思维导图

表 1 课程教学内容体系

模块一：室内陈设设计主流风格解析		
项目 1： 欧式古典、 欧式新古典、 美式风格解析 及应用	内容	1. 欧式古典、欧式新古典、美式风格家具等陈设品的特点、分辨技巧 2. 饰品工艺的生产流程
	思政元素	环保意识、创新意识、爱国主义教育、创新精神、空间美感、文化自信、知识积累
	呈现方式	引导学生依托欧式古典、欧式新古典、美式风格的特点，找一个实际案例并进行分析
项目 2： 中式、新中式 风格解析及 应用	内容	1. 中式陈设品的特点、分辨技巧 2. 饰品工艺的生产流程
	思政元素	创新意识、爱国主义教育、知识积累
	呈现方式	引导学生依托中式、新中式风格的特点，找一个实际案例并进行分析
项目 3： 地中海式风格 解析及应用	内容	1. 地中海风格陈设品的特点、分辨技巧 2. 饰品工艺的生产流程
	思政元素	创新意识、爱国主义教育、知识积累
	呈现方式	引导学生依托地中海风格的特点，找一个实际案例并进行分析
项目 4： 现代风格解析 及应用	内容	1. 现代风格陈设品的特点、分辨技巧 2. 饰品工艺的生产流程
	思政元素	创新意识、规则教育、知识积累
	呈现方式	引导学生依托现代风格的特点，找一个实际案例并进行分析
项目 5： 东南亚风格 解析及应用	内容	1. 东南亚风格陈设品的特点、分辨技巧 2. 饰品工艺的生产流程
	思政元素	创新意识、环保文明理念、知识积累
	呈现方式	引导学生依托东南亚风格的特点，找一个实际案例并进行分析

项目6：中西混搭风格解析及应用	内容	1. 中西混搭风格陈设品的特点、分辨技巧 2. 饰品工艺的生产流程
	思政元素	创新意识、进行环境保护教育、知识积累
	呈现方式	引导学生依托中西混搭风格的特点，找一个实际案例并进行分析
项目7：田园风格解析与应用	内容	1. 田园风格陈设品的特点、分辨技巧 2. 饰品工艺的生产流程
	思政元素	创新意识、环保文明理念、知识积累
	呈现方式	引导学生依托田园风格的特点，找一个实际案例并进行分析
模块二：室内陈设设计色彩解析		
项目1：室内配饰的色彩解析	内容	室内配饰色彩的搭配原则
	思政元素	色彩美学、爱与感恩教育、知识积累
	呈现方式	引导学生思考思索问题：不同的室内风格色彩搭配的区别在哪里
项目2：色彩元素定位及色彩摆放实战项目训练	内容	1. 色彩元素定位及色彩摆放技巧 2. 色彩的心理感受
	思政元素	创新意识
	呈现方式	引导学生将对色彩的思索运用到自己的设计方案中，设计属于自己的色彩搭配方案
模块三：室内陈设设计配饰元素解析		
项目1：家具	内容	室内家具的搭配原则、摆放技巧
	思政元素	创新意识、社会责任感、文化自信
	呈现方式	引导学生思考思索问题：传统家具的榫卯都包括哪些结构
项目2：布艺	内容	室内布艺的搭配原则、摆放技巧
	思政元素	创新意识、文化自信
	呈现方式	引导学生思考思索问题：刺绣、丝带绣的历史由来，我国四大名绣的发展以及针法的区别

项目3： 饰品	内容	室内饰品的搭配原则、摆放技巧
	思政元素	创新意识、文化自信
	呈现方式	引导学生思考思索问题：家居饰品的种类，以及不同饰品的制作工艺
项目4： 产品信息采集	内容	了解目前的家居市场
	思政元素	知识积累
	呈现方式	引导学生通过网络和现场参观的方式深入了解产品的具体信息、结构、工艺
项目5： 配饰元素合理 化组合项目 训练	内容	1. 室内家居陈设品的搭配原则、摆放技巧 2. 室内家居陈设品色彩的搭配原则
	思政元素	创新思维
	呈现方式	引导学生思考思索问题：如何将不同风格的配饰元素组合合理化，制作风格统一、配饰元素搭配合理的设计方案
模块四：饰品设计与制作		
项目1： 中国结制作	内容	中国结的编织方法、与相关配饰的搭配方法
	思政元素	创新意识、生命教育、知识积累、人生价值、创业能力
	呈现方式	引导学生思考思索问题：中国结作为中国传统手工技艺，在室内空间中的作用
项目2： 灯的设计制作	内容	木艺灯具的制作方法、组合方式
	思政元素	创新意识、工匠精神、知识积累、人生价值、创业能力
	呈现方式	引导学生思考思索问题：组子细工是用榫卯的方式将细木片拼出各种繁复花纹的木工技艺
项目3： 布艺饰品设计 制作	内容	室内布艺饰品的制作方法、搭配方法
	思政元素	创新意识、工匠精神、知识积累、人生价值、创业能力
	呈现方式	引导学生思考思索问题：刺绣、丝带绣的绣制方法，编织的结式方法

续表

项目4：铜丝画	内容	铜丝画饰品的画面搭配原则、制作方法
	思政元素	创新意识、工匠精神、知识积累、人生价值、创业能力，把学习当作一种信仰
	呈现方式	引导学生思考思索问题：掐丝珐琅工艺在元代、明代、清代的发展状况

五、实施成效

（一）实施班级具体情况

2017 级环境艺术设计 1—4 班、2018 级环境艺术设计 1—5 班、2019 级环境艺术设计 1—6 班，共计 525 人。

（二）教学资源

（1）课程思政教案 9 个、思政课件 16 个；

（2）精品视频、微课、视频素材 90 个；

（3）动画 50 个；

（4）虚拟仿真 25 个；资源浏览量：80566 人次；提交作业：943 人次。

（三）具体实施情况

本着以美育人、以文化人、立德树人的原则，实现课程组全员、全过程、全方位育人的思政工作格局。

（1）将艺术、美学和人生成长等内容融入教学之中。结合现实生活创设教学情境，采用案例教学法、动静结合、应用数字化技术完成任务，开展第二课堂、展示设计方案等教学组织形式，将企业真实项目带入课堂，结合设计软件，制作出体现色彩美学和创新思维的作品。将具有中国传统特色的室内陈设品带入课堂，深入讲解制作工艺，完成设计任务。

（2）构建多层次、立体化的思政课教学模式。课程始终坚持以"看"为入口，以"思"为途径，以"感"为纽带，以"悟"为目标宗旨，采用多层次、立体化的思政教学模式。

（3）积极探索具有艺术专业优势的思政课实践教学方式方法。采取"请进来，走出去"的方式，聘请行业、企业专家，借助专业社团组织专业讲座，带领社团学生将中国结等中国传统手工技艺传授给社区居民，真正做到体悟文化、滋养心性、由技入道，做中国传统文化的卫士。

（4）不断完善教学设计，将思政元素融入课程全过程，建设环境艺术设计专业教学资源库。

①指导学生制作软装设计方案，相互交流，提出不足。

图 2　学生软装设计方案图示

②制作软装饰品，掌握制作工艺。

③将思政元素融入精品视频、微课、视频素材、动画资源、虚拟仿真，上传至环境艺术设计专业教学资源库。

④获得 2020 教育部职业院校艺术设计类专业微课比赛二等奖。

图 3　学生作品

六、教学特色创新

结合时事对学生开展思政教育。打破传统"教师讲、学生听"的教学模式，让学生参与其中，在原有中国传统手工技艺基础上，不断创新，设计、制作出有别于前人的作品。

涵盖中国传统手工技艺，将其融会贯通到手工制作过程中；能够将中国传统手工技艺传承给身边人——为社区进行服务。

七、典型案例教学设计

表 2　案例教学设计

项目名称		室内配饰的色彩解析
	教学内容	1. 色彩的基本知识　2. 色彩的象征　3. 色彩的联觉　4. 色彩搭配设计的基本要求　5. 色彩搭配设计的原则　6. 色彩搭配设计方法　7. 色彩元素定位及色彩摆放实战项目训练
教学分析	学情分析	1. 学生知识储备分析。具备室内空间原理、居住空间、商业空间等小空间设计基本知识，但缺乏对室内家居饰品色彩搭配与色彩美学应用的理解，缺乏色彩搭配训练 2. 学生学习特点分析。对室内色彩充满好奇，深入分析色彩的能力较弱。融入色彩美学思政元素，既可增强学生文化素养，又可以提高学生对空间色彩搭配的能力 3. 本次教学内容分析。对色彩美学先导性、综述性认知，侧重激发学生对室内家居饰品搭配的兴趣，对学生色彩搭配能力的培养
	思政元素	1. 色彩美学　2. 爱与感恩教育　3. 知识积累　4. 创新意识
教学目标	素质目标	1. 培养学生对美好事物颜色的观察与积累　2. 培养学生对色彩美学的充分体会　3. 培养学生创新意识
	知识目标	1. 掌握室内配饰色彩的搭配原则　2. 掌握色彩元素定位及色彩摆放技巧　3. 了解色彩心理感受
	能力目标	1. 培养运用家居配色原则设计不同风格室内居室搭配能力 2. 培养运用相关软件、创新方法，对空间色彩反复思考、尝试的能力
教学重点		1. 家居配色遵循原则；2. 限制三种颜色的定义
教学难点		运用居然设计家软件，针对不同风格进行色彩搭配

续表

项目名称	室内配饰的色彩解析			
教学方法	集中讲授法、案例分析法、任务驱动法、启发式教学法			
教学手段	PPT课件 国家教学资源库环境艺术设计专业课程平台 居然之家设计平台智能手机、智能交互电子大屏			
教学实施过程				
课前				
教学环节	教学内容	教师活动	学生活动	思政元素
知识回顾 (9分钟)	观看微课	教师发布学习任务，播放微课《呼唤色彩的空间》视频	学生观看已制作好的微课视频，对空间色彩有一些感性认识	空间色彩感性认识
任务提出 (10分钟)	问题发布： 1. 家居配色遵循的原则 2. 限制三种颜色的定义	教师针对观看的视频提出问题	结合视频思考问题，并进行回答	家居配色认知
课中				
教学环节	教学内容	教师活动	学生活动	思政元素
思政引入 (10分钟)	视频讲解"爱与感恩"	教师播放《爱与感恩》视频，结合视频讲解爱的意义、感恩之心的养成	学生观看《爱与感恩》视频，结合教师的讲解思考爱与感恩的关系	感恩教育
任务引入 (5分钟)	色彩是通过眼、脑和我们的生活经验所产生的一种对光的视觉效应	通过引导学生感受身边的色彩，引出色彩美学	通过观察身边的色彩，感受色彩的新鲜感	感知色彩重要性
任务实施 (56分钟)	色彩的基本知识	讲解色彩的基本理论知识，并通过视频演示室内配饰色彩的原则及美学表达	观看色彩相关图片、视频，结合室内空间色彩的表现与教师展开讨论	室内配饰色彩语言
方案制作 (90分钟)	每位同学制作一套家居饰品搭配方案	展示优秀室内空间设计方案	学生电脑制作室内空间色彩搭配方案	培养工匠精神

续表

课后			
教学环节	教学内容	教师活动	学生活动	思政元素
	分享搭配方案	互动交流	互动讨论	创新思维
教学效果	1. 建立具备实用性、简洁性的色彩搭配思维能力 2. 运用软件，发挥创新思维，完成一套完整室内空间设计方案			
反思改进	1. 色彩审美能力不足 2. 多搜集、借鉴好的搭配方案			

八、拓展阅读

中国结

中国结，是中国特有的民间手工编结艺术，它以其独特的东方神韵、丰富多彩的变化，渗透着中华民族特有的、纯粹的文化精髓，充分体现了中国人的智慧和深厚的文化底蕴。

在北京申办奥运会的过程中，中国结作为中国传统文化的象征，深受各国朋友的喜爱。

早在旧石器时代末期，也就是周口店山顶洞人文化的遗迹中，便发现有"骨针"的存在。既然有针，那时便也一定有了绳线，故由此推断，当时简单的结绳和缝纫技术应已具雏形。

中国结从头到尾都是用一根细绳编结而成，每一个基本结又根据其形、意命名。

"绳"与"神"谐音，中国文化在形成阶段，曾经崇拜过绳子。

据文字记载："女娲引绳在泥中，举以为人。"又因绳像盘曲的蛇龙，中国人是龙的传人，龙神的形"结"字无论是结合、结交、结缘、团结、结果，还是结发夫妻，永结同心，都给人一种团圆、亲密、温馨的美感。"结"与"吉"谐音，"吉"有着丰富多彩的内容，福、禄、寿、喜、财无一不属于"吉"的范畴。"吉"就是人类追求的永恒主题。"绳结"这种具有生命力的民间技艺也就自然而然地成为中国传统文化。

中国结不仅具有造型、色彩之美，而且皆因其形意而得名，如盘长结、藻井结、双钱结等，体现了我国古代的文化信仰和人们追求真、善、美的美好愿望。在新婚的帖钩上，装饰一个"盘长结"，寓意一对相爱的人永远相随相依，永不分离。在佩玉上装饰一个"如意结"，引申为称心如意，万事如意。在扇子上装饰一个"吉祥结"，代表大吉大利，吉人天相，祥瑞美好。在烟袋上装饰一个"蝴蝶结"，"蝴"与"福"谐音，寓意福在眼前，福运迭至。

大年三十晚上，长辈用红丝绳穿上百枚铜钱作为压岁钱，以求孩子"长命百岁"。端午节用五彩丝线编制成绳，挂在小孩脖子上，用以避邪，称为"长命缕"。本命年里为了祛病除灾，用红绳扎于腰际。所有这些都是用"结"这种无声的语言来寄寓吉祥。

中国人在表达情爱方面往往采用委婉、隐晦的方式，"结"义不容辞地充当了男女相思相恋的信物，将那缕缕丝绳编制成结，赠予对方，万千情爱、绵绵思恋也都蕴含其中。梁武帝诗有"腰间双绮带，梦为同心结"，就是借"结"来表达情意。

至于结的表意价值，历代文人墨客有大量生动的描写。纵观中国古代诗词歌赋，晋朝的刘伶在《青青河边草篇》中写到"梦君结同心，比翼游北林"。唐朝著名诗人孟郊在《结爱》中写到"心心复心心，结爱务在深。一度欲离别，千回结衣襟。结妾独守志，结君早归意。始知结衣裳，不知结心肠。坐结亦行结，结尽百年月"。《诗经》中关于结的诗句有："亲结其缡，九十其仪。"这是描述女儿出嫁时，母亲一面与其扎结，一面叮嘱许多礼节时的情景，这一婚礼上的仪式，使"结缡"成为古时成婚的代称。战国时屈原在《楚辞·九章·哀郢》中写道："心絓结而不解兮，思蹇产而不释。"作者用"絓而不解"的诗句来表达自己对祖国命运的忧虑和牵挂。古汉诗中亦著："著以长相思，缘以结不解。以胶投漆中，谁能别离此？"其中用"结不解"和胶漆相融来形容感情的深厚，可谓是恰到好处。从中我们不难发现，绳结早已超越了原有的实用功能，并伴随着中华民族的繁衍壮大、生活空间的拓展、生命意义的增加和社会文化体系的发展而世代相传。

中国结，把我们同祖先的思绪相连；中国结，使我们与古人情意相通。正可谓是："天不老，情难绝，心似双丝网，中有千千结。"

中华民族文化源远流长、博大精深，凝结着古人的智慧，流传至今，"中国结"已经变成了大家所熟知的事物。

九、典型数字化资源展示

凝结智慧的中国结　　　　官帽椅　　　　　　青花瓷

中国结　　　　　　蝴蝶衍纸　　　　组子木艺台灯制作

第二篇

02

|轻工学院课程思政教学研究论文成果|

高职院校课程思政建设创新路径的探索与实践①

李云梅　张如意

2016 年 12 月，在全国高校思想政治工作会议上，习近平总书记明确指出："要用好课堂教学这个主渠道，思想政治理论课要坚持在改进中加强，提升思想政治教育亲和力和针对性，满足学生成长发展需求和期待，其他各门课都要守好一段渠、种好责任田，使各类课程与思想政治理论课同向同行，形成协同效应。"[1]这对高校的思想政治工作提出了新要求和新挑战。以往的高校思想政治教育，特别是在高职院校思想政治教育教学工作中，思政课程承载了思政教育的主要任务，思政教育渠道单一无法满足高校思想政治教育的需求和发展。因此，开展课程思政教学改革，将专业课、通识课、选修课及课下活动纳入思政教育教学体系中，发挥其思政教育作用，全面推进高校思政教育工作质量全面提升势在必行。本文通过对课程思政的背景和内涵进行深入分析，基于实践案例尝试构建高职院校课程思政实施路径，以期为高职院校课程思政教育教学改革提供新思路和新方法。

一、课程思政的时代背景

2017 年 2 月，中共中央国务院印发了《关于加强和改进新形势下高校思想政治工作的意见》，提出"要培育和践行社会主义核心价值观，把社会主义核心价值观体现指导教书育人全过程"[2]，强调思政教育融入教学育人全过程。2019 年 8 月，中共中央办公厅、国务院办公厅印发了《关于深化新时代学校思想政治理论课改革创新的若干意见》，强调"构建全面覆盖、类型丰富、层次递进、相互支撑的课程体系"，回答了如何处理课程思政与思政课程之间的关

---

① 本文系天津市高职研究会重点课题《高职院校课程思政改革的探索与实践》阶段性研究成果。

发表情况：本文发表于《中国培训》2022 年 11 期。

系。[3]2020 年 3 月,《深化新时代学校思想政治理论课改革创新先行试点工作方案》正式颁布,提出"推进高校课程思政……学科德育目标,即深度挖掘高校各学科门类专业课程……所有课程蕴含的思想政治教育资源,发挥所有课程的育人功能"。

国家层面指导文件的层层递进,为课程思政建设提供了政策保障。针对国家相关文件的部署,全国各地也纷纷印发了关于课程思政建设的有关文件。如天津市在 2018 年先后印发了《关于推进新时代天津高校思想政治工作改革攻坚的实施意见》和《天津市高校新时代"课程思政"改革精品课建设方案》,以打造精品课程为抓手,推进天津课程思政建设工作。2019 年,天津市印发《天津市高校"三全育人"工作实施方案》,将教师参与"课程思政"的工作情况与教师的年终考核、职称晋升、职务调整、工资待遇挂钩,突出了教师在课程思政建设中的重要作用。

作为高等教育的重要组成部分,从中央到地方,课程思政建设自上而下、层层推进,在课程建设、项目研究、师资培训等方面都积累了许多先进的做法和经验。特别是高职院校,充分利用自己职业教育的特性,巧妙地将理论和实训与思政元素有效结合,并进行了大量卓有成效的尝试。然而,课程思政建设尚未实现体系化、课程思政课程缺乏针对性、课程与思政内容融入度较低、教师思政素养难以满足课程思政建设等问题,仍是高职院校在开展课程思政建设中急需突破的难点。因此,理清思路,构建适合高职院校课程思政建设的有效路径成为摆在当前高职院校课程思政教学改革工作面前的重要议题。

二、课程思政的内涵

(一) 课程思政的概念

要解决路径构建的问题,首先要对课程思政的内涵进行深入的分析。关于课程思政的定义,许多学者都给出了自己的见解。如邱伟光教授认为,课程思政就是高校的所有课程都要发挥思想政治教育作用,就是将思想政治教育渗透到知识、经验或活动过程中。[4]高燕则在《课程思政建设的关键问题与解决路径》一文中,将课程思政描述为"课程思政是将马克思主义理论贯穿教学和研究全过程,深入发掘各类课程的思想政治理论教育资源,从战略高度构建思想政治理论课、综合素养课程、专业教育课程'三位一体'的思想政治教育课程体系,促使各专业的教育教学都善于运用马克思主义的立场、观点和方法,探索实践各类课程与思想政治理论课同向同行,形成协同效应的重要途径"[5]。基于已有研究，结合高职院校教育教学的特征，本文定义的高职课程思政的概念为：在专业人才培养的全部课程（非思政课）教学中，融入思想政治教育，将习近平新时代中国特色社会主义思想教育、中华优秀传统文化教育、理想信念教育、企业文化教育、工匠精神教育、劳动教育、安全教育及国防教育等融入课程教学中，引导学生树立正确的世界观、人生观和价值观，做社会主义合格建设者和可靠接班人。[6-7]

（二）课程思政的特点

高职院校在开展课程思政建设中，具有不同于普通高等院校的特点。高职院校课程思政建设以价值引领为目的、以产教融合为基石、以工匠精神为着力点，实现全域育人。首先，将思政内容融入专业课程、基础课程和选修课程中，实现知识点与思政元素的有机结合，发挥其价值引领作用。其次，充分利用高职院校产教融合的教学特色开展课程思政建设，打造具有高职院校鲜明特色的课程思政建设。此外，作为培养技术技能人才的"主阵地"，高职院校课程思政建设应当将工匠精神的培养作为课程思政建设的重点，不论在课上还是在课下，都应当将工匠精神渗入到育人的每一个环节中，由此实现全领域、全方位的育人理念。同时，坚持因事而化、因时而进、因势而新，将总体上"漫灌"和因人而异的"滴灌"结合起来，与时俱进地促进课程思政建设，实现培养担当民族复兴大任时代新人的育人目标。

三、高职院校课程思政实施的路径

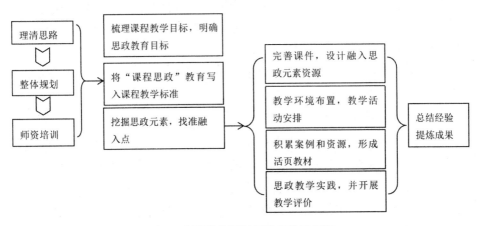

图 1　高职院校课程思政实施路径图

（一）思政教学目标

课程思政的教学目标要围绕专业目标、学校育人目标以及职业目标，凝练专业课程的思政育人目标，推进思政教育在人才培养中的全覆盖。首先是学校的人才培养目标，在学校的整体人才培养目标中，要明确思政育人的内容，从总体上明确课程思政应当实现的育人效果；其次是课程标准，在课程标准中，要写明通过课程实现怎样的思政育人目标，在制定具体的课程思政目标过程中，要逐步完善课程教学标准，将知识目标、能力目标、素质目标（含思政目标）进行系统设计，体现思想政治要素融入教学和思政主线式、递进式等的教学目标。此外，在课程实施过程中，每堂课都要设置独立的思政教学目标，将思政教学内容细化到教案中。

（二）思政教学元素

思政元素与课程知识的有效融合，是保证课程思政摆脱知识与思政内容"两张皮"的关键，因此选择贴合的思政元素与课程知识进行结合能够保证课程思政融入自然的效果。由于思政元素数量较多，每一门课程都无法全部涵盖所有的思政内容，因此可以将思政元素按照所属概念域进行划分，选择引入专业课、通识课（基础课）、选修课等相关课程的元素，形成思政元素案例库。以天津轻工职业技术学院课程思政元素案例库为例，课程思政元素按照概念域划分为国家民族、社会担当、个人生活和职业道德四个一级元素集合，每个一级元素集合下面又分别划分了五个二级元素集合。其中，国家民族包括爱国主义、改革创新、团结统一、爱好和平、自强不息；社会担当包括以人为本、公平正义、价值引领、责任担当、团结互助；个人生活包括实事求是、艰苦奋斗、遵纪守法、道德修养、工匠精神；职业道德包括爱岗敬业、诚实守信、办事公道、服务群众、奉献社会。思政元素资源库是一个开放的平台，随着课程思政的不断深入开展，会有更多适合引入课程思政建设的思政元素出现，思政教学元素库的各层级集合也将不断扩大、不断丰富。

（三）思政教学方法

一是开展分模块教学。由于高职院校学生在学习基础和学习习惯方面与普通本科院校学生存在一定差距，因此分模块教学的应用有利于整合知识点，形成完整连贯的知识体系，帮助学生更好地掌握所学知识。思政元素的融入，也应当结合分模块教学的特点，在教学中有针对性地融入思政元素。二是实现第一课堂和第二课堂联动。所谓第一课堂，即我们通常开展教学活动的传统课堂。通过课堂教学设计和课堂教学实施，将思政内容融入课堂教学中。第二课堂，即学生社团和课外活动。教师充分利用学生社团活动这一平台，在指导学生开展活动的过程中对其开展思政教育。三是利用信息化教学手段，实现课程思政线上线下联动。课程思政内容体现在课标、教案和课堂教学中，同时也要融入线上教学资源中，实现课程思政线上线下双管齐下。此外，在参观、体验和实践等形式的教学活动中，也要有意识地进行课程思政内容的传递。

（四）思政教学团队

课程思政师资团队是一个协同教学的团队，由专业教师、思政教师、辅导员和兼任教师共同组成。作为一名课程思政的团队教师，应当做到政治要强、思维要新、人格要正、自律要严、思路要广、情怀要深，特别是要重点加强师德师风建设，真正践行德高为师、身正为范。课程思政团队教师在日常的教学和工作中，要加强个人在思政理论方面的学习，通过多种途径（如党报党刊、学习强国等）不断提升自己的理论水平；要开展课程思政教学实践，在实践中检验教学效果；同时，要积极同学生开展交流，了解学生在学习中的问题及思想动态。此外，教学团队要发挥协同教学的作用，通过定期开展集中教研、集体备课等形式进行交流研讨；同时，通过各类专项培训，帮助教师进一步明确课程思政的建设方向。

（五）思政教学资源

随着数字化教学平台在高职院校教学中的广泛应用，教学资源的形式也变得更加多样化，这也为思政课程资源的建设提供了广阔的空间。通过线上线下教学资源的同步建设，高职院校结合已有课程教学资源，打造具有课程思政元素的特色化教学资源，其资源形式可以是教案、案例活页教材、微课视频、影音素材等，依托不同的媒介将思政元素引入课程教学当中。

图 2　课程思政教学资源

（六）思政教学评价

开展课程思政教学评价可以从"课上"与"课下""专业能力"与"通识能力"两个维度入手，通过多元维度评价、定性与定量相结合评价等多种形式，检验课程思政的教学效果。多元评价方面，通过教师、学生和企业三方进行评价，重点关注学生和教师的横向和纵向发展，带动学生和教师的双向提升，引入企业评价则兼顾了职业院校产教融合的办学特色，形成了课程思政与产教融合的新结合点。定性与定量相结合评价方面，通过数字化教学平台的数据分析和统计功能，将学生与教师的学习和教学进行量化分析，作为评价依据，同时增加课堂表现、活动体验效果等定性评价的权重。此外，将思政课程、课程思政成绩纳入德育学分、大学生奖学金评选、大学生入党的必要条件，学生各类活动、大赛获奖纳入全体教师的绩效考核等考核评价方式，这也是推进课程思政考核体系不断完善的必要补充。

四、结语

高职院校课程思政建设是一项整体性、开放性、系统性的工程。在进一步深化课程思政教学改革的过程中，高职院校要充分结合自身的办学特色，各类课程与思政课程要同向同行、互融共生，营造良好的教学生态，协同画好立德树人的"同心圆"，共同肩负起立德树人的伟大使命。

参考文献：

［1］习近平在全国高校思想政治工作会议上发表重要讲话［EB/OL］．央视网，2016-12-09.

［2］中共中央国务院印发《关于加强和改进新形势下高校思想政治工作的意见》［EB/OL］．中国政府网，2017-02-27.

［3］中共中央办公厅 国务院办公厅印发《关于深化新时代学校思想政治理论课改革创新的若干意见》［EB/OL］．中国政府网，2019-08-14.

［4］邱伟光．课程思政的价值意蕴与生成路径［J］．思想理论教育，2017，No.460（07）：10-14.

［5］高燕．课程思政建设的关键问题与解决路径［J］．中国高等教育，2017，No.590（Z3）：11-14.

［6］李焦明．如何实施"课程思政"［N］．中国科学报，2019-09-04（004）．

［7］陆道坤．课程思政推行中若干核心问题及解决思路——基于专业课程思政的探讨［J］．思想理论教育，2018，No.468（03）：64-69.

课程思政融入高职工科专业课程的实现路径探析[①]
——以《单片机控制技术》课程为例

王春媚 李 扬

2018 年，习近平总书记在全国教育大会上强调："各级各类学校党组织要把抓好学校党建工作作为办学治校的基本功，把党的教育方针全面贯彻到学校工作各方面。思想政治工作是学校各项工作的生命线，各级党委、各级教育主管部门、学校党组织都必须紧紧抓在手上。要精心培养和组织一支会做思想政治工作的政工队伍，把思想政治工作做在日常、做到个人。"[1-2] 为深入学习贯彻习近平总书记系列重要讲话精神和全国高校思想政治工作会议精神，充分发挥课堂主渠道在高校思想政治工作中的积极作用，天津轻工职业技术学院全面推进"课程思政"教学改革，并坚持"顶层设计、系统规划，改革创新、强化特色，分类指导、稳步推进"的基本原则，充分发挥专业课程育人作用，使各门课程都"守好一道渠、种好责任田"，积极践行全员全过程全方位育人。[3-4]

以该院《单片机控制技术》课程为例，单片机控制技术是一门将理论和实际相结合的专业基础课，主要教授基于 C51 单片机的硬件电路知识和基于 C 语言的单片机程序设计的实践环节。该课程具有一定的难度，学习内容较为抽象，需要选择一定的较为有教育意义的实践项目作为课程的教学单元，所以将该课程选为课程思政改革示范课意义重大。

教师将思政育人内容引入到教学的全过程，并在课程中做到将课程的学习目标和思政目标进行有机结合和统一，结合微处理器和当前国内外对于硬件芯片的理解的特点和现状，逐步将思政课程的目的性融入其中，这具有重要指导意义。

一、目前高职院校工科专业课程思政的现状及存在的问题

在一段时期内，高等职业院校的思想政治教育一直存在着缺乏与专业知识相互交融的状态，基于这种背景下，专业课程的课堂思政就产生了。课堂的思

---

① 发表情况：本文发表于《南方农机》2020 年第 1 期。

政化绝不仅仅是只增加几门课、搞几个课堂活动这么简单。而是要在教学的过程中将价值观的培养融入其中。思政课堂既不能是形式上简单地将思政思想插入的花拳绣腿，也不能是占用专业知识教授的喧宾夺主。

要求授课老师一方面要在课堂上传播正确的价值观，另一方面要坚持课程为先，要做到课程的专业性，不要为了课程思政而去进行课程思政，这样就使课程思政失去了原本真正的意义，教师要争取做到在讲好专业课程的同时，有意识地将正确的核心价值观的思想融入大学的专业课堂，对学生进行正确的思想引导，在提高学生专业技能的基础上提高学生的思想政治素质水平。

通过思政课程的实践，我们发现目前阻碍高职院校工科专业课程改革的主要原因主要有以下两个方面：

（1）目前在全国大多数的职业院校中，多以培养重技能的一线工程师和技术人员为主要的培养目标，在教学中往往教师更重视的是技能的培养，这样的课程具有较强的专业性，在课程的设置上注重带有行业色彩的指导性，但却往往忽视对价值观的有效引领和指导。

（2）大多的高职院校都是以工科为主要核心的专业建设群，这就造成了课堂上教学对象的理科属性较强，但是这些学生却往往忽视了哲学和唯物主义辩证法的属性思想，虽然课程的专业性质较强，但是学生往往对课上涉及的道德和伦理观点不够重视，更加不会用心思考。

二、单片机控制技术课程思政建设要点

（一）课程建设基本情况

《单片机控制技术》是天津轻工职业技术学院新能源类专业的专业核心课程，也是自动化和新能源专业必修的一门专业课程，是一门能直接用于工业控制实际技术的课程。本课程至今已开设十余年。开设课程的专业有机电一体化技术、光伏发电技术及应用、物联网应用技术等，课程学习人数逾 4000 人。

本课程自 2008 年开设至今，以天津市精品课程、普惠专业网络核心课程、天津市十二五示范校优质核心课程、优质专业群对接优势产业群核心课程、国家"十二五"规划教材、国家级教学资源库等课程建设项目为契机，独创仿真互动系统、3D 互动教材、移动端 AR 实训等特色资源，填补了《单片机控制技术》课程资源领域空白。

教学内容遵循职教属性进行设计，企业深度参与重构课程系统。基于工作过程弹性预设 8 个学习情境、28 个任务，建设 1000 多条立体化在线资源。采用

线上线下混合式教学手段，实现移动端 APP 与 PC 端同步使用。该课程可以培养学生创新精神和个性发展，让学生成为课堂的主人，并且将传统课堂与网络课程优势相结合，实现线上线下混合教学。

（二）基于思想政治教育的单片机控制技术课程设计

为了达到课程目标，让课堂成为思想政治教育的有效载体，《单片机控制技术》课程教学切实遵循教书育人规律，精心设计"课程思政"教学内容。具体设计的专业课程的结合点有以下四方面：

1. 将爱国情怀融入课堂

将爱国情怀与课程进行紧密地结合，在课堂上将科学技术的发展与国家的发展紧密结合在一起，在课堂上让学生深刻感受到科技强国的理念。同时向学生介绍在智能硬件开发中，国家自主创新所取得的成果，增强学生的民族自豪感。例如在第一课"学习情境1#欢迎进入神秘的单片机世界"一课中，教师通过 APP 视频向学生们介绍我国电子产业在发展中取得的成果和目前面临的问题，激励学生们学习好专业知识，激发学生的爱国情怀。

2. 将法治意识融入课堂

将法治意识与课堂教育进行融合，在讲授专业知识的同时将法治内容融入其中，向学生讲授法治的重要性。例如，每一个项目中的第一个教学任务都是对单片机中基本的电路图的认识和讲解。这些电路图都有一定的规划性和结构性，都有着基本的规律。引导学生做人如同设计电路图一样要遵守规矩，遵守法律，遵守法规，这样才能正常有序地生活和工作，同时增强学生的法律意识。

3. 将生态文明观念与电子器材的选取相结合

习近平总书记曾说过："绿水青山就是金山银山。"为了贯彻这个思想，在教学环境中我们可以充分利用硬件选型的这个环节，在每个教学任务中都有元器件选型的这个环节，教师在授课的过程要尽可能地提示学生选取耗材的科学性和环保性，既要满足要求又不能浪费，培养学生的环保和节约意识，树立正确的生态文明观念。

4. 将励志创新的新闻融入课堂

教师在课堂可以将一些国内外的重要事件同学生的学习进行结合，例如在"项目7#简易波形发生器设计"的讲授中，恰如其分地嵌入芯片的核心技术受制于人所导致的"中兴事件"，教育学生发愤图强、不断创新，提高国家技术自主研发的能力和水平，印证习近平总书记讲的"关键核心技术是要不来、买不来、讨不来的"，并且青年学生要励志。

除了以上的一些思政思想与专业课程的结合方式以外，我们还可以在课堂上讲工匠精神、求实精神、求是精神，并与专业课堂的知识点的讲授相结合。

三、结语

综上所述，《单片机控制技术》课程思政教学的出发点是从外部的技术细节入手，深刻思考科学精神和人文精神与学生自我个人的发展关系，以此为契合点来引导学生树立健康、阳光的思想，成长为一名对家庭、对社会、对国家有用的人才。教师要做到的是润物细无声，在新时代的教育中，我们教师要将思政的种子随着专业课堂撒在学生的心中，将思政融入学生的心中，最终培养学生正确的政治观、人生观和价值观，既有过硬的技术又有过硬的思想政治素质。

参考文献：

［1］张艳梅．浅谈地方高校思政师资队伍建设创新策略［J］．劳动保障世界，2019，No.537（17）：56+81.

［2］李维扬．教师视域下高校推进"课程思政"改革探析［J］．北京工业职业技术学院学报，2019，18（2）：57-60.

［3］赵厚宝，曾井泉．研发类课程开展课程思政教育的探索与实践［J］．高教学刊，2019，No.100（4）：188-190+193.

［4］成永军．探索有效模式构建"大思政"工作格局［J］．中国高等教育，2019，No.623（5）：37-39.

高职专业课程融入思政元素的实践途径探究①

杜书珍

党的十九大以来，习近平总书记对教育事业，特别是对培养德智体美劳全面发展的社会主义建设者和接班人工作高度重视。在 2019 年 3 月召开的学校思想政治理论课教师座谈会上强调：要坚持显性教育和隐性教育相统一，挖掘其他课程和教学方式中蕴含的思想政治教育资源，实现全方位育人。[1]2019 年 5 月教育部等六部门印发的《高职扩招专项工作实施方案》指出：高等职业教育肩负着培养高技能人才、促进就业创业的重要职责，加快发展高等职业教育，努力让每个人都有人生出彩的机会。由此可见，高职院校加强思想政治教育工作，是职业教育"育人"的本质要求，而实施课程思政，则是落实立德树人根本任务的重要举措。

一、高职专业课程融入思政元素的设计

一所高职院校的优势和魅力所在，就是这所院校具有技术技能教育特色且不断完善的专业学科课程体系。专业课程之间的关联、泛化以及聚合正是职业院校学生岗位化发展与职业素养培养的基础保障。[2]因此，专业课程建设是职业院校特色彰显的过程，更是学生职业能力提升的关键环节。高职院校专业课程具有技能性、实践性特点，各专业岗位特色鲜明，如何把思政元素有效植入专业课程，找准切入点是关键。

（一）设计原则

1. 共建共享原则

思政元素要融入高职专业课堂，首先需要有充足的思政元素资源来匹配课堂内容。因此思政资源库需要跟上步伐。随着课程思政教育理念的逐步拓展，课程思政教学资源越来越丰富，教学资源的有效管理成为开展课程思政的关键。

---

① 发表情况：本文发表于《天津职业院校联合学报》2020 年第 3 期。

另外，课程思政资源库相对于普通教学资源库来说，更涵盖了地方特色、办学特色和学生身边的榜样力量因素。[3]因此，高职院校在共享思政资源的同时，还应发动学校每位专业课教师挖掘思政元素，进一步设计开发，实现共建共享，为课程思政理念的融入和普及提供一个基础性保障。

2. 结合实际原则

推动职业院校专业课程融入思政元素的重要原因，是在传授知识的同时培养学生社会主义核心价值观，坚定学生的理想信念，培育新时代职业技术技能型人才。因此，在开展专业课程时，要回归课程本源，不能将专业课变为思政课，也不能生硬理解为每个知识点必须有思政元素。[4]思政元素以隐形资源融入专业课教学过程，根据教学内容实际，采用灵活多变的教学方法、真实有效的教学意境，在"挖掘、融入、渗透"上下功夫，把隐性的思政教育融入专业课教学，把情感目标与知识目标统一起来培养学生的道德情操和职业素养，渗透情感、价值观的教育。

3. 方向把控原则

计算机编程，可以编制一个实用性的应用软件，也可以编制一个破坏性的计算机病毒。计算机专业学生可以成为一个工程师，也可以成为一个黑客。追求个人私利还是体现社会价值？通过课程思政在育人环节，解决工程性实践育人问题。"教学"容易"育人"难，教学过程中把控好价值引领方向至关重要。将引领正确的社会主义核心价值观、塑造坚定的理想信念作为中国特色高水平高职院校课堂的鲜明主题，每门专业课程都做到"守好一段渠、种好责任田"，始终同向同行[4]，形成协同效应。

（二）设计过程中应注意事项

1. 忌生搬硬套

因为思想政治理论知识不熟悉、思政元素挖掘没经验，许多教师觉得将思政元素融入专业课程教学中无法进行，课堂就变成了"思政+专业"教学[5]。学生不乐意听，教师讲得也别扭。对课程的设计，不是把思想政治的元素生搬硬套在专业课当中，在将思政内容融入的过程中，要用身边的事、用学生们的语言来讲，这样才会生动，才会被学生们接受。要把家国情怀、社会责任，还有人文素养、科学精神、榜样力量等跟思政和德育元素有关的元素内容融合到课程当中来。让专业知识用思政元素展现出来，协同发力，形成一个育人的格局。

2. 忌过多过杂

很多专业课教师认同课程思政教育理念,但理论不熟悉、方法不明确、融入没经验,在开展教学过程中,没有找到切入点,引用思政元素不准确,导致课堂内容过多过杂、知识点不明确、课堂效果不好。课程融入思政元素需要精心设计,同时又要善于融通。专业不同、课程不同,培养目标和教学内容就不同,专业教师在进行教学设计时,既要明确本课程中所蕴含的思想政治和职业道德元素,又要有一条主线传授专业技术技能知识,将思政元素贯穿于专业技术技能传授的过程中。

3. 忌急于求成

习近平总书记曾说过一句话:"鞋子合不合脚,自己穿着才知道。"不能急于求成,要慢慢尝试,找到适合自己教学特色的融入点,并经常操练不断优化,这样的融入才会更周密、更有说服力。思政元素融入专业课程,教师在思想观念上要明确几个认识:一是要挖掘专业课程的思政元素,提高专业课程育人的教学质量和效果;二是以思政故事传授专业技术技能,思政教育与专业教育相互融合;三是思政元素融入课程教学是一种新的教学理念,不是每节课、每个知识点都必须要有思政元素。慢慢尝试,寻找出一条适合自身教学特色的创新途径。

(三)设计要求

1. 建设课程思政资源库

将思政元素融入课程教学的目标是要挖掘各个专业课程所隐含的思政教育内容和所承载的思政教育作用,将思政元素融入专业课程教学的关键环节,达到思政教育和专业知识教育同向同行,有机统一,立德树人和知识传授相结合。要加强高职院校顶层设计,引导专业教师扩展认知空间,尝试挖掘课程思政元素,如校园典型人物、文化资源、文化成果、优秀毕业生案例等,建设校级课程思政特色资源库,不断扩充,所有的资源共享,齐心协力,思政元素会越来越多。

2. 提升教师思想政治教育工作能力

课程思政教育理念对教师提出了新的要求[6],教师需要持续不断地拓展自己的文化知识。教师通过自身不断地学习,提升自身教学能力的同时,深入开展教学研究,让自身处于一种研究、创新、拓展的状态,在提升自我的同时感染学生,为学生树立榜样作用。新时代下的教师不是孤立的,所掌握的知识体系应该是多元的、宽泛的、立体的。教师的技术技能、文化底蕴、思想政治涉猎面应广泛,需要开展专项培训,如通过实地访学、专业性定制、交流研讨等形式，提升教师思想政治教育工作能力。

3. 构建师生交流互动平台

专业课程教学内容在传递基本知识和技术技能的同时应与时俱进，不断扩展新元素，将学生感兴趣的内容和积极向上的知识融入教学环节，引起学生的共鸣和注意，真正走进学生的思想。教学的设计在关注教学内容的传递和教学目标的完成的同时，更多要关注学生学习的过程和行为的养成[7]。教师可以借助多种教学平台，创造师生实时沟通互动形式，关注学生成长。

二、高职专业课程融入思政元素的途径

思政元素如何在具有专业特色和院校特色的教学环节中体现，做好专业教学设计是第一步。每所职业院校会根据院校自身的培养理念、专业特色制订培养方案，编制课程标准，专业教师依据课程标准设计教学计划和教学内容。教学设计中将专业知识无缝衔接的同时，如何恰当地融入思政元素，掌握专业知识的同时帮助学生树立正确的社会主义核心价值观[8]，使学生提升专业知识技能的同时，塑造职业素养和品德修养，是高职专业课程融入思政元素的核心要素。

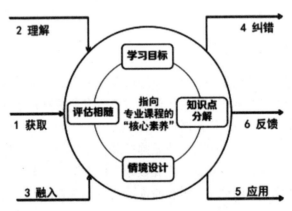

图1　高职专业课程融入思政元素的途径

高职专业课程融入思政元素的途径需要以教学目标、知识点分解、情境设计和评估相随四个基本方面为切入点，通过对专业课程的"核心素养"进行教学设计，挖掘潜在的思政元素，并将挖掘的思政元素融入课程教学内容中，主要可以从以下六个步骤展开。

（一）获取

获取就是从网络、教材、资源库等各种资源中获取思政元素，同时获取的信息要准确，在知识点中寻找相关思政元素的"触点"和"融点"，信息量要尽量压缩。

（二）理解

理解就是了解以获取思政信息的基本意思，并放在教学内容上进行联系，这是思政元素融入专业课程的最基本联系。专业教师要对获取的思政元素进行系统理解，为融入环节打下基础。

（三）融入

融入是教学设计中最花力气的地方，这一步将形成广泛的联系，从而获得良好的教学结构，确保思政元素融入专业课程教学的效果，要求专业教师对教学知识点和思政元素集都已内化于心，才能保证专业课程教学过程中"潜移默化"地融入思政元素。

（四）纠错

纠错就是删除那些无效的联系，将获取的思政素材进一步优化，经过融入环节设计，剔除多余素材，替换不恰当的素材，保证思政元素有效、准确地运用。

（五）应用

应用就是把纠错带入最后的水平，通过比较思政元素是如何在教学过程中运行的效果来进行调整，如果思政元素不符合教学实际，那么再多也无用。

（六）反馈

上述阶段的每一步都需要及时反馈和调整，反馈有助于教师迅速找到教学设计中的问题所在，帮助教师改进教学设计，克服教学设计中的缺点和不足。

三、"数据库原理与应用"课程融入思政元素实践

"数据库原理与应用"是天津轻工职业技术学院计算机网络技术专业的一门专业课程，制定的课程目标是通过该课程的讲授，引导学生掌握数据库系统基本原理和相关技术技能基本知识，掌握数据库相关设计方法和操作步骤，具有设计数据库模式以及开发数据库应用系统的基本能力[9]，培养能在信息相关行业从事网络工程、网络管理等岗位，具有一定创新精神的技术技能人才。本文选取索引章节将思政元素融入专业课程教学实践。

表 1　四个基本方面设计

方面	内容
教学目标	知识目标： （1）掌握索引的概念 （2）掌握创建索引的操作方法 （3）掌握管理索引的操作方法 能力目标： （1）通过基于问题的学习引导，掌握创建索引的操作方法 （2）通过类比学习，掌握管理索引的操作方法 素质目标：体验数据库中对象操作的优势特色，养成积极主动学习和务实严谨的职业素养
知识点 分解	知识点 1：索引概念 知识点 2：索引的分类 知识点 3：创建索引 知识点 4：管理索引
情境设计	通过类比引导，以手机为例，引出数据检索的效率问题，创设情境，导入新课
评估相随	1. 设计学习任务单，针对上机操作的每个案例，设计相应的任务 2. 知识点学习结束后，设计拓展迁移任务 3. 职教云学习平台，设置讨论内容和作业

通过对教学内容四个方面的初步设计，理清教学基本内容，按照六个步骤开始搜集思政元素。通过对知识点进行分析，获取相关的思政素材。索引功能主要是提高数据库中数据的检索速度。因此，在获取思政素材时，从数据检索速度角度出发思考结合点。

结合点 1：因学生上课玩手机现象普遍存在，所以在情境设计中，以问答形式提出问题"使用手机上网的时候网速是几 G 的"，以学生感兴趣的话题，引出数据检索的效率问题。接着引导学生收起手机，正视手机对学习和生活的影响。接着提出第二个问题"通过教务管理系统查询期末成绩，是不是也希望能够最快速度获得数据呢"，引出索引的概念。

结合点 2：通过新华字典汉语拼音音节索引和部首索引两种方法查找汉字为例，引出索引的分类聚集索引和非聚集索引，隐性引导学生对汉字的潜意识情感回顾，在学生产生亲切感的同时构建新知。

结合点3：在设计拓展迁移任务和作业时，在职教云平台上以小组协作为主，培养学生的团队协作能力。案例选取方面以学校志愿者管理系统为例，提升学生拓展迁移能力的同时，宣传志愿服务重要性。并设计作业提交时限，培养学生的时间观念。

四、总结反思

高职专业课程技术特色鲜明、实践性强，只有思维动起来，学生才能动起来。要以人为本，了解学生想法，同时结合不同专业学生特点采取不同的教学方法，让学生成为课堂的主人。系统地构建专业课育人的教学体系[10]，上下聚力推进思政元素融入专业课程教学过程。从人才培养方案的顶层设计到每节课程的具体实施均贯彻思政教育主线，把社会主义核心价值观培育和塑造浸润到每个细节，真正实现专业课程改革与提升，不断推进育人新层次。

参考文献：

［1］习近平．用新时代中国特色社会主义思想铸魂育人 贯彻党的教育方针落实立德树人根本任务［EB/OL］．http：//cpc．people．cn/n1/2019/0319/c64094-30982234.html

［2］谭晓爽．课程思政的价值内涵与实践路径探析［J］．思想政治工作研究，2018，No．409（04）：44-45．

［3］王石，田洪芳．高职"课程思政"建设探索与实践［J］．中国职业技术教育，2018，No．666（14）：15-18．

［4］江颉，罗显克．新时代高校"课程思政"建设的路径探究［J］．中国职业技术教育，2018，No．684（32）：84-87．

［5］曹勃．高校课程隐性隐形思政元素的生成路径研究［J］．浙江工商职业技术学院学报，2019，18（01）：47-50．

［6］胡安定，唐俊杰．高职高专院校学生党支部设置点比较研究［J］．广西民族师范学院学报，2014，31（06）：118-120．

［7］陆道坤．课程思政推行中若干核心问题及解决思路——基于专业课程思政的探讨［J］．思想理论教育，2018，No．468（03）：64-69．

［8］成桂英．推动"课程思政"教学改革的三个着力点［J］．思想理论教育导刊，2018，No．237（09）：67-70．

［9］王立萍.SQL Server 数据库技术及应用［M］.北京：高等教育出版社，2018.

［10］张译.高职院校"课程思政"育人路径探究［J］.求知导刊，2018（12）：144-145.

以人为本指导下专业课程的思政教学改革①
——以高职"应用光伏技术"课程为例

孙　艳

2016 年习近平总书记在全国高校思想政治工作会议上强调："要用好课堂教学这个主渠道，思想政治理论课要坚持在改进中加强，使各类课程与思想政治理论课同向同行，形成协同效应。"在新时代的大环境中，着力推动课程思政实践，已经成为高校的普遍共识。高职生是现代化建设的重要组成部分，肩负着传承文化、建设祖国的重任。然而在信息化时代，自由主义泛滥，各种网络游戏等不良诱因使自主学习能力不足、辨别是非能力差的高职生沉迷其中。这必定会影响他们的身心健康发展，成为整个社会的不稳定因素。因此，如何加强高职课程思政建设，是摆在高职教师面前的重点课题与难点课题。

一、课程思政建设分析

（一）课程思政教学模式建立

新型教学模式很多，因不同学科和不同教学单元而异。教师要结合课程和章节特点，并将"互联网+"与课程深层次整合，创建专业思政课程。传统专业课不受学生欢迎的一个主要原因是课程内容过于强调学科本位，忽视了学生的主体地位，对学生的兴趣与需要考虑不够，与社会生活脱节，难以激发学生的学习热情。[1]在专业课思政建设中，要分析高职学生特点，坚持以人为本的原则，结合社会焦点热点，创建思政融会贯通式教学模式（如图 1 所示）。

思政融会贯通教学模式力争营造一个充满意境的专业课堂。首先，以思政情境开始课堂教学。结合课程内容、社会热点或者传统节假日等因素设定思政

---

① 本文系天津市高等职业技术教育研究会 2019 年度课题《基于"以人为本"的高职学生课程思政建设研究——以〈应用光伏技术〉课程为例》阶段性研究成果。
　发表情况：本文发表于《新课改教育理论探究（2020）》会议论文集。

情境，呈现形式可以是一段话、一个视频或者一个活动等多种形式。其次，在教学过程中，对理论性比较强的教学，教师要在恰当的位置融入思政元素，这样既升华了知识点的内涵，又使思政更加形象具体；如果是进行知识复习或实践性教学可以采取互动或活动的方式，让学生"在活动中体验，在体验中学习，在学习中成长"。最后，在课程结束时，学生除了要对专业知识进行总结之外，还要对所涉及的思政元素重新回味体会。一堂课程思政不仅带给学生知识技能的积累，而且带给学生"做人"和"做事"的精神感触。

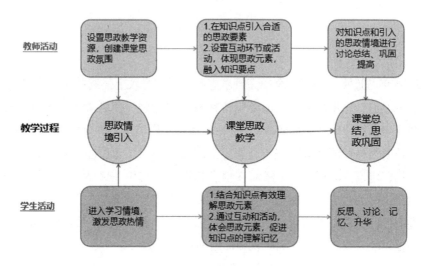

图 1　思政融会贯通式教学模式

（二）课程思政教学方法及形式创新

如何将思政内容以学生容易接受的方式传递给学生，需要精心设计。下面从教学的方法和形式方面对课程思政教学进行了创新。

1. 网络用语融入课程思政教学

网络语言在一定层面表达了青年学生期待的话语内容，是青年一代精神世界和价值诉求的表现。本着以人为本的理念，在课堂上恰当地使用网络用语，使教学真正贴近生活、贴近学生，赢得大学生的情感认同，弥补传统课堂氛围的严肃与刻板。凡是能增强意识形态教育针对性和实效性的、合理的、合法的话语都可以被恰当地实践于课程思政教学，体现马克思主义意识形态的话语威力和理论说服力，提高马克思主义意识形态教育的针对性和实效性，促进高校学生健康人生观和价值观的有效形成，促进思政教育教学效果的提升。[2]

2. 教学游戏活跃课程思政教学

在课堂教学中引入教学游戏，可活跃课堂气氛，也可增加学生的课堂参与度。教师需要甄别筛选与教学内容相匹配的游戏项目，将两者精心组合，灵活运用于教学环节。针对理论性知识点多、易混淆的教学内容，选用任务驱动游戏，以完成具体的任务为游戏线索，把教学内容隐含在每个任务之中，让学生主动发现问题，通过思考来解决问题。针对教学内容相对简单的教学章节，采用富有挑战性的闯关游戏，通过完成不同的关卡掌握教学的重难点，培养学生独立思考和解决问题的能力。在章节复习阶段可以采用竞争合作式游戏，这是通过合作交流来完成任务，采用团队竞争游戏的方法，激发学生的拼搏精神和求知欲望，培养学生的责任意识及团队精神。[3]

3. 实践教学促进课程思政建设

实践是知识的来源和生长动力，也是检验和验证知识的客观标准。实践教学是通过社会实践、模拟实验、创业项目演练等方式让学生在真实的情境下面对真实的问题，自主地、自由地去体验知识的价值，认识书本知识与社会生活的真正联系。在实践教学过程中不断发现问题、分析问题和解决问题，锻炼学生的独立思考能力和创新能力，实践教学是连接学生理论知识和实践能力的重要手段。

4. 优秀传统文化提升专业课文化氛围

中华优秀传统文化凝聚着全民族的伟大精神力量，是最终实现中国梦的助力磐石，具有极为深刻的感召力量和道德力量，是教育一代代人的宝贵思想资源。改善我国传统教育方式，在课堂教学中将优秀传统文化与科学理论相结合，营造一种舒适的文化氛围，熏陶自身情操，在完成专业培养的同时，提升大学生人文素养，使学生的爱国主义情感、民族自豪感得到提升。[4]

5. 互动交流平台增进思政建设

基于资源库、职教云、微信群或QQ群等平台，教师可以大范围发布包括文字、图像、声音、视频等多种形式，集趣味性、德育性于一体的课程思政信息。师生和生生运用平台实现"点对点"的交流，讨论课程思政教育心得，讨论自己感兴趣的人和事，老师关注学生的思想动态，有针对性地调整专业课中的思政教学内容。学生在交流中逐渐提高道德修养，树立正确的人生观、世界观与价值观，从而达到专业课进行思政教育的目的。[5]

6. 树立严格的教学制度

教学是由行为、制度与思想三个层面所构成的系统。教学制度是与教学行为、教学思想相互作用的中介。教学制度的严格执行才能保障教学行为的顺利进行，保障教学目的的实现。学生被潜移默化地影响，形成对制度的敬畏，培养规则意识，为课程思政教育创立良好的环境。

（三）课程思政建设团队组建

建设一门优秀的专业思政课程需要有一个合理的教学团队。专业课教师和思政教师结对子，发挥专业课教师对专业知识比较精通和思政教师对思政理论把握准确全面的优势，携手辅导员、专业带头人和相关企业技术人员，从学生生活、专业教学思想和技术发展趋势三方面考虑，共同开发建设专业思政课程。

团队定期交流总结，发挥团队优势。同时主动与其他课程团队进行横向交流，分享经验。[6]建设课程思政教育资源平台，在平台上分享蕴含课程思政元素的相关内容，使教师获取大量的思政教育资源。

二、《应用光伏技术》课程与课程思政

（一）思政教育纳入课程标准

课程标准是教学的指导性文件，是指导培养学生能力的纲要。在思政与"应用光伏技术"课程有机融合中，要修订原有的课程教育标准。在原有课程标准基础之上，确立"素质、知识、能力"的课程目标，并结合课程教学内容明确思想政治教育的切入点，改革教学方式方法，完善教学实施过程，细化体现评价德育教学成效的课程考核方式。

（二）教学内容与思政元素映射

剖析本门课程的教学内容，寻找知识点中思政元素的映射点，凝练出与教学目标统一的"应用光伏技术"课程思政映射点。绪论部分采用新闻视频，由光伏特点融入生态文明、保护环境要素。独立光伏系统的结构设计根据不同组成部分的特点，通过使用网络用语、信息平台、说道理讲故事等方式传递'五位一体'总体布局、中国梦人生梦、创新思维、团结合作精神、竞争意识等。光伏发电系统的安装调试通过体验式实践教学，让学生体会工匠精神和安全意识。光伏系统运维通过表演、任务驱动游戏，切入责任与担当意识、按标准作业的意识。光伏并网系统通过网络用语、新闻案例、闯关游戏，切入个人道德、诚信友善、规矩和法律意识。

三、课程思政建设总结

本文通过对"应用光伏技术"课程思政教学的研究，从思政教学模式、思政教学方法及形式和课程教学团队三方面进行了创新，提出了创建充满意境的

专业课堂的教学模式、多种以人为本的思政融合的方式方法、多元化课程思政教学团队的构成要素，并在此基础上针对"应用光伏技术"课程进行了思政结合点的分析及教学方法的构思。课程思政的推进关键在于教师的责任心与能力，教师要充实自己的内涵和专业知识，以人为本创建课程思政，培养德才兼备的社会主义接班人。

参考文献：

［1］王玉洪，赵平，李迎涛."三生"教育视野下高校定向拓展课程教学模式的建构［J］.体育学刊，2014，21（03）：104-106.

［2］邓景，唐韬.网络时代思政教育话语体系转换——以网络用语在思政课教学中的应用为例［J］.社会科学家，2012，No.180（04）：114-117.

［3］李蓉.让课堂灵动起来——游戏教学法在通用技术教学中的运用［J］.课程教育研究，2018（50）：30.

［4］赫腾飞.理工科院校传统文化教育现状分析与对策探索［J］.产业与科技论坛.2018（18）：182-183.

［5］王彦丽.运用网络平台创新中学思想政治教育研究［D］.武汉：华中师范大学，2012.

［6］马廷奇.高校教学团队建设的目标定位与策略探析［J］.中国高等教育，2007，No.377（11）：40-42.

《冲压模具设计及主要零部件加工》
课程思政设计与实施①

周树银　张玉华　苏　越　李　扬

依据教育部关于印发《高等学校课程思政建设指导纲要》教高〔2020〕3号文件精神，落实天津市《深化新时代思政课改革创新十项举措》精神，将习近平新时代中国特色社会主义思想有效融入教材和课堂，积极推进"课程思政"教育教学改革，深挖各专业课程和综合素养课程所蕴含的思想政治教育资源，各类课程与思政课相互配合，使思想政治教育有机融入教育教学全课程、全过程，发挥所有课程的育人功能，开展"课程思政"示范课建设已势在必行[1-3]。

一、课程定位

《冲压模具设计及主要零部件加工》课程是高职模具设计与制造专业的核心课程，是理论与实践紧密结合的一体化课程。依据国家标准和行业规范、教育部《关于职业院校专业人才培养方案制定与实施工作的指导意见》、专业人才培养方案、课程标准和学情分析拟定教学目标，要求学生学习后达到冲模设计员岗位能力需求和考核要求，该课程对学生职业核心能力培养和职业素养养成起着重要作用。

二、教学目标

对高职模具设计与制造专业二年级的学生进行学情分析，发现学生具有以下特质：①基础知识：掌握了机械制图的基本绘图知识，对国家标准有一定的了解；②个性方面：好奇心强，喜欢网络资源，动手能力强，有朝气有活力；③专业知识：专业的理论知识薄弱，自主学习能力较弱，团队合作意识不强。

---

① 发表情况：本文发表于《模具工业》2021年第9期。

经过对模具设计与制造专业人才培养方案核心岗位进行教学分析，拟定以下教学目标：①知识目标：了解模具设计与制造相关的国家标准和国际标准；掌握冲模设计步骤；掌握主要零部件工艺制订及加工；②能力目标：具备中等复杂零件工艺分析及模具设计的能力；具备按照国家标准设计和绘制模具零件图及装配图的能力；具备主要零部件加工方案制订及加工能力；③素质目标：培养良好的职业道德，具有自我管理、善于与人沟通合作的能力和踏实肯干、锲而不舍的精神；培养工匠精神和创新思维；培养独立分析和解决问题的能力；培养模具生产的质量意识、环保意识、安全意识。

三、教学模式及方法

课程针对核心工作岗位为冲模设计员，培养冲模设计及主要零部件加工所需的核心能力。在项目教学中，通过分析问题、解决问题，增强学生团队意识、沟通协作能力，培育学生的职业精神，严谨、专注、精益求精。学生缺少实际工作经验，通过教师引导、有效施教，实现学生实战演练，强化劳动教育，提高学生的分析能力、思维能力和动手能力，为学生创造企业实际工作环境，提高学生安全操作意识。

（1）"做中教、做中学"的一体化教学模式。本专业目前一体化教室配备典型冲压制件、板料排样、典型模具结构、冲模设计手册、模具设计参考书、多媒体设备等，学习环境和实际工作环境一致，为学生学习模拟了真实的工作场景。一体化教室内还配备有多媒体教学设备，做到了课堂教学与实习地点一体化。在以项目为导向的教学过程中，教师可以根据实际工作过程需要选择教学地点，教学形式灵活多样。

（2）真实任务、项目教学。教学模式的设计采用分组教学、分层评价，每次任务开始时根据学生的特点进行分组，将动手能力强的学生和动脑能力强的学生分到一组，学习中体现互帮互学，各任务结束后教师进行分层评价，学生在分组时进行轮回，接受不同的教师授课指导。

（3）引导文教学法。讲解模具典型结构时，授课地点在模具拆装实训室，通过若干个典型的模具零件为学生提供工作情境，引导学生观察每副模具属于哪种工序，并写出模具的工作零件、导向零件、卸料零件是什么，该模具有/无定位零件，写出该副模具的工作原理。

（4）案例教学法。在冲模设计的教学过程中，任课教师按照企业中的模具设计程序，按照六步法的构思针对实例一步一步地进行讲解。首先教师明确本节课要完成的任务，然后用什么技能讲什么知识，最后将与实例结构相近的模具设计任务交给学生，规定学生限时完成，收到了良好的教学效果。

（5）项目导向、任务驱动教学法。以企业实际生产的冲压件为载体，引导学生进行冲压件工艺性分析、冲压工艺方案制订、模具的结构方案选择、零部件设计等，最终完成冲压件的模具设计。

通过教师的引导，学生实际操作，对模具零件进行分析，确定多种加工方案，选择一个合理的方案，最终完成模具设计。

四、教学设计及思政融入

（一）教学设计

课程选用"十三五"职业教育国家规划教材《冲压模具设计及主要零部件加工》，根据模具设计师职业岗位典型工作任务，按照企业实际生产过程及学生的认知规律，设计了该课程的4个学习情境、7个典型项目。每个项目以典型生产案例为载体，冲压件由简单到复杂，涵盖了冲模设计及主要零部件加工所涉及的全部知识点和技能点，每个项目都是一个冲压件的完整设计及主要零部件加工的完整过程，学生由易到难完成这些项目，逐步掌握冲模设计及主要零部件加工的方法和技能（如图1所示）。模具结构复杂抽象，工作原理难以理解，模具运动过程无法直接观测，可以综合应用虚拟仿真、视频、动画、微课等多种信息化技术解决这些问题。

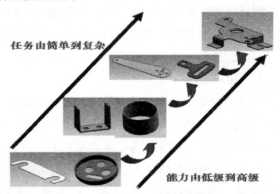

图1　项目设置

（二）思政案例

引入《大国重器5：创新驱动》，对学生进行爱国精神教育，增强学生的民族自豪感和爱国主义情怀，培养学生广阔的知识视野、国际视野和历史视野，增强学生的专业自信。

《大国重器》以独特的视角记录了中国装备制造业创新发展的历史，讲述了充满中国智慧的机器制造故事，再现了中国装备制造业从无到有，赶超世界先进水平背后的艰辛历程，展望了中国装备制造业高端制造的未来前景。体现了以下元素：①爱国精神，民族自信；②企业文化；③诚实守信，职业素养，责任担当；④创新意识；⑤团队合作。

以《大国工匠2：火箭"心脏"焊接人高凤林》为切入点，用35年的坚守诠释一个航天匠人对理想信念的执着追求，用极致、专注、坚守、匠心诠释对理想信念的执着追求。

五、实施成效

实现在线教学，在爱课程网上的学习人数达到5934人，职教云平台访问人数达5171人。《冲压模具设计及主要零部件加工》课程具备系统、完整的教学基本资源，包括课程介绍、教学大纲、教学日历、教案或演示文稿、重点难点指导、作业、参考资料目录和课程全程教学录像等。

（1）线上线下混合式教学模式，适应"互联网+"时代的教育生态。突如其来的新冠肺炎疫情打乱了传统的线下教学模式，团队教师积极落实教育部及我校在疫情防控期间发布的"停课不停学""停课不停教"的要求，及时调整教学策略，立即投入线上教学准备、教学实践、线上学习工作中。在原有国家精品资源共享课的基础上，重新搭建职教云平台课程资源，增加课程思政素材和大国工匠视频资源，并设置签到、提问、头脑风暴、作业、课堂测验、习题、试卷等教学环节。

线上教学拓宽了教学形式，爱课程、职教云、慕课、腾讯课堂、QQ屏幕分享、腾讯会议、QQ群等让教师对教学信息化方式有了全新的体验，提升了教师教学能力，为创新型教师团队建设打下了良好的基础。

（2）师生互动、学生互动，营造了有效课堂，劳动教育贯穿其中。教师与学生双向互动，学生与学生多形式互动（小组讨论、角色扮演、学生做老师等），充分调动了师生双方的积极性，通过探究任务和问题的提出，引导学生进行自主学习和探索，提升学生分析、解决问题的能力，同时培养学生团队合作意识。

（3）课程思政与专业教育相融合。坚持以立德树人为根本，用习近平新时代中国特色社会主义思想铸魂育人，融入中国特色社会主义和中国梦宣传教育、中华优秀传统文化教育、理想信念教育、职业文化教育、工匠精神教育等思政元素，将社会主义核心价值观融入教育教学全过程。结合课程内容及特点，帮助学生学习并掌握典型冲模设计与制造的基本知识，增强学生的专业自信和爱国主义情怀；帮助学生掌握典型冲模设计与制造的具体实践方法，增强学生问题意识、创新意识和辩证思维能力；加强专业相关知识的拓展和深化，培养学生广阔的知识视野、国际视野和历史视野；加强学生的职业道德教育，培养学生干一行、爱一行、专一行的职业操守和锲而不舍的工匠精神。

六、教学特色创新

（1）线上线下混合教学，促进学生自主学习，实现个性化学习。以我校主持的国家精品资源共享课程和职教云平台课程为支撑，优化教学过程，开发优质数字资源，重构教学内容，提高教学效率。资源库的丰富资源和共享平台，对课程的教学和推广具有积极意义。课程所有教学资源已上传爱课程网站、职教云网站，通过共享系统向高校师生和社会学习者提供优质教育资源服务，促进现代信息技术在教学中的应用，实现优质课程教学资源共享。

（2）课程思政融入专业教育，劳动教育融入课堂（如图 2 所示）。

①爱国精神：结合新中国成立之初我国工业化建设以及苏联援建的"156个重大项目"，帮助学生了解我国工业化发展的历史以及新中国成立 70 周年工业取得的巨大成就。以 C919 大型客机为切入点，讲述零部件的"国产化"的重大意义，增强学生的爱国情怀和时代责任感，激发学生的青春梦。同时，讲解零件图读图时，了解技术要求，了解标准的执行，了解各级别标准含义，感受我国在世界标准中的影响力。我国第一次主导制定模具相关 ISO 国际标准 ISO21223：2019，Tools for pressing—Vocabulary《冲模术语》于 2019 年 12 月 11 日正式发布。《冲模术语》是促进境内外冲模企业、机构进行技术交流和贸易发展最基础通用的技术标准文件，对推进全球经济一体化和技术、贸易双多边合作等发挥重要支撑作用。从而增强学生的专业自信和爱国主义情怀，培养学生广阔的知识视野、国际视野和历史视野。

②生态文明理念：加强新发展理念教育，帮助学生认识供给侧结构性改革过程中，加强生态文明建设的重要性和必要性，使学生充分认识选择压力机重在安全生产、减少噪声、绿色环保。了解热处理污染工艺：酸洗处理的严重性，增强社会责任感。更加注重安全环保，加强 6S 管理，优化工艺，做到绿色生产。

③创新意识：注重启发性教育，培养学生的问题意识和辩证思维能力，引导学生在设计排样图的过程中不断发现问题、分析问题、思考问题，在不断启发中让学生水到渠成得出结论，确定合理的排样形式，增强创新意识。

④工匠精神：严谨、专注、精益求精。整个项目教学中体现分析问题和解决问题的能力，团队意识，沟通协作能力。在工艺计算时，对刃口尺寸及公差的计算要认真，绘图过程中要培养严谨求实的工作作风、专注的工作态度，对完成的工作做到精益求精。

⑤职业道德：加强学生对于专业岗位的认知，增强学生爱岗敬业精神；坚持在学生知识见识增长上下功夫，遵规守纪，作业独立完成，守时守信；弘扬劳动精神，教育引导学生崇尚劳动、尊重劳动；培养学生的奋斗精神和乐观向上的人生态度，做到服务群众、奉献社会。

⑥企业文化：加强理论与实践相结合，在帮助学生立足于课堂学习的同时，坚持走出去，与社会实践相结合，加强企业文化的熏陶，帮助学生了解ISO9000质量管理体系，帮助学生做到知行合一，为社会培养合格的人才。

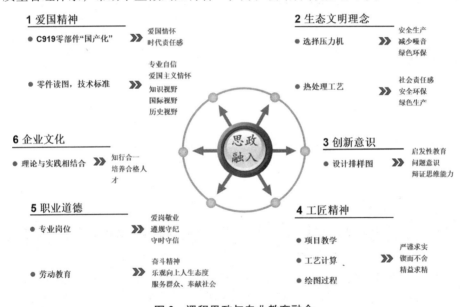

图 2 课程思政与专业教育融合

(3) 落实"三教"改革，实施"三全"育人。课程组多年来与企业的合作，形成了一支"双师"结构稳定、"双师"素质优良的教师队伍，教学队伍整体结构合理，具有较高的政治觉悟和较强的专业能力，教学水平较高，冲模设计与制造理论扎实，教学实践能力突出，年龄、学历、职称结构合理，富有敬业精神、团队精神和创新精神的教学梯队。通过几年的教学改革与实践，提高了教师的实践技能，开拓了教学思路，形成了大量紧密结合实际生产的教学案例；提升教学能力，打造了创新型教学团队；与时俱进，改革教学方法；实施全员全程全方位育人环境。

七、结束语

运用国家精品资源共享课平台和职教云平台的线上资源，提高了学生自主学习能力，实现了个性化学习；案例教学，以学生为主体，以教师为主导，培养学生的思维能力、分析问题和解决问题的能力。满足了学生个性化学习需求，有利于学生毕业后的职业生涯发展。面对行业中新技术、新工艺、新知识的不断更新，满足高职扩招百万的新需求，对承担专业核心课程的教师知识储备、应变能力和新型课堂的组织能力提出了更高的要求，需持续更新。校企联合开发1+X证书，加强和企业的合作，积极参与模具设计与制造1+X证书开发与申报，并将1+X证书内容融入课程教学，适应国家高职教育发展的新要求。将思政元素与专业知识进行有效融合，完成了教学方案设计、课程标准的修订，教学实施过程顺利，达到预期目标，在与思想政治理论课同向同行过程中，不断提高学生思想水平、政治觉悟、道德品质、文化素养，让学生成为德才兼备、全面发展的人才。[4-5]

参考文献：

[1] 教育部关于印发《高等学校课程思政建设指导纲要》的通知（教高〔2020〕3号）[OB].http：//www.moe.gov.cn/srcsite/A08/s7056/202006/t20200603_462437.html.

[2] 习近平.把思想政治工作贯穿教育教学全过程开创我国高等教育事业发展新局面 [N].人民日报，2016-12-09.

[3] 周树银.《冲压模具设计及主要零部件加工》爱课程网国家精品资源共享 [OB].http：//www.icourses.cn/home/.

[4] 周树银，苏越，杨国里，郎卫珍.四年制应用型本科技术技能人才培养模式研究与实践 [J].模具工业，2019，45（4）：67-68，76.

[5] 罗斌.片簧挡套级进模设计 [J].模具工业，2019，45（10）：37-38，60.

"一核心双主线四维度"课程思政模式构建①
——以"新能源发电技术与利用"课程思政改革为例

皮琳琳

随着国家职业教育领域"三全育人"综合改革等行动的推进，各类课程与思想政治理论课同向同行，课程思政教学逐渐成为我国职业教育发展的新方向与新常态。以亚里士多德对于实践的区分和黄炎培"大职业教育主义"思想为课程思政建设的理论依据，根据课程自身属性，将培养"德技并修"的复合型技术技能人才作为教学目标的隐形主线，总结出教学团队、教学内容双模块化的教学新模式，并构建本课程的课程思政地图，力求从实践中探索出一条适合新能源类专业课程的一般范式。以"新能源发电技术与应用"课程教学为样本，将课程思政建设与实施经验加以总结，对具体实践路径进行整理分析，切实遵循教书育人的规律，构建"一核心双主线四维度"相结合的"双模块"课程思政教学新模式，尝试将思想政治元素全面贯彻到教育教学的全过程，使专业课堂成为思想政治教育的有效载体，达成课程目标。

一、"一核心双主线四维度"相结合的"双模块"课程思政教学模式内涵阐释

（一）何为"一核心双主线四维度"

"一核心"即践行社会主义核心价值观，"双主线"即以弘扬爱国主义精神为思想政治主线，坚持节约资源和保护环境基本国策、努力走向社会主义生态

① 本文系 2020 年度教育部首批国家级职业教育教师教学创新团队课题《新时代高等职业院校光伏发电技术与应用专业领域团队教师教育教学改革创新与实践》、2019 年度天津市职业教育与成人教育学会、天津职业院校联合学报科研课题《"德技并修"，培育工匠精神—新时代视域下的高职院校新能源专业'课程思政'的实践路径研究》阶段性研究成果

发表情况：本文发表于《教育教学论坛》2021 年第 39 期。

文明新时代为专业主线。凝练出"先进绿色的环保理念、精益求精的工匠精神、追求卓越的创新精神、积极进取的团队精神"四个维度思想政治元素集合，根据专业知识模块特点，分工细化，逐层渗透实现从项目到任务多个思想政治结合点的全面覆盖。

（二）何为"双模块化"

"双模块化"是指教师教学团队的模块化分工和教学内容的模块化设计（见图1）。

1. 教学团队模块化。探索课程思政教学团队新模式，在原有专业教师的基础上，邀请企业成员、思想政治课教师及辅导员联合组成教学团队，共同探讨和挖掘对课程内容的重构与分工，对课程思政元素进行精准提炼，建立教学团队协作共同体，充分发挥"校企共建、思专共研"的优势，为模块化教学提供专业的团队基础，实现以专业教师为主、企业工程师辅助、思想政治教师把关、辅导员保障的模块化教学团队，实现团队内共研、共建、共教、共享。

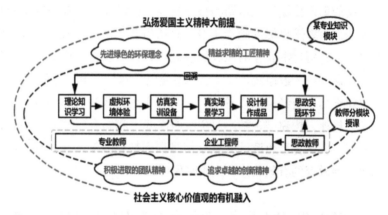

图1　"一核心双主线四维度"相结合的"双模块"课程思政教学模式

2. 教学内容模块化。进行教学内容模块化设计，形成"理论知识学习—虚拟环境体验—仿真实训训练—实际场景学习—应用产品设计—思想政治主题实践"六个教学环节。根据团队成员的特点，专业教师主要负责理论知识和虚拟（VR）模块，企业工程师和教师共同负责仿真实训模块，企业工程师主要负责现场实习和产品设计制作模块，每个教学内容模块都配有相应的思想政治元素模块，同时兼顾辅导员在第二课堂的积极作用。

二、教学模式实施策略

"新能源发电技术与利用"课程目标设计如图2所示，该课程为光伏工程技术专业的必修课，是该专业在大一下学期接触到的第一门专业课，这不仅可以让学生了解及掌握新能源领域最新的发电和利用技术，而且可以为后续课程提供有效的衔接，因此，将其作为课程思政建设的首批课程具有重要意义。

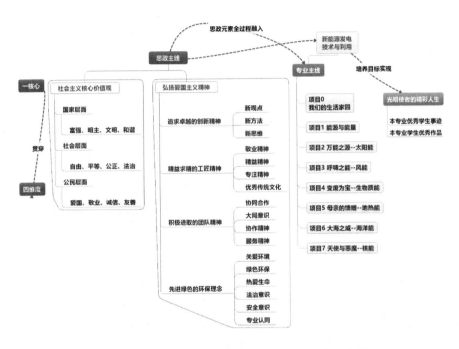

图2 "一核心双主线四维度"课程思政结合示意图

（一）课程目标的修订凝练思想政治结合点保理念、积极进取的团队精神，最终掌握分析问题设计

在课程思政融入的课程目标修订初期，教学团队对相关行业、企业进行了广泛调研，从企业岗位需求及社会发展需求出发，依据专业人才培养目标将本课程的教学目标修订为学生熟悉太阳能、风能、生物质能、地热能等发电技术的基本原理，熟悉应用场景并掌握基本的设计和使用方法，在弘扬爱国主义精神的前提下，具备精益求精的"工匠精神"、追求卓越的创新精神、先进绿色的环保理念与解决问题的能力。

1. 弘扬爱国主义精神，即"一核心"，它是在课程教学中贯穿爱国主义精神的大前提。通过对国家生态文明建设政策、太阳能等新能源发展政策的学习，坚定学生的专业信心，引导学生坚定拥护中国共产党的领导和我国社会主义制度，担当起民族复兴的大任。

2. 先进绿色的环保理念，即专业主线。作为新能源类的专业课，将生态文明作为课程专业主线，以"我们的生活家园"开篇，特意设置项目0，在开学第一课便抛出"关爱环境、绿色环保、热爱生命"的观点，为课程注入绿色基因，使学生站在自己的角度展开思考。

3. 精益求精的"工匠精神"，即思想政治主线中的元素集合之一。精益求精、中国制造等高质量需求迫在眉睫。乐于就业不逃避，保持对职业敬畏、对工作执着、对产品负责的态度，极度注重细节，不断追求完美和极致。将一丝不苟、精益求精的"工匠精神"融入每一个环节，做出打动人心的一流产品。

4. 追求卓越的创新精神，即思想政治主线中的元素集合之二。

5. 积极进取的团队精神，即思想政治主线中的元素集合之三。

（二）教学团队联动：发挥教师联动协同的导向功能

职业教育与普通教育的区别在于，职业院校更强调实践性教学，在课程上其实践性教学课时原则上占总课时的一半以上，顶岗实习时间一般为6个月；在教师配置上，"双师型"教师（同时具备理论教学和实践教学能力的教师）占专业课教师总数的一半以上。职业院校专业设置以岗位为导向，校企深度合作是课程教学内容与时俱进的重要保障。而课程思政建设教学团队需要更加全面的师资配比，增加专职思想政治教师，保证思想政治元素的正确性和方向性；增加所授课程辅导员，让学习空间拓展到课下，并有所保障。辅导员是学生在校的第一责任人，也肩负着部分思想政治教育工作，同样具有重要作用。在思想政治元素融合和实施方面得到保障后，同样重要的是增加企业技术人员作为成员之一，这是对现场一线岗位工作的最直接应用和实现。最终，构成了专业课教师、企业工程师、思想政治教师、辅导员组成的模块化课程思政教学团队。

职业教育教学"以学生为中心"，为了能够扮演好引导者的角色，教师必须发挥教学团队的优势，提高观察和思考问题的能力，在平常中发现新奇，在多学科交叉中发现新领域。教师联动起来，综合运用启发式教学模式，才能更好地满足学生多样性的发展需要；引导学生对外界具有好奇心和敏感性，促进学生发现新问题、新领域，以及解决问题的创新能力的提升[1]。

（三）学生自主探究：激发学生主动学习的求知欲

专业知识课堂注重营造理实一体化的课堂教学环境，引导学生"动手动脑"学习、理解知识，启发学生的创新意识，充分激发学生主动学习的兴趣和热情。

教师要设计开放性问题，提高学生自主学习的参与率，培养学生的反思能力。学生需要主动学习、大胆尝试、深入思考、自主探究，根据岗位特征和学生特点，在教学团队的共同探讨下，充分利用信息化教学资源，将教学内容模块划分为"理论知识学习—虚拟环境体验—仿真实训训练—实际场景学习—应用产品设计—思想政治主题实践"六个教学环节。充分发挥课程思政教学团队的优势，逐步形成"课前自主—课中合作—课后实践"的"线上+线下"混合式学习模式，提高学生"手脑并用"学习的有效性。学生要做到主动思考，积极参加各种实践活动及各种形式的学习，进而提出许多高质量、探究性的问题，并尝试主动探索解决的方法[2]。

三、实现途径探索

通过四个学期的实践，"新能源发电技术与应用"课程思政教学改革取得了一定的成果，现将实现路径和成果加以提炼，总结出几条基本路径供参考。

（一）服务学生：德技并修、以赛促学、以赛促创

1. 以本校为原点，辐射服务全国新能源类专业教学资源库联盟院校。开设至今，分别在校内各新能源专业群开设，同时开通资源库平台课、职教云平台课，实行课程开放共享，并先后宣传推广到联盟院校，得到联盟院校教师和学生的一致好评。

2. 五育并举服务双赛，德才兼备践行社会主义核心价值观。课程特有的创新实践环节，促进学生创新意识的增强。

（二）服务教师：助力全国职业院校教师教学能力大赛获佳绩

近三年完成了信息化资源建设、思想政治元素资源建设及虚拟仿真实训资源建设，引领专业群课程思政建设，被评为校级课程思政精品课，主讲教师被评为全国职业技能大赛评委、中国轻工业职业教育教学名师、青年教学能手等。

（三）服务企业：彰显创新意识，创新方法成果

课程思政融合多方元素，其中团队合作、创新思维元素的加入，增加了学生动手、动脑的机会，增强了学生的学习兴趣，在教师的带动下，根据课程所学的新能源发电技术的专业知识，不断创新实践。

（四）服务社会：全面践行社会主义核心价值观

1. 服务中小学："普职融通"开创德能科普课堂。课程独有的生态环保基因，赋予课程独有的"普职融通"的科普课程特性。

2. 服务社区：学雷锋协助完成社会服务任务。重构课程结构，模块化教学

内容配合模块化师资队伍，丰富了课堂的展现形式，进一步促进了第一课堂和第二课堂的融通，在专业教师、企业工程师、思想政治教师的配合下，将课堂延伸到课下。

四、教学评价

教学评价采用过程评价和终结评价相结合、兼顾定性评价和定量评价的形式，以定量评价为基础，突出定性评价的权重，针对教师与学生两个对象，实现教学相长，双向成长。同时，实践成绩结果由学生自评（40%）、互评（40%），教师综合评价（20%）三部分组成。在教学实施过程中，将各环节结果纳入课程实践教学考核标准，实行项目化考核方式，严格按照每项评分标准执行，通过学生互评、自评，得出最后平均分。

总的来说，"一核心双主线四维度"结合的"双模块"课程思政模式的构建，探索了课程思政教学改革的新途径和新形式，有利于促进教师协同教学与资源共享，打造全员育人、全程育人的格局，真正实现教书育人、管理育人和服务育人，实现课前、课中、课后师生双方充分合作交流，促进教学相长，实现学习行为的主动建构，促进学生核心素养的养成和人才培养质量的提高。

参考文献

［1］燕学敏，华国栋．差异教学课堂模式的理论建构与实践探索［J］．教育理论与实践，2020，40（17）：3-6.

［2］彭学文．高校大班教学有效互动的理论与实践［J］．当代教育论坛，2019，No.290（02）：116-122.

标志设计课程思政改革的教学实施与研究[①]

张津辅

　　奥运会标志是奥林匹克精神与东道主国家精神文化的结合，企业标志是企业文化、经营内容以及经营理念的体现。标志设计既有实用性和艺术性，又对人类社会进步与发展发挥着重要作用。随着我国综合国力的不断提升，民族品牌快速崛起，并迅速在国际市场中占有举足轻重的地位。蕴含中国元素的民族品牌标志设计，不仅在世界众多企业标志中显得独树一帜，而且提升了企业的核心竞争力。近几年，民族品牌的成功受到年轻人的追捧，引发社会热议，为艺术设计类专业的课程思政教学提供了优质教学案例，也引发笔者在标志设计课程思政的建设过程中，对教学内容优化和教学实施的探索与反思。

一、课程性质与课程教学模式

　　标志设计作为我院艺术设计专业的核心课程，可以为后续 VI 设计、平面设计实训课程夯实专业基础，标志设计更是毕业设计中重要的考量环节。因而，在标志设计课程的教学中贯穿专业"多维联动式"的教学模式，学生在完成课程学习后，标志设计项目并没有真正意义上的终结，而是通过与后续课程、比赛项目、工作室项目等进行多维度联动继续深化并完善设计项目，并在此基础上进行多元化拓展，如：文创产品设计、UI 设计等。标志设计通过这种联动式的教学模式，为日后学生在顶岗实习实践中奠定了坚实的基础，也为工作面试提交出一份高质量的简历提供了素材。

二、课程思政的指导思想

　　2020 年教育部关于印发《高等学校课程思政建设指导纲要》（以下简称

---

① 发表情况：本文已发表于《中国培训》2021 年第 12 期。

《纲要》）的通知，明确提出高校要结合各专业学科特点，全面推进学科类专业的课程思政建设，其中对艺术类专业的课程思政建设提出了要求和建议。[1] 在聚焦培养艺术类专业技术技能的同时，更要注重树立学生正确的艺术观和创作观，引导学生自觉传承和弘扬中华优秀传统文化，增强学生的文化自信。[2]

三、确立"3+2+1"课程思政建设指导思想，制订课程的实施方案

笔者在标志设计课程思政示范课的建设上，根据《纲要》对艺术学类专业课程提出要求和建议，确立了"3+2+1"课程思政建设指导思想，即"三热爱，树两观，一弘扬"，培养学生爱祖国、爱家乡、爱学校的家国情怀，树立当代大学生正确的艺术观和创作观，弘扬中华优秀传统文化。根据课程思政建设指导思想对课程内容进行梳理与归纳，对教学内容知识体系进行解构、分析与研究，深挖提炼课程知识体系中所蕴含的思政元素，将思政元素潜移默化地融入每个教学任务中，对课程 5 大模块、13 个章节进行了重构，完善课程的教学方案，优化教学内容，建设课程思政示范课。下面按照教学模块的形式，探讨标志设计课程思政建设中具体的实施方案和教学内容。

（一）标志设计的概述

该模块主要是标志设计的理论教学环节，其主要讲授的内容包括：标志的产生与发展、标志的概念以及标志与企业形象设计简史。在课程体系中，看似枯燥乏味的理论基础知识实际是项目实践过程中的理论指导依据，其重要性不言而喻，因此采用微课演示、兴趣讨论和故事导入讲授等形式进行理论知识讲授。其中在标志的产生与发展的知识点中，融入中国传统图案的讲解，使学生进一步认识和了解中国传统图案，以及它们所蕴含的中华民族文化内涵。课程对企业形象设计简史进行讲授，方便联动后续 VI 设计课程。在理论教学环节中将学生耳熟能详的民族品牌标志作为思政案例，例如：中国邮政、中国铁路、华为、联想等企业的标志，通过对中国企业形象设计简史的讲述，使学生认识到我国在各领域建设所取得的伟大成就。整个教学过程在潜移默化中把思政元素融入教学内容，引导学生理解和认识到只有坚定不移地走中国特色社会主义道路，才能实现中国品牌的复兴，才能实现中华民族伟大复兴。

（二）标志表现形式

标志表现形式与设计原则是课程的重点章节，以文字标志、图形标志、图文组合标志的三种表现形式为核心讲授内容，也是最适合融入课程思政元素的教学模块。下面遴选几个单元分析一下。

1. 文字类标志设计

本章节内容是对前置课程字体设计的联动，其中汉字标志设计被列为该章节的重点讲授环节。中国汉字是世界唯一没有消亡的最古老的文字，并且现今还在不断完善和发展。汉字标志设计具有图形化、符号化相结合的独特优势。课程着力将文化自信充分融入教学过程，列举典型的汉字标志设计作为思政案例，例如：重庆城市形象标志设计师以"人"为主要视觉要素，展现"以人为本"的精神理念；又如以宋代的"国朝官印"九叠篆为创意来源的首都博物馆的标志，利用汉字的笔画结构、文字造型的特点进行创意演化完成标志设计。通过汉字标志设计的讲授，学生感受到汉字之美，认识到中华优秀传统文化之根，增强文化自信。[2]

2. 图形类标志设计

本章节特地开设了"中国传统图案在标志设计中的运用"这一教学单元。中华优秀传统文化如同聚宝盆，拥有取之不尽用之不竭的素材。课程筛选以建筑、人物、动物等经典图形类标志案例，如以中国传统建筑天坛为基础造型设计的 2014 年 APEC 峰会的标志；陈幼坚先生为自己公司设计标志的灵感来源于中国传统图案"四喜铜娃"；中国国航的标志采用中国传统瑞兽凤凰作为设计元素。课程对教学内容的知识点进行深入梳理，将带有课程思政元素的案例巧妙地穿插到授课过程中。通过直观的微课演示、分组讨论、案例讲授等教学方法，对知识点进行解析，不仅使学生掌握图形类标志设计的表现形式，更让学生认识到中国传统图案的魅力，让他们感受到博大精深的中国文化。本章节课程思政元素的融入做到了顺理成章、水到渠成，教学过程做到了引导学生自觉传承和弘扬中华优秀传统文化。

3. 图文组合类标志设计

本章节在众多讲解案例中专门对天津轻工职业技术学院的校徽进行剖析讲解。校徽的标志由圆环和三角形构成主体造型，三角形是由"轻工"的首字母"Q、G"和篆书"水"字的几何化处理组合，三角形象征着稳固，寓意着学校不断进取勇攀高峰的精神，几何化处理的篆书"水"字体现了学校的教育理念。圆环、齿轮和图书图形进行同构处理，既有圆满之意又象征职业教育工学结合的办学特色，此外，圆环内还有弧形的中英文字校名。通过对校徽这一经典的图文组合类标志的讲解，学生掌握了图文组合类标志创意表现形式和特点，并了解校徽设计和创作过程，培养学生认识母校、了解母校、以母校为荣的自豪感，使学生认识到爱校尊师孝敬父母是中华民族优良传统美德。课程恰逢学院建校 20 周年，为此课程将建校 20 周年标志设计作为项目实操模块的设计制作项目,实现理论讲授与项目实操无缝对接。课程中还列举了奥运会标志设计的案例,重点讲解 2008 年和 2022 年奥运会会徽设计,通过对北京奥运会会徽设计的解读,认识到奥运会的成功举办对中国的重要意义,激发师生的爱国情怀。标志表现形式这一教学模块,切实贯彻"三热爱,树两观,一弘扬"的课程思政指导思想,并且有效地联动前后其他课程。

（三）新技术与标志设计

作为"三教"改革的排头兵,标志设计课程必须与时俱进,让学生第一时间了解标志设计的新动态和新趋势。随着科学技术的高速发展,人类已进入数字化时代,媒介、工艺、技术的革新改变了标志设计的形态,其中大数据、人工智能发挥了重要作用。近几年,智能设计平台悄然浮出水面,对设计行业带来了不小冲击。2017 年"鹿班"以 1 秒设计 8000 张海报的速度刷新人们对智能设计的认知,并于 2018 年登录《机智过人》节目展现它的设计和审美"天赋"。新冠肺炎疫情防控期间,智能 LOGO 设计平台上了热搜,再一次轰动了设计圈。因此,标志设计课程尝试性地加入智能设计这一教学知识点,通过对智能设计平台的介绍,引导学生正确认识和合理使用智能设计平台,并且学会敢于直面智能设计带来的新机遇与新挑战。通过对该课程的学习,学生认识到必须坚持原创,树立正确的艺术观和创作观,才能使自己立于不败之地。

（四）标志设计项目实操

注重学生实践能力的培养是职业教育的立足之本,标志设计项目实操是整个课程的核心环节。标志设计课程有针对性地将思政元素融入项目化教学。课程以"为家乡设计""建校 20 周年"等选题作为实操项目。其中"为家乡设计"的选题,旨在让学生深挖家乡区域文化资源,包括红色旅游、乡村振兴、非物质文化遗产、家乡美食等,为自己家乡优秀资源进行设计,打造并推广自己家乡的文化 IP。学生从调研、构思、草图绘制到设计正稿,最终形成汇报总结。在实践项目的指导和设计过程中,教师细心讲解、言传身教,将精益求精的工匠精神和爱岗敬业的职业道德,贯穿整个教学实践的过程。通过整个创作过程,激活了学生创作内动力,也加深了他们对家乡的认识。培养学生爱祖国、爱家乡的家国情怀,引导学生努力成为反哺家乡、回馈家乡的建设者。课程汇报点评环节,激发学生的积极主动性,把自己眼中家乡之美分享给大家,同学们通过点评汇报了解祖国更多的优秀传统文化。作为教师对不同地方文化也有进一步的认识,为今后的学生创作辅导积累了更多理论知识。课程起到了师生共促的作用。标志设计实操项目在教、学、做的过程中通过潜移默化的隐性教育让学生内化于心,实现将育德育能有效地融为一体。

四、总结与反思

综上所述，课程全过程围绕着"三热爱，树两观，一弘扬"课程思政指导思想，在课程建设中，教师认真梳理课程脉络，将课程知识点进行解构，提炼思政元素并巧妙地渗透到课程知识点中，最后对课程进行重组形成一套"育德育能并举"的标志设计课程实施方案。课程教学受到学生和学校的好评，并被确认为我院课程思政示范课。总之，课程思政之路任重道远，标志设计课程只是艺术设计专业思政课程的起步，课程还需要不断地完善和建设，今后还有更多课程需要教师团队共同开发，最终实现思政与专业课程有机结合，同向同行。

参考文献：

［1］教育部关于印发《高等学校课程思政建设指导纲要》的通知［EB/OL］. 中国政府网，2020-5-28.

［2］韩梦如. 试析课程思政在标志设计课程中的应用［J］. 现代交际，2020，No. 523（05）：175-176.

新时代思政课程与课程思政耦合育人研究①

郑帅普

一、新时代坚持思政课程与课程思政耦合育人的价值考量

推动思政课程与课程思政的耦合育人，是基于新时代背景下，破解思政课"孤岛现象"、构建"大思政"格局、落实立德树人根本任务的价值考量，为培养担当民族复兴大任的时代新人大有裨益。

（一）落实立德树人，提高人才培养质量的新抓手

要培养德技并修、德艺双馨、德才兼备的综合型人才，必须跨越思政教育和专业教育的鸿沟，构建"大思政"格局，让立德树人理念贯穿始终。

《高等院校课程思政建设指导纲要》指出，全面推进课程思政建设是落实立德树人根本任务的战略举措。这既是对课程思政战略地位的高度评价，也是贯彻新时代党的教育方针的重要举措，又是对中国优秀传统文化中所蕴含的重视德育"基因"的一脉相承。课程思政是对传统思想政治教育的一种超越和突破，是思想政治教育方式的一次形态变革。课程不是单纯的知识、技能的堆积和呈现，而是知识传授和价值引领双重任务的协同与融合[1]。课程思政正是基于这一观念，在传授专业知识和技能的同时，用社会主义核心价值观浸润学生的道德情操，增强说服力和感染力，使其在人生的"拔节孕穗期"成长为根正苗红的时代新人。因此，对思政课程和课程思政必须坚持两手都要抓、两手都要硬、两手配合抓的原则，才能真正落实立德树人的根本任务。

（二）坚持守正创新，开创思政课改革的新局面

2019年3月18日，习近平总书记在学校思想政治理论课教师座谈会上提出

---

① 本文系2021年度天津海河教育园区思政课程专项课题《双高计划'背景下高职院校思政课程与课程思政耦合育人研究》阶段性研究成果。
发表情况：本文发表于《常州信息职业技术学院学报》2022年第01期。

"八个相统一"，为新时代推动思政课改革创新提供了新思路。其中一个"相统一"再次对思政课程与课程思政协同育人提出了要求：要坚持显性教育和隐性教育相统一，挖掘其他课程和教学方式中蕴含的思想政治教育资源，实现全员全程全方位育人。这为高校思政工作坚持守正创新、推动思政课改革创新提出了新命题。

思政课程引领课程思政的政治方向，两者目标具有一致性。习近平总书记在学校思想政治理论课教师座谈会上强调，办好思想政治理论课，最根本的是要全面贯彻党的教育方针，解决好培养什么人、怎样培养人、为谁培养人这个根本问题。这明确了思政课的地位和作用具有强烈的政治性，是为社会主义发展和中华民族伟大复兴培养建设者和接班人，旗帜鲜明地突出了政治标准，属于显性思想政治教育的范畴。课程思政从本质而言是隐性思想政治教育，隐性思想政治教育从学理视角分析，其焦点在"隐"字，基本内涵是隐匿、隐蔽[2]。思政课程和课程思政在目标追求上有共同的"守正"，即以马克思主义信仰为底色，在方法和手段上体现和而不同的创新，即显性教育和隐性教育相统一。两者的结合，有助于构建"大思政"格局，推动新时代思政课改革创新迈上新台阶。

（三）把握系统观念，构建"三全育人"的新格局

马克思主义唯物辩证法强调系统观念，事物普遍联系，认为系统是相互影响、相互依赖、相互制约的部分有机融合而成的，在实践生活中要用全面的眼光，从事物的结构、特点、功能等方面把握有机整体。

习近平总书记明确指出：系统观念是具有基础性的思想和工作方法。面对新形势，在高校思想政治教育工作中，坚持系统观念体现在要坚持全程育人、全方位育人、全员育人的"三全育人"基本原则，让思想政治教育全面、有机地渗入高校各项工作之中。具体而言，坚持思政课程和课程思政耦合育人，要让专业课教师加入思政工作的队伍中，共同挖掘专业课程的思想政治教育因子，使知识传授与价值引领同频共振，弥补思政课之外思想政治教育的缺失，实现思政课程与课程思政的环环相扣。

二、新时代推动思政课程与课程思政耦合育人的现实困境

近年来，高校围绕培养什么人、怎样培养人、为谁培养人这一根本问题，对思政课改革创新进行了诸多有益探索，在课程思政建设方面也取得了一定的成效，"大思政"格局不断完善。但是，在统筹思政课程与课程思政的有机结

合、构建"大思政"格局等方面仍然存在诸多问题需要化解。高校必须深层次解决在主观和客观等方面遇到的瓶颈，这是有效开展课程思政建设、提高立德树人成效、全面塑造时代新人的前提。

（1）思政课程和专业课程在育人目标方面不一致，导致协同育人观念淡薄。当前，将两者的育人目标"一分为二"的错误观念不利于建构完整、坚实的协同育人机制。

（2）思政课程和专业课程在育人实践中存在片面的做法，导致协同育人效果差。在构建"大思政"格局的过程中，思政课是立德树人的关键课程，是开展思想政治教育的主渠道、主阵地。但要实现"三全育人"体系的完整性，思政课不是万能的。若是由思政课承担全部思想政治教育工作，各专业课程会在育人方面缺少主动与自觉[3]。专业课程存在只调专业内容，忽视对学生进行价值观教育，将出现知识传授和价值观引导对立起来的现象，最终出现思政课程专门涵养德育、专业课程主攻培养能力的结果。

（3）思政课程和课程思政的主体缺乏沟通，没有形成强大的育人合力。长期以来，由于各种主客观原因，思政教师与专业课教师之间缺乏沟通协调机制，最终导致协同育人能力弱。一是对于专业课教师而言，缺乏专业的思想政治教育培训，不了解思想政治教育基础理论和方式方法等。因此，在实际的课程思政开展过程中，不知道如何在专业课教学中有机融入思想政治教育元素。二是思政教师长期从事理论教学，不能借助学生对专业课的兴趣，精准开展思想政治教育。两者固守学科界限，缺乏沟通交流，不利于协同育人共同体的构建。

三、新时代探索思政课程与课程思政耦合育人的推进路径

新时代背景下，高校要用习近平新时代中国特色社会主义思想铸魂育人，落实立德树人根本任务，培养社会主义建设者和接班人，必须构建"大思政"课程体系，推动思政课程与课程思政同频共振、协同发力、耦合育人。

（一）加强顶层设计：完善耦合育人体制机制

高校育人工作是一项完整的系统工程，需要多方发力，立足实际谋篇布局，立足长远整体规划。新时代做好课程思政与思政课程耦合育人的顶层设计，全面推进高校思想政治工作的改革创新，是思政工作实现理想目标、提高育人实效性的"总开关"。

首先，在思政课程与课程思政耦合育人的过程中，要有高站位，坚持党委统一领导、其他部门齐抓共管的协同育人格局。推动思政课程与课程思政耦合

育人，只有强化党委的集中统一领导，才能激发行政系统和其他各级组织的积极性和主动性，形成有效合力共同推动思想政治工作[4]。其次，压实属地责任，保证耦合育人"落地生根"。一线的思政教师、辅导员、专业课教师等主体都是推动思政课程与课程思政良性互动的关键主体，必须牢固树立"四个意识"，在课程体系、课程方案、教学方法、育人契合点等方面落实落细，明确思政工作责任。最后，加强马克思主义学院建设。2021 年 9 月 21 日，中共中央办公厅印发《关于加强新时代马克思主义学院建设的意见》（以下简称《意见》），其中指出：马克思主义学院是学习研究宣传马克思主义的主阵地，思想政治理论课是马克思主义学院坚持用习近平新时代中国特色社会主义思想铸魂育人的主渠道。这对马克思主义学院的地位进行了明确定位。因此，高校必须适应新形势、新任务的迫切需要，立足党和国家事业全局，把加强马克思主义学院建设作为基础性、战略性工程，推动实现高质量发展，为课程思政建设、实施提供坚实的理论支撑、学术支撑、队伍支撑。

（二）明晰两者逻辑：思政课程是开展课程思政的导航

要实现课程思政助力"三全育人"格局的构建，协同培育担当民族复兴的时代新人，所以必须明确课程思政与思政课程在教书育人中的关系。在深入挖掘各类专业课程中的思想政治教育因子、开展课程思政的时候，必须以思政课程为"指示灯"，切实保障课程思政方向。

首先，思政课程是课程思政的政治导航，引领课程思政的政治方向。思政课是对大学生进行系统的马克思主义理论知识传授、提升思想政治水平、培养社会主义建设者和接班人的主阵地和主渠道，关系到培养什么人、怎样培养人、为谁培养人这个根本问题，必须坚持党的领导和正确的政治方向。党的十九大报告首次提出中国发展新的历史方位，即中国特色社会主义进入了新时代。新时代背景下，中国高校的思想政治工作也面临新的发展现状，教育对象也呈现新的面貌。基于此背景，课程思政应运而生，思想政治教育贯彻全员、全程、全方位的原则，专业课程也承担开展思想政治教育的重大任务，与思政课程同向同行、同频共振，共同落实立德树人的根本任务。因此，课程思政必须在政治方向上坚持思政课程的引领，必须以坚定中国共产党的领导、为中国特色社会主义事业铸魂育人为根本要求。其次，思政课程是课程思政的价值导航，引领课程思政的价值取向。思想政治理论课不是单纯的知识教育，而是涉及价值认同的教育，承载了思想价值引领的理论担当[5]。思政课要引导学生扣好人生的第一粒扣子，让大学生树立正确的世界观、人生观、价值观。课程思政要坚持思政课程育人的价值取向，挖掘专业课程中有助于提升学生思想道德水平、树立社会主义"大德"的资源，铸魂育人。最后，思政课程为课程思政提供马克思主义方法论的指导，丰富课程思政的教学方法。恩格斯曾指出：马克思的整个世界观不是教义，而是方法。它提供的不是现成的教条，而是进一步研究的出发点和供这种研究使用的方法[6]。在开展课程思政的过程中，同样可以运用马克思主义方法论，指导课程思政的教学方法。"八个相统一"的要求是马克思主义方法论在新时代的传承与创新，可以成为提升课程思政建设水平的重要手段。

（三）加强理念认同：思政课程与课程思政是"一体两翼"

思想是行动的先导，必须处理好思想认同和实际行动之间的关系。没有与时俱进、适应时代发展的新理念，会削弱思政课程与课程思政的耦合育人成效。因此，必须明确思政课程与课程思政要有共同的价值目标和追求，共同致力于培养德智体美劳全面发展的社会主义人才。

当前高校意识形态工作面临复杂态势，大学生通过网络等方式，可以获取海量信息，其内容在政治正确性、价值积极性等方面难以全面把握，一些信息会侵蚀大学生思想、腐蚀其价值观。因此，思想政治教育工作要实现群策群力的创造性转化，协力推进立德树人根本任务的落实。课程思政不是增开一门课，也不是增设一项活动，而是将高校思想政治教育融入课程教学和改革的各环节、各方面，实现立德树人润物无声[7]。在实践中，思政教师和专业教师围绕立德树人，为构建"大思政"格局贡献合力。教师作为施教的主体，要不断增强协同育人的主动性，提升思政教育的能力、技巧和艺术，提高育人本领和能力。特别是专业教师，不仅要增强马克思主义理论素养，增强全员全程全方位育人意识，还要主动探索专业课程与思政教育完美融合的技巧。

（四）建立牵手机制：思政课程与专业课程要共建共享

基于共同的思政育人理念和立德树人的终极目标，思政课程和课程思政在推进协同育人的进程中，要注重打造共建共享的沟通平台，建立思政教师和专业教师规范化、常态化的互动机制，思想政治教育资源和内容的平台共享机制，加速形成共同体。

首先，对于思政课教师而言，关键是发挥积极性、主动性、创造性。思政教师必须加强和专业教师的沟通与交流，分享思政教学资源，利用自身的思政知识为专业课教师开展课程思政提供价值引导。其次，对于专业课教师而言，有更多的机会全面了解学生的兴趣特点和思想动态，对教学对象有更深入的了解，可以和思政教师经常沟通学生的思想状况。最后，在双方互动方面，要建立各类课程教师之间的常态化交流分享会；思政教师和专业教师要互相听课学习，定时开展跨学科思政大讲坛；打造"云思政课程+云课程思政"平台助力优质思政资源的共享，形成协同育人的耦合效应，将协同育人机制的效果最大化。

四、结束语

推进思政课程与课程思政的耦合育人，是适应新时代的发展趋势、健全思政工作体系、培养全面发展的社会主义建设者和接班人的重要环节。只有坚持习近平新时代中国特色社会主义思想的指导，统筹好思政课程与课程思政的关系，才能实现价值观引领和专业技能增长的同向同行，落实立德树人的根本任务。

参考文献：

[1] 杨建义. 全面提高高校人才培养能力视野下的"课程思政"建设 [J]. 思想理论教育导刊，2021，No. 271（07）：128-132.

[2] 巩茹敏，霍跃. 构建课程思政与思政课程协同效应的新审视 [J]. 思想政治教育研究，2021，37（01）：74-78.

[3] 韩喜平，肖杨. 课程思政与思政课程协同育人的"能"与"不能" [J]. 思想理论教育导刊，2021，No. 268（04）：131-134.

[4] 李江. 领航课程思政：党委主体责任的逻辑与行动 [J]. 中国高等教育，2017，No. 590（Z3）：18-20.

[5] 王景云. 论"思政课程"与"课程思政"的逻辑互构 [J]. 马克思主义与现实，2019，No. 163（06）：186-191.

[6] 中共中央马克思恩格斯列宁斯大林著作编译局. 马克思恩格斯选集：第4卷 [M]. 北京：人民出版社，2012：664.

[7] 高德毅，宗爱东. 从思政课程到课程思政：从战略高度构建高校思想政治教育课程体系 [J]. 中国高等教育，2017，No. 578（01）：43-46.

新时代下高等职业院校课程思政建设的路径探究①

韩晓鸣

课程思政作为高等职业院校开设的一种人文社科通识类课程，能够对思想政治教育资源进行充分挖掘，使其得以在高校思想政治教育平台中融入的同时，进而使高校在立德树人理念上，能够和思政理论课的育人目标向着同一方向共同前行，从而形成协同效应。近些年来，各个高等职业院校都深入探究对专业课程中思政教育资源的挖掘，这也使我国在课程思政建设上获得了许多令人满意的成果。

一、新时代下高等职业院校课程思政建设的重要意义

新时代下，我国在社会主义发展中的特色化变得越来越明显，自改革开放以来，我国也变得越发强大。不过，在对我国当下的社会发展进行认识的过程中，还需要找出其内部存在的问题。社会发展所带来的改变，也使新的矛盾与冲突产生，而教育工作者作为一名知识分子，必须具备较强的社会责任感，以便对现今的公民道德及社会价值观更好地进行维护。

在新时代下，高等职业院校肩负着为中华民族伟大复兴提供人才支撑的重要使命，这对每一名教育工作者来说，都是需要承担的义务与责任。不过，思政教育是非常复杂的，不仅需要国家进行宏观层面上的顶层设计，还需要一线教师能够在思政教育中积极参与进去，对各类课程进行有效的协调，从而使现有的课程体系及学科结构被彻底打破，使课程思政作用得到充分的发挥。在进行教学时，既要对专业知识进行传授，还要对专业课中所融入的思政教育资源进行提炼，从而使受教育者的素质、知识和能力有机统一。在我国致力于全面建成小康社会的过程中，中华民族在现代化社会发展中也迎来了全新的征程，在此过程中，我国需要大批优秀的建设者与接班人，而这也是高等职业院校所

---

①　发表情况：本文发表于《中文科技期刊数据库（文摘版）教育》2020 年第 04 期。

必须承担的使命与职责。这就需要高等职业院校能够对课程思政理念积极创新，并通过行之有效的方法，使思政平台能够实现育人的全方位、全过程与全员化。

二、新时代下高等职业院校课程思政建设的路径探究

（一）确立课程思政建设目标

在新时代下，高等职业院校必须要对思政工作予以高度重视，并通过长期办学实践不断地进行摸索，以此探寻一种能够与自身工作特色及优势相符的工作理念。高等职业院校的党委需要对习近平总书记在会议中提出的党的十九大精神进行深入的贯彻与实施，在课程思政建设中，提高立德树人的高度，并秉承着强烈的责任感来对现有的育人体制机制建设进行完善，通过对校内质量教学进行改革，对建设项目进行诊断，以此确保育人教学诊断工程的顺利实施。建设智慧校园，使高等职业院校能够有效管控师生的意识形态，除此之外大力宣传和开展教育引导，使校园文化在具备特色化的同时，还能更好营造出积极向上的氛围。此外，高等职业院校还要对教师的师德师风进行强化考核，使教师能够发挥出为人师表的引领作用，大力建设班风、学风、校风，并践行党的十九大精神，以确保学生成长能够得到全过程化、全面化的服务，从而使"两个一百年"奋斗目标得以顺利实现。

（二）通过顶层设计加快课程思政建设

在新时代下，课程思政建设需要进行三大工程建设，分别是教师思政素质工程、基层党组织建设工程以及大学生思政教育推进工程。在大思政格局中融入课程思政，通过科学的统筹规划来进行协调推进。此外，还要建设课程思政师资团队，以此确保思政教育队伍得以进一步扩大，高校还要积极动员专业课教师，使其能够在课程思政建设中有效参与进去，进而使思政教育载体得到有效拓展，对专业课内的思政教育资源进行充分挖掘，然后将其融入专业课及实训过程中，丰富思政教育方法及内容。在设计理念上应采取自上而下的顺序，有效促进学校三全育人思政教育理念的转变，使在思政课程建设过程中的体制与机制得到进一步健全和完善。各个教学系应和思政教师进行跨界备课，对专业及实训课内的思政教育资源进行挖掘，使思政教育能够纳入专业课与实训环节中，并以专业或行业为依托，使职业人能够以此为立足点并对其进行有效培养。思政教育内容则需在专业课中以职业精神、英雄人物、职业道德以及专业发展史作为其挖掘层面，以此实现对思政教育方法的有效创新，使育人模式能够实现全员参与、全过程化、全课程化。[1]

(三) 大力推进课程思政的特色专业群建设

高等职业院校需大力推进课程思政的特色专业群建设,打造特色优质专业,使专业人才培养得到有效创新,并促进创新创业教育的深化改革,通过对竞赛、实训与创新平台进行综合建设,使其能够与地方产业乃至整个行业的需求相符,打造和建设一流专业群,将行业的发展规划作为人才培养的要求,以此实现对人才专业结构的优化。通过和产业转型进行有效对接,高等职业院校在人才培养中能够为地方建设需求所服务,以此加快建设特色专业群。将特色专业群作为建设关键,使优质专业能够和行业高度契合,从而实现行业的精准对接发展。[2]其次,还要对更加多元化的办学模式进行积极探索,对人才培养模式进行大力创新,采取混合所有制、现代学徒制等方式来加强校企之间的合作,以此实现共同育人。利用校企共建基地,并打造技术协同创新中心,使高校和企业能够对创新型技能人才进行共同培育。对专业人才培育模式进行创新,对通识课平台进行构建,打造专业与创新相结合的平台课程体系,使专业人才培养能够融入思政、工匠精神、特色文化以及行业精神。再次,需要对与产业需求相符的专业教学体系进行构建,结合新时代下的产业发展动态,有效把握行业企业的先进技术知识,使这些技术知识、工艺成果乃至设备等都能够在专业课教学内容中有效贯通,而在混合式教学中则将慕课作为核心,以此实现对精品课程的在线授课。最后,还要将专业作为创新创业教育的驱动力,对实训、竞赛与创新综合平台进行一体化打造,将"互联网+大赛"作为跳板,将专业作为创新创业教育的驱动力,以此对专业课程体系进行改革,使专业课能够容纳创新理念、工具及方法,进而将专业实训基地打造为具有实训、竞赛与创新功能的展示平台,使实践创新活动得以通过更多模式、更多层次展开。[3]

(四) 思政功能需体现在教学内容之中

在专业建设过程中,需要将当下主流的价值观和行业中的献身、创新、求实、奉献、责任等精神进行无缝融入,从而确保专业课、教育活动以及实践课都能够实现价值引领,进而使大思政格局得以有效形成。同时,还要根据教学大纲来进行课程设置,对课程内的教育因素深入挖掘,将当下社会中的正能量有效引入到课堂教学之中,使思政课程所具有的德育功能得以有效发挥,并使大学生在德育功能下树立正确三观。在课堂教学中,思政教育需贯穿其各个环节,确保各类课程和思政理论向着同一方向共同前行,以此产生协同效应,并使专业课中的技能目标、知识目标结合到社会担当和个人理想之中,从而使公共课、实践训练课以及专业课都能够对成才观、职业观进行正确的承载。

（五）坚持文化育人，打造特色校园文化

在对课程思政进行深化改革时，需要将企业文化进行强化融合，使文化教育体系能够具备行业特质。一方面要将互联网与校园文化模式进行有机结合，利用互联网中的新媒体，使易班平台作用得以充分发挥出来，进而使网络中的优秀文化得以有效培育。另一方面则需对国家在"互联网+"中所提出的发展战略进行有效响应，使教育教学能够和现代信息技术进行深层次的融合，进而实现对精品在线开放课程的有效打造，使校园文化建设能够从更多渠道进行有效推进。此外，还要对品牌特色进行有力打造，对校园的优质育人环境进行积极塑造，着重打造职业教育，进而使高等职业院校的特色得以有效彰显，通过大力营造校园中的育人文化环境，使育人教育能够全过程化渗透，从而达到润物细无声的效果。最后，学校还要不断丰富校园文化建设内涵，发挥区位优势打造大学生实践基地，使校园能够引入社区与企业文化，并聘请优秀企业家到校园进行宣讲，使区域文化体系具有学校、企业与社区特色。[4]

三、结语

总而言之，在高等职业院校的课程思政建设探索中，需要以区位优势、多渠道、校园办学特色为依托，在思政教育大格局中纳入专业课程，以确保专业课程具有鲜明的课程思政特色，从而实现预期目标的顺利达成。在新时代下，专业教育必须要对课程思政功能进行充分发挥，只有这样才能培育出一批合格的社会主义建设者与接班人。

参考文献：

[1] 万力. 论高职院校课程思政建设的必要性——以会计学专业课程为例 [J]. 辽宁高职学报, 2018, 20（12）：49-50, 53.

[2] 王放. 信息化环境下高职院校"课程思政"建设的思考 [J]. 佳木斯职业学院学报, 2019, No. 194（01）：57, 59.

[3] 郎振红. 高职学校计算机专业课程思政建设的实践探究 [J]. 天津市教科院学报, 2019, No. 172（02）：70-77.

[4] 张笑添. 大数据背景下高职"课程思政"建设路向若干思考 [J]. 中国多媒体与网络教学学报（中旬刊）, 2019（06）：169-170.

基于电子商务专业建设的课程思政研究①

宫晋强

2016 年 12 月，习近平总书记在全国高校思政工作会议上提出要坚持把立德树人作为中心环节，把思想政治工作贯穿教育教学全过程，实现全程育人、全方位育人。2017 年 10 月，党的十九大报告中也明确指出，要认真落实立德树人这一根本任务。

课程思政是在以立德树人为核心的大环境下，将思想政治教育贯穿高校教育教学各方面与各个环节的全新尝试和探索。

一、正本清源：课程思政建设的根本任务是立德树人

（一）明确任务

当前很多高校注重学生智育的发展，在课程中主要强调知识的传授和技能的培养，轻视对学生德育水平的塑造，使思政课程收效甚微。课程思政正是在这样一种背景下应运而生，强调高校应进行三全育人，而课程作为学校教育的主要途径应将价值引领与传授知识融为一体，在授业、解惑过程中，重申传道功能，即立德——价值引领。在课程教学过程中，融入伦理道德、传统文化、理想信仰和社会主义核心价值观，积极引领学生的世界观、人生观、价值观朝正确的方向发展。同时，课程思政本身又强调树人要求，即对人的培养，要求高校一方面要为社会培养出具有专业知识和技能的人才，另一方面也要保障人才的全面发展与个人自我价值的实现，将树人目标融入课程教学之内，实现人的全面、健康发展。[1]

（二）专业使命

我国电子商务产业在新的技术和媒体助力下，呈现出全球化、多元化、服

---

①　发表情况：本文已发表于《商业 2.0—市场与监管》2021 年第 05 期。

务化的发展特征，极大地促进了社会经济发展。电子商务专业是伴随互联网的发展而设立的管理学类新兴专业，培养具有技术、商务、管理知识和能力的复合型人才。但因电子商务专业涉及多个交叉学科，不同院校形成了差异化培养特色，不过随着新兴技术的发展，社会对复合型人才的需求日益迫切，电子商务专业正在寻求新的教学体系和课程设计，培养能引领技术与商业融合创新的优秀人才。正是在这样一种时代呼唤、教育发展迫切需要的背景下，课程思政应时而生，对引导电子商务专业知识、技能走向道德和创新，实现电子商务学习和学习者全面发展与成长，提出新的构想与指导。

二、因地制宜：建设具有鲜明的专业特色课程思政

（一）专业是特色

高校落实立德树人这一根本任务，应制订、修改、结合专业人才培养方案，构建出专业新型的课程思政教育体系，以三集三提为基础优化专业课程思政的方法体系，完善专业课程思政的制度保障，加强教师队伍建设和培养，将课程思政融入具有专业特色的教育教学过程之中。通过课程思政建设落实三全育人工作，全面提高专业教育教学质量，致力建设国际化专业和世界一流学科[2]。

（二）电商思维发展专业

电子商务专业课程思政建设，要求转变传统教育观念、改进专业教学模式、明确专业教学目标、创新专业教学方法、优化专业教学内容、完善专业教学评价。应结合专业培养德、智、体、美、劳全面发展，具有技术、商务、管理能力的人才，构建以思想政治课为核心，专业知识、技能课为骨干，综合素养课为支撑的三位一体具有专业特色的思想政治教育课程体系。在电子商务专业强化价值引领的基础上，进行商务、管理知识和互联网技术等技能的传授，强化学生综合素养的养成，依靠三位一体的课程思政同心圆，使全部课程与思政理论课程同心、同向、同行，形成合力，产生协同效应。鉴于电子商务专业其技术、手段不断变化和发展特性，专业同时应不断开展专业教师培训、跨院校专业间交流，加强与企电商业沟通和合作，强化教育教学活动管理与考核，全方位落实课程思政体系建设，保障电子商务专业教育教学质量。

三、本固枝荣：依托课程建设基础发展课程思政亮点课程

（一）课程是基础

教学是高校落实立德树人任务的主要途径，而开展教学的主要渠道是课堂，

课堂依托课程进行安排布置，因此课程思政建设对培养新时代中国特色社会主义人才意义重大。课程是实施课程思政建设的基础，课程建设基础不牢，思政建设则犹如无根之萍、无源之水。因此要开展课程思政，首先要保证课程建设的同步、有效开展。尊重课程建设规律，构思课程设计，进行课程开发，落实好课程设置、课程排布、课程标准。还要遵循专业特征和学情现状，科学阐述课程定位，组织好课程实施，监测课程质量评价[3]。

(二) 电子商务专业课程是亮点

电子商务专业主要目的是培养商务型、技术型、战略型、创新创业型复合型人才，因此电子商务专业课程思政建设要根据电子商务专业人才需求，制订好基于课程思政模式的人才培养方案、教学大纲和课程标准，注重在价值引领下的电子商务知识传授和操作技能培养。电子商务专业根据课程建设适宜构建以思想政治课为核心、专业技能课为骨干、综合素养课为支撑的三位一体思政课程体系，各门课程之间应相互交流与沟通、相互协调与配合，将思政教育在各层次间合理布局、妥善安排，确保思政元素无遗漏、价值引领效果显著。电子商务的专业课程既可以分为偏理论传授的电商职业技术课和偏技能培养的电商职业技能训练课，又可以分为电子商务专业基础课和电子商务专业核心课等，不同类型的课程在构建思政课程中，应根据专业课程的特点设计，最大限度地融入思政元素，呈现不同思政内容和效果。根据电子商务专业课程特点，遵循整体性融入、针对性融入、艺术性融入、协调性融入、集成性融入原则，使课程思政建设在电子商务专业，既能展翅翱翔，也能落地生花。

四、春风化雨：课程思政教师要以德立身、怀德立学、施德于教

(一) 教师是关键

百年大计，教育为本，教育大计，教师为本。教师是立教之本、兴教之源。师者，传道授业解惑也。教师是文化科学知识的传播者，又是学生品德和智育的塑造者，在学生身心发展过程中起主导作用，是教育教学工作中的第一责任人。因此课程思政建设既是教师的权利也是教师的责任。教师参与课程思政建设，是落实立德树人这一根本任务的最直接、最有效的方式，高校教师应牢固树立教书育人的使命感和责任意识，坚持文化育人、课程育人、管理育人，实施活动育人、实践育人、科研育人，综合协同育人，践行"全员育人、全过程育人、全方位育人"的三全育人。

(二) 打造卓越电子商务师资

电子商务专业是高校的一个新兴专业，师资队伍构成比较多样，既有擅长计算机、网络技术的理工科人才，也有擅长金融、商务的经济类人才，还有擅长组织、交际的管理型人才，绝大多数教师的授课方向和专攻领域既相互联系又各有特点。因此电子商务专业教师的课程思政建设既要协同作战又要各自主政，同时应整合思政专业教师与辅导员队伍，成立电子商务专业课程思政工作小组，形成相互支撑、沟通顺畅、卓有成效的工作方式。教师落实课程思政建设任务，首先要保障教师养成育德意识，其次要求教师具有育德能力。具体要求是专业既要强化师德师风的建设，同时又要制定、完善教师学习、培训体系。通过课程思政建设带头人、课程思政骨干教师、课程思政教学团队的电子商务专业课程思政教学团队建设，积极进行校际交流、学习培训，参与企业锻炼，建设一支高水平、信息化、专业化的一流课程思政教学团队。同时聘请课程思政研究领域的学者，行业、企业专家，以及社会各界先进人物和代表为特聘讲师，进行思政教育，参与电子商务专业课程思政建设。通过组织领导、协调配合，使电子商务专业课程思政建设更上一层楼。

五、九九归原：课程思政建设的成效是让学生感到、想到、悟到

（一）学生是成效

教育教学活动的目的是培养社会需要的优秀人才，受教育者的学习成效是检验教育教学活动的唯一标准。因此课程思政建设要以学生的学习效果为前提进行，并依此进行课程思政人才培养方案制订，强化德育、素质要求，配套课程思政课程体系与课程思政教学标准。基于《华盛顿协议》根据学生毕业标准，建设、施行课程思政教学方案和课程思政教学计划。同时教育教学强调教学有法、教无定法、贵在得法，要加强对学生的区分与研究，讲究因材施教。[4]

（二）塑造电子商务精英

随着科技的发展、时代的变迁与社会的进步，来自不同地域、区域和不同年龄、阶段的学生之间有着显著差异，因此，电子商务专业实施课程思政要立足专业的办学定位、专业人才培养方案和专业学生特点，有的放矢。鉴于电子商务专业学生学习的课程范围比较广，人文、德育综合素质要求较高，因此课程思政建设要改变电子商务专业人才培养思路、探索教育教学改革、优化教学内容、调整授课方式、完善评价考核标准，确保电子商务专业课程思政教学效果的达成。通过建设，课程思政建设要使得电子商务专业教育教学由能力本位向学生人本本位过渡，教学的价值取向要服务于人的整个职业生涯，教育教学要以学生为中心，强调学生学习经验的获得，强调过程与结果并重、显性知识

与隐性知识并重的卓有成效的电子商务专业课程思政建设新局面的形成。

六、研究结论与建议

高校电子商务专业课程思政建设，第一就是要根据专业特征和专业发展状况，有的放矢，建设具有专业特色的课程思政；第二要重视电子商务专业课程建设，强调专业课程是课程思政建设的亮点所在；第三要重点挖掘思政元素，赋予教育教学灵魂和方向；第四要发挥教师在课程思政建设中的关键作用，加强师德师风建设，完善教师培训体系；第五要基于学生学习成效不断调整、优化课程思政建设体系，使电子商务专业课程思政建设掷地有声、成效显著。

电子商务专业课程思政建设过程中要遵循全员育人、全过程育人、全方位育人的三全育人体系，按照基于工作岗位、专业技能等级证书设置相适应的课程，鼓励学生参加专业大赛、以赛促建的岗证课赛协同育人体系架构专业课程思政建设，参照以思想政治课为核心、专业技能课为骨干、综合素养课为支撑的三位一体思政课程体系，多渠道、多途径发散式开展育人活动。鼓励专业教师根据专业课程目标，深入研究课程思政融入点，以发散创新方式进行专业课程思政教学设计，激发广大教师的使命感与责任感，激励更多专业、更多教师、更多高校积极开展课程思政建设，使广大教师深入践行立德树人的根本任务，做到"为师首要是德先"，做到"四个回归"，做到"学高为师、身正为范"，以主人翁的意识落实高校课程思政建设。

高校各专业之间、学校之间、政校企之间应加强合作，完善课程思政建设相关政策与制度，形成高效可靠的协调机制；在保障资金投入的同时，强化宣传、营造氛围，利用在线开放课程等信息化教学手段实现共享育人；学习借鉴典型课程、先进案例，加强课程思政建设的监督落实，确保课程思政建设顺利进行，完成立德树人的根本任务。

参考文献

［1］沃耘.高校法学"课程思政"教育教学改革路径与对策［N］.天津日报，2019-03-04（009）.

［2］陈正良.思政课教师要承担好时代重任［N］.浙江日报，2019-03-20（009）.

［3］俞明祥.深耕课程思政［N］.中国教育报，2019-03-14（010）.

［4］落实立德树人根本任务的关键课程［N］.解放军报.2019-03-19（001）.

机械制图及计算机绘图
"课程思政"教学模式探索与实践①

张婷婷

立德树人是教育的根本任务，教学内容要围绕培养目标来设置，教学方法、教学手段要根据课程特点及学情来选用，输出的人才既要具备岗位所需的专业技能，又要具备岗位所需的素质。机械制图及计算机绘图是机械大类专业高职学生必修的专业基础课[1]，其课程内容与后面专业课的学习有着紧密联系，是培养学生职业能力的基础，并且本门课程开设在大学第一学期，对大学生的意识培养和习惯养成起到关键作用。因此，本课程教学团队在教学过程中，不断积累教学经验，改革教学模式，优化教学内容。在"课程思政"背景下，进行系统的课程建设，多角度挖掘思政元素，重新整合课程，使专业教育与思政教育相辅相成。

一、改革基础

在学院的支持下，本课程团队围绕机械制图及计算机绘图的教学改革、信息化建设做了大量的工作。机械制图的教学改革情况：2010—2011 年机械制图及计算机绘图课程考试改革以证代考改革；2011—2012 年考试改革增加实训考核；2011—2013 年骨干校模具设计与制造专业岗位能力教学资源建设；2014—2016 年高水平示范校绩效项目模具设计与制造专业优质核心课程建设，形成线上线下混合教学模式，网络资源丰富，包括实践教学项目、典型案例剖析、课程介绍、教学课件、电子教案等；从 2012 年开始编写自编讲义、连续更新三次

① 本文系"2020 年度天津市职业教育与成人教育学会、天津职业院校联合学报科研课题"重点课题阶段性研究成果（项目编号：XHXB2020A010）。
发表情况：本文已发表于《中文科技期刊数据库（引文版）教育科学》2021 年第 09 期。

教材《机械制图及计算机绘图》及习题集、《AutoCAD 题库》，三本教材入选中国轻工业出版社"十三五"规划教材。为学生配备机械制图实训室，包括制图一体化教室和 CAD 计算机实训室。

因此，本课程改革基础深厚，为"课程思政"建设提供了环境和载体。

二、设计思路

坚持知识传授与价值引领相结合，紧密结合 2025 中国制造和中国现代化建设的实际，使学生树立服务社会意识，激发爱国主义情怀；加强学生职业素养教育，使学生能够自觉履行道德规范和行为准则，具有一定的工匠精神、创新思维、质量意识以及较强的集体意识、团结合作精神，成为"德技并修"的时代新人。

将课程目标划分为专业目标和思政目标。

专业目标：学生能够识读中等难度机件的视图、零件图，识读简单的装配图；能够利用 AutoCAD 软件绘制简单的图形；具备一定的空间想象能力和空间分析能力[2]；初步形成运用制图知识解决工程实际问题的能力，为学生在专业领域工作奠定基础。

思政目标：践行社会主义核心价值观，激发学生的爱国主义情怀和民族自豪感[3]；树立遵守国家标准和生产规范的意识；形成注重细节、精益求精的工作作风；树立正确的职业道德观念，爱岗、敬业、诚实、守信，具有团队精神、合作意识和创新创造能力。

三、教学内容

本课程以培养学生遵守规范的意识、树立正确的职业观念、培育工匠精神为主线实施课程思政。课程内容分为四个模块，每个模块以项目展开，共八个项目，结合专业特点和课程特点，深入挖掘思政元素，每个模块融入一个核心思政元素，围绕核心思政元素，针对不同的知识点再进行拓展（如图 1 所示）。

思政元素主要以文本类、故事类、纪录片类、电影类、新闻类、新媒体公众号短视频类等案例为载体呈现，如文本螺丝钉精神、故事鲁班学艺、纪录片《大国工匠》、电影《雷锋》、新闻改革开放四十周年大会、新媒体公众号《人民日报》《央视新闻》等内容引入课堂教学，激发学生的爱国主义情怀，坚定"四个自信"，从敬业到乐业最终实现精业、兴业，使课程不仅能够传授专业知识，培养专业技能，还具有价值引领的功能。[4]

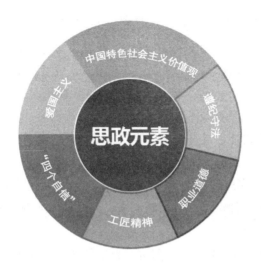

图1　思政元素

　　本课程是产品设计、制造、检验、使用和维修过程中表达和交流设计思想的主要工具，课程内容是后续专业课程学习和职业能力培养的基础。在开篇讲授本门课程性质和课程作用时，与"中国制造2025"相结合，使学生树立服务社会意识，激发爱国主义情怀。在讲授CAD作图时，以绘制五星红旗为例，树立学生的民族自豪感。

　　在第44届世界技能大赛中，中国选手获得了15金7银8铜的历史最好成绩，并且大部分获奖者都是90后，这是新时代弘扬创新"工匠精神"的生动体现。[5]机械图样是技术人员交流的工程语言，因此，在讲授组合体的尺寸标注时，标注尺寸必须正确、完整、清晰、合理，在绘图时要注重细节，精益求精。在教学过程中融入"海尔砸冰箱"案例，树立学生注重产品质量、精益求精的职业观念。教师规范演示，让观念"入脑"。学生在作图训练时，在细节上反复修改，让观念"入心"，逐步培养学生严谨细致、精益求精的工匠精神。

四、教学手段

（一）情景式教学，激发学生对课程的学习兴趣

　　课堂教学以企业案例为载体，将实际问题转化为课堂任务，以任务实施为推动[6]，激起学生认识、分析、解决问题的兴趣，在分析问题、解决问题的过程中学习专业知识，同时又将知识应用于解决实际问题，在任务中融入思政元素，以达到知、情、行统一的最佳效果。

（二）利用职教云平台/蓝墨云班课移动教学助手，延伸课堂

运用职教云平台让学生在课前、课中、课后"玩"手机。[7]

课前：教师上传微课等学习资源、布置任务，学生通过查看学习资源、完成任务，实现课前预习；文本螺丝钉精神、故事鲁班学艺、纪录片《大国工匠》、电影《雷锋》、新闻改革开放四十周年大会等内容，学生可随时观看，逐渐激发学生的爱国情怀，增强文化自信，树立质量意识[4]，形成良好的职业观念，以积极乐观的态度进入课堂。

课中：利用"举手""抢答""随机选人"等功能调动学生的主动性，增强师生互动的有效性，使课堂气氛活跃起来，同时让学生学会正确地使用手机，发挥手机的学习功能。

课后：开展线上调查问卷，实时进行教学反馈，因材施教。进行线上答疑、讨论，使课堂延伸；蓝墨云 APP 实时提供每个学生的学习报告，教师和学生可随时查看，根据报告监测近期学习情况，从而督促学生调整学习计划；根据学生参与活动情况进行评价，小组内和组间可相互评价，实现评价多元化。

（三）网上精品课资源

学生可利用学院精品课网站中本课程的教学资源自主学习，拓宽学习渠道，巩固所学知识，有效突破学习中的重难点内容。

（四）把比赛形式融入教学过程

积极开展机械制图比赛活动，将机械制图课堂大练习以比赛形式融入教学过程中，并对每次的练习或比赛作品进行评价。评价的目的是帮助学生提高绘图技巧，因此对于每次的评价都应该有反馈，学生可根据反馈信息对作品进行再次修改，并在不断的反馈和修改过程中，学生的绘图技能和识图能力得以逐步提升，更主要目的是能在一定程度上促使他们养成精益求精的工匠精神，把绘图作品质量从 60 分提高到 80 分，再提高到 90 分以上。通过这种形式培养学生的工匠精神，"精益求精，一丝不苟"的职业素养将在学生的思想中根深蒂固。

五、教学实践

在教学中坚持知识传授与价值引领相结合，采用情景式教学，以任务驱动实施课程教学，以"必需、够用"为原则将机械制图及计算机绘图知识融入每个任务中，精简整合理论课，注重动手实践，发挥学生在教学过程中的主体地位，教师引导学生由浅入深[8]、由易到难、循序渐进地学习识图和绘图知识。

在教学过程中注重基础能力的培养，更注重学习态度、学习习惯、职业素养、职业理念的培养。

以本课程模块三中任务三——组合体的尺寸标注为例展示教学实践过程（如图2所示）。

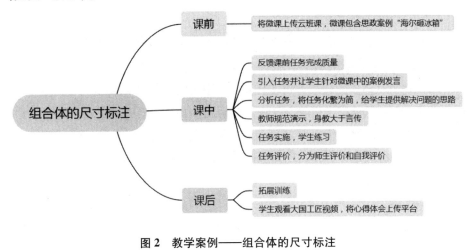

图2　教学案例——组合体的尺寸标注

六、教学效果

课程实施成效经历唤起意识、增强意识、巩固意识、形成意识四个阶段。

（1）学生形成敬业、精益求精、专注、创新等意识（唤起意识）；

（2）学生提高作图能力，注重图纸质量（强化意识）；

（3）评价由课堂延伸到课后，评价内容由学习拓展到生活（巩固意识）；

（4）学生在技能大赛中取得优异成绩（形成意识）。

2020年由天津市教委主办的模具数字化设计与制造工艺赛中，我院学生获得2个一等奖和3个二等奖；在注塑模具优化设计及加工编程技术赛中，我院学生获得1个一等奖、2个二等奖和1个三等奖。成绩的取得一方面是因为学生的专业知识、专业技术过硬，另一方面也离不开学生不惧困难、迎难而上的信念以及精益求精、专注创新的精神。

七、教学特色

（一）思政元素巧妙地融于课程，润物于无声

多角度挖掘与课程、岗位相关的思政元素，将生动的案例与教学内容相结合，以间接、内隐的方式传递给学生。[4]

（二）教学手段多元，形成翻转课堂

以职教云、蓝墨云班课 APP 以及精品课网站为平台，上传教学资源，实现学生在教师引导下的课前、课后自主学习，使课堂延伸为课前、课中、课后，发挥教师的主导作用，体现学生的主体地位。

（三）评价手段多元

（1）评价方式多元化。基于职教云及蓝墨云班课平台，重过程评价，轻结果评价，实现线下和线上综合评价。

（2）评价主体多元化。评价主体由课程任教老师、思政课老师、辅导员及学生组成。任务评价首先是学生自评，然后同学互评，最后任课老师反馈评价，形成评价闭环。最终评价由两部分构成：课程的学习情况和思想德育方面，并将这两部分进行综合评价，实现知识传授与价值引领相结合。

八、结语

本课程作为机械类专业高职学生必修的一门主干专业基础课，对大学生的意识培养和习惯养成起到关键作用。通过实施课程思政改革，教学效果明显改善。课程思政改革是持续性的、渗透式的、不断优化的过程，要继续整合教学资源，深入探究人才培养新策略，最终落实立德树人这一根本任务。

参考文献

[1] 王军梅. 课程思政融入高职学科教学的初步探索——以武汉软件工程学院为例 [J]. 教育现代化，2019，6（99）：192-194.

[2] 郭锦玉，吴佳毦，陈建国. 利用信息化平台进行混合式教学与学生评价的研究与实践——以"机械制图及 CAD"混合教学为例 [J]. 南方农机，2020，51（23）：138-139.

[3] 丁雨. 课程思政背景下《画法几何与机械制图》的教学模式改革 [J]. 南方农机，2019，50（23）：159.

[4] 赵仕宇，陈天凡. 新工科背景下高职机械制图与 CAD 课程思政探索与实践 [J]. 宁德师范学院学报（自然科学版），2019，31（2）：192-196.

[5] 田秀政. 高职院校"工匠精神"培育研究 [D]. 曲阜：曲阜师范大学，2018.

[6] 张总. 如何在机械制图中融入工匠精神 [J]. 西部素质教育，2017，3（12）：133，136.

[7] 户晓艳, 刘太甫. 基于蓝墨云班课的 SPOC 翻转教学模式应用研究——以信息技术课程为例 [J]. 岳阳职业技术学院学报, 2019, 34 (5): 69-72.

[8] 海峰. 一部凸显"工学结合, 产学融合"的高职物流专业教材——评李庆副教授著作《运输管理实务》 [J]. 襄阳职业技术学院学报, 2015, 14 (02): 139-140.

高职艺术类专业"同频共振"课程思政理念及模式的构建与探索①

——以天津轻工职业技术学院为例

张华娟　张丽娜

2020 年 5 月，教育部印发《高等学校课程思政建设指导纲要》，指出培养什么人、怎样培养人、为谁培养人是教育的根本问题，立德树人成效是检验高校一切工作的根本标准，落实立德树人根本任务，必须将价值塑造、知识传授和能力培养三者融为一体，不可割裂。要求紧紧抓住教师队伍"主力军"、课程建设"主战场"、课堂教学"主渠道"，让所有高校、所有教师、所有课程都承担好育人责任，守好一段渠、种好责任田，使各类课程与思政课程同向同行，将现行教育和隐形教育相统一，形成协同效应，构建全员全方位育人大格局[1]。开展课程思政，从单一化的思政课程向多层面的大思政转化，从单一的课程育人向立体的三全育人理念转化，有助于打破思政教育"孤岛化"现象，构建三全育人协同格局。

一、高职艺术类专业开展课程思政的必要性

（一）实现人才培养目标的需要

高职院校着眼于培养理想信念坚定，德、智、体、美、劳全面发展，具有一定的科学文化水平，良好的人文素养、职业道德和创新意识，精益求精的工匠精神，较强的就业能力和可持续发展能力的高素质复合型技术技能人才。

以文物修复与保护专业为例，该专业以文物修复和拍卖行业从业人员为主要岗位群，要求毕业生具备高度的责任感、使命感，对中国传统文化有相当程度的了解。然而艺术类专业学生一方面因为从小学习专业技能而投入系统的理论学习时间相对较少，感性思维模式占据主导地位；另一方面接触西方文化较多，思维活跃，更容易在多元的价值选择中迷失方向，进而导致行为上的偏差。因此在培养过程中要更加注重进行价值观教育，树立科学的、理性的思维方式，

---

① 发表情况：本文已发表于《卷宗》2021 年第 11 卷第 16 期。

注重塑造和激发学生的工匠精神，同时在学习过程中，领略中华文明的源远流长和灿烂多姿，增强对中华传统文化的认同感，激发爱国情感，增强文化自信。

（二）实现价值引领的需要

课程思政的最终目的是立德树人，高职艺术类专业课程除了要教会学生习得专业课程知识、提升艺术修养和专业技能，还要以"道"对学生进行价值引领，引导学生讲道理、走正道、行道德。高校教师的 80% 是专业教师，课程的 80% 是专业课程，学生学习时间的 80% 用于专业学习，因此促进专业课与思政教育的融合，将思政教育之"盐"融化于专业课程的"汤"内，使专业课程变得有滋有味的同时，寓价值观引领于知识传授和能力培养之中，引导学生树立正确的世界观、人生观、价值观。

我们对学校的艺术类专业学生进行了一项针对课程思政的电子调查问卷，共收回有效问卷 130 份，其中超过 93% 的学生认为有必要融入课程思政，超过 88% 的学生认为课程思政对将来走入职场会有帮助（见图 1 和图 2）。

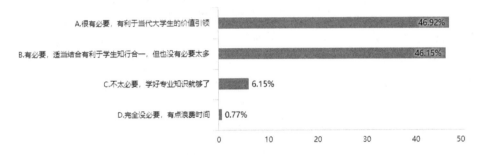

图 1　有无必要融入课程思政柱状图

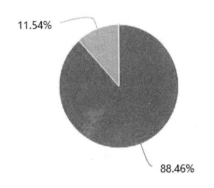

图 2　课程思政对职场有无帮助扇形图

二、高职艺术类专业构建"同频共振"课程思政模式的探索

在课程思政的实施过程中，专业课教师普遍非常被动，一方面，专业课教师作为课程思政的实施主体，既要将专业课程中的思政元素加以挖掘和整理，又要懂得思政教育的内容和要求，再通过合适的方法将二者融入专业教学过程中；另一方面，专业课教师本身的思政理论功底及疲于日常教学科研而无暇顾及思政内容的学习，成为专业课教师在课程思政实施过程中的主要痛点。因此，笔者认为开展"课程思政"，转变传统的思政育人模式，需要对专业课程进行顶层设计，构建学校、院系、教师三方面"同频共振"的课程思政模式。

（一）从学校角度加强育人主体的顶层设计

目前院校育人机制运行主要还是以教务部门作为主体实施策划，但是在教学实践上，课程思政育人的意义不仅仅局限于教学管理领域，其体制机制的设计应涉及院校教育顶层，即高校党委需共同肩负起"思政课程"及"课程思政"协同育人的主体职责，一方面要共同筹划其体制机制的设计，确保高校思想政治教育拥有强有力的组织后盾；另一方面针对目前评价与监督体制机制方面比较欠缺的现状，要组织科研、教务、人事、院系等相关部门共同建立相对独立的评价与监督体制机制，实现评价与监督体制机制的一体化。

（二）从院系角度加强课程思政的整体教学设计

院系通过建立有效的考核机制加强专业课教师对课程思政的重视，同时搭建思政课教师与专业课教师的协作桥梁，创新课程思政的改革机制，以实现思政课程与课程思政的双向协同，共同寻找专业课程中的思政教育点，思政课教师作为思想政治教育的重要力量，起到横向贯穿和组织的作用；专业课教师作为课程思政落实的重要推动者，纵向深挖学科育人功能和内容，发挥不同专业学科的背景优势，实现思政元素的有机融入，以达到全方位育人的目的。[2]实现纵向上使思政元素贯穿专业课的课程内容，横向上发挥思政理念引领教学活动的课程思政联动效应；纵向上实现知识传播、价值塑造、能力提升中的思政教育入脑入心，横向上确保教学设计、教学方法、教学实施、教学评价的课程思政改革效果和目标。[3]

我们同时对28名专业课教师进行了调查问卷（见图3），超过38%的教师认为自己在寻找思政元素方面有困难，希望思政课教师能给予更多的帮助；超过33%的教师认为学校应该有更科学的评价机制；超过27%的教师希望能有更多的培训以提升自己课程设计和实施的能力。

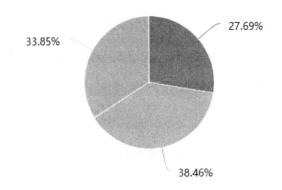

27.69%

33.85%

38.46%

■ A.希望学校有更多的培训　■ B.希望思政课老师能够给予更多的帮助
■ C.希望改进教学评价机制，评价方式多元化

图3　教师对于思政教学的意见扇形图

（三）从教师角度加强课程思政的课堂教学设计

课堂教学过程本身就是教书育人最重要的途径，知识传授与价值引领是育人的基本途径，也是学校最具效能的实现形式，在教育教学中，教师既要注重在价值传播过程中凝聚知识底蕴，又要注重在知识传播过程中强调价值引领，突出显性教育和隐性教育相融通。教学内容可以从理论教学与实践教学两方面来设计：

1. 理论教学注重"知、情"并行

理论是指导实践的基础与行动指南，在知识内容体系中扮演着非常重要的角色。以《中国文物学概论》为例，该课程将学习可移动文物（古书画、古器物、青铜器等）、不可移动文物、文物法律基础常识、文物保护法等相关内容，其所处的年代很难与现代大学生产生共振，因此单纯的理论讲解很容易使学生感到枯燥乏味，缺乏学习兴趣。在教学内容和材料的选择以及教学设计中，如果能引入历史事件、历史背景以及中国传统文化的讲解，并结合当下时政，如习近平总书记以陕西历史博物馆"鎏金铜蚕"为佐证，讲述先辈们在2000多年前开辟丝绸之路打开中外友好交往新窗口的壮举、圆明园马首回归——何鸿燊捐赠国家文物局、《我在故宫修文物》纪录片等内容，"动'知'以'情'"，引导学生学习了解、热爱中国文物，弘扬中国精神，传播中国文化，提高人文素养和审美情趣，增强文化自信，可以更好地达到教学目的。

在此次针对学生的课程思政调查问卷中，超过76%的同学认为应该融入中国传统文化的思政元素，超过82%的同学认为要加强对文化自信的培养，超过60%的同学认为可以从课程思政中增强学生的职业道德和社会公德（见图4）。

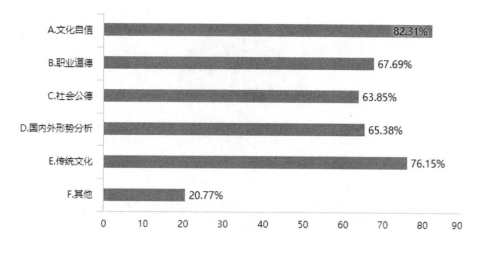

图4 针对学生的课程思政调查问卷柱状图

2. 实践教学强调"意、行"结合

在实践教学内容的选择上，要"意、行"结合，不能"一'意'孤'行'"。以《中国文物学概论》为例，可以利用革命遗址遗迹以及博物馆进行现场教学，用革命文物发声，让历史资料说话，从红山文化玉龙中追寻中华民族"龙的传人"的缘起，从千年不锈的青铜剑中看到古人的无穷智慧，从敦煌画中寻找丝绸之路的漫漫行程，让师生共同置身于特定时境和语境的追思往昔中，做到触景生情、睹物思人、追昔抚今、铭史励志，通过传统文化"浸润"学生们的思想品德。

三、结语

大思政格局下，思政课程与课程思政同向同行已经成为所有高校的共识，在高职院校中，针对学生重技能、轻理论的现状，实施好课程思政意义尤为重要。笔者认为建立学校、院校、教师三位一体，同频共振的课程思政模式，从学校顶层设计出发，强化多部门联合，加强思政课教师与专业课教师的协作，以学生为主体，将各类思想政治教育元素有机融入课堂课余、线上线下，做到教师个个讲育人，守好一段渠、种好责任田，促进课程门门有思政的生动局面，真正实现价值引领、能力培养与知识传授的有机统一，努力培养德智体美劳全面发展的社会主义建设者和接班人。

参考文献

［1］新华网．教育部发布指导纲要全面推进高校课程思政建设［EB/OL］．(2020-06-05)　［2020-11-13］．http：//education. news. cn/2020-06/05/c_1210647112. html.

［2］唐乘花，朱艳琳，劳欣哲．"双向协同、三链融合"传媒类专业课程思政理念与模式的构建［J］．湖南大众传媒职业技术学院学报，2020，20(04)，85-89.

［3］刘颖．高职院校"思政课程"与"课程思政"协同育人模式构建的逻辑理路分析［J］．黑龙江教育（理论与实践），2021，No. 1341（01）：22-24.

基于 OBE 理念的高等数学课程思政实施成效分析①

张冠男

《高等数学》课程是高职院校理工科各专业的一门限定选修公共基础课程，遵循"以应用为目的，以必需、够用为度"的原则，注重理论联系实际，强调对学生基本运算能力、分析问题和解决问题能力的培养，为今后学习专业基础课以及相关的专业课程提供必需的数学概念、理论、方法、运算技能和分析问题、解决问题的能力素质。

一、教学模式

OBE（Outcome-Based Education）成果导向教育，其理念也称成果导向教育理念。OBE 是一种"以学生为中心"的教育理念[1]，应用倒推思路，先确定学生受教育后应获得的能力，再倒推出教育教学采用何种组织形式。

基于 OBE 理念，采用"一主体双引擎四驱动"的教学模式，教学过程中注重"创、推、探、练、拓"的结合，融合课程思政，引导学生转变学习方式，以第二课堂拓展教学空间，开展线上线下混合式教学，以基本概念为基础，以实际应用为目的，以必需、够用为原则，灵活运用启发式、讨论式、研究式等教学方法组织教学活动。对于制造专业群的学生，在课堂中与专业结合，体现工匠精神，融入家国情怀，不仅可以提高课堂效率，而且可以增强学生的爱国主义思想；结合学情分析，以实际案例为导线，采用任务驱动法和讨论法，设计以"案例导入—小组探究—建模计算—实验操作"为主线的教学环节，以第二课堂拓展教学空间，助推案例实践，融合课程思政，努力实现政治认同、思想认同、情感认同、价值认同。

---

① 发表情况：本文暂未发表。

二、主体作用

高等数学的常规教学模式常以"定义、定理、计算、应用"四层递进式展开，课堂以教师的讲授为主，但是微积分本身创立初期，即以实验性探究为主，后期完善理论。传统教学模式可以极大发挥数学的系统性、理论性，但是在素质塑造上会过多强调听讲，而忽视创造性思维的培养，因此我们必须改变原来的思维定式，教师必须转变角色，将传统的"以教师为中心"向"以学生为中心"转变，在课堂中发挥数学的实验性，凸显学生的主体作用，以教师为主导，学生具体实施。应用哲理思想，加深对数理概念的理解与掌握；通过对概念定理的解析，掌握一定的哲理思想；拓展相关哲理思想，提高思辨和逻辑推理能力。[2]

三、成果导向

依据专业人才培养方案，修订课程标准，确定了以"强化思想、注重应用、培养能力、提高素质"为基本思路，使学生理解极限的思想方法，掌握函数的极限、导数与微分、不定积分与定积分等内容，共计五项目。[3]

将课堂的知识点传授改变为实验推导，以任务单为导向，引导学生强化应用。将传统的课堂讲授改成实验推导、小组汇报、创意出题、组内互判、组间互评、思政测验等形式，提高学生的主体地位，改变传统课堂，强调沉浸式体验。日常教学中，注重课堂知识点与思政元素的融入，并且采用第二课堂、社团、职业教育活动周等多种形式，指导学生理解思政要点。

（一）结合生活实际，创设教学情境

以实际案例为导线，在实际应用中挖掘专业案例和思政元素；采用问题驱动法，以实际模型分析导出新知，讲解公式；利用数学思想，运用信息化手段分析建立案例模型，利用数学软件工具进行计算；让学生从生活中发现数学，强化学生的数学应用意识，体会数学来源于生活又服务于生活的理念，逐步培养学生理论联系实际的作风，感受到成功的乐趣与探索的成就感，增强学生的自信心，培养他们勇于探索的创新精神。

（二）动静结合，应用数字化资源丰富课堂

采用 MATLAB 绘制二维、三维动画，并演示定积分的求解过程。计算机模拟演示，使学生获得感性知识的同时，为掌握理性知识创造条件。在学习数列的极限时，可以引导学生在数学软件上取点绘图，利用软件的动态变化优势，观察数列连续变化情况，讲解导数的应用时，可以引入数学模型，注重实际问题的解决，强实践、重应用，培养学生的实践动手能力、知识应用能力。

采用数学软件、平台资源、智慧教室等教学环境支撑线上线下课堂的有效开展。针对部分学生采取线上云课堂课前任务复习、腾讯课堂教学回放和单独辅导的形式，同时引入 GeoGebra、Calculator、Mathematics 等数学软件，帮助学生直观理解，弱化计算技巧难度。

（三）丰富多彩的第二课堂

鼓励学生积极参与丰富多彩的第二课堂，如数学建模比赛、趣味数学竞赛、数学文化节等活动，在活动中潜移默化地融入课程思政。

（四）小组授课与评分机制

辩论 PK，团队合作同时又合理竞争，教学难度逐步递进，小组讨论激发头脑风暴，突破重难点，有利于培养学生的团结协作意识，提高他们的人际关系管理能力。同时，形成组内、组间评分机制。

（五）融入课程思政

从数学典故的人文精神，到计算所蕴含的辩证哲理，再到实际生活的警示启发，将思政元素融入日常教学活动中。选取哲理思想、数学史、大国重器案例，体现数学思维、科学精神、工匠精神等，在实践中实现全过程育人。最终实现文化导入型、热点带入型、情景渐入型、日期引入型、拓展深入型、哲理融入型等六种思政融入方式（见表1）。

表1　第一章　课程思政展示

章节	课程知识点	典型案例	思政元素	思政目标
1.2 数列极限	穷竭法求圆周率	刘徽、祖冲之求解圆周率	坚持和弘扬无私奉献、爱岗敬业的工匠精神和锲而不舍的钻研精神，传承科学家的高尚人格，培养学生树立积极向上的人生观，培育和践行社会主义核心价值观	培养学生树立积极向上的人生观和价值观。发扬艰苦奋斗无私奉献的孺子牛精神
1.4 无穷大量与无穷小量	无穷小概念	第三次数学危机——无穷小幽灵；芝诺悖论	现代科技高速发展，我们必须居安思危，勇于进取；提升自我的可持续发展能力，勇于创新	培养学生抗挫折能力，树立远大的理想和信念，注重从失败中吸取教训，朝着理想目标奋斗

续表

章节	课程知识点	典型案例	思政元素	思政目标
1.4 无穷大量与无穷小量	无穷小性质	无数个无穷小加到一起＝0? 一万小时定律	让学生领会滴水穿石的奋斗精神、驰而不息的拼搏精神，克服学习和工作中的畏难心理	培养学生的艰苦奋斗精神，在学习和工作中注重基础积累
1.5 极限运算法则	抓大放小	当前社会主要矛盾	理解主要矛盾与次要矛盾的辩证关系；深刻把握新时代社会主要矛盾变化；梳理个人发展的重点	引导学生养成良好的工作学习习惯，厘清重难点
1.6 两个重要极限	复利计算	世界第八大奇迹——复利计算；校园贷危害	提高学生的网络安全意识，远离校园贷，养成理性消费习惯	培养学生自我约束能力、合理的理财能力，增强网络安全防御能力

四、成效分析

根据职教云课后教学评价数据以及问卷调查可以看出，学生对课程满意度超95%，教学互动符合学生认知习惯，教学形式多样，信息化资源丰富，授课进度得当，提高了学生的课堂参与度，课程思政受欢迎程度较高（见图1）。学生出勤率为98%以上，好评率为99%。

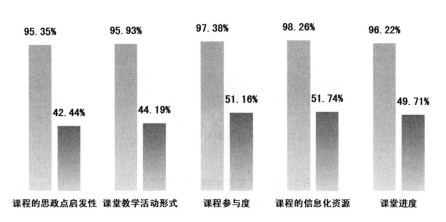

图1 课堂满意度调查

（一）职教云时时评价

根据职教云课后教学评价数据以及问卷调查可以看出，56%的学生对课程表示非常满意，教学互动符合学生认知习惯，难度适中（非常满意50%），提高了学生的课堂接受度，课程受欢迎程度较高。

学生出勤率为98%以上，好评率为99%。

（二）课前、期中、期末定期问卷

课程开始前，以摸底为核心，向学生展开问卷调查；课中以授课侧重点为核心，调查学生的接受程度；课后，以满意度为核心，调查学生对课程的认可度。

例如，期中以课程的组织形式、侧重点、最大期望等问题，思考前期教学的成效及后期调整。学生普遍反映，高等数学与现代科技的联系紧密，后期要侧重知识点的运用，并以数学思想的学习为主。

（三）课程思政满意度调查

从课程趣味性、课程设计、课程内容、课程效果和课程评价五个维度设计了课程质量满意度调查问卷，满意度满分值为5分，共27道题目。对学院20级、19级学生做了抽样调查，共收回345份问卷。

针对课程思政，从启发性、融入度、素材量、参与度等几方面对学生做了满意度调查（见图2），从总体来看，学生认为高等数学中课程思政对学生具有有效的促进作用。学生自我评价中，98.3%以上的学生对自身的建模应用能力、团队合作能力、逻辑推理能力、学习态度、主动性等方面有了肯定的评价。

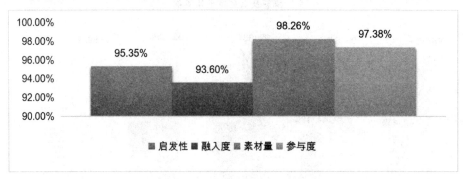

图2　课程思政教学满意度调查

五、建设成效

课程思政建设推进了教学模式改革、课程内容革新与学习方式变革，充分发挥线上线下班级同构、教师学生交流同行等优势。经过课程建设与实施，使学生达到了"入耳、入脑、入心、入行"的效果。

（一）入耳——所闻

选取与课程进度相关的视频，从哲理、数学家事迹以及经典实验、前沿数学等角度，拓展学生知识面，增加学习兴趣。

微型思政课堂，思政点与知识点相融合，从辩证哲理角度引导学生思考。例如，极限计算中所采用的抓大放小、宏观与微观的微元思想、积分中的量变质变等。通过刘徽、祖冲之对圆周率的推导，学习中国科学家严谨求实的精神。同时，将数学方法，如换元法、归纳法、微元法、类比法、执果索因法、函数构造法、类比分析法等逻辑思维方法，逐渐渗透给学生，锻炼其抽象思维能力、逆向思维能力。

（二）入脑——所思

结合相关课程思政元素，在职教云中设计讨论、头脑风暴等项目，采用多种融入方式，开展讨论回答、学生讲解、优秀作业展示等活动，锻炼学生的独立思考能力，提高了学生的学习积极性。

（三）入心——所想

在期中期末测验中设置思政考题，学生回答有深度有感悟。以小组为单位汇报微积分创立者的生平，学生的笔记、作业、课堂参与度均有所提高。

（四）入行——所为

从学生对微课的评价与建议、思维导图的绘制、拓展知识的深层挖掘以及由学生出题所组成的试卷等方面可以看出，学生的主体作用日益凸显。

借助抽象的数学符号，拉长人生的深度和长度。用典故引发共鸣；用热点触动情感；用哲学启发思考；用精神激发活力。

参考文献

［1］曹乃志. OBE 理念在我国高等职业教育改革中的应用研究［J］. 职业教育研究，2020，No. 203（11）：62-67.

［2］胡苗忠. 基于"一个引领、一条主线、三个平台"的课程思政框架体系研究与实践——以浙江农业商贸职业学院高职会计专业为例［J］. 商业会

计，2018，No. 638（14）：127-129.

　　［3］朱志鑫，陶文辉，刘静霖，杨荔．高职数学课程融入"课程思政"教育的路径探析［J］．北京工业职业技术学院学报，2019，18（01）：82-84+118.

"四个自信"视域下高职公共英语 "课程思政"建设探究①

杜文彬

一、引言

习近平总书记在全国教育大会[1]上指出：要在坚定理想信念上下功夫，教育引导学生树立共产主义远大理想和中国特色社会主义共同理想，增强学生的中国特色社会主义道路自信、理论自信、制度自信、文化自信，立志肩负起民族复兴的时代重任。高等职业教育是高等教育的重要组成部分，同样任重而道远。把"四个自信"融入高职英语教学是党的教育方针的要求，是历史赋予当代英语教学的责任和使命，也是进行高职英语"课程思政"融入的重要契合点。

二、"四个自信"融入英语"课程思政"的重要性

习近平总书记在全国高校思想政治工作会议重要讲话[2]中强调："要坚持把立德树人作为中心环节，把思想政治工作贯穿教育教学全过程"。大学生是社会主义事业的建设者和接班人，他们也是"四个自信"的重要教育对象。[3]高职英语是高等职业教育中的公共基础课程，涵盖院校中的不同专业，总课时数长，影响范围广。[4]与其他公共课程不一样，公共英语课程一方面教给学生语言方面的知识和能力，另一方面也会通过语言所存在的社会文化背景影响学生的世界观、人生观和价值观的形成。因此在高职英语教学"课程思政"体系建设中加强"四个自信"教育刻不容缓。

① 本文系天津高等职业技术教育研究会 2020 年度课题：高职公共英语"课程思政"建设研究（项目编号：2020-2-4040）；天津轻工职业技术学院 2021 年度院级教改课题：技能大赛与高职英语教学融通研究与实践（项目编号：JG202127）。

三、"四个自信"在英语"课程思政"改革中的现状及存在问题

目前，各高校的英语"课程思政"改革活动已在如火如荼进行中，大部分院校和教师已具有在教学中融入思想政治元素的意识，也进行了一些努力和尝试，但在"四个自信"的融入方面还存在一些问题。

（一）"四个自信"在教学内容中的关联度不平衡

近几年的高职英语教学针对"中国文化失语"现象提出了一系列改革措施，一定程度上对提高学生的"文化自信"起到了积极作用。但是对比之下，社会主义道路自信、理论自信和制度自信的教育工作在英语教学中还是较少涉及。根据李岩[5]的调查，以"文化自信+英语"为主题词，知网相关论文数量达到270篇，但以"四个自信+英语"为主题词只搜索到15篇相关文献，而在实践教学中这种现象更加普遍。英语教学内容最容易关联的是文化内容，而对另外三方面自信的内容涉及非常有限。

（二）教师水平和素养有待加强

教师的知识水平和能力水平对于教育教学的开展具有重要影响，同时，教师自身的思想观念和政治道德品质对学生也具有引导和示范作用。"四个自信"是中国历史发展的必然结果，也是时代发展的要求，还是实现中国梦的精神引领。[6]作为英语教师，想要将这份自信传达给学生，首先自身要把"四个自信"的理论搞懂、搞透，而不是浅尝辄止、照本宣科。[7]并且仅停留在理论的认识层面还远远不够，还要从百姓生活、社会发展的点滴变化中意识到中国特色社会主义制度的优越性和中国特色社会主义道路的正确性，从而在教学过程中引导学生形成对"四个自信"的价值认同。

（三）教学方法亟待改变

现在的教学需求以老师说学生听的形式早已无法满足。采用这样的传统教学手段不论是专业教学还是课程思政的融入，效果都不甚理想。随着教学改革的逐步实施，教学改革的方法研究越来越多，如多媒体、互联网+、线上线下混合教学的理念已经深入教学实践之中。如何在"课程思政"的教学过程中改变现状，教学方法对其有着重要影响。

（四）相关课程资源缺乏系统性

课程资源是英语课程实施中的必要条件。在"课程思政"改革的政策引领下，英语教师响应要求，积极制作、收集、整合适合的内容融入"课程思政"的教学资源，但在实践过程中，存在内容零散、主题凌乱的问题，而且内容的

可靠性和权威性也存在质疑。因此，形成系统的课程资源对于英语"课程思政"的推行意义重大。

（五）"课程思政"与教学评价相脱节

高职公共英语中的"课程思政"与教师的授课评价和学生的学业评价相脱节，难以对教师及学生的课程思政效果做出比较准确、客观的评价，这是另一个制约"课程思政"建设的因素。同时，教学监督监管部门除了组织教师进行相关的课程建设和比赛以外，在实际课堂的实施效果方面监督比较薄弱，无法掌握实际教学中的思想政治教育效果。

四、"四个自信"融入英语"课程思政"的策略探究

针对以上问题，如何将日益重要的"四个自信"教育融入高职英语教学的"课程思政"体系之中，笔者提出如下建议。

（一）重实践——发展主题体验式教育

高职教育理念强调工学结合、知行合一，注重教育与生产劳动、社会实践相结合，校内与校外相结合，强化教育教学实践性和职业性。在推动"四个自信"教育的过程中，也应遵循这样的教育理念。一方面"走出去"，走出课堂，走到爱国主义教育基地，走到新农村建设示范基地，走到附近的红色革命老区，结合专业形成感悟感想。同时，另一方面也要"请进来"，可以采用学者、专家报告的形式进行主题式教育，让大学生明确中国特色社会主义发展道路是中国人民经过长期的革命、建设、改革探索的结果，是经过实践检验的正确道路。[8]

带领本院学生参观鲁班工坊建设·体验馆，安排同学进行英语讲解就是一个很好的范例。鲁班工坊是天津率先主导推动的职业教育国际知名品牌，以"鲁班"的大国工匠形象为依托，在泰国、印度、印尼等多国建立鲁班工坊，加强了天津职业教育与世界的沟通，也成为职业教育国际化的重要标志。通过参观并听取英语讲解，撰写并分享英文心得体会，既锻炼了英语的听、说、读、写能力，又让学生更加真切地感受到祖国的日益强大，感受到中国的大国担当，进一步增强学生对中国道路、中国制度、中国理论和中国文化的认同。

（二）融自信——教学内容合理融入"四个自信"

首先在教材选定和教学内容的设定中，合理融入"四个自信"的内容，不是生搬硬套，而要润物无声。要注意避免浅尝辄止、蜻蜓点水，要增加融入的深度和广度。同时，改变"四个自信"融入内容关联度不平衡的现状，加大道路自信、理论自信、制度自信的内容比例。

以《E 时代高职英语综合教程 1》中的第二单元"珍贵的友谊"为例，在导入部分进行了这样的设计，如表 1 所示。

表 1　"四个自信"融入英语"课程思政"导入环节设计示例

单元	Unit 2 Valuable Friendship 第二单元《珍贵的友谊》
导入设计	1. What is friendship? 提出什么是友谊的问题，分享和友谊相关的名言警句 2. What kind of stories do you know about friendship at home and abroad? 你知道中外哪些有关友谊的故事 （1）管仲 & 鲍叔牙 （2）俞伯牙 & 钟子期 （3）达蒙和皮西厄斯（Damon& Pythias） （4）马克思和恩格斯（Marx & Engels）→伟大的友谊（Great friendship）→《共产党宣言》（Communist Manifesto）→马克思主义（Marxism）

如表 1 所示，在引入"友谊"这一主题时，可以从马克思和恩格斯的伟大友谊作为切入点，进一步引申出二人共同合作的伟大著作《共产党宣言》。《共产党宣言》第一次全面系统地阐述了科学社会主义理论，它的发表标志着马克思主义的诞生，马克思主义为中国创造了前所未有的发展契机。由此，可以引导学生进一步树立自信意识，坚定学生对中国特色社会主义道路、理论、制度的高度认可和支持。

（三）善互动——完善互联网+师生互动课堂

教师要积极思考和探索如何在教学中有效融入"四个自信"，精心设计课堂教学环节，挖掘英语知识点和"四个自信"的融入契合点。可以通过多种课堂师生互动形式，来帮助学生加深对"四个自信"的理解和认识。针对中国特色社会主义理论体系的内容丰富性和专业性，可以通过邀请思政课教师进课堂、课堂空中连线、微课等传统与互联网+教学手段相结合的形式，对英语课程中涉及的道路自信融入点进行合理教学设计，增强学生对中国特色社会主义理论体系的认同。[8]

（四）整资源——建立英语"课程思政"资源平台

课程资源是英语教学的必要条件，也是"课程思政"融入的必要手段。智慧职教云平台在"课程思政"教学资源方面提供了很大便利。许多高职院校借助职教云平台的丰富网络资源，通过共享和学习，整合平台资源，同时构建适合自身的教学资源平台。对于英语教学而言，资源的制作、收集和整理尤其需要用心，要特别关注对文字读物、网络音频、视频等资源的出处和来源，并进行详细考证，尽量选取如 CGTN、China Daily、新华社等党和国家官方媒体发布的相关素材，同时注重其与英语"课程思政"和英语语言教学的契合点。通过积累和完善，很多高职院校已经在该平台建立起网上教学资源平台，充分融入了"课程思政"的内容，并在实际线上线下教学中不断进行修正、更新和完善。

（五）巧借力——利用考试及竞赛的隐性指挥效力

文化领域是语言学习的重要部分，教学过程中适时适量地增加中国文化的内容，同时利用英语等级考试及竞赛中所涉及的中国元素，让学生能真切感受到学习中国文化的重要性。[5]笔者总结了 2018 年至 2020 年全国大学英语四级考试中的翻译主题，如表 2 所示。

表 2 2018—2020 年 CET-4 汉译英翻译主题列表

考试时间	CET-4 汉译英段落翻译题型主题
2020 年 12 月	"春节前夕吃团圆饭是中国人的传统" "鱼是春节前夕餐桌上不可或缺的一道菜" "生活在中国不同地区的人们饮食多种多样"
2020 年 9 月	"茅台""茶文化""北京烤鸭"
2019 年 12 月	"中国家庭十分重视孩子的教育" "中国的家庭观念与其文化传统有关" "中国汉族人的全名由姓和名组成"
2019 年 6 月	"灯笼""剪纸""舞狮"
2018 年 12 月	"移动支付市场在中国蓬勃发展" "越来越多的中国人现在离不开手机了" "中国智能手机用户数量近年来以惊人速度增长"
2018 年 6 月	"公交车""飞机""地铁"

由此可见，英语四级翻译题型中的中国元素内容，涵盖中国文化、历史及社会发展的各方面。例如，在 2019 年 6 月的英语四级考题中，三套卷分别以"灯笼""剪纸""舞狮"作为汉译英段落翻译的主题，充分体现了中国传统文化的特色，对中国文化对外的传播起到了积极作用，同时也是在引导大学生群体在英语学习过程中不仅要了解西方文化，而且对于中国文化的英语表述也要

同步提高，有利于培养新一代青年用"世界表达"讲好"中国故事"的意识。同时，这种引导作用不仅仅局限于英语考试，在各类英语竞赛中，例如，较为权威的全国高职英语口语大赛及写作大赛，都具有类似的引导作用。因此，可以充分利用英语考试和竞赛的指挥效力，在教学过程中注重加强中国文化融入，增强学生的文化自信。

（六）善评价——融入多元长效评价体系

"课程思政"的教学效果评价并不容易考量，借鉴其他高校经验，从短期来说，确定"切入点"（掌握时机适时切入）、"融入点"（思政元素与英语知识的契合度）、"共情点"（能够引起学生的情感共鸣，启迪思想）三个维度作为评判是否开展"课程思政"的基本标准，进行课程思政教学改革的认定。同时，对于学生评价，从评价主体（学生、教师、企业或校外活动主体）、评价标准（定性、定量、分级评价）、评价内容（课堂表现、竞赛表现、第二课堂表现）、评价方式（学生自评、教师评分、学生互评、校外活动主体评分）方面进行改革，结合职业院校特点，进行多元评价。最后，从人才培养评价的角度，需要超越课程的局限，力争建立"课程思政"教育的学校人才培养、毕业跟踪、企业评价、调查反馈的综合人才培养机制。

五、结语

高职公共英语教学不是以学习一门语言工具为目标，而要通过语言的教学，开阔学生眼界，培养学生的国际视野，从而进一步理解和认同中国道路、中国理论、中国制度和中国文化，与其他学科一道，培养一批批致力于中国建设和发展的有志青年。因此，高职英语"课程思政"建设要加强"四个自信"的融入，注重实践教学，加强互动、整合资源，借助多种激励措施，完善评价体系，和谐统一，同向同行，共同促进高职英语"课程思政"改革的发展。

参考文献

[1] 习近平出席全国教育大会并发表重要讲话 [EB/OL] . (2018-09-10) [2021-10-10] http：//www. gov. cn/xinwen/2018-09/10/content_5320835. htm? tdsourcetag＝s_ pcqq_ aiomsg.

[2] 习近平：把思想政治工作贯穿教育教学全过程 [EB/OL] . (2016-12-08) [2021-10-10] http：//www. xinhuanet. com//politics/2016-12/08/c_1120082577. htm.

［3］叶俊，盘华．"四个自信"视域下大学英语课程思政功能的实现路径［J］．学校党建与思想教育，2020，No.635（20）：45-46+49.

［4］朱毅，陈世润．高职英语教学中的思政教育体系构建研究［J］．职教论坛，2017，No.684（32）：26-30.

［5］李岩．"四个自信"融入高等职业英语教育的若干思考［J］．文化创新比较研究，2020，4（24）：49-51.

［6］刘仓．论"四个自信"的内在逻辑［J］．兰州学刊，2018，No.296（05）：5-14.

［7］潘学良．关于"四个自信"教育贯穿高校思想政治理论课教学全过程的思考［J］．思想理论教育导刊，2016，No.214（10）：104-107.

［8］董建．高职院校思政课教学融入"四个自信"的策略［J］．现代农业科技，2020，No.590（10）：91-92.

基于"四点融合"模型的高职院校课程思政实践研究①

——以《就业与创业教育》为例

李诗芯，张如意，王妍

习近平总书记在全国高校思想政治工作会议上强调，做好高校思想政治工作，要因事而化、因时而进、因势而新。[1]要遵循思想政治工作规律，遵循教书育人规律，遵循学生成长规律，不断提高工作能力和水平。中共教育部党组关于印发《高校思想政治工作质量提升工程实施纲要》的通知中明确提出，大力推动以"课程思政"为目标的课堂教学改革，优化课程设置，修订专业教材，完善教学设计，加强教学管理，梳理各门专业课程所蕴含的思想政治教育元素和所承载的思想政治教育功能，融入课堂教学各环节，实现思想政治教育与知识体系教育的有机统一。[2]由此可见，课程思政是新时期下对高校思想政治工作提出的新要求，是实现全员育人、全方位育人、全程育人的新途径，也是提升高职课程设计与教学设计水平的新抓手。

一、课程思政现状分析

（一）课程思政未能实现在公共基础课程中"维生素式"的融合

在对非思政课程的公共基础课程教师进行访谈调查中发现，部分教师认为基础课程与思想政治教育相关度不高，课程思政就是在课堂上单独设计出 10 分钟，开展一些思政内容讨论，这种观念即体现出课程思政未真正以"维生素式"形式融合到公共基础课程中。课程思政是高校思想政治教育工作的重要手段之一，是为国家和社会培养技能精进、品德优秀、政治合格人才的主要抓手。[3]同时，课程思政也是课程建设中的一种教学理念和课程观，这就意味着教师要思考如何把知识和技能的传授与理想信念、核心价值观等思政教育元素有机融合

---

① 本文系天津轻工职业技术学院 2020 年人文社会科学研究项目"高职院校课程思政实践研究——以《就业与创业教育》课程为例"阶段性成果。

到公共课程中去，进而达到教书育人的目的。

（二）课程思政内容选择的深度和广度不够

职业院校教师注重技能传授，但缺乏思政教育意识。课程思政从课程内容选择上缺乏时代性、生活性和深入性。[4] 课程设计没有根据具体专业、具体学情进行不同的处理。课程内容只是某门课程与思政课的简单相加，主要停留在"讲道理"和"喊口号"上。与当前国情、时事热点联系不够，脱离学生生活实际，教学效果较差。因此，高职院校要注重提升教师立德树人的意识和课程思政教学设计的能力，做到将知识传授、技能培养和思想引领教育融入课程的教学之中。

（三）课程思政组织形式与方法灵活度不足

公共基础课主要采用大班式教学，课程思政缺乏理论联系实际，课堂缺少活力。在学生的调查访谈中发现，大部分课程采用讲授式教学，主要手段靠灌输和重复，没有对教学方法进行探索和革新。[5] 大班教学人数多，师生互动少，课堂效率较低，从而导致学生学习反馈不佳。因此，公共基础课教师应该充分利用互联网、新媒体载体收集教学的新方法、新形式，进而改造传统大班教学课堂，在遵循学生成长规律、同时更好地结合学生实际诉求的基础上，真正为学生解疑释惑，激发学生内驱力，提升学生学习兴趣，使课程思政真正做到入耳和入心。

二、课程思政教学设计模型

课程思政其实质不是增开一门课，也不是增设一项活动，而是将高校思想政治教育融入课程教学和改革的各环节、各方面，实现立德树人，因此需要在教学设计与方法上对课程进行改革。[6] 目前，高职院校对"课程思政"的研究大多以教师、教材、资源和制度为着眼点，但在如何构建课程思政教学设计模式上的探索则较少。同时，课程存在思政目标并未完全达成、学生学习动力不足、学习活动欠缺活力等主要问题。基于当前高职院校课程思政存在的诸多问题，本文尝试提出"四点融合"的课程思政教学设计模型。

（一）模型构建依据

1. 以德育为理念指导

党的十八大报告关于教育方针的论述重新提出，把立德树人作为教育的根本任务，培养德智体美全面发展的社会主义建设者和接班人。"立德树人"被着重强调。在全球化的多元价值观的冲击下，这在一定程度上对学生正确职业价值观的树立形成了阻碍。在国内社会的迅速发展与深刻变革的成长环境中，各种信息资讯、就业渠道、单位组织形式以及生活方式的多样化，也深刻影响着学生价值观的形成。部分大学生的自我表现意识较强，但自我约束缺失；自我权益维护意识增强，但诚信意识淡薄；自我能力提升愿望强烈，但社会责任感淡化。[7]因此，在教学设计过程中，要将道德素质体现在教学过程、实训过程和思考过程中，通过职业道德教育的开展促进学生思考，让学生学会思考，积累思维经验。在实施过程中，应穿插大量真实案例的教学，特别是本专业领域或本学校毕业生在近期发生的重点事件。案例中蕴含着学生进入职场之后可能会碰到的道德困境，如会计专业的学生可能遇到经营收益与法律法规的冲突等问题。

2. 以课程标准为设计依据

就业指导是主要分析个人兴趣、能力价值观和职业需求之间关系的科学，其来源于生活，反过来又作用于生活，与我们的未来发展密切相关。课程标准要求就业指导教学要着眼于学生的职业道德、素养和能力的整体提升，在进行教学的过程中，既要重视就业指导教学内容的广度扩展和深入挖掘，也应遵循高职学生学习的心理规律。[8]强调从学生周围的生活见闻和经验出发，让学生更深刻、更形象地理解职业道德如何在职业发展中起到重要作用，进而使学生在学习动机上得到增强，清楚学习内容与生活实际应用的关系。就业指导课程标准中还提出要充分运用小组讨论和模拟实训，帮助学生经历求职前的准备、求职中的问答和求职后的反思等技能的实操，为学生创设有体验、有探索、有思考的活动，让学生在学习过程中形成职业规划的意识。

3. 以教学理论为设计基础

心理学家加德纳的"多元智能"理论指出，不同的人拥有不一样的智能类型，其学习风格、学习优势、思考方式也不尽相同。学生在学习上存在明显的个体差异，对相同课程知识目标、技能目标和素质目标的理解与应用方式也会不同。而高职院校学生在传统教育观念影响下，认为自己是"失败者"，职业教育也"低人一等"，是高考失败者最后的选择。多元智能理论运用于就业指导课程，可以帮助学生客观地认识自我发展过程中智能的差异与自身优势，充分意识到每个人有不同的兴趣和特长，擅长不同的职业技能，可以适应不同的工作环境。在教学过程中，要根据不同教学内容、不同学生的认知特点，营造交流互动的教学环境，挖掘并开发丰富的教学资源，设计适宜的教学活动，采用灵活多样的教学方法，进而适应学生的学习风格与需求。从而让学生学会探索、学会自信、学会担当、学会创新，在日常教育过程中充分体现人性化理念。

（二）模型结构设计

本文基于目前课程思政实践往往把对学生的思想政治教育孤立化，只是将思政元素生搬硬套到单元知识点中，缺少对章节的思政教育主题的系统性构建等问题，提出了"四点融合"的课程思政教学设计模型（如图 1 所示）。

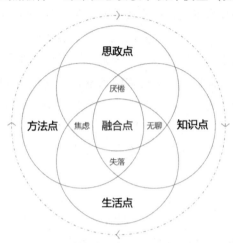

图 1 "四点融合"课程思政教学设计模型

（1）思政点：立德树人是高校人才培养的根本任务，培养什么样的人、为谁培养人是课程思政实践的核心思路。因此，课程思政教育设计的第一个阶段是结合思想政治教育的内容进行梳理，并对其内涵深入分析，对课程进行顶层设计。如果缺少了对思政点的深刻理解，整个课程教育就是"无源之水，无本之木"，失去了教育的根本目标，让教师和学生感到失落，找不到课程意义所在。

（2）知识点：知识点是思政教育的支撑，是思政教育的助推器。学生只有系统化地掌握知识，对问题、事物才有理性和清楚的认识，才能锻炼自己独立思考能力以及分析问题、解决问题的能力。这一坚实的立足点，让思想观点、道德观点、价值观点有支撑和依托，让抽象变具象，学生更易接受和信服。离开了知识点的传授，课程思政只是停留在空中楼阁的一句口号，让学生感觉焦虑且不知所措。

（3）生活点：教育的主要目的之一是帮助学生成为有道德、有理想、有文化和有温度的人。不论社会科学还是自然科学，都是基于对自然和生活的发现、探究、认知而发展形成的。因此，教师应及时捕捉最新科技发展情况，关注国家政策变化，发现社会动态，将最新的和学生生活及未来职业发展息息相关的政策、新闻和案例等信息作为课程思政的素材，恰当地融入教学之中，使知识点和思政点内容更鲜活、信息更丰富、更富有时代气息，进而增强学生学习动机，让学生认识到知识和思想的生活意义。如果抛弃了生活点，学生会感觉课程生硬，没有活力，从而产生厌倦之感。

（4）方法点：如果将思政点比喻教学的灵魂，那么知识点就是教学的主干，生活点就是教学的营养之源，那么方法点就是营养吸收的方式。这就需要教学方法灵活多样，要从传统说教式、灌输式的单一教学方法转化为多元化、互动化的教学方法。再则，需要设计实践教学活动，促使学生将知识、技能和思想内化于心，外化于行。此外，需要教师充分利用信息技术手段，以音视频、网络媒体、博客、公众号等载体进行课下的资源补充，提高课程思政的实效性。如果没有方法点，思政教育就会失去载体，失去说服力，教学就会变成生硬的说教，让学生感到无聊和乏味。

（三）模型应用

模型在应用到课程思政实践中，四者缺一不可，相互支持。依据实际教学设计过程和实践经验，模型的操作顺序包括以下四步。第一步，从思政点的梳理入手，为课程的整体确定1~3个思政主题。尽量不超过3个，如果过多会让整个教学设计框架零散，使思政教学目标不聚焦，学生对课程所蕴含的思政元素理解不深。第二步，依据确定的思政主题，结合课程的知识、技能目标、素质目标，将知识点与之相配合的思政元素进行拆解和细化，目的是让思政点找到精确载体。第三步，结合教学设计中的学情分析，充分了解所教学生的心理特点、学习风格特征和生活关注领域，从而找到与专业、思政相关联的生活应用场景，让学生有所学、有所用。第四步，"有教无类、因材施教"是孔子重要教学理念之一，学生之间的学习方法和思维习惯存在差异。传统的教学设计多为线性流程，为学生设置的学习环节基本采用同一方法，导致部分学生学习效果不好。因此，利用有体验性、探究性和项目性的教学方法，将思政点、知识点、生活点融合其中，从而达到好理解、好记忆、好吸收的效果。整个模型实践，是一个经历设计、实践、再调整、再实践的循环迭代完善的过程。同时还要根据时代、国情、行业、专业等因素的变化，实时动态调整其中的内容和方法，从而让课程思政"活起来"，进而达到学生"愿学、勤学、乐学"的效果。

三、就业与创业教育课程思政实践

《就业与创业教育》是天津轻工职业技术学院一门公共基础课程，课程目标是通过对该课程的学习，了解高等职业教育类型特点、就业形势、就业和创新创业政策和职业状况。结合准确的自我分析，合理设计职业生涯规划，进而增强学生的自我管理、人际交往和专业创新等各种通用技能，不断提升学生的职业发展能力。本文选取《认识篇》章节来说明课程思政模型的教学实践。

（一）教学设计过程

1. 第一步：思政点的定位

结合 2020 年 6 月教育部印发的《高等学校课程思政建设指导纲要》（以下简称《纲要》），对课程思政点进行定位。《纲要》明确了课程思政五方面的主要内容：

（1）推进习近平新时代中国特色社会主义思想和马克思主义理论教育，增强学生对党的创新理论的政治认同、思想认同、情感认同，坚定"四个自信"。

（2）培育和践行社会主义核心价值观，教育学生深刻理解社会主义核心价值观的丰富内涵，将社会主义核心价值观内化为精神追求，外化为自觉行动。

（3）加强中华优秀传统文化教育，引导学生深刻理解中华优秀传统文化的思想精华和时代价值，培育理想人格，展现中华文化的无穷魅力和时代风采。

（4）深入开展宪法法治教育，教育学生牢固树立法治观念，深化对法治理念、法治原则、重要法律概念的认知，提高守法、用法的意识和能力。

（5）深化职业理想和职业道德教育，帮助学生了解国家发展战略和职业需求，教育引导学生准确理解并自觉践行各行业的职业精神和职业规范。

2. 第二步：知识点的梳理

通过对思政点的分析解读，将《认识篇》的知识或能力内容与思政点进行匹配。此过程要注意课程思政点的聚焦，这有利于指导后期教学中构建连贯性和沉浸性的教学活动（如表 1 所示）。

表1 《认识篇》章节课程思政教学内容表

章	节	教学单元	知识或能力点	思政点	生活点	方法点
第一篇认识篇	1	高职，我的选择正确吗	·高职教育是一个类型 ·认识高职学习的重要性和必要性 ·确定自己高职选择的正确 ·高职教育不可或缺、不可取代 ·产业结构优化升级对人才需求结构变化的影响	国家高等职业教育发展战略——解读《国家职业教育改革实施方案》	新生关注热点：专升本、就业、创业	答记者问活动
	2	高职给予社会什么，高职给予我们什么	·高职毕业生的就业优势 ·企业的用人标准 ·高等职业教育的培养目标 ·明确合格的高职毕业生应当达到的标准			就业报告解读
	3	站在新的起点	·专业、职业、就业等概念 ·认识到已经站在了新的起点 ·结合不同专业特点，明确目标职业对专业技能和通用技能的要求 ·制订个人高职阶段专业学习规划			优秀校友案例分享会

3. 第三步：生活点的聚焦

为更好捕捉学生的需求，《认识篇》的生活点获取以"大学目标调查问卷"形式收集，通过问卷数据分析发现，高职院校大一新生以专科升本科为目标占比58%，以就业为目标占比21%，以创业为目标占比0.3%，不清楚人数为

10%，其他为 0.7%（如图 2 所示）。结合数据可以知道，高职院校大一新生普遍认为职业教育是一种层次教育而非类型教育。在多数学生心中还是存在不自信、没有本科学历就不能有好的未来等认知。针对学生的相对狭窄的认知及其对职业教育的不了解和未来发展路径的关注，在思政点的细节融入上，《认识篇》选择《国家职业教育改革实施方案》为突破口，通过对文件和政策的贯穿式解读，扩充学生的信息量，调整学生对高等职业教育的认识，开阔学生未来学习深造的路径。

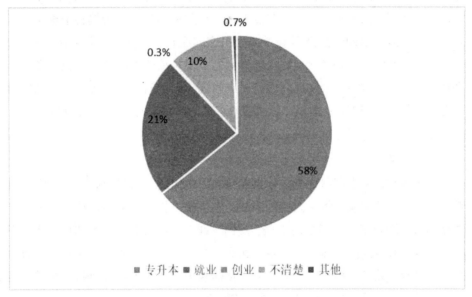

图 2　高职院校大一新生个人发展目标调查情况

4. 第四步：方法点的配合

有了目标、内容、题材，将三者有机融合就需要有效的教学方法配合。通过与学生深度访谈，发现学生喜欢类似《开讲啦》这样有互动问答、有案例分析、有专业讲解的节目。因此，在实际授课中，基于传统讲授形式，结合每节知识点和思政点内容，教师可以设计如"答记者问""专业报告解读""优秀校友分享会"等课堂互动活动，让学生能够根据知识点和《纲要》内容开展师生之间、生生之间的交流互动，改变原有的"一言堂""满堂灌"的教学形式。其中，在"答记者问"的活动中，老师可以扮演文件分析者，学生扮演记者。因为角色的转变，学生提问的积极性提高，而拥有相似疑问的学生会关注这一互动过程，因此每次的互动不再是"一对一"的交流，而是"全方位"的参与。从课后反馈和总结可知，该项活动受到了 80% 以上的学生的喜欢。而"优秀校友分享会"则根据不同专业的优秀校友的近三年生活安排分享,引导学生总结校友大学生活的共同点,分析他们实现梦想的路径,进而帮助学生设计自我发展的计划。

(二)应用效果分析

经过一个学期的实践,"四点融合"模型在课堂教学中的应用取得了良好的效果。在学习动机方面,通过对方法点的探索设计、丰富的课堂互动情境,学生在学习过程中的趣味性得到了提升,学生的学习兴趣得到了增强,学生的学习动机也得到了激发;在学习参与度方面,模型利用生活点的捕捉准确了解学生的需求,能够帮助学生及时获得解决困惑的途径,刺激学生学习的主动性,提高了学生的学习时效和质量;在思维判断方面,结合思政点的定位帮助学生明确了方向,使学生学会发现问题、提出问题、分析问题与解决问题,利用时事热点进行经验归纳,提升学生的思想敏锐性,从而增强个人政治意识。

四、结语

课程思政,讲求因材施教、因事而化、因时而进、因势而新。这就需要教师在教学目标的调整、教学内容的更新、学生的分析、活动的设计等四方面有更多的探索和尝试,在不断的实践、反馈、调节、再实践中不断迭代,让课程教学与思政教育融为一体。本文将"四点融合"教学设计模型应用到实际教学中,为课程思政教学提供合理的、多样化的视角,从而为广大教师在今后开展课程思政教学设计过程中提供更多的借鉴与参考。

参考文献:

[1]习近平在全国高校思想政治工作会议上强调:把思想政治工作贯穿教育教学全过程开创我国高等教育事业发展新局面[N].人民日报,2016-12-09(1).

[2]谭晓爽.课程思政的价值内涵与实践路径探析[J].思想政治工作研究,2018,No.409(04):44-45.

[3]高德毅,宗爱东.从思政课程到课程思政:从战略高度构建高校思想政治教育课程体系[J].中国高等教育,2017,No.578(01):43-46.

[4]邱伟光.课程思政的价值意蕴与生成路径[J].思想理论教育,2017,No.460(07):10-14.

[5]王石,田洪芳.高职"课程思政"建设探索与实践[J].中国职业技

术教育, 2018, No. 666 (14): 15-18.

　　[6] 何衡. 高职院校从"思政课程"走向"课程思政"的困境及突破 [J].
教育科学论坛, 2017, No. 408 (30): 27-30.

　　[7] 江颉, 罗显克. 新时代高校"课程思政"建设的路径探究 [J]. 中国
职业技术教育, 2018, No. 684 (32): 84-87.

第三篇 03

| 轻工学院课程思政教学研究 |

教师主持教科研课题成果

相关课题 17 项，已结题 13 项，在研 4 项。

《高职院校课程思政改革的探索与实践》——天津市高等职业技术教育研究会 2019 年度重点资助课题——李云梅——已结题

本课题通过调研了解目前高职院校课程思政改革的探索情况，分析存在问题和改革方法。探究打造充满思政元素、蕴藏思政功能的专业教学示范课程，培养一批具有影响力和亲和力的课程思政优秀教师和教学团队，总结凝练一套专业课程思政教学改革成功经验，推进思想政治教育和专业教育有机结合，充分发挥专业课程的思想政治教育功能。以课程思政为切入点，激发思政教育创新活力，构建"大思政"宣传教育工作格局，实现"三全育人"战略目标，担当培养民族复兴大任时代新人的历史使命。

《高职课程思政建设视域下专业教师的主体作用研究》——天津市高等职业技术教育研究会 2019 年度重点课题——陈虹——已结题

本课题通过调研了解目前高职专业教师的思政素养和政治素质水平，分析目前课程思政视域下高职专业教师的主体作用和政治引领意义。加强专业教师政治素质、业务能力和育人水平，为加快推进教育现代化、建设教育强国、办好人民满意的教育提供有力的师资保障。课题以课程思政为切入点，发挥专业教师的主体和价值引领作用，促进学生树立正确的历史观，掌握科学、客观的评价方法，从而培育和践行社会主义核心价值观，树立正确的世界观、人生观、价值观，实现"三全育人"战略目标，担当培养民族复兴大任的时代新人的历史使命。

《立德树人教学要素解析及专业融入研究——以高职电子商务专业为例》——天津市高等职业技术教育研究会 2019 年度重点课题——王妍——已结题

本课题旨在依托高职电子商务这一具体专业，结合我国立德树人融入专业课程的相关成果，借鉴国外先进育人可行举措，探析符合我国国情与现状的社会主义核心价值观视域下"立德树人"教学要素的构成要素，通过教师脑力、笔力、教力的综合运用，探索将"立德树人"教学要素在专业课落实、落稳的可行方案和具体举措。

《基于"以人为本"的高职学生课程思政建设研究——以〈应用光伏技术〉课程为例》——天津市高等职业技术教育研究会 2019 年度一般课题——孙艳——已结题

本课题任务是对专业课程与思政元素融合点的研究，即如何让专业课的知识更加紧密有效地结合思想政治元素。针对《应用光伏技术》课程内容，专业课程思政建设团队成员逐章逐节对专业知识进行分析，课程负责人与普通教师主要对专业知识点进行解读，辅导员和思政教师主要负责剖析知识点所蕴含的思政元素，尽可能多地寻找专业知识点与思政元素之间的联系。

课题还认为课程思政的教育方法研究，即如何将课程思政教育脱离传统思想政治理论课程枯燥的面目，达到育人育心的目的。目前很多思政教育与专业课程的融入都体现在说教上，而高职学生对说教并不敏感，如果将思政教育元素在专业课堂教学中以学生身体所感、眼睛所见、耳朵所听等多维度多种方法传递给学生，就会使学生在理解专业知识的同时，更加深刻地体会到思想政治的内涵。

《基于"以人为本"的课堂有效性解析及实证研究》——天津市高等职业技术教育研究会 2019 年度一般课题——郭红霞——已结题

本课题认为职业教育课堂非常个性化，应以人为本开展课堂教学。为了更好地鼓励学生在学校学好技能，要利用物联网技术平台，无论大、中、小企业，职业院校毕业生在产业集群系统上统筹分配，不浪费专业人才，不浪费岗位就业机会，时时网上指导培训，适应岗位技术要求，打通课堂到就业的最后一公里，激活课堂以人为本的实践性教学效果。

《高职院校"立德树人"教学要素解析及专业课程融入研究》——天津市高等职业技术教育研究会 2019 年度一般课题——杜书珍——已结题

本课题从立德树人的中心任务出发，坚持问题导向，以访谈和文献调研为主，会议交流为辅，结合教育教学管理实践，了解高职院校落实"立德树人"根本任务的方式方法以及在人才培养方案中如何体现，探究高职院校落实"立德树人"根本任务的最新动态，对立德树人教学要素进行深入有效分析，结合高职院校人才培养特点和专业课程培养目标，将立德树人教学要素与专业课程进行有机融合，探索切实可行的高职院校"立德树人"教学要素解析及专业课程融入的可行化路径，为高职专业课程改革提供可能的规范和支持。

《职业院校思政教育和课程思政建设特色研究》——天津市高等职业技术教育研究会 2019 年度一般课题——李蕾——已结题

本课题认为加强高校思想政治教育工作，必须从高等教育"育人"本质要求出发，从国家意识形态战略高度出发，不能就"思政课"谈"思政课"建设，而应抓住课程改革核心环节，充分发挥课堂教学在育人中的主渠道作用，着力将思想政治教育贯穿于学校教育教学的全过程，着力将教书育人落实于课堂教学的主渠道之中，深入发掘各类课程的思想政治理论教育资源，发挥所有课程育人功能，落实所有教师育人职责。

《创新创业教育课程思政建设的实践探索》——2020 年院级课题科技专项类——张如意——已结题

本课题以天津轻工职业技术学院《就业与创业教育》之《发展篇》为例，开展"思创融合"特色化创新创业课程思政知识体系的构建。基于课程已有的课程标准、教学大纲、教案等教学资源，梳理课程中的已有知识结构，分析创新创业课程知识点的构成及特点，将思政元素与课程知识点进行结合。与此同时，依据新构成的特色化知识体系，调整已有课程标准、教学大纲、教案、课件及其他教学资源，打造"思创融合"特色化创新创业课程。

《立德树人视域下高职人才培养模式研究》——2020 年院级课题科技专项类——杜书珍——已结题

本课题以习近平新时代中国特色社会主义思想为指导，准确把握教育事业发展面临的新形势新任务，通过系统理论学习和调查研究，仔细梳理新时代高职院校落实"立德树人"根本任务的方式方法，从高职院校办学特色和人才培养角度对立德树人根本任务进行解析，结合专业课程教学实践以及高职院校目前管理制度和评估制度，从主体协同、内容协同、方法协同、载体协同等方面形成创新性策略，为新时代高职院校人才培养质量提升提供参考。

《德技并修，培育工匠精神的理论与实践研究——以天津市高校新时代"课程思政"改革精品课〈单片机控制技术〉为例》——天津职业院校联合学报科研重点课题——王春媚——已结题

本课题通过分析高职教育"工匠精神"培育存在短板的原因以及国内外"工匠精神"的发展优势，形成适合我国高等职业院校培育"德技并修"、具备工匠精神的人才培养机制。以"天津市高校新时代'课程思政'改革精品课""单片机控制技术"为实践样例，充分挖掘以该课程为代表的工科专业核心课程的特色和优势，以"德技并修"为基本原则，结合"工匠精神"，不断提炼专业课程中蕴含的价值范式与文化基因，把"工匠精神"融入课程教学，使专业

课程转化为"工匠精神"生动化、具体化的有效载体，在专业知识学习中融入对学生理想信念层面的精神指引，帮助学生逐步建立文化自觉和自信，内化于心，外化于行，成为有理想会感恩的爱国青年、有规划会学习的勤学青年、有担当会生活的务实青年、有追求会创新的奋进青年，以期使"工匠精神"成为促进高职学校学生提高综合素质的助推器，进而成为推动社会经济发展的新型动力。

《高等职业院校新商科专业开展"课程思政"教学有效方法与评价研究》——天津市高等职业技术教育研究会 2020 年度一般课题——宫晋强——已结题

本课题在厘清"课程思政"相关概念和内涵的基础上，通过考察和分析国内外具体课程思政教育的案例，结合新商科专业实践，对我国高等职业院校进一步深入推进"课程思政"改革，特别是"专业思政"建设，展开深入思考，并针对调查与访谈等实证研究所发现的问题、所获得的数据等，尝试提出相应的对策与建议。通过对思想政治教育专业课程的学习，结合教育学、社会学等其他学科的研究成果和方法，同时根据国内外大学各专业开展课程思政的实际案例，对新商科专业开展"课程思政"进行分析、思考，并从学校、专业、教师、学生等方面提出自己的观点和见解。

《"四个自信"视域下高职公共英语"课程思政"教学有效方法与评价研究》——天津市高等职业技术教育研究会 2020 年度一般课题——杜文彬——已结题

本课题依托"四个自信"的要求，将道路自信、理论自信、制度自信、文化自信融入高职英语的"课程思政"教学中，以课堂教学为主，以线上教学、实践教学为辅，整合教学方法，对教学效果进行多元评价，在此基础上，力图建立一种以"四个自信"为依托的高职公共英语"课程思政"教学模式，促进高职公共英语教学"课程思政"改革的发展。

《高职院校创新创业课程"思专并举"双融合模式创新实践探索研究》——天津市高等职业技术教育研究会 2020 年度重点课题——张如意——已结题

本课题对高职院校创新创业课程思政建设情况和专创融合建设情况进行分析。分析当前高职院校创新创业课程在课程思政建设和专创融合开展方面的整体情况。归纳梳理其创新创业课程思政和专创融合方面的建设情况和取得成效；课题探究高职院校创新创业课程"思专并举"双融合模式构建，以天津轻工职业技术学院创新创业课程为例，从课程内容、课程设计、课程资源、师资队伍及课程评价等维度入手，基于思、专、创多方平台和资源，以思政元素的融入使创新创业教育内容的现实意义和时代价值得以强化，进一步提升双创教育的认可度，以专业知识使创新创业教育内容更加落实，增强课程内容的实践性和应用性，据此构建"以思创引领专创，以专创深化思创"的创新创业"双融合"教学模式，并通过教学实践进行效果检验。

其中，李云梅在天津市高等职业技术教育研究会 2019 年度课题重点资助课题《天津市高职院校课程思政改革的探索与实践》中总结天津轻工职业技术学院课程思政改革实践经验，学院将习近平新时代中国特色社会主义思想深度融入专业建设和课程建设中，围绕社会主义核心价值观和中华优秀传统文化两条主线为元为纲，丰富专业课程的思政建设内涵，挖掘并归纳适合职业院校课程的思政元素，二次提升开放的课程资源，打造出充满思政元素、蕴藏思政功能的专业教学示范课程，培养出一批具有影响力和亲和力的课程思政优秀教师和教学团队，发挥党委对"课程思政"的指导和监督作用，形成有效的"课程思政"保障机制与管理机制，有效推动学校"教师、教材、教法"三教改革，进一步推进思想政治教育和专业教育的有机结合，形成全方位、全过程、全员育人新格局。

李云梅还认为高职院校思想政治课程建设是一项完整、开放、系统的工程。在进一步深化思想政治教育改革的过程中，高职院校要充分结合自身办学特点，使各类课程和思想政治课走向同一个方向，与良好的教学生态融为一体、共存共荣，画出道德与育人的"同心圆"，共同肩负起修德育人的伟大使命。

陈虹在天津市高等职业技术教育研究会 2019 年度课题重点课题《高职课程思政建设视域下专业教师的主体作用研究》中提出要进一步丰富和提升课程思政建设的内涵及专业教师在课程思政建设中所体现的主体作用；要不断加强专业教师的思想政治建设并引导学生树立正确的世界观、人生观和价值观，坚持把立德树人作为根本任务，使专业教师成为学生健康成长的指导者和引路人，成为学生先进思想文化的传播者和党执政的坚定支持者；要创新教育理念和教学方法，又要注意做到具体问题具体分析，尊重教育教学规律。不同的专业课程采用不同的课程思政建设方法，不同的专业教师发挥不同的价值引领等主体作用。不能一刀切、一个模子用遍所有教学课程建设。专业教师应根据自身专业的特点、专业知识的内容以及课程性质等多方面问题进行具体分析，将思政元素灵活融入其中，针对不同学生的特点因材施教。

孙艳在天津市高等职业技术教育研究会 2019 年度课题一般课题《基于"以

人为本"的高职学生课程思政建设研究——以〈应用光伏技术〉课程为例》中基于实践教学经验提出三点课程思政建设建议，即组建多元素专业思政课程团队，以开放的模式运行团队；教学方式多样，针对性强，做到以人为本；思政元素多样，关联性强，资源实现信息化和网络化。

《高职院校大数据与会计专业〈基础会计〉课程思政建设研究与实践》——天津市高等职业技术教育研究会 2021 年度一般课题——丁冉——在研

本课题旨在借鉴发达国家思想政治教育的先进经验与有效举措，立足我国国情及高职院校发展现状，剖析当前大数据与会计专业《基础会计》课程思政建设过程中的重点、难点并把握其成因，围绕《基础会计》课程内容，深入挖掘所蕴含的思政元素，提出切实可行的推进《基础会计》课程思政建设的有效举措，充分发挥协同育人效应，以期为高职院校大数据与会计专业《基础会计》课程思政建设提供理论基础和实践方向。

《高职英语课程思政文化育人模式研究——以赋权增能型英语教学为例》——天津市高等职业技术教育研究会 2021 年度一般课题——高冲——在研

本课题旨在探究高职英语课程思政建设的文化育人模式，开展赋权增能型教学实践，对于坚定文化自信、培养文化交流的核心素养、提升自主学习能力和语言应用能力具有重要意义。

《课程思政建设面临的现实问题与对策研究——以〈3D 打印与增材制造技术〉课程为例》——天津市高等职业技术教育研究会 2021 年度一般课题——杨忠悦——在研

本课题研究目前高校课程思政建设的现状，探索思政教育与专业知识、专业技能相融合的有效路径。以《3D 打印与增材制造技术》这门课程为实施载体，从高职院校专业课教师实施课程思政面临的问题入手，进行分析，并结合实际，对专业课教师如何有效开展和实施课程思政、提高教学质量和实效给出了对策，为高职院校专业课教师实施课程思政提供一定的借鉴。

《高职院校课程思政实践研究——以〈概率论与数理统计〉课程为例》——天津市高等职业技术教育研究会 2021 年度一般课题——张恩路——在研

本课题以《概率论与数理统计》课程为例进行研究，该课程是理工科各专业的一门公共基础课程，它将为今后学习专业基础课以及相关的专业课程打下必要的数学基础。由于它的知识体系、课程性质等特点，使其具有开展思政教学改革的良好基础和明显优势。概率统计是基于社会生活经验和总结演变而来的，很多知识点中蕴含大量的思政元素，因此我们要有效地挖掘概率统计知识点中蕴含的思政元素，设计实际案例，科学恰当地把思政元素渗透到教学过程中，让学生在掌握书本知识的同时，接受思政教育和数学素养的熏陶，实现立德树人 的根本任务。在教学中渗透数学所蕴含的科学精神、人文精神以及数学文化，以努力提高学生的数学修养和素质，培养具有工匠精神的高素质人才。

构建课程思政评价体系成果

随着高职院校课程思政建设的全面深入推进，关于高职院校课程思政建设质量的评价成为学界关注的热点。通过梳理课程思政现有的研究成果可知，当前关于课程思政评价的研究仍旧较为缺乏，且已有研究成果的研究深度和现实应用价值都极为有限。因此，为进一步丰富课程思政研究的有关成果，为高职院校课程思政评价工作提供有效的评价工具，天津轻工职业技术学院依托天津市高等职业技术教育研究会重点课题《课程思政评价》，从高职院校课程思政整体建设层面及课程建设层面出发，尝试开展课程思政评价体系构建的研究工作。通过文献研究、调研访谈及案例分析等多种研究方式，天津轻工职业技术学院对当前课程思政研究有关的政策及理论依据进行归纳和梳理，对"课程思政"这一核心概念进行了界定，构建了高职院校课程思政评价体系（基于高职院校课程思政建设整体评价）和高职院校课程思政评价体系（基于高职院校课程建设评价）（其中包含通用性指标和文理类课程学科评价指标侧重点），并依据这两套评价指标，对其构建的评价依据和指标之间的逻辑关系进行了分析和阐述。

高职院校课程思政评价体系（基于高职院校课程思政建设整体评价）以CIPP 评价模式为基本模型，通过对本科（含技能本科）、高职及中职等各级各类院校课程思政建设进行实践调研，充分考察当前各类院校课程思政的特色建设模式以及先进经验和做法。基于丰富的调研资料，针对专家、教师、学生及企业人员进行问卷和访谈调查，进一步对高职院校课程思政评价体系（基于高职院校课程思政建设整体评价）的指标内容进行归纳，最终形成一级指标 4 个、二级指标 16 个、三级指标 56 个。

高职院校课程思政评价体系（基于高职院校课程建设评价）基于高职院校课程思政示范课建设的基本情况、综合课程评价涉及的基本要素，结合课程思政考查的特点，尝试构建高职院校课程思政评价体系（基于高职院校课程建设评价）。此评价体系包括两大部分，一是高职院校课程思政评价体系（基于高职院校课程建设评价）通用性指标，二是高职院校课程思政评价体系（基于高职院校课程建设评价）文理类课程学科评价指标侧重点。其中，高职院校课程思政评价体系（基于高职院校课程建设评价）通用性指标包含一级指标 5 个、二级指标 17 个、三级指标 45 个；高职院校课程思政评价体系（基于高职院校课程建设评价）文理类课程学科评价指标侧重点包含侧重点、教学方法和考核评价三个维度，从文科和理科两个类别出发，对两类课程的重点考查方面进行界定。

一、高职院校课程思政评价体系（基于高职院校课程思政建设整体评价）

表 1　高职院校课程思政评价体系（基于高职院校课程思政建设整体评价）

一级指标	二级指标	三级指标
建设依据	建设目标	全面贯彻党的职业教育方针及政策
		贯彻落实立德树人根本任务，促进学生德智体美劳全面发展
		将课程思政建设融入院校建设的各个环节，实现课程思政建设的"全覆盖"，提升院校综合办学能力
	政策依据	进行顶层设计，并通过制度建设保障课程思政顺利实施
		设计制订院校总体课程思政建设方案
		贯彻党中央和教育部关于课程思政建设的决策部署
	价值引领	院校综合办学能力得到显著提升
		院校"三全育人"效果突出
		院校专业建设水平得到显著提升
建设基础	管理体制	学校党政领导班子深入贯彻党中央和教育部关于课程思政建设的决策部署
		建立党委统一领导，形成党政齐抓共管、院系协同开展课程思政建设的工作格局
		成立课程思政建设工作领导小组
		成立课程思政教学指导委员会
		建立由教务部门牵头，马克思主义学院、组织、宣传，各二级学院密切配合的课程思政建设工作机制

续表

一级指标	二级指标	三级指标
建设基础	师资队伍	形成课程思政专业教师队伍，教师专业能力、思政素养、教学态度、授课质量及科研能力、师德师风俱佳
		建立思政课教师与专业课教师、其他公共基础课教师"结对子"工作机制
		建立课程思政"传帮带"工作机制
		建立课程思政建设专项人才引进机制，吸纳多元化课程思政专项人才
		设立课程思政建设专项人才培育机制，构建科学完善的课程思政专项人才成长路径
		建立完善的师资培训体系，提供包括课程思政专题培训、思想政治教育、形势与政策教育培训、师德师风专题培训在内的多样化培训
		在职称评聘、考核奖励和评奖评优等政策文件中增设鼓励支持课程思政建设的相关内容和评价标准
	资金投入	设置课程思政专项经费
		在教学、人才培养、科学研究、校园建设等项目经费中设有课程思政建设相关的经费投入内容
		制定课程思政经费使用管理办法及绩效考核办法
	发展规划	课程思政建设目标纳入院校中长期发展规划及"双高"建设方案进行重点建设
		制订学校课程思政建设专项中长期发展规划
		课程思政建设目标纳入院校年度重点工作
	实施方案	把课程思政的要求纳入专业人才培养方案、教学计划、课程标准，把思想政治教育贯穿人才培养全过程
		制定专业课程思政教学质量评价标准
		开展专业课及公共课课程思政示范课建设
		建设课程思政教学资源库，课程思政教学信息化水平较高
		与企业开展课程思政共建活动，包括支部共建、"课程思政"进企业等
		开展专业课、公共基础课课程思政教学评选与展示活动，评选课程思政优秀教师评选
		开展课程思政主题教学及实践活动

续表

一级指标	二级指标	三级指标
建设过程	建设监测	建立院校课程思政建设监测机制
		制定撰写院校课程思政建设监测年度质量报告
	建设检查	联合院校纪检监察部门，成立课程思政建设督查小组，每年开展课程思政建设质量监督
		制定院校课程思政建设质量监督机制
	建设评价	建立院校课程思政建设动态评价机制
		制定院校课程思政建设评价指标体系
建设成效	实施效果	学生认可课程思政教学目标，积极参与日常教学中的课程思政教学环节，学习态度和课堂参与度有明显的改善
		学生通过参与课程思政教学实践活动，个人行为获得正向引导，综合素质得到明显提升，获得实习或用人单位的认可
		学生积极参与课程思政教学实践活动和竞赛活动，并取得相关荣誉或奖项
	课程影响	形成了一批高质量的课程思政示范课
		建设了一批资源丰富、类型多样的课程思政教学资源
	体系建设	建立了科学系统的院校课程思政建设管理体系
		形成了院校具有课程思政特色的专业体系和课程体系
	科学研究	院校教师科研政治方向正确、价值取向端正，科研作风严谨求实，无学术不端行为
		建立课程思政研究专项管理体系，优化和提升管理程序
		制定课程思政研究评价标准和学术评价方法
		形成一批高质量的课程思政研究成果
		建立课程思政研究成果转化机制，实现课程思政研究成果反哺教学和院校发展建设
		建立课程思政教学研究示范中心等机构，开展课程思政相关研究
	环境建设	建立课程思政特色教学活动中心和实践育人基地
		把思政元素体现在校园公共设施及景观建设中，提升校园思政育人氛围
	荣誉成果	学校获得课程思政建设相关的荣誉和教育教学成果

二、高职院校课程思政评价体系（基于高职院校课程建设评价）

表 2　高职院校课程思政评价体系（基于高职院校课程建设评价）通用性指标

一级指标	二级指标	三级指标
课程目标	教学目标	全面贯彻党的教育方针
		推进习近平新时代中国特色社会主义思想进教材、进课堂、进学生头脑
		注意发挥社会主义核心价值观引领作用
		贯彻落实立德树人根本任务，促进学生德智体美劳全面发展
	教学设计	注重对学生爱国、励志、求真、力行品质的塑造
		注重思想品德、专业技术能力、科学素养的培养，促进课程与思政教育同频共振
		遵循教学规律，注重理想信念引领，体现科学精神与工匠精神
课程教学	教学资源	教材选用规范科学，按要求使用相关思政教材
		教学文件齐备，格式规范，示范性强
		教案中要有明确的思政教育目标
		凝聚各类优质资源，支撑教学目标的实现
	教学内容	注重学生专业知识、人文素养、科学思维与职业素养的教育，提高学生专业技能，培养学生科学精神、劳动精神与工匠精神
		精选讲授内容，体系严谨，逻辑性强，重点、难点突出
		注意将经济社会发展和专业领域最新成果引入教学
		课程发挥思政功能点不少于 5 个
	教学过程	教师精神状态饱满，讲授条理清楚，信息量合理，课堂管理有效
		紧扣教学大纲，知识传授、素质提升与思想政治教育结合紧密
		理论与实践相结合，对问题阐述深入浅出，能启发引导学生
		注重教与学之间的有效互动与交流
	教学手段	合理运用各种教学媒体，创新教学模式，有机融入思政内容
		板书及课件设计重点突出，使用效果好
		注重线上线下思政教学互动
		注重使用教学资源库或云平台课程思政资源
		因材施教，灵活运用多种教学方法，引导学生用正确的方法认识和解决问题

续表

一级指标	二级指标	三级指标
课程教师	负责人	坚持"四个相统一"，师德师风良好
		组织能力强，带头作用明显
		知识面丰富，教学能力强，教学经验丰富，教学特色鲜明
	团队建设	师德师风良好
		专业、学缘、年龄结构合理
		教师专业能力、教学态度、授课质量俱佳
		相关教学研讨、集体备课、团队梯度建设等
课程效果	教师	课程目标有效达成
		有效挖掘课程中的思政元素
	学生	对本课程接受程度高、喜闻乐见、评价良好
	学院	校内督导评价良好
	企业	学生综合素质评价良好
课程保障	基地	基地数量充足
		基地质量较好
	活动	活动形式多样
		活动资源充足
	经费	课程思政经费支持充足
	资源	开发出课程思政教材资源
		线上资源和资源库建设良好
		充足教学信息技术手段
	制度	有相关支持制度或规定、具备较完善制度体系

表 3　高职院校课程思政评价体系（基于高职院校课程建设评价）

文理类课程学科评价指标侧重点

关键词	文科	理科
侧重点	树立正确的艺术观和创作观，以美育人、以美化人，积极弘扬中华美育精神，引导学生自觉传承和弘扬中华优秀传统文化，增强文化自信	突出科学伦理教育，培养学生科技强国的责任感和使命感。理工教育中的科学、技术、工程、人文相统一、相融合和相互贯通
教学方法	以丰富多样的课堂组织形式，突出学生的主体地位，引导学生思考，理解思政元素。如案例教学法、情景模拟法、角色扮演等	突出理工科技的应用性，并在实施过程中，培养学生解决问题的能力与信心。注重学生专业知识、科学思维与职业素养的教育，提高学生专业技能，培养学生科学精神。如数量分析、实践操作、调查实践等操作方式
考核评价	注重过程评价，课堂表现即时评价，辐射思政点的评价	注重学生理论与实践操作能力评价，实现技能与思政相促进

第四篇

04

| 轻工学院落实课程思政实施方案和举措 |

关于在课堂教学中开展"课程思政"
创新实践的实施方案

2018 年 4 月

　　为深入学习习近平新时代中国特色社会主义思想和党的十九大精神，贯彻全国和天津市高校思想政治工作会议精神，落实天津市《关于推进新时代天津高校思想政治工作改革攻坚的实施意见》部署，大力推进由"思政课程"走向"课程思政"的教育教学改革，切实提升学院思想政治工作质量和水平，制订本工作方案。

一、总体要求和目标任务

　　全面贯彻党的十九大精神，以习近平新时代中国特色社会主义思想为指导，以立德树人为根本任务，以培养又红又专、德才兼备、全面发展的社会主义合格建设者和接班人为目标，围绕"大思政"格局，深入探索"知识技能传授与价值素养引领相结合"的有效路径，努力构建起思政课、基础课、专业课三位一体的课程思政体系。重点依托"1+1+3"（每一名党员教师、每一个教研室、三个顶尖专业）载体，深入发掘各类课程的思想政治理论教育资源，把价值观培育和塑造通过"基因式"融入课程，将教书育人的内涵落实在理论和实训教学主渠道，努力让所有课程都上出"思政味"、所有教师都挑起"思政担"，使立德树人"润物无声"，全面促进学院"课程思政"创新改革取得新成效。

二、主要形式和载体

　　（一）开展集中学习和课程设计探索（4 月 20 日前）

　　（1）深入研读课程思政内涵要求，统一思想认识。加强对"课程思政"新理念的学习和研究，组织全体任课教师通过集中学习、集体备课、专家讲座、自学等形式，深入领会习近平总书记对高校思想政治工作的重要指示精神，明确市教育两委关于课程思政创新改革的总体要求，学习专家学者关于"思政课程"向"课程思政"转变的研究成果以及兄弟院校先进经验和案例，强化对"课程思政"新理念的理解，提升"课程思政"责任意识。一是加强学习引领，明确课程思政新要求。通过举办专家报告会、专题学习会、座谈会等形式，深入学习"课程思政"的深刻内涵、实践做法和先进经验，为做好创新实践奠定坚实基础。二是开展"课程门门有思政，教师人人讲育人"实践讨论。依托党支部"三会一课"载体，以党小组或教研室为单位，组织全体任课教师集体备课研讨，立足专业和课程，学习研讨本专业和专业课程实行"课程思政"创新改革的主要做法，探讨符合专业和课程实际情况的初步融入方案。三是开展教案设计探索，强化思政元素运用。党员任课教师要带头结合主要任教课程（至少 1 门），依照教学大纲，跳出教材讲义，深入研究将新时代要求、职业素养、工匠精神等内容引入课堂的方式方法，并逐步运用到专业建设和课程教学的具体内容。

（责任部门：各党支部、各二级学院、党委组织部、教务处、独立教研室）

（2）全面开展"课程思政"创新探索，努力形成特色鲜明的融入导向。以学院现有教研室和任课教师为基础，全面启动"课程思政"融入教学内容设计，将学生学知识、长技能的原动力与个人理想、社会担当有机结合，体现专业培养目标的"红专"与课程教学目标的教育性、知识性、技能性相互结合，学科的科学素养与人文素养相辅相成，让基础课、专业课、实训课同样承载正确的职业观、成才观教育，努力形成一批设计方案和应用成果。一是开展"课程思政"教学设计。充分发挥共产党员带头示范作用，党员任课教师结合任教课程内容（至少选1 门），对照"课程思政"的新要求，探索在教学内容中融入党的十九大对本行业产业提出的总体部署、"五大发展理念"和践行社会主义核心价值观的有关要求，体现本行业、本专业、本课程在全世界和全国的发展前沿和顶尖技术，承载从事本行业需要的职业素养和职业精神，结合本行业先进的企业文化和涌现出的劳模、工匠、技术能手、先进人物、优秀毕业生等，充分梳理本门课程所蕴含的思政元素，深入挖掘本门课程所承载的思政功能，形成发挥本课程思政育人功能的课程素材集（PPT、视频、动画等形式），并选取重点课程内容（至少 2 课时）进行"课程思政"融入式教案设计，形成教案和教学课件（PPT、视频、动画等形式），列入课堂讲授的重要内容。二是将"课程思政"理念融入人才培养方案和课程标准。各教研室（含基础课）要根据本专业或本类别课程的总体目标要求，结合各门课程思政素材，完善本专业人才培养方案和各课程标准的具体措施办法，并以近年来重点建设的专业为依托（选取 1~2 个专业），充分挖掘蕴含在相关专业知识中的思政教育元素，修订人才培养方案和课程标准，切实将理想信念教育、道德素质教育、职业精神教育等思政元素纳入专业建设全过程。三是切实发挥顶尖专业的引领作用。三个顶尖专业要紧紧围绕创建目标和建设任务，在"课程思政"新要求的融入上先行先试，积累经验。要对标国内一流标准，在专业建设和"课程思政"融入上齐抓并进，打造适应新时代新要求的专业特色和亮点，力争在全国同类专业中保持领先地位的同时，充分发挥带动和辐射作用，引领相关专业高质量发展。

（责任部门：各党支部、各二级学院、教务处、独立教研室）

（二）经验总结与提升（4月30日前）

各二级学院和独立教研室负责汇总教师和教研室的设计成果，经初审后推荐一批导向清晰、内容精致、质量较高的方案和课件。学院将组织专门力量，通过综合评审的形式对教师和教研室的设计成果进行研究审核，评定等级，同时将选出具有代表性的专业人才培养方案和教师授课方案，经提升与完善后，纳入学院《"课程思政"创新实践经验成果手册》，作为全院第一批重点推广的"课程思政"试点专业和课程，应用到专业教学中，并逐步向各个专业和课程推广。

（责任部门：各二级学院、党委办公室、党委宣传部、教务处、独立教研室、三个顶尖专业）

（三）集中宣传展示（5月初）

学院各媒体阵地要适时进行报道和推广，为"课程思政"工作的推动营造好舆论氛围，集中宣传和展示"课程思政"创新实践的研究成果。对具有代表性的创新成果，分顶层设计、思想引领、思政融入、实践经验、党员示范等板块，在职业教育活动周期间进行展览，促进与兄弟院校之间的交流。

（责任部门：党委办公室、教务处、相关专业负责人和教师）

三、工作预算

表1　工作预算

序号	项目	预算资金（元）	资金来源	备注
1	专家讲座劳务费	3500	教务处预算	
2	党支部党员教案评比	5000	党费	一、二、三等奖原则均不超过10%

续表

序号	项目	预算资金（元）	资金来源	备注
3	院级评审专家费	3000	教务处预算	3 名校外专家，税后 800/人
4	经验手册设计印刷费	5000	大赛预算	计划 500 本
5	展览展示设计制作费	6000	大赛预算	
6	重点试点建设费	8000	教务处预算	除 2 个课程已经立项外，再立项 4~6 门课程或专业
	合计	30500		

四、有关要求

提升思想认识。各党支部、各二级学院、相关职能处室要深入学习习近平新时代中国特色社会主义思想和高校思想政治工作会议精神，研读市教育两委对"课程思政"建设的具体要求，提高政治站位，转变思维观念，秉持着办好人民满意教育的使命感和责任感，切实将"课程思政"理念内化于心、外化于行，推动"课程思政"建设取得新成效。

落实工作责任。教务处、各二级学院、独立教研室要高度重视，把推进"课程思政"工作摆到重要位置，切实加强组织领导，精心组织，统筹安排，确保工作扎实有效。各党支部要利用好党员集中活动日，组织好党员教师集体学习、集中备课、集中研讨，促进广大党员教师牢固树立思政意识，自觉践行思政行为。

加强探索创新。在创新实践中要逐步探索行之有效的"课程思政"教学评价体系。通过教育引导、制度激励等手段强化教师观念转变，动员广大专业教师在课程教学中发挥"课程思政"工作的主体作用。各职能部门和二级学院要形成合力，推动"课程思政"目标落细、落实、落地。

"思政十条"的九项举措

　　为深入贯彻习近平总书记在学校思想政治理论课教师座谈会上的重要讲话精神和中共中央办公厅、国务院办公厅《关于深化新时代学校思想政治理论课改革创新的若干意见》，落实《市委教育工委 市教委关于印发深化新时代天津学校思想政治教育一体化建设的若干举措的通知》（津教党〔2019〕43号）、《天津市高校"三全育人"工作实施方案》（津党教〔2019〕48号）、《市委教育工委 市教委关于强化高等学校领导深入学生开展思想教育工作的通知》（津教党〔2019〕59号），深化新时代我院思想政治理论课改革创新，不断增强思政课的思想性、理论性和亲和力、针对性，根据天津市《深化新时代思政课改革创新十项措施》精神，结合我院实际，特制订本方案。

一、健全领导体制，压实思政课建设主体责任

　　全面贯彻党的教育方针，坚持马克思主义指导地位，贯彻落实习近平新时代中国特色社会主义思想，加强党对思政课建设的全面领导，把加强和改进思政课建设摆在突出位置。成立思政课改革创新领导小组，负责指导学院思政课课程建设、教材建设、队伍建设、职称评聘等工作，根据学生认知规律和对接受特点的研究，丰富思政课教学资源，有力推进我院的思政课教育教学改革。建立学院思政工作议事制度，研究解决学校思政工作重大问题和相关政策措施，坚持思政课建设与党的创新理论武装同步推进，形成党委统一领导、党政齐抓共管、有关部门各负其责、全学院协同配合的工作格局。坚持守正和创新相统一，落实新时代思政课改革创新要求，不断增强思政课的思想性、理论性和亲和力、针对性。

　　思政课改革创新领导小组成员如下：

　　组　长：戴裕崴　褚建伟

　　副组长：胡如祥　刘焕锋　王　鹏　李云梅　于洪祥

成　员：陈　伟　王丽云　郑文柱　王建明　周显晶　王宝龙　刘悦凌

　　　　刘　健　王珍奇　李　琨　姚　策　只井杰　李　萍　侯辰俊

二、严格思政课教师奖励机制和制度规定

学院把教学实效作为评价思政课教师的首要指标，切实改革思政课教师评价机制。明确与思政课教师教学科研特点相匹配的评价标准，进一步提高评价中教学和教学研究占比。将每学期思政课教师的授课班级学生所取得的成绩成果、在校期间的综合表现纳入思政课教师的绩效考核中，建立思政课建设年度考核机制；进一步规范思政课教师行为准则，把严格制度规定和加强日常教育监督结合起来，增强教师的职业认同感、荣誉感、责任感，激发思政教师在促进学生成长中的引领作用，用好思想政治理论课堂的主阵地，种好思政课的责任田，推动形成教师认真讲好思政课、学生积极学好思政课的良好氛围。

三、发挥思政部作用，提升思想政治理论课水平

按照教育部、天津市教委思政课考核标准，成立思想政治理论课教学部。发挥思想政治理论课教学部在思想政治理论课教育教学改革、教师队伍培养、思政名师培育、课堂思政教学协调等作用；在思政课的改革创新上下功夫，培育思政知名课堂，开展思政公开课活动，组织思政课教师进行集体备课，为学生做好解疑释惑工作；采用更加丰富的教学模式，推出学生想听爱听的思政精品课程，增强学生使命担当，引导学生矢志不渝听党话、跟党走，争做社会主义合格建设者和可靠接班人；按照课堂标准制定实践课教学大纲和教案，融理论讲授、参观体验、现场教学、动手实践、志愿服务为一体，打造一批新时代思政课实践教学创新课；进一步落实思政课听课制度，达到"学院领导全员听课、思政教师全课被听"。做到"两个注重"，一是注重老、中、青教师之间的"传、帮、带"，由富有经验的教师对新入职教师进行结对帮扶。二是注重先进教学经验的推广普及，通过现场观摩教学、优秀教师说课、教学比赛等方式激发教师们讲好思政课的积极性、主动性和创造性；加强与兄弟院校的联系和对接，取长补短，提升我院思想政治理论课教育教学水平。

四、明确任务，建立党政领导干部讲思政课的常态机制

充分利用"五四""七一""八一""十一""一二·九"等重大节日，以及党史国史重大事件、重要人物纪念日，利用学院开学典礼、毕业典礼、团校

开课、军训开营等重大活动，充分结合历史现实、把握时事、结合职业教育发展的特点，对学生进行爱国主义、社会主义、集体主义教育，为学生引领正确的人生方向，帮学生扣好人生的扣子。学院党委书记、院长作为思政课建设第一责任人，要结合自身学科背景和工作经历，带头走进课堂听课讲课，带头推动思政课建设，带头联系思政课教师。学院党委会每学期至少召开一次会议专题研究思政课建设，党委书记、院长每学期至少给学生讲授四个课时思政课，领导班子其他成员每学期至少给学生讲授两个课时思政课，可重点讲授"形势与政策"课。学院领导班子成员每人联系一名思政课教师，每年参加至少两次思政课教学教研活动，每学期讲一堂思想政治理论课（含形势与政策课），每学期至少一次深入院系、班级、社团、宿舍，了解学生的思想、生活、学习情况。开学典礼、毕业典礼讲话等要鲜明体现党的教育方针、积极传播马克思主义科学理论、弘扬社会主义核心价值观。要把思政课建设情况纳入学院党的建设工作考核、办学质量和专业建设评估标准体系。

五、强化学习，制订思政教师素质提升计划

根据学院空编情况，制订年度思政课教师招聘计划，每年引进 1~2 名思政课教师，直至达到上级要求。在选用、管理、考核中严把政治关、师德关、业务关，确保按标准配齐配强思想政治理论专职教师；选派思政课教师参加教育部、天津市教委组织的培训，充分利用国家"一带一路"倡议和我院鲁班工坊建设平台和成果，从 2020 年开始，按照市教育工委要求，组织思政教师走出国门，到埃及、印度等相关国家，开阔视野，对比优劣，以鲜活的事例不断增强思政课程的说服力。组织思政课骨干教师赴国外调研，拓宽国际视野，在比较分析中坚定"四个自信"。组织思政教师分批次到中央党校、井冈山干部学院、延安干部学院、浦东干部学院、市委党校等干部培训基地开展全员培训，体验红色文化，感受祖国变化，深植家国情怀，全面提升思政课教师的政治理论水平，打造政治强、情怀深、思维新、视野广、自律严、人格正的高素质思政课教师队伍。

六、以教研、科研、参赛为载体，推动思政教学改革

坚持用习近平新时代中国特色社会主义思想铸魂育人，以政治认同、家国情怀、道德修养、法治意识、文化素养为重点，以爱党、爱国、爱社会主义、爱人民、爱集体为主线，坚持爱国和爱党、爱社会主义相统一，系统开展马克

思主义理论教育，系统进行中国特色社会主义和中国梦教育、社会主义核心价值观教育、法治教育、劳动教育、心理健康教育、中华优秀传统文化教育。针对学生关注的疑难热点问题，发挥思政部、学院党委宣传部、海河教育园区思政联盟等组织作用，以鲁班工坊建设·体验馆、园区思政实践育人基地等为载体，积极探索思政实践育人的教育教学新方法；组织思政课教师开展专项调研、进行集体备课，评选优秀解答教案，以透彻的学理分析回应学生，以彻底的思想理论说服学生，用强大的真理力量引导学生。强化科研推动教学，鼓励教师参加教育部、天津市等课题的申报，鼓励教师参加课程思政建设工作，引导师生将科研重点聚焦供给侧结构性改革、创新型国家建设、乡村振兴、"一带一路"建设等国家重大战略和倡议，把论文、专著、专利变成现实生产力，推进产学研深度融合，更好地支撑引领经济社会发展，提高服务国家和社会的贡献率；选派优秀教师、学生参加天津市思政公开课大赛，丰富思政教学载体，通过以赛促进形式，进一步提升我院思政课的教育教学水平，推动思政教育教学改革创新。

七、实施"课程思政"，打造百门院级课程思政精品课程

发挥思想政治理论课和专业课协同"筑渠、种田"功能，课程思政与思想政治教育同向同行，将思政内容与课程教学相融合，提高教师在教学中的思政内容渗透力，将社会公德、职业道德、时事教育等融入日常教学中，增加对学生职业素养的考核。以两门市级"课程思政"改革精品课程建设为引领，形成一整套课程思政教案、授课视频、学生满意度调研，形成质量报告。在此基础上，深挖思政课程内涵，为工科类和管理类课程做出课程思政范本，在全院推广。向艺术类课程扩展，在艺术工程学院遴选典型课程思政，实现四个二级学院都有课程思政示范课。推动全院课程思政建设，扩展成果应用，实现每个专业至少建设一门"课程思政"课程，逐步打造100门院级"课程思政"精品课程，实现思政教育的全课程覆盖，切实将社会主义核心价值观教育融入日常教学活动中。

八、以学生社团为中心，提升学生思政工作实效性

协同学院团委，通过各二级学院号召组织成立马克思主义理论类学生社团，为每个社团配备三名思政教师。指导学生开展理论学习，带领学生开展理论研究；联合团委、学生处利用重大节日、少数民族节日等，组织学生开展喜闻乐

见、有教育意义的活动；注重发挥学生骨干、榜样的作用，用学生来感染学生，引导广大学生做习近平新时代中国特色社会主义思想的传播者、弘扬者和践行者。

九、设立专项经费，为工作提供有力保证

按每生每年不低于 30 元的标准提取专项经费，用于思政教师的学术交流、实践研修等，并逐步加大支持力度。自 2020 年起，设立每年 85 万元的专项经费（含上级拨付的相关专项经费），用于思政教育和课程思政教学资源建设，专款专用，确保各项工作和活动的正常开展，促进思政工作水平和质量的不断提高。

课程思政研究与实践中心建设方案

为全面贯彻落实习近平新时代中国特色社会主义思想和党的十九大精神，落实立德树人根本任务，贯彻习近平总书记在学校思想政治理论课教师座谈会上的重要讲话和全国教育大会会议精神，坚持党对课程思政建设的全面领导，明确育人目标、优化教学设计、促进教改科研、完善评价体系，实现固本铸魂、培德育人。不断深化课程思政教学与研究遵循教育教学规律、思想政治教育规律、学生成长成才规律的意识，挖掘全校各专业、各课程的思政教育元素，丰富课程思政建设理论研究和实践经验，逐渐促成校内外形成示范辐射效应，并通过各种形式的资源和服务开展推广共享和指导建设，特成立轻工课程思政研究与实践中心（以下简称"中心"）。

一、中心工作定位

按照党委统一领导、党政部门协同配合、以行政渠道为主组织落实的思路，有效发挥行政职能，将"课程思政"纳入年度重点工作，成为"课程思政"工作的实施、研究和创新的重要载体。推动构建"三全育人"大思政工作体系，将思想政治教育贯穿到学科、教学及管理等体系。遵循职业教育教学及学生成长成才规律，挖掘各专业课程思政教育元素，促进思政教育与专业教育融合发展。通过"试点先行、逐步推广、精准培育、全面铺开"的原则，将价值引领贯穿教育教学全过程，构建立德树人长效机制，实现思想政治教育全覆盖，融入教学全要素，贯穿教学管理全过程，形成"全校讲思政、课课有思政、人人重育人"的良好局面，全方位深入推进课程思政与思政课程同向同行。

二、中心工作任务

（一）挖掘课程思政元素

遵循教育教学规律、思想政治教育规律、学生成长成才规律，挖掘各专业课程的思政教育元素，促进思政教育与专业教育相融合、互动发展。将思想价值引领贯穿教学计划、课程标准、课程内容、教学评价等主要教学环节。开发具有德育元素的特色课程，根据学校办学定位和模具、新能源两个优势专业组织开展具有学科特色的系列讲座，宣传我国现代工业体系建设、科学技术发展建设方面成果，使广大学生坚定"四个自信"，激发爱国主义情怀和民族自豪感，激发学生传承民族文化、弘扬民族精神的历史责任与担当。

（二）加强师资队伍建设

加强教师发展培训，将课程思政纳入教师岗前培训、在岗培训和师德师风等培训活动中。加强教师思想政治教育，增强"四个自信"，提高育人意识，通过多种方式，引导广大教师树立"课程思政"的理念，以思想引领和价值观塑造为目标，充分运用学科组讨论、老教师传帮带、教材教案编写、思政教学团队和骨干教师示范带头作用等手段，开展思想政治教育技能培养，强化课程思政教学改革工作，把知识传授、能力培养、思想引领融入每门课程教学过程中。

（三）完善教学质量监控体系

在课程建设、课程教学组织实施、课程质量评价体系建立中，注重将"价值引领"功能的增强和发挥作为首要因素；在教学过程管理和质量评价中将"价值引领"作为一个重要监测指标。从源头、目标和过程上强化所有课程融入德育理念，并在教学建设、运行和管理等环节中落到实处。在课程教学大纲、教学设计等重要教学文件的审定中要考量"知识传授、能力提升和价值引领"同步提升的实现度；在精品课程、示范课程的遴选立项、评比和验收中应设置"价值引领"或"德育功能"指标；在课程评价标准（含学生评教、督导评课、同行听课等）的制定中设置"价值引领"观测点。

三、保障措施

（一）加强组织领导

强化组织领导，建立主管教学和思政教研部学院领导牵头，教务处、科研处、马克思主义学院、二级学院、独立教研室及企业专家密切配合的工作协调机制，加强协同联动，推进工作落实。各二级学院结合本部门实际制订具体实施方案。

（二）强化工作考核

通过课程思政实施评价体系、课程思政教学效果评价体系、课程思政师资进修体系、思政学生学业评价体系、课程思政激励体制等多体系与激励体制的建立，对课程思政的实施、师资培训、学生培养等进行定期评价和考核，做到全流程、全要素可查可督，及时宣传表彰、督促整改。同时课程思政建设成效作为各类优质课程评选、教师评优等的重要指标。

（三）提供经费支持

课程思政研究与实践中心经费预算纳入学校年度预算体系，设立专项经费保障课程思政教学改革稳步推进。通过项目形式对课程思政工作提供资助，并根据年度考核结果实施动态管理，确保专项建设项目顺利实施；对于组织开展课程思政工作成效突出的教学单位给予奖励。鼓励各教学单位设立专项经费，保障课程思政工作的有力推进。

天津轻工职业技术学院

2019 年 12 月 1 日

"课程思政"示范课建设实施方案

以习近平新时代中国特色社会主义思想和党的十九大精神为指导，落实立德树人根本任务，贯彻习近平总书记在学校思想政治理论课教师座谈会上的重要讲话和全国教育大会会议精神，落实天津市《深化新时代思政课改革创新十项举措》精神，推动学院《落实"思政十条"的九项举措》，将习近平新时代中国特色社会主义思想有效融入教材、课堂和头脑，积极推进学院"课程思政"教育教学改革，深挖各专业课程和综合素养课程所蕴含的思想政治教育资源，解决好各类课程与思政课相互配合，使思想政治教育有机融入教育教学全课程、全过程，发挥所有课程的育人功能，现决定在全院范围内开展"课程思政"示范课建设（以下简称"示范课"）。

一、建设目标

以新时代示范课建设为抓手，发挥各个专业、各门课程作用，将习近平新时代中国特色社会主义思想深度融入专业建设、课程建设中，在学院范围内三年打造 100 门院级示范课，推动"教师、教材、教法"三教改革，构建一、二课堂联动，专业技术与思政教育"一体化"融入的育人格局。

二、建设任务

积极推进"课程思政"教育教学改革，做好各门综合素养课、专业课育人教学设计工作，深入挖掘课程的思政内涵和元素，明确"课程思政"教学目标，编制"课程思政"课程标准、教案、授课视频、教学进度计划和典型案例等。健全课堂教学管理制度，通过"互联网+"模式创新教育教学方式方法，建立"大思政"课程体系，使思想政治理论教育与专业教育相得益彰。

三、工作进度

（一）全面推动学院课程思政建设，申报工作面向学院全体教师，学院各个专业、各门课程的任课教师都要参与此项课程改革。课程思政负责人原则上应为非思政课的教师，团队成员至少包括一名教师、一名辅导员或学生管理工作者、一名思政教师或党务工作者，若为专业课程还应有一名企业人员等。

（二）遴选程序：由示范课负责人填写申报书，同时提供融入课程思政的课程标准、一个章节的课程思政教学设计方案、一个章节的课程思政教案，一个5~8分钟的授课视频或微课等，经二级学院党政联席会或独立教研室党支部审核通过后报教务处审核，后由教务处提交学院教学指导委员会，以会评方式进行遴选，评选结果经主管院领导核准并经校内外专家审定，认定后实施建设。

（三）2019—2020学年评选出20门院级示范课，2020—2021学年评选出40门院级示范课，2021—2022学年评选出40门院级示范课。

（四）根据遴选情况，分成三类示范课，学院将给予每门示范课20000元、10000元、5000元不等的课程建设经费，用于该门课程的思政教学资源建设、实施和教师培训等。

（五）验收标准：示范课经过一年的建设，学院统一组织验收工作，验收合格后颁发相应证书，并优先推荐到市级课程进行遴选。验收时需要提供验收质量报告、融入课程思政的课程标准、课程思政整体教学设计、完整的课程思政教案和五个5~8分钟的授课视频或微课作品、教学资源典型案例集、学生成果及其他相关佐证材料。

（六）通过三年建设，以示范课建设为抓手，挖掘形成学院全部专业各个课程的一整套新的课程标准、教案、授课视频和典型案例等。

四、工作要求

示范课建设是学院加强"课程思政"建设的重要抓手，各部门要高度重视，深度挖掘每门课程的思政元素的内涵。

（一）学院成立课程思政教学研究中心。由学院教务处和科研处牵头，以学院重点专业（群）、部分基础课教研室（含思政教研室）及天津市模具工业协会和天津市新能源协会共同组建课程思政教学研究组，深入推进学院示范课工作，深挖思政与课程相融的结合点，对课程标准、教案、教学资源等内容进行教学研究，并将研究成果推广应用。

（二）各二级学院、独立教研室成立课程思政教学研究小组。由二级学院院长、独立教研室主任牵头组建，成员应包含教师、辅导员以及企业人员等，共同开展相关内容研讨。

（三）学院将示范课改革、建设纳入每年教师教学评价考核，同时也作为每年思政课教师绩效考核、辅导员绩效考核骨干教师、专业带头人和教学名师评聘的重要依据，对成绩突出的课程和团队，在市级及以上教改立项、课题申报、教学能力比赛或成果奖申报等优先考虑。

建设学院示范课，充分发挥思想政治理论课主渠道的主导作用，增强"课程育人"意识和树立"课程思政"理念，确保每门课都能守好一段渠、种好责任田，使各类课程与思想政治理论课同向同行，形成协同效应。真正实现在课堂教学中全方位、全过程、全员育人，构建全课程育人的新格局。

天津轻工职业技术学院

2019 年 12 月 10 日

天津市市级课程思政培育项目
——课程思政教学研究示范中心

一、中心基本情况

天津轻工职业技术学院课程思政教学研究示范中心成立于 2019 年 11 月，在天津轻工职业技术学院党委领导下建立，依托学院教务处，挂靠职业教育研究中心，下设常务办公室及研究与实践团队。常务办公室由副院长、职业教育研究中心主任李云梅担任中心主任，教务处副处长担任中心副主任，有专职研究人员 1 名；研究与实践教师团队由学院教师组成，包括思政教师、专业教师、辅导员、科研人员及企业技术骨干等。中心组建设发展过程中邀请校外高校、科研院所及行业企业专家组成课程思政专家咨询委员会，给予指导和咨询。

中心重点开展课程思政的研究与实践，包括课程思政建设方案制订，课程思政建设运行、管理和评价，师资培育及实践基地保障，课程思政一体化设计研究等相关工作。中心先后发布了《天津轻工职业技术学院课程思政教学研究示范中心建设方案》《关于在课堂教学中开展"课程思政"创新实践的实施方案》《落实"思政十条"的九项举措》《"课程思政"示范课建设实施方案》《"课程思政"示范课程评价指标体系》等相关制度，为中心建设发展提供了有力政策保障。

2021 年 4 月，中心获批天津市高职院校课程思政教学研究示范中心培育项目。

二、中心负责人介绍

中心负责人为天津轻工职业技术学院副院长李云梅教授/研究员，他还担任就业与创业教育、单片机控制技术、PLC 应用技术及顶岗实习、毕业设计指导等教学工作，和课程团队一起学习、调研相关企业，将课程思政基本要素和专业结合融入人才培养全过程。通过调研明确人才培养目标和规格，修订人才培养方案，完善课程标准，梳理课程与思想政治教育之间的关系，深挖课程思政元素，每门课程都绘制课程思政教学设计思维导图，整合一套完整的课程思政教案，制作课程思政授课视频、微课和动画资源并形成典型教学案例。2019 年，在职教云平台搭建了在线开放课，通过线上线下混合式教学模式，供校内外师生、企业员工学习、浏览，学生满意度高。

结合思政教学的需要，积极开拓课程思政教育基地，带领师生到我院鲁班工坊建设·体验馆、艺术学院非遗大师工作室、天津海河教育园区思想政治教育实践基地、天津市圣威科技发展有限公司和天津市鸿远电气股份有限公司等10 余个场所开展课程思政教育和实践活动，将思想政治教育渗透到知识、经验和活动中，通过一两课堂联动，引导学生将所学的知识转化为内在德行，转化为自身精神系统的有机构成，提升新时代未来职业人的综合素养。

2020 年，就业与创业教育、PLC 应用技术等 3 门课程被评为学院在线开放精品课和课程思政示范课；2016—2020 年学院指导四名学生参加天津市高职高专院校电脑鼠走迷宫竞赛，获得一等奖 1 项、二等奖 2 项、三等奖 2 项。

三、中心内容建设

（一）中心的发展定位和主要职责

按照党委统一领导、党政部门协同配合，以行政渠道为主组织落实的思路，有效发挥行政职能，将"课程思政"纳入年度重点工作，推动构建"三全育人"大思政工作体系，将思想政治教育贯穿专业、教学、课程及管理等体系。以"试点先行、逐步推广、精准培育、全面铺开"为原则，将价值引领贯穿教育教学全过程，构建立德树人长效机制，实现思想政治教育全覆盖，融入教学全要素，贯穿教学管理全过程，形成"全校讲思政、课课有思政、人人重育人"的良好局面，全方位深入推进课程思政与思政课程同向同行，在国家"双高"校课程思政建设中起到示范引领作用。

中心是学院"课程思政"工作的研究、实施和评价的总平台，聚焦课程思政教育研究与实践，推动优质课程思政资源、教育科研、师资建设及实践基地等工作建设；建立课程思政相关评价体系，加强课程思政实施质量的指导作用；健全资源共享机制，搭建课程思政交流平台；加强课程思政重点难点的研究，形成经验和范式。

（二）建设理念目标和已开展建设内容

中心坚持贯彻"思政课程与课程思政同向同行，协同育人"的建设理念，围绕"培养什么人、怎样培养人、为谁培养人"的根本问题，以爱党、爱国、爱社会主义、爱人民、爱集体为主线，重点开展课程思政的研究、实施和评价等相关工作，打造"基础在课程、核心在思政、关键在教师、保障在机制"四位一体育人模式，抓典型、树标杆、推经验，形成范式和体系，推动学院立德树人成效进一步提升。

课程思政建设情况：

（1）机构建设。前期组织召开课程思政相关研讨会，为中心建设奠定基础。2019 年 11 月，中心前身"课程思政教学研究组"成立，小组先后多次召开工作推动会，推进学院课程思政建设；2020 年 7 月 1 日，课程思政小组正式更名为"天津轻工职业技术学院课程思政教学研究示范中心"。

（2）顶层设计。中心先后印发了《天津轻工职业技术学院课程思政教学研究示范中心建设方案》《关于在课堂教学中开展"课程思政"创新实践的实施方案》《落实"思政十条"的九项举措》《"课程思政"示范课建设实施方案》《"课程思政"示范课程评价指标体系》等相关文件，进一步明确了学院课程思政的建设方向及目标任务，为学院课程思政建设提供了有力的政策保障。

（3）课程建设。中心积极开展课程思政一体化课程建设，全力推进 100 门院级课程思政示范课建设工作。目前，中心已完成 30 门示范课程建设任务，并启动了第二批 30 门示范课程建设工作，课程思政示范课建设数量达到 60 门。

（4）队伍建设。按照"党员先行，全员参与"的建设原则，率先推进党员教师讲思政，通过"请进来"与"走出去"相结合的方式，在学院范围内开展形式多样、内容丰富的专题培训，提升教师课程思政建设的意识和能力。

（5）理论研究。中心积极开展课程思政理论研究相关工作。2018 年至今学院获批与"课程思政"相关的各级教改、科研课题共 13 项，各类刊物发表与"课程思政"相关内容论文 10 篇。

（6）活动开展。依托中心设立了劳动教育实践基地，开展了以劳动教育为主题的课程思政实践活动；结合主题教育活动，组织交流宣讲、主题竞赛、公益服务、科技创新等多种形式的课程思政活动，以活动深化课程思政育人成效。

（7）校企合作。开展"课程思政进企业"社会实践活动，定期组织教师及学生团队深入企业开展"工匠精神、劳模精神"主题实践；吸纳企业劳模、工匠代表担任中心专家委员会成员，打造以思政建设为切入点的校企合作新路径。

（8）协同共建。中心与思政课改革创新研究中心协同共建，在思政课程教学实践和理论方面开展研究；与南开学校、天津市劳动保障学校等多所学校开展"大中小学思政教育教学一体化"共建，不断提升学院思政课程建设水平。

（三）探索创新情况

中心在党委领导下，由分管教学、科研和创业等工作的副院长李云梅担任负责人，团队成员由教务处、职业教育研究中心、思政教研部、双高专业群和企业人员构成，以思政课程为主导、专业课程为主体，以2门天津市高校新时代"课程思政"改革精品课和2门海河教育园"课程思政""思政课程"百门示范课为示范，将课程思政在全院各专业逐步铺开，以交流学习、教改科研、观摩听课、成果展示方式，探索创新课程思政建设具有学院特色的路径，积极谋划、主动布局，形成思政课程与课程思政协调育人的新模式。

（1）做好课程思政顶层设计，为学院课程思政建设定好位。中心工作得到党委的高度重视，时任学院党委书记曹燕利亲自主持召开思政课程、课程思政教师教育教学研讨会，传达党中央和各级党委的文件精神，并指导学院全面开展思政课程与课程思政高效融合，并通过专项制度推动实现从"思政课程"主渠道育人向"课程思政"全方位育人的转化。

（2）探索开展课程思政教育教学改革建设模式，实现学院课程思政建设"由点到线，由线到面，由面到维"的全方位、全过程、全员育人，在校内外形成示范辐射效应。

（3）促成学院人人、门门、处处学思政、悟思政、讲思政。鼓励全院教师积极参与各级各类教学比赛、论文撰写、教改科研、精品在线课程等活动并深挖思政元素。

（4）加大获奖课程和院级示范课的辐射带动作用，全面促进学院三教改革推进。引导全院教师将思政教育融入课堂，并利用教研活动、校内外培训讲座相互交流、促进实践，提升全院教师思政素养，为学院特色化课程思政教学模式的应用推广奠定基础。

（四）资源建设情况

创新课程思政资源开发理念，在专业课教师、思政课教师、辅导员、企业人员组成的课程思政建设团队基础上，增加相关专业学生，从学生的视角切入，了解他们的关注点，师生共同研讨挖掘课程中的思政点，参与进行资料查找、脚本编写和资源制作开发，教师和企业人员对内容进行检查修订后，由学生上传到在线课程平台。学生的这种参与过程，正是劳动精神、团结合作精神和工匠精神的一种培养和体现，"师、生、企业人员"通力合作，开发出真正贴近学生、教育意义鲜明、专业特色明显的课程思政资源。

截至目前，学院已建成含有思政元素的在线开放课程 80 余门，其中国家级教学资源库课程 12 门，市级课程思政精品课 2 门，院级"课程思政"示范课程 60 门，覆盖 29 个专业，10 个大类；优质教学资源 15717 个，资源访问量达到 1458642 人次，总观看时长为 6169780 分钟。

开发包含思政元素、思政案例、思政故事的新形态电子教材和自编讲义 10 余本，目前《新能源发电技术与利用》《PLC 应用技术》《电工电子技术》活页式、手册式新型教材已正式使用。

同时学院还积极推广课程思政共享工作，将优质课程思政资源上传到学院开发建立的三全育人管理平台、国家级教学资源库平台供大家学习使用，扩大了学院优质课程思政资源的影响，在指导其他学校的课程思政资源开发过程中，将优质资源作为案例与模板对外进行展示，影响力进一步加强。

（五）培训交流情况

中心采取"请进来"与"走出去"相结合的方式，组织开展各类培训活动，进一步强化教师的育人意识，提升教师课程思政建设能力，确保课程思政建设落地落实、见功见效。中心先后邀请校内外思政教育及职业教育知名专家学者、劳动模范、优秀企业家、工匠大师等，依托校内课程思政教育实践基地，面向学院全体师生开展专题培训报告，参与培训师生人数近 1.6 万人次，培训时长达 2116 学时。

1. "请进来"

培训内容：天津师范大学李朝阳教授"讲好新时代思政课"专题报告；学院党委书记戴裕崴、中天未来（天津）科技有限公司总经理纪根文、学院思政教师薛羽洁"学习贯彻党的十九届五中全会精神，做新时代大国工匠"的专题思政课；津门工匠李家琦、全国劳动模范张黎明、全国道德模范王辅成"领会十九大报告，畅谈工匠精神"专题报告；副院长李云梅教授高职院校课程思政改革的实践与思考（在线培训）等。

培训对象：学院全体师生

培训规模：累计参与培训人员达 3000 人次

培训时长：80 学时

2. "走出去"

培训内容：国家教育行政学院和浦东干部学院举办天津市学校思想政治理论课教师培训班；湖南铁道职业技术学院举办的"做好课程思政，打造三全育人格局"专题培训；天津市教育工委和天津市教委举办"'思政课程'与'课程思政'协同育人"经验展示交流活动等。

培训对象：中心成员、学院优秀教师代表

培训规模：累计培训人员达 30 人次

培训时长：36 学时

3. 依托红色实践教育基地

培训内容：依托鲁班工坊建设·体验馆开展课程思政培训活动，全方位融入思政育人元素，提升育人效果。

培训对象：学院全体师生（含留学生）

培训规模：累计参与培训人员 1.5 万人次

培训时长：2000 学时

（六）评价体系建设情况

中心制订《天津轻工职业技术学院课程思政教学研究示范中心建设实施方案》，建立了课程思政实施评价体系，把课程思政建设作为"双高计划"绩效评价的重要内容，定期对课程思政工作实施情况组织验收和评价，实现全流程、全要素可查可督，实现课程思政可进可退，及时宣传表彰、督促整改；建立了课程思政教学效果评价体系，强化课程思政育人导向，结合学校 2019 级人才培养方案修订原则意见，将课程思政理念有机融入学校 2019 级、2020 级和 2021 级各专业人才培养方案；建立了课程思政师资进修体系。加强教师发展培训，将课程思政纳入教师岗前培训、在岗培训和师德师风、教学能力专题培训等活动中，加强教师课程思政育人能力建设；建立了课程思政学生学业评价体系。在学业评价中融入课程思政，增加德育学分，将思想性、价值性评价纳入学生学业评价。

中心印发了相关办法及文件，建立了课程思政激励机制。加大对课程思政建设优秀成果的支持力度，对遴选出的特色示范课程给予 2 万元资金支持；2020 年学院印发《教学名师、专业带头人和骨干教师评选办法》，把参与课程思政建设、推动课程思政改革作为评选条件；把课程思政实施和教学效果作为每学期教师考核评价、评优奖励的重要内容，在职称评审、出国培训、团队建设等方面给予政策倾斜；在教学成果奖、教材奖等各类成果的表彰奖励工作中，突出课程思政要求，将课程思政建设成效作为各类优质课程评选的重要指标。

四、中心所取得的成果成效

（一）成果取得情况

（1）以 2 门天津市市级课程思政精品课为引领，60 门学院课程思政示范课程为辐射，带动学院各专业、各类课程全部推进课程思政建设。每门立项课程由中心教师、教务处和督导教师等组成联动小组，跟踪课程实施成效，通过调查反馈，学生们对教师新型的教学内容、教学方法和手段，尤其是一些感人的事迹和真实的案例与专业结合起来，增强了学生对职业教育的认可，实现了思想政治教育与技术技能培养的有效融合。

（2）构建了一中心三融入的课程思政教学体系，紧紧围绕思政课这个中心，将人文素养、科学精神、国家安全等思政元素融入基础课程、专业教育和实践类课程三类课程，整个专业思政目标高效达成，落实课程思政和思政课程同向同行，思想政治教育深入人心。

（3）建立保障机制，打造精品开放课程。中心先后出台了近10个文件，并设立了专项经费，在人力物力财力上向课程思政建设工作倾斜。目前建成的12门课程思政示范课是国家级教学资源库的在线开放课程，近五年，在全国职业院校教师微课大赛中获奖作品达到50余个，60门课程思政示范课中优质教学资源达到15717个，平台资源访问量达到1458642人次，尤其是在新冠疫情防控期间，对于助推院校"停课不停学、停课不停教"发挥了巨大的作用。

（4）通过全员课程思政建设，提升了教师全面教书育人的能力。通过中心组织的教研活动、专题培训等形式，加强了思政课教师与专业课教师分模块教学，协同发展和跨界融合。近五年，10余名思政课教师在天津市、集团、海河教育园区思政比赛中获奖，3个团队获得国家级教师教学能力比赛一、二、三等奖，10余名教师获得"劳动模范""最美女教师"和"五一劳动奖章"等荣誉。2019年8月，李云梅教授带领的光伏发电技术与应用专业教学团队获批"首批国家级职业教育教师教学创新团队"。

（5）理论联系实际，加强学院教师科研能力提升。中心积极开展课程思政理论研究相关工作，2018年至今学院获批与"课程思政"相关的各级教改、科研课题共13项，各类刊物发表与"课程思政"相关内容论文10篇。

（二）成果使用情况

（1）指导建设市级课程思政精品课2门、海河教育园区课程思政示范课2门、院级课程思政示范课60门、高职思政在线课程5门、中职思政在线课程4门；

（2）指导20余所学校的"思政课程与课程思政"建设；

（3）指导《山西省2020年职业院校教师素质提高计划思政教学能力提升研修培训项目课程体系（中高职）》国培班培训体系建立并参与培训；

（4）2019年12月，李云梅教授受北京外国语大学外研培训中心邀请，为

70 余名重庆市高职院校教师就"高职院校课程思政改革"做主题报告;

（5）2020 年 11 月，李云梅教授在机电学院、天津市鸿远电气有限公司以"新时代高职院校劳动教育体系初探——以天津轻工职业技术学院为例"进行经验分享;

（6）2020 年 12 月，李云梅教授受佛山市南海区盐步职业技术学校邀请，为学校 100 余名教师进行线上课程思政改革建设的报告;

（7）2020 年 12 月，中心成员与保定电力职业技术学院结对子，指导学院的技能大赛、创新创业教育和课程思政改革示范课建设，王春媚老师进行了专题培训;

（8）2021 年 1—2 月，中心成员与佛山市南海区盐步职业技术学院开展课程思政结对帮扶，指导 8 门课程思政设计、建设和实施并验收完成;

（9）指导 10 余个院校或中心的课程思政资源设计和提升。

五、对"课程思政"建设的支持与保障

（一）政策支持方面

为充分发挥课堂教学主渠道作用，推进大学生思想政治教育工作，落实立德树人根本任务，中心先后发布了《天津轻工职业技术学院课程思政教学研究示范中心建设方案》《关于在课堂教学中开展"课程思政"创新实践的实施方案》《落实"思政十条"的九项举措》《"课程思政"示范课建设实施方案》《"课程思政"示范课程评价指标体系》等相关文件制度，为中心建设发展提供了有力政策保障。其中，2019 年发布的学院《"课程思政"示范课建设实施方案》明确了课程思政建设是推动三教改革的一个载体，到 2022 年年末，建设完成 100 门课程思政示范课程。实施一年半以来，制定了一套齐抓共管课程思政建设的工作机制，建设了一支有意识、有意愿、有能力开展课程思政教学的教师队伍，培育了一批充满思政元素和发挥思政功能的示范通识课和专业课，开发了一批具有职业特点的系列在线开放课程，打造了一批质量高、效果好的课程思政"金课"，形成了一套系列的研究课题和论文，广泛形成课程思政建设的良好氛围，全面提高了人才培养质量。

（二）经费保障方面

天津轻工职业技术学院课程思政教学研究示范中心经费预算纳入学校年度预算体系，中心每年列支 20 万元用于师资培训、研讨交流和课题立项等工作，根据思政课程建设情况，每门课程给予 2 万元经费支持，纳入学院双高校建设

项目经费，三年共计 200 万元，专项经费保障课程思政教学改革稳步推进。

中心通过立项方式对课程思政示范课进行立项评审，加强过程管理，对阶段检查、听课评课及平台数据提取等分析进行考核评价，并实施动态管理，验收不合格的撤销院级称号确保项目顺利实施；对于组织开展课程思政工作成效突出的教学单位给予奖励，对于课程思政教学改革突出的教师，在学院各类评优评先、培养培训上优先考虑；同时鼓励各教学单位设立专项经费，保障课程思政工作有力推进。

（三）硬件建设方面

中心坐落在学院众创空间大楼，拥有专属 35 平方米办公室一间、75 平方米活动研讨室一间。办公室配备最新高性能多媒体电脑、便携式工作站、平板电脑、有线和无线网络，满足日常办公要求。活动研讨室配有 43 英寸交互式电子大屏 2 块、32 英寸交互式电子大屏 4 块、高清摄像机、直播录播系统、专业音响、多功能教学终端、分组研讨式桌椅、笔记本电脑等设备，无线网络全覆盖，为方便师生研讨交流、资料查询、视频录制、资源制作等。同时，中心还专门购置了中国知网专利库、课程思政与专业相关书籍、百度网盘、百度文库、SPSS 软件、MindMaster 思维导图会员、WPS 会员等，从软硬件两方面为中心的研究开展与实践推广提供有力支持。

学院鲁班工坊建设·体验馆作为课程思政教育实践活动基地，建筑面积 560 平方米。它由中心部分老师参与建设，全面展示了鲁班工坊的建设历程及 17 个鲁班工坊的建设成效，借助鲁班的大国工匠形象，深刻诠释了工匠精神的时代内涵，彰显了天津在"一带一路"倡议方面取得的成果，为师生开展爱国主义教育、工匠精神传承、人类命运共同体协同发展等相关课程思政主题实践活动提供场所。

六、未来建设规划

中心依托学院"三全四维"育人体系管理平台，聚焦"双高校"项目课程建设任务，推进各类课程与思政课同向同行，探讨思政课一体化教学规律，在天津市乃至全国树标杆、推经验，发挥示范引领作用。

(1) 加强课程思政教学实践和理论研究，形成具有推广价值的经验做法和高质量的研究成果；每年开展一次规模性的课程思政论坛，促进校企行之间在思政项目建设和课题研究方面的合作；

(2) 优化课程思政实施评价体系、教学效果评价体系、学生学业评价体系和激励机制，并研发基于信息技术的评价工具；

（3）打造翻转课堂、混合式教学、理实一体教学等新型教学模式；构建基于大数据的"思政课程+课程思政"数据分析和决策平台，为本院的课程思政建设工作提供数据支撑和决策服务；

（4）建设2~3个校外实践教育基地，建设完成100门课程思政精品在线开放课程，建设一批优质教学资源，并应用推广；

（5）筹建海河教育园课程思政建设联盟，搭建大中小学交流平台，开展线上线下课程思政交流培训活动，推动教师课程思政建设能力整体提高。

国家及天津市关于高校思想政治工作与"课程思政"的文件

2016 ●　　全国高校思想政治工作会议　　　　　　　　　　

"要用好课堂教学这个主渠道,思想政治理论课要坚持在改进中加强,提升思想政治教育亲和力和针对性,满足学生成长发展需求和期待,其他各门课都要守好一段渠、种好责任田,使各类课程与思想政治理论课同向同行,形成协同效应。"

●　　中共中央国务院印发《关于加强和改进新形势下高校思想政治
工作的意见》　　　　　　　　　　　　　　　　　　

- 要强化思想理论教育和价值引领,把理想信念教育放在首位;
- 要培育和践行社会主义核心价值观,把社会主义核心价值观体现到教书育人全过程;
- 弘扬中华优秀传统文化和革命文化、社会主义先进文化,实施中华文化传承工程,推动中华优秀传统文化融入教育教学。

2017 ●　　中共教育部党组关于印发《高校思想政治工作质量提升工程实施
纲要》的通知（教党〔2017〕62号）　　　　　　　　

- 深入推动习近平新时代中国特色社会主义思想进教材、进课堂、进头脑,大力推动以"课程思政"为目标的课堂教学改革;发挥科研育人功能,优化科研环节和程序;坚持理论教育与实践养成相结合;注重以文化人以文育人;加强校园网络文化建设与管理;坚持育心与育德相结合;完善校规校纪,健全自律公约,加强法治教育;把握师生成长发展需要,提供靶向服务;把"扶困"与"扶智","扶困"与"扶志"结合起来;把组织建设与教育引领结合起来,强化高校各类组织的育人职责。

●　　中共上海市教育卫生工作委员会 上海市教育委员会关于推进上海
高校课程思政教育教学改革试点工作的通知　　　　　

各高校要整体推进高校课程思政教育教学体系改革建设工作,办好高校思想政治理论课,坚持在改进中加强,提升思想政治教育的亲和力和针对性,满足学生成长发展的需求和期待。

逐步推进综合素养课程和专业课程改革,开展课程思政改革试点,推动中华优秀传统文化全面融入课程思政教育教学改革,完善课程体系、教材体系建设。

2019

国务院关于印发《国家职业教育改革实施方案》的通知（国发〔2019〕4号）

以习近平新时代中国特色社会主义思想，特别是习近平总书记关于职业教育的重要论述武装头脑、指导实践、推动工作。

指导职业院校上好思想政治理论课，实施好中等职业学校"文明风采"活动，推进职业教育领域"三全育人"综合改革试点工作，使各类课程与思想政治理论课同向同行，努力实现职业技能和职业精神培养高度融合。

教育部关于职业院校专业人才培养方案制订与实施工作的指导意见（教职成〔2019〕13号）

强化课程思政，积极构建"思政课程+课程思政"大格局，推进全员全过程全方位"三全育人"，实现思想政治教育与技术技能培养的有机统一。

- 结合职业院校学生特点，创新思政课程教学模式。
- 强化专业课教师立德树人意识，结合不同专业人才培养特点和专业能力素质要求，梳理每一门课程蕴含的思想政治教育元素，发挥专业课程承载的思想政治教育功能，推动专业课教学与思想政治理论课教学紧密结合、同向同行。

习近平主持召开学校思想政治理论课教师座谈会

办好思想政治理论课，最根本的是要全面贯彻党的教育方针，解决好培养什么人、怎样培养人、为谁培养人这个根本问题。

- 要坚持显性教育和隐性教育相统一，挖掘其他课程和教学方式中蕴含的思想政治教育资源，实现全员全程全方位育人。
- 要完善课程体系，解决好各类课程和思政课相互配合的问题，鼓励教学名师到思政课堂上讲课。各地区各部门负责同志要积极到学校去讲思政课。

市委教育工委 市教委关于强化高等学校领导深入学生开展思想教育工作的通知（津教党〔2019〕59号）

高校领导班子成员要认真践行以人民为中心的理念，把精力花在立德树人上；高校专职思政人员要把主要工作精力放在学生思想教育上；各高校党委要立足全员、全方位、全过程育人，着眼增强高校思想政治工作亲和力、针对性，着眼加强干部队伍作风建设。

中共中央办公厅 国务院办公厅印发《关于深化新时代学校思想政治理论课改革创新的若干意见》

整体推进高校课程思政,解决好各类课程与思政课相互配合的问题,发挥所有课程育人功能,构建全面覆盖、类型丰富、层次递进、相互支撑的课程体系,使各类课程与思政课同向同行,形成协同效应。

建成一批课程思政示范高校

推出一批课程思政示范课程

选树一批课程思政教学名师和团队

建设一批高校课程思政教学研究示范中心

深化新时代天津学校思想政治教育一体化建设的若干举措

▪ 课程建设一体化

建立思政课教学协同联动机制。建立思政课教改协同研究机制。建立思政选修课协同开发机制。

▪ 课外活动一体化

建立大中小幼手拉手共建机制。协同推进实践育人。协同推进心理育人。协同推进社团育人。协同推进文化育人。

▪ 资源共享一体化

教育资源共享。专业资源共享。

▪ 线上线下一体化

大中小学网络应用一体化。大中小学线上线下活动一体化。

▪ 统筹指导一体化

设立学校思想政治工作领导机构。成立天津市学校思想政治工作一体化指导中心。分学段建立学校思想政治课程教学指导委员会。

中共教育部党组关于印发《"新时代高校思想政治理论课创优行动"工作方案》的通知(教党函〔2019〕90号)

▪ 抓好思路创优　　　▪ 抓好师资创优

▪ 抓好教材创优　　　▪ 抓好教法创优

▪ 抓好机制创优　　　▪ 抓好环境创优

完善高校思政课建设格局。积极建设"思政课程+课程思政"大格局,制订专项工作方案,全面推进"课程思政"建设,使各类课程与思政课同向同行,形成协同效应。

中共中央国务院印发《新时代爱国主义教育实施纲要》

坚持用新时代中国特色社会主义思想武装全党、教育人民。深入开展中国特色社会主义和中国梦教育。大力弘扬民族精神和时代精神。广泛开展党史、国史、改革开放史教育。传承和弘扬中华优秀传统文化。强化祖国统一和民族团结进步教育。加强国家安全教育和国防教育。

- 发挥课堂教学的主渠道作用，首先要培养学生的爱国情怀。
- 将爱国主义精神贯穿于学校教育全过程，推动爱国主义教育进课堂、进教材、进头脑。
- 将爱国主义教育与哲学社会科学相关专业课程有机结合，加大爱国主义教育内容的比重。
- 创新爱国主义教育的形式，丰富和优化课程资源，支持和鼓励多种形式开发微课、微视频等教育资源和在线课程。

2020

中华人民共和国教育部令第46号《新时代高等学校思想政治理论课教师队伍建设规定》

思政课教师要引导学生立德成人、立志成才，树立正确世界观、人生观、价值观，坚定对马克思主义的信仰，坚定对社会主义和共产主义的信念，增强中国特色社会主义道路自信、理论自信、制度自信、文化自信，厚植爱国主义情怀，把爱国情、强国志、报国行自觉融入坚持和发展中国特色社会主义事业、建设社会主义现代化强国、实现中华民族伟大复兴的奋斗之中，为培养德智体美劳全面发展的社会主义建设者和接班人作出积极贡献。

教育部办公厅关于印发《深化新时代学校思想政治理论课改革创新先行试点工作方案》（教社科厅函〔2020〕2号）

全党全社会努力办好思政课、教师认真讲好思政课、学生积极学好思政课的良好氛围，充分发挥思政课落实立德树人根本任务的关键课程作用。

中共天津市委办公厅 天津市人民政府办公厅印发《关于深化新时代学校思想政治理论课改革创新的若干措施》的通知（津党办发〔2020〕6号）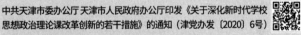

- 构建循序渐进、螺旋上升的大中小学思政课一体化育人体系
- 全面加强思政课教师队伍建设
- 全面增强思政课的思想性、理论性和亲和力、针对性
- 全面加强党对思政课建设的领导

教育部等八部门关于加快构建高校思想政治工作体系的意见（教思政〔2020〕1号）

全面推进所有学科课程思政建设。统筹课程思政与思政课程建设，构建全面覆盖、类型丰富、层次递进、相互支撑的课程体系。

重点建设一批提高大学生思想道德修养、人文素质、科学精神和认知能力的公共基础课程。

理学、工学类： 专业课程要注重科学思维方法的训练和科技伦理的教育，培养学生探索未知、追求真理、勇攀科学高峰的责任感和使命感，培养学生精益求精的大国工匠精神。

农学类： 专业课程要注重培养学生的大国"三农"情怀，引导学生"懂农业、爱农村、爱农民"。

医学类： 专业课程要注重加强医德医风教育，注重加强医者仁心教育，教育引导学生尊重患者、学会沟通，提升综合素养。

艺术学类： 专业课程要教育引导学生树立正确的艺术观和创作观，积极弘扬中华美育精神。

教育部关于印发《高等学校课程思政建设指导纲要》的通知（教高〔2020〕3号）

课程思政建设内容要紧紧围绕坚定学生理想信念，以爱党、爱国、爱社会主义、爱人民、爱集体为主线，围绕政治认同、家国情怀、文化素养、宪法法治意识、道德修养等重点优化课程思政内容供给，系统进行中国特色社会主义和中国梦教育、社会主义核心价值观教育、法治教育、劳动教育、心理健康教育、中华优秀传统文化教育。

- 科学设计课程思政教学体系
- 结合专业特点分类推进课程思政建设
- 将课程思政融入课堂教学建设全过程
- 提升教师课程思政建设的意识和能力
- 建立健全课程思政建设质量评价体系和激励机制
- 加强课程思政建设组织实施和条件保障

教育部等九部门关于印发《职业教育提质培优行动计划（2020—2023年）》的通知（教职成〔2020〕7号）

落实立德树人根本任务。推动习近平新时代中国特色社会主义思想进教材进课堂进头脑；构建职业教育"三全育人"新格局，引导专业课教师加强课程思政建设，将思政教育全面融入人才培养方案和专业课程；创新职业学校思想政治教育模式。

2021

教育部等六部门关于加强新时代高校教师队伍建设改革的指导意见（教师〔2020〕10号）

准确把握高校教师队伍建设改革的时代要求，落实立德树人根本任务；全面加强党的领导，不断提升教师思想政治素质和师德素养，加强思想政治引领，健全教师理论学习制度，全面提升教师思想政治素质和育德育人能力，常态化推进师德培育涵养，将各类师德规范纳入新教师岗前培训和在职教师全员培训必修内容。

人力资源社会保障部 教育部关于深化高等学校教师职称制度改革的指导意见（人社部发〔2020〕100号）

深入贯彻高等教育领域"放管服"改革精神，形成以人才培养为核心，以品德、能力和业绩为导向，评价科学、规范有序、竞争择优的高校教师职称制度。

教育部办公厅关于开展课程思政示范项目建设工作的通知（教高厅函〔2021〕11号）

选树一批课程思政示范课程、教学名师和团队、教学研究示范中心，全面推进不同类型学校的课程思政建设理论研究和教学实践，探索创新课程思政建设方法路径，构建全面覆盖、类型丰富、层次递进、相互支撑的课程思政体系，加快形成"校校有精品、门门有思政、课课有特色、人人重育人"的良好局面。

教育部关于学习宣传贯彻习近平总书记重要指示和全国职业教育大会精神的通知（教职成〔2021〕3号）

坚定不移地加快完善人才培养体系。坚持德技并修、育训结合，把德育融入课堂教学、技能培养、实习实训等环节，促进思政课程与课程思政有机衔接，提高思想政治教育的实效性，培养学生的劳模精神、劳动精神、工匠精神，引导学生刻苦学习、精进技艺、全面发展。

教育部关于在教育系统开展师德专题教育的通知（教师函〔2021〕3号）

深入学习习近平总书记关于师德师风的重要论述。强化教师"四史"学习教育。开展师德优秀典型先进事迹宣传学习。引导教师学习践行新时代师德规范。集中开展师德警示教育。

教育部办公厅关于在思政课中加强以党史教育为重点的"四史"教育的通知 （教社科厅函〔2021〕8号）

在思政课中加强以党史教育为重点的"四史"教育作为落实党中央重大决策部署的具体体现，充分发挥思想政治理论课主渠道作用，在以党史教育为重点的"四史"教育中有效提升学生的政治认同、思想认同、情感认同。

中共中央 国务院印发《关于新时代加强和改进思想政治工作的意见》

要深入开展思想政治教育。推动理想信念教育常态化制度化。加强党史、新中国史、改革开放史、社会主义发展史和形势政策教育。深入学习宣传习近平法治思想，在全社会普遍开展宪法宣传教育，有针对性地宣传普及法律、法规和法理常识，加大党章党规党纪宣传力度。

　　天津轻工职业技术学院始终坚持把立德树人作为立身之本，把思想政治工作贯穿教育教学全过程，提升思想政治教育亲和力和针对性，使各类课程与思想政治理论课同向同行，形成协同效应。

　　在课程思政建设工作中，学院采取上下齐动、横向联合的方式，汇聚优质数字化资源，推动思政教育与专业课程协同育人。建立课程思政教学研究示范中心，通过组织专题辅导报告会等方式，不断深化广大教师对课程思政内涵的理解和认识，提高教师的育人意识和育人能力；在全院范围内积极开展课程思政示范课建设工作，打造"3 年 100 门"有高度、有深度、有温度的课程思政示范课；通过打造三全育人平台，依托传统与新媒体平台，最终形成一批可复制、可推广的课程思政教育教学改革成果。